普通高等教育"十一五"国家级规划教材

现代写作学丛书

中文专业论文写作导论

（第三版）

ZHONGWENZHUANYELUNWEN
XIEZUODAOLUN

陈果安 ＋编著

中南大学出版社
www.csupress.com.cn

图书在版编目（CIP）数据

中文专业论文写作导论 / 陈果安主编. —长沙：中南大学出版社，
2014.2

ISBN 978 – 7 – 5487 – 1045 – 5

Ⅰ. 中…　Ⅱ. 陈…　Ⅲ. 汉语—论文—写作　Ⅳ. H152.2

中国版本图书馆 CIP 数据核字（2014）第 025552 号

中文专业论文写作导论

陈果安　主编

□责任编辑	陈雪萍
□责任印制	易红卫
□出版发行	中南大学出版社
	社址：长沙市麓山南路　　　　邮编：410083
	发行科电话：0731 – 88876770　　传真：0731 – 88710482
□印　　装	长沙市宏发印刷有限公司

□开　　本	787×1092　1/16　　□印张 20.5　　□字数 512 千字
□版　　次	2014 年 2 月第 3 版　　□2019 年 8 月第 3 次印刷
□书　　号	ISBN 978 – 7 – 5487 – 1045 – 5
□定　　价	46.00 元

图书出现印装问题，请与出版社调换

《现代写作学丛书》修订说明

这套丛书自2002年出版以来，迄今已用了五年。在这五年间，几乎每年都重印一次，受到用书单位的欢迎及写作学界的肯定。丛书不仅被一些高校选作本科教材、研究生教材、远程教学教材，还被一些学校指定为考研书目、精品课程书目，其中《现代写作学引论》，还被教育部列为"十一五"规划教材。这对编写者无疑是一种鼓励；但就我们来说，感到的却是一种鞭策。我们不得不静下心来，更为审慎地审视丛书的编写思想、编写体例以及每个章节的编写。

近几年，全国高校写作教学已呈现出可喜变化：随着教学与科研的深入，绝大多数高校，其写作教学已不满足于主题、题材、结构等基础知识的介绍或中学作文的简单重复了；一些综合性的大学，还开设了写作学硕士点，甚至博士点，写作教学已逐步摆脱随意性，走向学科化、体系化。审视这些变化，我们感到，这套丛书在高校写作教学的学科化、体系化上，仍不失为一种声音，一种努力。所以，此次修订，我们保持了原有的编写思想、编写体例，只是在个别章节上做了一些调整。

这套丛书是湖南几所高等师范院校写作教师通力合作的结果，原参编人员有湖南师大的陈果安、李作霖、王进庄、刘晓南、孙春祥、曹天喜，湖南科技大学的陈靖武，湖南文理学院的郭爱红、汪淑娥，湖南理工学院的周淼龙，衡阳师院的邓晓成，吉首大学的余佐辰等。几年过去，有的同志已荣升，有的已退隐，有的则考博，改攻其他专业去了，此次修订，我们对编委作了一些调整。

一套教材的建设，绝非朝夕之功，我们希望通过编委的调整，能继续这套教材的建设。

《现代写作学丛书》编写说明

一、本丛书含《现代写作学引论》《文学写作教程》《实用写作教程》《中文专业论文写作导论》四本，是在近十年教学科研的基础上编写而成。1993 年，我写过一本《神秘的文心》，1995 年，我主编了一套教材，含《现代写作原理》《文学写作学》《文章写作学》三本。1997 年，我们在此基础上又编写了一套实用写作教材，含《实用写作原理》《现代实用新闻写作》《现代实用文秘写作》《现代实用经济写作》《现代实用科技写作》《现代实用礼仪写作》《现代实用法律文书写作》。1999 年，鉴于论文写作理应成为大学本科生训练的一个重点，我们又先后编著了《大学文科毕业论文导写》《大学中文专业论文写作概论》。这些教材，经过多年教学检验，得到了不断的充实、提高。这套丛书就是在此基础上编写而成的。

二、如何编写一套实用、稳定、能代表写作学前沿水平的教材，是我们一直思考的问题。综观全国大学目前的写作教学，大致不离以下几种：（1）讲一讲主题题材结构等八大块知识，再加一点文体知识；（2）认为大学新生写作水平低，基础写作不过关，抓住议论文、记叙文、说明文等几种教学训练文体进行反复训练；（3）认为写作课主要解决的是写作技能的问题，抓住写作过程中的一些基本技能进行训练；（4）认为师范院校的学生要解决将来胜任中学作文教学的问题，主要讲理论知识；（5）认为大学的写作课要区别于中学作文教学，克服随意性、无序性，走向科学化。

经过对比分析，我们认可后一种做法。我们认为：（1）议论文、记叙文、说明文这些教学训练文体严重脱离写作实际，明显落后于时代的要求，已不适宜作为训练的主体；（2）只强调写作基本技能的训练而不重视基本原理的讲解；不利于从比较高的学理的层面提高学生的写作素养；（3）大学写作教学不应重复中学的作文教学，应显示出高等教育的特点来；（4）传统教学重知识讲授、范文分析、文体训练的模式不应简单否定，其中有许多地方暗契写作教学的规律；（5）定位泛泛，不如定位明确；（6）一般的写作教材，无论理论讲述，还是选取范文，往往限于篇幅，有简陋之嫌，既不好教，也不好学，不如编写得充分一点。

三、我们是这样确定这套教材的：（1）定位于师范院校中文专业本科的写作学教学：立足本科，强调了它较高的理论层次；立足师范，强调了它的规范、严谨、系统；立足中文专业，强调了它的专业特点；立足现实需要，强调了学生以后就业的特点和他们应有的优化的知识结构、技能结构。（2）本丛书把"基础理论"、"文体写作"、"论文写作"看做一个循序渐进的系列：《现代写作学引论》阐述了当代写作学的进展和现代写作的基本原理和技巧；《文学写作教程》含诗歌、散文、小说、戏剧、影视、文学评论的写作；《实用写作教程》含新闻、文秘、法律文书、经济文书的写作，突出了中文专业的特点，并考虑了学生以后就业的特点；《中文专业论文写作导论》则意在从更高层次培养学生的科研能力。这四本教材构成一个系列，力求给学生一个比较系统、优化的知识结构和能力结构。

四、本丛书强调写作学应有的学科尊严，并力图学科化。我们的构想是这样的：（1）追求自己的理论与体系，包容适当的深度和广度；（2）从现实需要出发，考虑为学生提供合理的、优化的、系统的知识结构和规范的训练；（3）体现现代教育的观念，把写作教学看做培养、开发、塑造人才的工程，强调综合素质的教育，强调精神超越性教育，强调潜能教育，强调研究型教育。（4）考虑到写作的综合性及传统教学的一些优点，把理论讲解、范文剖析、训练设计、推荐书目结合起来，把阅读欣赏和写作训练结合起来，克服技能训练或思维训练的单向度教学。（5）编写成开放性的教材，在保证教学需要的基础上，留下比较多的篇幅供学生自学、深造。

这套教材是湖南省几所高等师范院校写作教师通力合作的结果，参编的人员有湖南师范大学的陈果安、王进庄、刘晓南、李作霖、孙春祥、曹天喜，湘潭师范学院的陈靖武，常德师范学院的郭爱红、汪淑娥，岳阳师范学院的周淼龙，衡阳师范学院的邓晓成，吉首大学的余佐辰。我们强调吸收当代写作学研究的最新成果，也强调执笔者自己的科研成果、教学体会，其中李作霖帮助主编作了部分统稿工作。

目　录

绪　论

这是我为大学中文专业学生所写的一本教材。这次修订，考虑再三，我还是打算采取个人编著的形式重写一遍。这十多年来，我一直为中文系的学生开这门课。据我体会，泛泛地讲，不如联系自己的经验来得亲切；但联系自己的经验来讲与教材编写的通例又不合，也就有了这种选择。联系自己的经验来谈同样也存在着一种危险：作为一个普通老师，我的科研一般，更多的是一些遗憾和教训，难免遗笑于大方之家。好在论文写作本身就是一个不断学习的过程，我愿和同学们一起来探讨。

在大学学习的前两年，我们基本上是听课、看书，接受前人已有知识。随着学业的日渐深入便会提出论文写作的要求：很多选修课，为检查学生掌握课堂讲授的情况，老师会要求选修的同学写小论文；大学三年级通常要求写学年论文；到了四年级则要求提交毕业论文。这些论文的写作都属于学术论文写作的范畴。

论文写作不同于其他文体的写作。写一则新闻，采访获得有关材料后，拿起笔来就可以写；写散文，有了创作冲动，通过酝酿和构思，提笔便能行文；但论文的写作要求有坚实的专业基础、相当的科研能力，要通过深入细致的研究并确有发现才能考虑执笔行文；行文方面还有着特定的规范与要求。

论文写作是大学学习一个有机的构成部分，特别是学年论文与毕业论文的写作，它能在比较短的时间内非常有效地将我们的学业升华到一个新的层次，使我们由一般的接受性学习迅速进入到创造性的研究。实践表明，是否经过这方面的严格训练，一个学生所表现出来的科研能力与学识水平是大不一样的。有些同学由于未接受这方面的严格训练终身都可能留下遗憾。本书的编写意在为大家提供一个比较严格、规范的训练。

第一节　论文的含义与特点

一、论文的含义

这里所说的论文指学术论文，亦即对科学领域中的某一学术问题进行探讨、研究以发表科学研究成果的文章。

学术论文又称科学论文，简称论文。由于科学研究的对象不同，学术论文可分为社会科学论文和自然科学论文两大类，本书所讲的是社科论文中汉语言文学专业论文的写作。

在校学生所写的论文与专业研究人员所写的论文是有所区别的：就其应用范围来说，在校学生所写的论文主要用以训练学生的科研能力，检查学生的学业水平；专业人员所写的论文，则是直接向社会报告自己的研究成果。由于学识水平的差异，论文写作的质量也会有所差异，我们不可能要求每个在校学生所写的论文都达到专家的水平，但就其本质来说，二者应该是一致的：它们都应研究、解决学术领域中的某一学术问题，都要提供和报告自己的研究成果。如果我们对自己的要求越严格，越肯下功夫，写出的论文也就越接近真正意义上的学术论文。如果我们在校期间所写的论文达到在专业刊物上发表的水平，那就是非常值得庆幸的一件事情了。

在校学生所写的论文主要是各类选修课所要求提交的小论文、学年论文和毕业论文。

各类选修课所要求提交的小论文，篇幅通常在两三千字之内，写法相对随意一点，它要求学生在选修的范围之内就某一问题发表自己的一些学术见解。这类论文的写作意在检查学生掌握课堂讲授内容的程度，培养学生基本的科研意识和科研能力，通常不会提出过高的要求，但也有许多同学写出相当规范并具有相当质量的论文。

小论文在积累资料、积累思想上可以为我们提供非常有效的训练。我认识一位学者，他在四年之内就出版了 5 本专著，本本都有反响。我问他为什么写得这么快、这么好，他告诉我，他读硕、读博期间所写的小论文对他帮助特别大。还有一位学者，他有年带了 4 个研究生，他要求她们每周都提交 1 篇小论文，她们叫苦不迭，但毕业之后个个都了不得。就我个人的体会来说也是这样。有段时间，我研究金圣叹的小说理论，当我把全书写完之后，感到有些资料没用上，挺可惜的，就把平时写的一些札记（小论文）汇集在一起，编成"金圣叹小说技法钩沉 32 则"附在书后，有专家评论时还特别提到我这"32 则钩沉"，认为我"下力颇勤"。可见，写小论文是提高自己学识非常好的一个途径。

学年论文的写作通常安排在大学三年级。由于是初次尝试写比较正规的论文，选题不宜过大，篇幅不宜过长，涉及面不宜太广，但应在已有知识的基础上，去研究一些专业问题，并尽可能地提出一些新的见解与认识，写法上则要求走向规范。

按理说，大学阶段都应该进行学年论文的训练，但就目前条件来看全部实施还有些困难，只是有的学校在进行。如我系的文科基地班，每届都要写学年论文，写得好的论文由《中国文学研究》公开发表，这样的训练，对学生是非常有帮助的。

通过学年论文获得论文写作的经验之后，接下来就要转入毕业论文的写作了。毕业论文是我们在毕业前按规定提交给学校的学术论文，它要求我们运用大学所学的专业知识，对科学研究领域中的某一问题进行专门的探讨、研究，并报告自己的研究成果。一篇毕业论文不可能反映大学四年所学的全部知识，但应反映我们运用大学四年所学的专业知识去分析、解决本学科内某一问题的学识水平和科研能力。相对于学年论文，毕业论文的选题要大一些、深一些，老师的要求也严一些，它要考核一个学生是不是够资格毕业。大学毕业之后，如果进一步深造，去攻读硕士、博士学位，也还要写小论文、学年论文、毕业论文。不过，由于学历不同，其要求也就不同了。

自我国实行学位制以来，本科生、硕士生、博士生的毕业论文也就是学位论文。学士论文的篇幅通常在 1 万字左右，它要求作者能运用本学科的基本理论和基础知识去分析、解决本学科中的某一学术问题，对课题有一定的学术见解，并表现出一定的科研能力。硕士论文的篇幅通常在三五万字之间，它要求学生运用坚实、系统的专业知识，对本学科中的某一问题展开独立、系统的研究并有新的见解。博士论文的篇幅通常在 5 万字以上，它要求作者运用坚实宽广、系统深入的专业知识对本学科中的某一问题展开突破性的研究，并提出创造性的见解来。事实上，许多优秀的博士论文稍加扩充也就构成了一部很有分量的学术专著。

我们这里主要讲本科生的论文写作，为本科生论文写作各个环节提供一个比较规范、系统的训练。

二、论文写作的过程

论文写作不同于一般文章写作，一般文章的写作，心中有了创作冲动，充分调动自己已有的积累，经过酝酿和构思，拿起笔就可以写。但论文写作却不行，它必须有一个研究的过程，只有通过充分、深入的研究，并形成了自己独创性的研究成果，才能进入下一步执笔行文的阶段，否则，写出来的就不是学术论文。所以，论文写作是由研究和行文两个阶段构成的。下面对这两个阶段略作介绍。

（一）研究阶段

学术论文的本质就是向社会报告自己的研究成果，没有自己的研究成果就谈不上学术论文的写作。因此，扎扎实实深入研究是写好论文的前提和基础。

学术论文的研究阶段大致由以下几个环节构成：

1. 提出选题

提出选题也就是在思想上提出并明确自己所要研究的对象、问题。学术研究的展开无疑与自己的研究对象紧密相关，如果思想上没有明确自己的研究对象，研究起来就很茫然；而选题是否合适，是否有研究价值，自己能否在一定的期限内完成，无疑关系到论文写作的成功与否。一般说来，选题是科研能力的表征，一个科研能力强的人往往可以敏锐地发现有科研价值的题目，而一个科研能力不强的人往往找不到题目。一般说来，在校学生（无论本科生、硕士还是博士）的选题都离不开导师指导、帮助；而毕业踏入社会后就只能靠自己选题了。所以，我们在选题阶段不仅要为自己的毕业论文找到一个好的选题，更重要的还要学会选题的方法。

2. 搜集资料

选题确定下来以后接着便要围绕课题广泛搜集资料。资料搜集在论文写作中有非常重要的意义，因为问题的解决很大程度上取决于资料占有的程度，不在资料搜集上下功夫就不能出成果。搜集资料是一种扎扎实实的功夫，不能有一丝的懈怠和取巧。有些同学写的论文，轻飘飘的没什么分量，究其原因就是在材料搜集上没下功夫。应搜集哪些资料？怎么搜集资料完整？这是我们要解决的问题。

3. 分析研究

作者搜集到一定材料之后就必须在一定世界观和方法论的指导下，按照科学研究的原则，对材料作深入细致的分析，从而把握事物的本质，寻找解决问题的途径和方法。这一部分是最难讲的，因为每个学科不同，每个人的研究习惯不同，研究方法也有所不同，但是，我们还是可以从一些基本方法入手登堂入室。

4. 形成成果

作者在全面、深入、细致分析材料的基础上，逐步把握事物本质，明确解决问题的途径和方法，并在尝试解决问题的多种可能性中，找到最为科学、合理的办法，最后形成自己的学术见解。

（二）行文阶段

通过深入细致的研究，形成了自己的学术见解，有了研究成果，一般也就进入了论文的执笔行文阶段。这个阶段通常包括以下的环节：

1. 提炼主旨

所谓提炼主旨，也就是在思想上明确自己在论文中将要集中论述的问题以及自己对这一问题的独到见解。在研究的初始阶段，我们对研究对象的认识应该是全方位、多角度、多层面的。如我们选择一部作品来作研究，就涉及到它的主题、题材、人物、情节、语言、结构、叙事技巧、创作方法；涉及到它的作者及其创作道路、创作个性、创作风格；涉及到与此相关的一些文学作品和文学现象。如果对研究对象没有一个整体、全面的把握，就无法深入对象的本质，在某个或某几个方面获得真知灼见；但"全面的研究"完全是为了"点的突破"，随着研究的深入，我们一般会自觉排除一般的视角和认识，强化重要的和确能有所发现的方面，通过逐层深入的研究从而形成自己独到的见解。进入表达阶段，我们显然不必将一般性常识、一般性认识写进文章，我们集中要论述的将是我们在研究中所形成的属于自己的独到而富于创造性的见解。如果我们的创见是多方面的，一篇论文的篇幅容纳不下，还会考虑将其分解为几篇论文。这样，很自然地也就有了一个提炼主旨的过程。

　　2. 谋篇布局

　　明确了论文的总论点、分论点，就要进入布局谋篇。论文的结构并不复杂，通常是按照"引论""本论""结论"的逻辑序列安排下来的，但先说什么，后说什么，各分论点的逻辑关系是否科学、合理？重要的论述、资料怎么安排？在谋篇布局阶段必须有一个统筹安排。如果没有一个统一的安排，随想随写，论文的科学性、严密性就没有保证。

　　3. 执笔行文

　　当我们把论文的结构安排好了，接下来也就进入了执笔行文的阶段。论文的行文有其特定的规范和技巧，出色的行文不仅能将我们的研究成果完美地表达出来，并能促使我们的认识更加深入、具体、严密，这中间许多的方法、技巧，初学者都应细心体会。

　　4. 修改润色

　　论文写作的最后一道工序是修改润色。科学需要郑重、严谨、一丝不苟的态度，任何一道环节上的马虎草率都可能损伤论文的科学性。论文的修改润色实际上是对自己研究成果最后的审视与把关。许多学者都谈到，他们一些重要的论文都是通过反复修改最后完成的。对于初学者来说，在导师的指导下反复修改自己的论文，是迅速提高自己科研能力的一个极好机会。

　　以上讲的是一个完整意义上的论文写作过程。论文写得好，一方面取决于我们的研究；一方面取决于我们的行文。研究得好，确有所得，才有东西可写；而研究的成果只有形诸文字，写成论文，才能变成有形、具体可感的东西。而这两方面既是对我们学业的一次检验，也是对我们学识的一种升华。它能促使我们由一般性的接受迅速转入创造性的研究，使我们的学识、能力在比较短的时间内迅速得到提高。

　　一般说来，很多学校都把毕业论文的写作安排在最后一个学年，通常安排4周。说实话，要在4周内完成一篇高质量的论文几乎是不可能的，如果提早一点准备，写作起来会从容得多。

三、论文的基本特点

　　论文有以下几个特点：

　　（一）学术性

　　学术论文具有突出的学术性：它只能把学术问题当作自己的论题；把学术成果当作自己的描述对象；把学术见解作为文章的核心内容。它以学术性区别于一般的社会理论文章和政治理论文章，一般的"读后感""随笔""赏析""思想评论"，也不能算作学术论文。

学术是有系统、较专门的学问，它往往以学科的形式表现出来。人们通常将学科分为自然科学和社会科学两大类，两类之下又可逐层划分下去。分工越细，学问也就越专门化。学术论文所研究阐述的，就是这些专门化的学问。一般说来，我们所学的专业，也就是一个比较大的学科部类，所学的各专业课程，即这个部类所派生出来的下属学科，论文所要研究和解决的，就是这些专业知识中的某一个问题。

学科门类繁多，各学科之间虽然有许多相同、相通之处，但差别是主要的，各学科都有自己特定的研究领域，有自己专业研究的基本方法和技巧，有自己的理论体系和科学术语，形成了专门化的知识体系。我们在学习专业知识的基础上一般要对学科的研究领域、研究方法、理论体系、研究领域中的一些基本问题有所了解，才能提出学术问题，进入学术研究。

（二）独创性

学术论文不仅要进行专门化的学术研究，而且要报告自己独到的研究成果。学术论文不同于一般的教科书，它不能重复已有知识；甚至也不同于某些学术专著，因为某些学术专著主要用于专业知识的传播和普及，强调知识的系统性、常规性。学术论文则必须创造性地解决某一学术问题，如果没有创造性，也就失去了它存在的意义。

创造是科学的本质，也是学术论文的生命。重复和抄袭别人的论文不能算学术论文。当然，创造有大小之别，水平有高低之分，大到开创一门新学科，创立一个新学派，小到发现一条有价值的资料，都可视为有创造性。但无论怎样，我们都应该写出自己一些新的东西来，否则就不可能形成一篇学术论文。

（三）科学性

与创造性紧密相关的是它的科学性。学术论文要有独创性，但它的独创性必须以科学性为前提。科学研究的任务是正确认识客观事物，揭示客观事物的发展规律，探求客观真理，推动人类社会向更文明的阶段发展。因此，学术论文的创新必须建立在科学的前提上，不能为创新而创新，故意地标新立异。

学术论文的科学性具体说来表现在以下几个方面：（1）结论科学；（2）思想方法科学；（3）论述科学。学术论文的见解、认识、结论必须科学，它必须正确反映客观事物的本质和规律，接受实践的检验，而不是主观的偏见、臆测。结论的科学，必须凭借思想方法的科学。科学的方法是勤勤恳恳、老老实实的方法，它不投机、不取巧、不虚浮、不毛躁，扎扎实实、脚踏实地地研究问题。科学的方法是实事求是的方法，它不凭主观臆想，不凭一时的热情，不凭死的书本，而是凭客观存在的事实，详尽地占有材料，在马克思主义一般原理的指导之下，从这些材料中引出正确的结论。研究成果的报告，则必须依赖论述的科学。措辞严谨，概念准确，逻辑严密，结构完整，才能体现正确的认识过程，传达科学的结论和学术见解。

（四）理论性

学术论文不能停留于事实、现象的罗列，它必须探究事物的本质及规律。写学术论文，必须运用理论思维，通过抽象、概括、说理、辨析，揭示事物的本质和规律，必须站在一定的理论高度去审视、评价事实，并将一般现象上升到一定的理论高度。论文的表现形态是由一系列概念、判断、推理所组成的逻辑论证体系，一般事实在论文中将失去其感性生动性，浓缩为一般事实的概述，或转化为一串串的数据，衍变为一个个的图表。论文的基本框架则是逻辑的，即以中心论点为核心，以并列或递进的小论点组成一个严密的逻辑网络，时空关系在论文结构中将失去它的地位，取而代之的是一般与个别、整体与部分、主要与次要、原因与结果、现象与本质等事理关系。理论思维的成果反映到论文中去，也就构成了论文的理论性。而论文的理论性，往往反映出作者的学识水平和理论修养。

（五）思想性

文科论文还具有思想性，这是文科论文研究内容所决定的。文科学术论文研究的是社会及社会现象。社会是人们相互作用的产物，一切社会现象都与人的活动有关。同时，研究的主体都隶属于一定阶级、阶层、社会集团，他们的思想认识、政治倾向、价值观念等必然会反映到科研中去，使论文带有鲜明的思想性。研究社会科学，我们不能缺少终极关怀，不能不关注社会、人类、民族、国家的命运与前途，不能丧失自己的社会责任感。学术论文的思想性，说到底就是为人类、为民族、为国家、为社会进步阶层服务的属性，它虽然不能取代学术研究，但我们也不能忘记学术研究为社会服务这个宗旨。

第二节　论文的基本类型

写论文当然得知道论文是什么"样子"，亦即我们在"写作原理"中讲的"文章图式"。遗憾的是，我们平时论文读得少，对论文的基本形态更是缺乏了解。这节我们讲论文的基本类型。

从不同角度可以将论文分为不同的类型。根据选题范围，可分为语言学论文和文学论文；依据其选题属性，可分为基础理论研究的论文和应用研究的论文。下面，我们根据论文在表达方面的一些特点及论文写作的需要，将其分为四类。

一、述评类

（一）概说

述评类论文常被简称为"述评"，在表现形态上，它有述有评，述评结合，述评并重，是一种侧重于评价、介绍某一时段内某一领域、某一课题研究进展、状况、问题、发展趋势，或评介某一学者学术思想、学术成果的文章。前者如《50年来意境研究述评》《20年来文学典型研究的述评》《近10年关于新写实小说的研究述评》；后者如《康德美学原理述评》《王国维美学思想述评》《朱光潜美学思想述评》等。

述评类论文的价值既在"述"又在"评"，它既要客观、公正地介绍、引述别人的研究成果，又要站在本学科的前沿和高度来评价别人的研究成果。一篇优秀的述评，既要客观、公正、准确地介绍某一领域、某一课题在一定时段内的研究进程、主要成果、存在的问题，同时又要有高屋建瓴的精到评价。如果只有别人研究成果的介绍而没有自己独到精审的见解，只有"述"而没有"评"，就是一般的"学术信息"，不能算"学术论文"了。

（二）述评类论文的写作规范

1."述"的规范

（1）要全面、系统地掌握有关的文献资料，对某一领域、某一课题的研究进展了然于心，如果掌握的资料不全面，有重要遗漏，这种述评就缺乏科学性。

（2）写述评，要准确把握该研究领域内的科研成果和有代表性的学术见解，分析各种学术观点产生的背景，把握各种学术观点产生的内在关系和逻辑性。切忌不分轻重主次、流水账似的罗列各种学术观点。

（3）在转述、介绍别人的学术观点时要简洁、客观，选择最能体现别人学术观点的核心文字和基本观点进行介绍，不能断章取义，曲解别人的观点。

2."评"的规范

（1）要站在学科前沿的高度来介绍、评价已有的科研成果。

（2）评价要精审、客观。你认为某个学术观点好，价值何在？你认为某个学术观点不妥，不妥在什么地方？各种学术观点产生的背景及它们之间的内在关系是怎样的？问题的关键、分歧的焦点何在？解决问题的可能性在哪里？评价应公允、客观。

（3）不必对自己的观点作展开式的论证，但应在"述"的基础上恰到好处评述各种学术观点及其意义。

我向大家推荐这类论文主要基于两点考虑：①只要是严谨、认真的写作，我们都离不开述评；②这类论文能迅速将我们领入学术研究的领域。

初学论文写作，往往还没有明确的学科意识，对学科研究的对象、方法、已有成果也不甚了然。由于述评是一种侧重于评价、介绍某一时段内某一领域、某一课题研究的进展、状况、问题、发展趋势的文章，查看有关述评便于我们迅速形成学科意识，从整体上了解学科研究的对象、方法和有关的研究成果。如，我们打算写一篇有关《红楼梦》的论文，也许我们从老师那里已了解到《红楼梦》研究已形成了一门独立的"红学"，但对"红学"所研究的问题，新旧红学的区别，"红学"所取得的已有成果等，并不十分了解。这时，找些述评看看，如从《中文期刊全文数据库》去找，就可以找到《索隐派述评》《考证派新红学发展历程回顾与评述》《〈红楼梦〉版本及相关问题研究述评》《"历史"的考证考证的"历史"——曹雪芹祖籍论争述评》《中国古代小说批评的集大成——清代红学批评述评》《二十年来曹雪芹艺术创作研究述评》《1949年之后〈红楼梦〉主题研究述评》《25年来俞平伯〈红楼梦〉研究述评》《红楼启示录：——余英时"红学"研究述评》《红学研究的新突破——〈论红楼梦人物形象〉述评》《一部自成体系独具特色的红学专著——〈论红楼梦人物形象〉述评》《王蒙红学观述评》《〈红楼梦〉赵姨娘形象研究述评》《近期红学研讨述评》《十年来〈红楼梦〉叙事学研究述评》……从这些述评，可以大致了解《红楼梦》研究的概况。

写学术论文，其基本思路是"提出问题——研究问题——解决问题——报告研究成果"。要能提出问题，就必须了解当前学术界对这个问题有哪些看法？它们之间的分歧是什么？是什么导致了这种分歧？解决问题的可能性在哪里？在论文写作中我们虽然不一定写"述评"，但研究过程中始终有个"述评思维"存在。对于初学者来说，一开始就要求写出高质量的述评来有一定困难，但在作论文时认真研读或尝试去写述评，是一种很好的训练。如果认真研读一些述评或尝试着去写述评，就会对某个领域的研究历史与现状了然于心，并迅速介入到研究前沿，找到学术研究的方向和突破口。

试看下面的例文：

二十世纪张竹坡评点《金瓶梅》研究述评

刘小军

摘　要　张竹坡评点《金瓶梅》是明清小说评点中的典范之作，人们对张竹坡的生平事略、《金瓶梅》的张竹坡评本、张竹坡的小说思想与小说理论、张竹坡在中国古代小说理论史上的地位等方面进行了深入研究并取得了较大的成绩，同时也留下了进一步研究的空间。

关键词　张竹坡　评点《金瓶梅》述评

张竹坡（1670～1698）是清代著名小说评点家，他评点的《皋鹤堂批评第一奇书金瓶梅》(通称张评本)是自《金瓶梅》问世以来最为流行的版本。近年来，海内外学者对《金瓶梅》表现出了前所未有的热情和兴趣，对张竹坡及其《金瓶梅》评点的研究，一直是"金学"研究的重点、热点。人们对张竹坡的生平事略、《金瓶梅》的张竹坡评本、张竹坡的小说思想与小说理论、张竹坡在中国古代小说理论史上的地位等方面进行了深入研究，既取得了显著的成就，也存在明显的不足。本文试图回顾以往的研究历程，并在反思现有研究状况的基础上提出一点新的构想。

一、对张竹坡生平事略的研究

学界对《金瓶梅》的评点者张竹坡的研究，起步最早，成就也最大。20 世纪 80 年代吴敢先生《张竹坡与〈金瓶梅〉》《金瓶梅评点家张竹坡年谱》两部专著的问世，是这一课题所取得的突破性成果。在享受这一成果的同时，人们不应该忘记前人筚路蓝缕之功。孙楷第先生的《中国通俗小说节目》与柳存仁先生的《伦敦所见中国小说书目提要》关注的是小说的版本和目录问题，但对《金瓶梅》的评点者张竹坡也做了些有意义的探索；马廉先生根据《铜山县志》等史料查知张竹坡名道深，并编制了一页张竹坡家世简表，对后人的研究至少提供了方法上的启示。值得一提的是海外学者对这一课题的研究。韩南推断"张竹坡为金圣叹之门生，他是张潮的朋友"，戴维特·罗依认为"他的籍贯是彭城（今徐州），可能是张潮的侄儿"。此外，芮效卫的《张竹坡评论〈金瓶梅〉》与阿瑟·戴维·韦利的《〈金瓶梅〉引言》同为张竹坡研究的早期重要论文台湾潘寿康的《张竹坡评〈金瓶梅〉》也涉及到这一领域。尽管由于受限于第一手材料而大都拙于"小心求证"，但那种"大胆假设"的勇气令人敬佩，他们也做出了不等程度地成绩。

80 年代是学界对张竹坡的生平事略研究取得突破性进展的时期。先是王汝梅在《文艺理论研究》（1981 年第 2 期）撰文《评张竹坡的〈金瓶梅〉评论》，对张竹坡的生平事略作了初步探讨；尔后黄霖的《张竹坡及其〈金瓶梅〉评本》则是发现张竹坡《族谱》之前对张竹坡的生平事略考证较为详细的论文。他根据《徐州诗证》《续徐州诗证》和各本《铜山县志》有关张竹坡及其亲属的记载，考证出"张竹坡的大名为'道深'""徐州府的铜山县人""有一部诗集《十一草》"；张竹坡的一家"以'孝'著称于乡"。黄文为后来吴敢发现张竹坡的《族谱》提供了有一定价值的佐证。稍后王汝梅的《张竹坡与金瓶梅评点考论》、顾国瑞的《张竹坡及其〈金瓶梅〉评本》等，作为这一领域的早期探索，对张竹坡的有关情况做出了程度不等的考证。学界对张竹坡的研究真正走向规模化、集约化还是在 1984 年吴敢发现张竹坡的族谱之后。吴敢以锲而不舍的精神，先后发现了 4 部不同版本的张氏族谱，其中尤以张竹坡的胞弟张道渊手订、刊刻于康熙四十二年的《张氏族谱》最具文献价值。经过对《族谱》的研究，吴敢在不长的时间里一连写下《张竹坡家世概述》等 20 多篇颇有价值的论文，对张竹坡的名、字、号与排行；生年与卒年；出生地与墓葬地；童年与少年生活；家庭情况；评点《金瓶梅》的时间与缘由；评点《金瓶梅》的美学价值等重要问题做了详尽的考证与探究，并先后出版《张竹坡与〈金瓶梅〉》《金瓶梅评点家张竹坡年谱》两部专著，是学界公认最有价值的研究张竹坡生平事略的参考文献。刘辉在《〈金瓶梅〉研究十年》中如此评价说："如果说国内学者在《金瓶梅》研究中不少问题正处于探索阶段，只是取得了一些进展的话，那么在《金瓶梅》重要批评家张竹坡的家世生平研究上，则有了明显的突破，完全处于领先地位。"这个评价是客观而恰当的。

二、对张竹坡评本的研究

《金瓶梅》一书的版本，经历了由词话本到崇祯本再到张评本的演变。关于张竹坡评点《金瓶梅》的版本问题，孙楷第先生在《中国通俗小说书目》中有详细的记载。戴不凡与柳存仁二人对孙楷第先生的考证做了些许补充，指出"张竹坡评本于《金瓶梅词话》中多所刊落（尤以词曲为然）；但旧日通行之《金瓶梅》，实均从此本出。"姚灵犀《〈金瓶梅〉版本之异同》也认为"竹坡本实经修改，内容较词话本为少，而整齐简炼差胜。"刘辉在《金瓶梅》版本的考证研究上用力最勤，其专著《金瓶梅成书与版本研究》从词话本、崇祯本、第一奇书本各自的渊源及其相互关系做了许多有意义的探索。他提出"第一奇书本，可分两个系统，主要区别在于有无回评。"根据张竹坡于康熙乙亥年（1695 年）三月完成对《金瓶梅》批评的事实，刘辉断定"康熙乙亥本为第一奇书的最早刊本，张竹坡评本刊刻问世之后，词话本、《新刻绣像批评金瓶梅》本遂不复流行于世。就连康熙四十七年（1708 年）的满文译本《金瓶梅》，亦以第一奇书本为底本。""19 世纪中叶以来，《金瓶梅》的各种外文改编本、节译本、全译本，大都也是直接或间接根据张评本。"黄霖大体上认同刘辉的观点，但他提出康熙乙亥本非张评本原本，扉页第一行所书"李笠翁先生著"六字系书商所加，《凡例》《冷热金针》《第一奇书非淫书论》亦非张竹坡所有。王汝梅不同意黄霖的意见，认为《凡例》等篇目应出自张竹坡之手，不是书商伪作。有回评的本子之所以缺此几篇，可能是漏装或政治上的原因。并认为"张评康熙本，基本上忠实于底本，很少改动。对崇本误刻之处，一般未改。""针对崇祯本评语，提出自己的见解时，引用了崇祯本词语，更明确地显示了它与绣像崇祯本之密切关系。""未有涉及词话本的评语"。朱星《金瓶梅考证》，鲁歌《简说金瓶梅的几种版本》，戴不凡《小说见闻录》，王辉斌《张评本金瓶梅成书年代辨说》，吴敢《张竹坡评本金瓶梅琐考》，日本学者鸟居久靖《金瓶梅版本考》《金瓶梅版本考再补》，美国学者韩南《金瓶梅的版本及其他》等论著均对张竹坡评本提出了见仁见智的看法。

张竹坡评本的最早版本究竟是哪一种刊本，目前尚无定论；但对词话本、崇祯本和张评本之间的关系却取得了共识，认为张评本主要根据崇祯本（《新刻绣像批评金瓶梅》）而来，较少改动；崇祯本上承词话本（《金瓶梅词话》），却从回目到内容都有较大的修改，使原本浓厚的说唱气息大大减弱，故事情节更为紧凑，更符合小说的美学要求。

三、对张竹坡小说思想、小说理论的研究

致力于张竹坡小说思想、小说理论研究者人数众多，论文甚彩，自 50 年代一丁在《新民晚报》上发表《评〈金瓶梅〉之张竹坡》以来，迄今为止，直接以张竹坡小说思想、小说理论为研究对象的论文共计 40 余篇，间接涉及到张竹坡小说思想、小说理论的论文逾100 篇。学界对这一课题的研究主要表现在以下几个方面：

（一）写实理论。《金瓶梅》之所以被称为"奇书""奇"在完全以平凡人家的日常生活为题材。与叙述英雄传奇的《水浒传》、历史大事的《三国演义》、神魔鬼怪的《西游记》相比，《金瓶梅》的选材显然独具特色，是"不奇之奇"。张竹坡指出：《金瓶梅》写的是"一篇市井文字"。王汝梅《张竹坡对小说理论的贡献》认为，《金瓶梅》的写实成就，标志着我国古典小说进入一个发展新阶段，张竹坡最早明确总结了《金瓶梅》的写实成就，这在小说理论史上是有划时代意义的。王汝梅的论述应该说是比较中肯的，切实地总结了张竹坡在现实主义小说理论上的开拓者地位，他对张竹坡小说思想和小说理论的概括总结很有代表性。罗德荣《张竹坡写实理论的美学贡献》除了从选材上对张竹坡的写实理论进行概括外，还从结构、艺术手法等方面对张竹坡的写实理论进行了较为全面的总结。涉及到这一方面的还有吴敢《〈金瓶梅〉的文学风貌与张竹坡的"市民文学"说》陈金泉《张竹坡小说美学思想之我见》等文。

（二）典型理论。张竹坡评点《金瓶梅》中论述最详细、最为重要的贡献之一是他发展了叶昼、金圣叹等人提出的关于典型性格塑造的理论。叶昼、金圣叹等人虽然对典型性格的塑造发表过一些见解，但他们的论述还停留在表面、零碎的状态，张竹坡第一次在我国古代文论中系统论述了典型人物性格的塑造问题。对张竹坡的典型理论关注较早、较系统的是陈昌恒、李燃青、陈果安等人。陈昌恒的系列论文《论张竹坡关于文学典型的摹神说》《张竹坡的文学典型理论续述》《〈张竹坡评金瓶梅〉理论拾慧》从张竹坡的个性化理论"为众角色摹神"出发，较为全面地总结了张竹坡的典型理论。李燃青《张竹坡小说美学探略》、陈果安《张竹坡对典型理论的贡献》也对张竹坡"因一人写及一县"的典型理论进行挖掘和整理。

（三）情理理论。张竹坡提出只有在"入世"的基础上，把握住"情理"，才能创造出像《金瓶梅》这样好的小说。在其评点中，"情理"这个概念多次出现，它实际上成了张竹坡小说理论的一大特色。崔晓西《张竹坡在〈金瓶梅〉评点中的"情理"范畴及其在小说批评史上的地位》，金宰民《世情、人情、情理——谈张竹坡〈金瓶梅〉的世情小说观》等文指出，张竹坡强调的"情理"其实就是要求"艺术真实"必须符合"历史真实"，小说虚构必须符合生活逻辑。我们认为，张竹坡的"情理"理论虽然还没有完全摆脱传统"实录"精神的影响，但已经不同于以往要求将小说当历史来读、来写的理论。作家所写的不一定得是现实生活中存在的事情，只要符合生活逻辑，照样可以成为小说的叙述对象。这种观念影响了脂砚斋"事之所必无，理之所必有"观念的形成。

（四）创作动力理论。针对世人视《金瓶梅》为"淫书"的普遍定论，张竹坡继承和运用发愤而作、不愤不作的进步文学思想来评价《金瓶梅》，认为它是一部泄愤的世情书，是一部史公文字，而不是淫书。张竹坡提出"泄愤说"的本意在于为《金瓶梅》辩护，可他这一说法却暗合了中国源远流长的一个文学理论问题：即作者的生平际遇与作品之间的内在关系问题。赵民《张竹坡"泄愤说"初探》、徐一周《泄愤，从诗文到小说——兼谈张竹坡的小说创作动力论》、贺松青《张竹坡的〈金瓶梅〉批评观》、蔡一鹏《论张竹坡评点〈金瓶梅〉的道德理性思维方式》等文分别从道德情感、心理动机等方面阐述了张竹坡的创作动力论。

（五）审丑理论。把现实生活中的丑引进小说世界，化丑为美，是《金瓶梅》对小说美学观念的重大变革。张竹坡敏锐地注意到了这一划时代的变化。他说："一部书中，上自蔡太师，下至侯林儿等辈，何止百有余人，并无一个好人，非迎奸卖俏之人，即华势趋炎之辈。"（《读法》四十七）这是一个没有美的世界，到处充斥着虚伪和丑恶，张竹坡一言以蔽之："《金瓶梅》作秽言以泄其愤也"（《竹坡闲话》），充分一肯定了《金瓶梅》暴露丑恶、批判补会的宗旨。陈果安独具慧眼，其《东方丑学：张竹坡审丑理论初探》细心地挖掘出了张竹坡批评《金瓶梅》所表现出来的审丑理论。罗德荣《张竹坡写实理论的美学贡献》也注意到了张竹坡"化丑为美"的理论主张。

（六）叙事学研究。20世纪90年代，在西方当代叙事学逐渐进入中国学人视野的理论背景下，学界对张竹坡的研究由注重考证其生平事略、从传统小说理论批评角度阐发其小说理论逐渐转向借用西方当代叙事理论来探讨其叙事美学。陶原珂《张竹坡评点〈金瓶梅〉的叙事理论》、田秉锷《〈金瓶梅〉的叙事视角》、王平《评张竹坡的叙事理论》、林岗《叙事文法的美学观点：明清小说评点考论》及其专著《明清之际小说评点学之研究》、张世君《中国古代小说评点空间叙事理论》《间架：一个本土的理论概念》《明清小说评点的空间连叙概念——一线穿》等系列论文，日本学者大塚秀高《从玉皇庙到永福寺：〈金瓶梅〉的构思》等专论开始运用当代西方的叙事学理论直接或间接地从叙事逻辑、叙事视角、叙事结构、叙事时空等角度对张竹坡的小说美学进行现代解读。

四、对张竹坡在中国古代小说理论史上的地位的评价

如何客观、公正地评价张竹坡及其《金瓶梅》评点，不仅仅是一个张竹坡与一本《金瓶梅》的问题，它涉及到的是我们如何正确对待文学遗产的问题。不苛求古人，还原历史，尽管操作起来不无困难，但也不应该成为主观与随意的借口。鲁迅、胡适等人从反封建文化的立场出发否定金圣叹、张竹坡等小说评点家的"'八股'作法"，在"五·四"那个特定的时代自有其道理，但以二子的身份与威望，如此盖棺定论却致使国人在很长时间里打不起研究小说评点的精神，也丧失了研究小说评点的勇气。自20世纪初期至20世纪80年代，曾经辉煌几个世纪、与小说序跋等一道构成我国小说理论形态的小说评点，极少有人问津，几十年的中国小说史、小说理论史研究对这种重要的文学现象保持沉默，对张竹坡及其《金瓶梅》评点的研究更是如此。首先打破这种僵局的，还是海外的"金学"研究者。

上个世纪70年代，美国学者戴维特·罗依撰写的《张竹坡对〈金瓶梅〉的评论》一文，对张竹坡的小说理论批评给予了高度评价。罗依提出应该重视对中国古代小说评点派的小说理论的研究，认为张竹坡对《金瓶梅》的评论是中国古代小说传统评点中最重要的作品之一，在中国文学批评史上应该给张竹坡一个重要地位，是"中国小说理论的宝藏"。罗依的文章本身理论深度一般，却卓有远见，他实际上开启了80年代以后对张竹坡评点《金瓶梅》研究高潮的先河。叶朗先生则将张竹坡置于毛宗岗乃至金圣叹之上，他说："张竹坡的小说美学也要比金圣叹、毛宗岗等人的小说美学更接近于近代美学的概念"，张竹坡"在很多方面把中国小说美学的理论向前推进了一步"。陈金泉承续了刘廷玑"继武圣叹"的看法，将张竹坡抬到与金圣叹比肩的地位，他的《金圣叹与张竹坡：中国古代小说美学之日月合璧》认为："我国古代小说美学理论体系的真正形成是金圣叹和张竹坡二人小说美学理论的结晶，他们二人的小说美学理论合在一起堪称我国古代小说美学史上的日月合璧。"就在叶朗等人对张竹坡评点《金瓶梅》不容赞美之辞时，也有人对此不屑一顾。朱星就认为"张竹坡《读法》说'《金瓶梅》是一部史记'这一句话还可取，其余都是冬烘先生八股调，全不足取。"朱星的看法显然不无偏颇，有失公允。张竹坡小说理论的价值是否如叶朗等人所言那么大，可以商榷；但可以肯定的是，其理论价值也不至于到了"只有一句话可取"的地步，这种批评方法和批评态度也过于简单和粗暴。无独有偶，日本学者池本义男对张竹坡评点《金瓶梅》也持基本否定的态度。在《论〈金瓶梅〉及其研究》一文中，他说："张竹坡在全书中删去了很多地方。他把酿成《金瓶梅》重要意义的条件删去了。因此，若以张竹坡本为重点，那么《金瓶梅》的主旨和意图，就完全抹杀，剩下的只不过是一部毫无真实性、司空见惯的淫猥小说而已。说到张竹坡的有功之处，那就是他整理《词话》中的脱误、衍文，使其连贯起来，但这些对《金瓶梅》的研究是微不足道的。"非常明显，池本义男对张竹坡存在较为严重的误读，"在全书中删去很多地方"的应是崇祯本（《新刻绣像批评金瓶梅》）而非张竹坡评本（第一奇书本），张竹坡的评点是以崇祯本为基础的，并非是池本义男所赞赏的词话本。即便是池本义男津津乐道的词话本，其小说美学价值也大大低于删节后的崇祯本，这是学界所公认的事实。

80年代末以来，海内外学者对张竹坡的小说理论批评日益变得理性起来。人们开始冷静、客观地分析、评价张竹坡的小说思想和小说理论，避免以前的简单化、二元对立倾向："好"便"继武圣叹""坏"则"全不足取"。一方面，大家基本上肯定张竹坡总结世情小说理论的首开风气之功，另一方面，对张竹坡在评点中表现出来的迂腐和牵强也不并讳言。王先霈、周伟民著的《明清小说理论批评史》，陈洪著的《中国小说理论史》，张少康、刘三富著的《中国文学理论批评发展史》，王运熙、顾易生主编，邬国平、王镇远著的《中国文学批评通史·清代文学批评史》等著作分别从世情理论的提出、人物性格的刻画(如"白描"手法的运用)、小说结构的布局等方面肯定了张竹坡小说理论的价值，同时也批评了张竹坡小说思想、小说理论中迂腐、保守落后的一面。我们认为，张竹坡的小说理论在基本思路上继承金圣叹而来，我们在细读其评点的过程中总是能发现圣叹留下的足迹。但张竹坡并没有做学舌的鹦鹉，他对圣叹留下的许多理论命题进行了深入开掘和探讨，甚至在某些方面还超越了圣叹的理论，并有自己独到的眼光。比如说张竹坡对小说叙事结构的论述比圣叹要具体；对小说中存在的两种时间(叙事时间和故事时间)之间的区别则是圣叹没有意识到的；对空间叙事、叙事逻辑的探讨，对谐音、隐喻和双关等叙事技巧的研究更是体现了他超越前人的理论自觉。

五、对张竹坡评点《金瓶梅》研究现状的反思以及未来研究走向的初步构想

总的说来，学界对张竹坡及其《金瓶梅》评点的研究在许多领域取得了令人瞩目的成绩。但回顾人们的研究历程，我们认为仍然存在许多不足之处，一些很有价值的研究课题还没能进入学人的视野，或者说投入的精力和产出的成果与张竹坡及其《金瓶梅》评点本的潜在价值不成比例。

人们在研究《金瓶梅》的张竹坡评本时，注重于小说评点的理论价值，而对构成小说评点价值的另外两个重要方面——文本价值和传播价值却鲜有研究。就张竹坡评点《金瓶梅》的文本价值而言，人们普遍认为张竹坡评本(第一奇书本)是直接在崇祯本的基础上生发而来的，张竹坡对《金瓶梅》没有多大改动。但事实上张竹坡的评点却在很大程度上超越了托名为李渔的崇祯本评点，而小说文本和评点文本的文本价值是第一奇书本价值体系中极为重要的两极。对张竹坡的评点与托名李渔的评点以及文龙的评点之间的比较研究，至今无人深入，而这个课题本身却是研究张竹坡小说思想和小说理论的一个重要组成部分。此外，"小说评点之发生、兴盛，其根本因素乃在于小说评点所显现的强烈的传播价值。"而张竹坡评本(第一奇书本)的传播价值，更是长期被人们忽略，与之一起被忽略的还有自张竹坡评本一出，人们竟然不知还有词话本、崇祯本的历史事实。从明清时期的商业文化、市民文化的角度研究张竹坡评本的传播价值，进而探讨"文学商品化"现象，当是一个极具研究价值的课题。即使是对张竹坡及其《金瓶梅》评点的理论价值，人们也大都停留在重复建设水平，论文数量大为可观，但缺少质的突破。当我们在现有的研究格局中无法继续往前掘进时，是否应该考虑变换研究思路和研究方法呢？是否可以尝试着借鉴全人类的优秀文化成果呢？比如说在保持中国小说评点特有的文学、文化价值的前提下，借鉴、参考西方有关的理论和方法，也许会在某些方面取得突破性进展。例如运用精神分析批评去探求张竹坡在评点中表现出来的道德情感倾向，或许可以解释张竹坡为何对小说中的一些人物如吴月娘等人表现出那么强烈的主观偏见；评点者对小说文本的积极阅读甚至亲手改窜，从一方面说他是小说的第一读者，从另一方面说又是小说的第二作者，运用解释学思想以及接受美学和读者反应批评，能更好地理解

张竹坡在其评点中表现出来的强烈的作者和读者意识；作为一种原创性的文学理论，以小说文本为唯一的批评对象并且采用细读法，小说评点与英美新批评有许多相似之处，而小说评点的文化批评范式与新批评的作品中心论以及小说评点"过度阐释"与新批评"不足阐释"的迷误，又使二者在很大程度上"同而不同处有辨"，小说评点与英美新批评之间的比较研究，应当是一个很有趣的课题；西方当代叙事学思潮的引进，又为我们研究小说评点这一中国传统的叙事理论提供了可资借鉴的思维方式和一定的操作模式。需要注意的是，不管借鉴何种外来理论和方法，都要与小说评点本身紧密结合，任何理论和方法只能具有工具论和方法论的意义，不能喧宾夺主，取代小说评点本身的主体地位，将小说评点变成印证新的理论和方法的材料。西方文艺理论对小说文本往往采取"分析式"批评，以科学主义代替个人的感兴发挥，排斥批评家和作者作品的心灵交流，理论体系严密，却难免流于机械、晦涩，在一定程度上肢解了作品文本活生生的艺术生命；而中国的小说评点则采取"评价式"批评，评点家全凭个人的主观感悟，通过与作者、作品的交流与对话，生动活泼有余而理论系统性不足。因此如何寻找一种新的研究方法，预设一套有效的理论模式，选择一个恰当的视点来研究张竹坡的评点（对中国古代小说评点都应作如是观），避免简单、机械套用西方理论命题、概念和范畴的弊病，不再满足于研究成果量的增加，转而追求质的突破，应是理所当然、势在必行的。

[参考文献]（略）

（原载《中国文学研究》2005 年第 4 期）

这篇述评是我学生写的。他考研究生时，大专学历，在中学工作已五六年了。第一次见面，就直言不讳地对我说，他考研的目的，是想改变一下工作环境，并不想做学问。我笑笑，说，什么事情都不要绝对，既然读研究生，该读的书也还是要读的。我问他平时读什么书。他说喜欢读小说。我问他是中国小说还是外国小说，他说是中国小说。我说，既然你喜欢读中国小说，就研究张竹坡对《金瓶梅》的评点吧。我嘱咐他要认真读原著，并对已有科研成果作出述评。他读书挺发愤的，虽然困难，还是托人买了几个版本的《金瓶梅》。我每次到资料室去，都看到他满头大汗地抱着一大堆资料去复印。一年不到搜集的资料就达两尺多高，并按时间逐年编好了索引。面对一大堆资料他不知从何处下手，我说，你去研究《文学评论》上发表的述评吧。他认真研究了《文学评论》上发表的四五篇述评，然后才开始述评的写作，到研二，已完成 3 万多字的述评了，上面所选，就是他述评中的一个部分。这个学生完成述评后就对我说，搞学问其实不难，很有趣的，他决定考博。后来他果真如愿考上了博士，现在已读博士后了。他对学术的了解和对学问产生兴趣，就是从写述评开始的。我相信这个学生将来的学术成就肯定比我这个当老师的要好得多。所以，我建议大家开题时要多读些述评，以后有机会也应多争取写些述评。

二、论述类

论述类论文有论有述，述论结合而侧重于论，它是作者就某一理论问题正面论证自己理论见解的文章。写文艺学、美学以及文学史方面的一些论文，通常属此一类型。这类论文，具有较强的理论色彩，它不是评论某一个对象，而是直接论证某一个理论问题。作者往往站在一定的理论高度，在比较抽象的层面来思考问题。论述中虽然也要涉及大量的资料、数据，但侧重点在于某一理论见解得到确证。论述类论文的写作，强调作者的理论修养，强调作者的理性思维，强调作者的理论论证。从历年毕业论文的选题看，大家觉得它难写，选的同学少。其实，这是一种误解。写这类论文，确实需要一定的理论修养，要在比较抽象的层次思考问题，但也不是可望而不可及。把一个理论问题想清楚了，就可以写。为了说明这一点，我举自己写的一篇论文为例。

"东方丑学"：张竹坡审丑理论初探

陈果安

提　要　张竹坡在《金瓶梅》的评点中，肯定了"丑"大规模地进入小说世界以及由此带来的审美意义，阐释了"化丑为美"的审美机制，提出了系统的以"审丑"为核心的小说理论，他的"丑学"理论在中国小说理论史和美学史上都具有重要的意义。本文对其"丑学"理论作了初步的探讨。

关键词　东方丑学　张竹坡　小说理论　金瓶梅　美学

　　张竹坡在中国小说理论发展史上具有重要的地位。他对中国小说理论的贡献集中在四个方面：(1) 他提出了系统的审丑理论，极大地开拓了中国小说的审美视野；(2) 他提出的"碟儿碗儿"论，确立了中国批判现实主义小说理论；(3) 他对《金瓶梅》结构形态的考察，丰富和促进了小说家把握和反映现实生活的思维方式；(4) 他提出的"寓意说"，推动了中国小说多重文本意象的建构。本文拟先对其审丑理论作一番探讨。

一

　　16 世纪中叶以降，旷世奇书《金瓶梅》开始以传抄本的形式问世。它一问世，立刻在传统的审美领域激起了一场轩然大波。《金瓶梅》之所以引起如此大的争议，并不像《水浒传》那样完全取决于政治思想方面的差异，而在于它建构了一个全新的价值取向：在它的世界里，没有对道德人格的孜孜追求，没有对政治理想的英勇献身。它刻划的主要人物乃是一个集官僚、恶霸、富商为一体的彻头彻尾的淫棍；而围绕着他颠倒奉行的妻妾、婢女、仆妇、妓女，既不具香草美人的寓意，也不是纯真爱情的象征，她们上演的只是一出粗鄙低劣、恣意淫乐的丑剧。在《金瓶梅》里，历史和人性的罪恶、丑陋、龌龊、肮脏蜂拥而出，肆无忌惮地拥挤到小说艺术的前台，并占据了小说艺术的每一个角落；传统的诗情画意已被击得粉碎。当"丑"如此大规模地进入小说的审美视野，如何认识"丑"，如何认识"化丑为美"的小说艺术，无疑也就成了小说理论家亟待解决的一个美学课题。

　　张竹坡评《金瓶梅》，非常准确地揭示了《金瓶梅》的美学特点。他指出，《金瓶梅》是一篇"市井文字"，不比"花娇月媚"的《西厢记》(读法第 80)。"夫一部《金瓶梅》，总是冷热二字，而厌说韶华，无奈穷愁。"(第 7 回回评)"西门庆是混帐恶人，吴月娘是奸险好人，玉楼是乖人，金莲不是人，瓶儿是痴人，春梅是狂人，敬济是浮浪小人，娇儿是死人，雪娥是蠢人，宋惠莲是不识高低的人，如意儿是顶缺之人。若王六儿与林太太等，直与李桂姐辈一流，总是不得叫做人。而伯爵、希大辈，皆是没良心的人。兼之蔡太师、蔡状元、宋御史皆是枉为人也。"(读法第 32) 张竹坡指出，《金瓶梅》是以罪恶作为全书表现中心的，"此书独罪财色""作秽言以泄愤也。"(《竹坡闲话》)他反对把《金瓶梅》视为"淫书"，而是把这部晚出的小说凌架于《三国》《水浒》《西游记》之上，称为"第一奇书"。他于卷首专门写了一篇《第一奇书非淫书论》："诗有善有恶，善者起发人之善心，恶者惩创人之逆志。圣贤著书立言之意，固昭然于千古也。今夫《金瓶梅》一书作者，亦将《裹裳》《风雨》《蒹葭》《子衿》诸诗细为模仿耳。夫微言之而文人知儆，显言之而流俗知惧。不意世之看者，不以为惩劝之韦弦，反以为行乐之符节，所以目为淫书，不知淫者自见其为淫耳。"张竹坡按照封建文人的惯例，从儒家经典《诗经》中去寻找理论的依据，这样的"引经据典"未免有些不伦不类，但他在《读法》第51至53则有进一步的论述：

《金瓶梅》说淫话，止是金莲与王六儿处多，其次则瓶儿，他如月娘、玉楼止一见，而春梅则惟于点染处描写之。何也？写月娘，惟"扫雪"前一夜，以所丑月娘、丑西门也。写玉楼，惟于"含酸"一夜，所以表玉楼之屈，而亦以丑西门也。是皆非写淫荡之本意也。至于春梅，欲留之为炎凉翻案，故不得不留其身份，而止于影写也。至于百般无耻，十分不堪，有桂姐、月儿不能出之于口者，皆自金莲、六儿口中出之。其难堪为何如？此作者深罪西门，见得如此狗彘，仍偏喜之，真不是人也。故王六儿、潘金莲有日一齐动手，西门死矣。此作者之深意也。至于瓶儿，虽然忍耐，不关人事，而气死子虚，迎奸转嫁，亦去金莲不远，故亦不妨为之张驰丑态。但瓶儿弱而金莲狠，故写瓶儿之淫，略较金莲可些。而亦早自丧命于试药之时，甚言女人贪色，不害人却自害也。吁，可畏哉！若惠莲、如意辈，有何品行？故不妨唐突。而王招宣府内林太太者，我固云为金莲波及，则欲报应之人，又何妨唐突哉？《金瓶梅》不可零星看，如零星，便止看到其淫处也。故必尽数日之间，一气看完，方知作者起伏层次，贯通气脉，为一线穿下来也。

凡人谓《金瓶梅》是淫书者，想必伊止看其淫处也。若我看此书，纯是一部史公文字。

迄今为止，这是我们所看到的有关《金瓶梅》性描写的一段肯定性文字。《金瓶梅》写的是一段罪恶史，它赤裸裸地将"酒色财气"暴露于读者的面前，最后将它无情地粉碎，它既是对社会黑暗的无情批判，也是对人性生存的无情拷问。它以淫荡、罪恶为核心，也就不可避免地涉及到淫乱的描写。有人作过统计，《金瓶梅》所涉及到的性描写共有105处，其中浓墨重彩者有36处，一般性描写有36处，一笔带过者有33处，对于这些描写，研究者们几乎众口一词地持一种批判的态度：重者，由此而否定了《金瓶梅》整部小说的艺术价值，认为它是"天下第一淫书"；轻者，在肯定《金瓶梅》艺术成就的基础上，也认为这些描写是《金瓶梅》无庸讳言的诟病。鲁迅当年写《中国小说史略》，对这些描写是持比较客观的态度的。他说："就文辞与意象以观《金瓶梅》，则不外描写世情，尽其情伪，又缘衰世，万事不纲，爰发苦言，每极峻急，然亦时涉隐曲，猥黩者多。后或略其他文，专注此点，因予恶谥，谓之'淫书'；而在当时，实亦时尚。成化时，方士李孜僧继晓已以献房中术骤贵，至嘉靖间而陶仲文以进红铅得幸于世宗，官至特进光禄大夫柱国少师少傅少保礼尚书恭伯诚。于是颇风渐及士流，都御史盛端明布政使参议顾可学皆以进士起家，而俱借'秋石方'至大位。瞬息显荣，世俗所企美，侥幸者多竭智力以求奇方，世间乃渐不以纵谈闺帏方药之事为耻。风气既变，并及文林，故自方士进用以来，方药盛，妖心兴，而小说亦多神魔之谈，且每叙床第之事也。然《金瓶梅》作者能文，故虽间杂猥词，而其他佳处自在，至于末流，则著意所在，专在性交，又越常情，如有狂疾，惟《肉蒲团》意想颇似李渔，较为出类而已。其尤下者则意欲语，而未能文，乃作小书，刊布于世，中经禁断，今多不传。"鲁迅认为《金瓶梅》中的性描写，是有其社会基础的，但它并非"着意所在，专在性交"的末流，"虽间杂猥词，而其他佳处自在""至谓此书之作，专以写市井间淫夫荡妇，则与本文殊不符，缘西门庆故称世家，为搢绅，不惟交通权贵，即士类亦与周施，著此一家，即骂尽诸色，盖非独描摹下流言行，加以笔伐而已。"

　　鲁迅强调《金瓶梅》的性描写有其社会基础，又指出这些描写并非"专门写市井间淫夫荡妇"，而是"著此一家，即骂尽诸色"，但对书中的"猥词"并未直接加以评价。"五四"以来，倒是有一种学术观点一直占主导地位，绝大多数的研究者都认为，《金瓶梅》里的性描写，存之"污目"，如果削删并不损伤原作的艺术性。事实上，许多学者也一直试图这样作，如，人民文学出版社 1985 年出版的戴鸿森校本，就删去了"猥词"19174 字，齐鲁书社 1987 年出版的王汝梅校本，删去了 10385 字。删去《金瓶梅》的"猥词"果真无损于原作的艺术性？只要将削删本与原本相对照就不难得出客观公正的结论。当然，目前我们出一些删节本是必须的，也是合理的，但就小说本身来说，这些描写实属小说的一个有机构成部分，是删不胜删甚至是不可删却的，郑振铎当年就曾感叹说，《金瓶梅》里"不干净的描写是那么多，简直像夏天的苍蝇们，驱拂不尽"。要正确评价《金瓶梅》所取得的思想价值和艺术价值，恐怕最关键的就是树立正确的"审丑观"。因此，张竹坡对于《金瓶梅》里"淫话"的评论，在今天看来就很有启发意义：

　　首先，他指出《金瓶梅》并非《西厢记》那样的"花娇月媚"的文字，所涉及的"淫话"乃"张驰丑态""深罪西门""故不妨唐突"；其次，他指出，《金瓶梅》里的这类描写，乃是根据主题及人物刻划的需要，主次详略明暗区别有致，并非平均用力；第三，他指出，《金瓶梅》虽间有猥词，但从整体上看，它是一部"史公文字"，读者不能零星割裂地看。这些论述实际上为如何评价《金瓶梅》确立了一个正确的前提，至今仍有启发意义。

二

　　张竹坡肯定《金瓶梅》是一部以描写罪恶为主题的小说，认为其间的"淫词"是小说有机的构成成分，不能因为其中涉及的"淫词"而把它视为一部"淫书"。同时，他还深刻揭示了"丑"进入小说领域的合理性及其审美意义认识意义。

　　张竹坡认为："稗官者，寓言也。其假捏一人，幻造一事，虽为风影之谈，亦必依山点石，借海扬波。"（《寓意说》）"作《金瓶梅》者，必曾于患难穷愁，人情世故，一一经历过，入世最深，方能为众脚色摹神也"（《读法》第 59）。《金瓶梅》非比"寻常小说家之漫肆空谈"（第 7 回回评），"盖作者必于世亦有大不得意之事，如史公之下蚕室，孙子之刖双足，乃一腔愤懑而作此书。言身已辱矣，惟存此牢骚不平之言于世，以为后有知心，当悲我之辱身屈志，而负才沦落于污泥也。"（第 7 回评）"此仁人志士、孝子悌弟不得于时，上不能问诸天，下不能告诸人，悲愤鸣邑，而作秽言以泄其愤也。""作者不幸，身遭其难，吐之不能，搔抓不得，悲号无益，借此以自泄。其志可悲，其心可悯矣。"（《竹坡闲话》）这些评语，都揭示了《金瓶梅》的现实生活基础以及"丑"进入小说世界的合理性和必然性。同时，他还深刻揭示《金瓶梅》的艺术价值认识价值。

　　张竹坡曾反复强调，《金瓶梅》是一部"史公文字"，必须把它当《史记》来读。他指出："《金瓶梅》因西门庆一分人家，写好几分人家。如武大一家，花子虚一家，乔大户一家、陈洪一家、吴大舅一家、张大户一家、王招宣一家、应伯爵一家、周守备一家、何千户一家、夏提刑一家，他如瞿云峰在东京不算，伙计家以及女眷不往来者不算，凡这几家，大的清河县官员大户，屈指已遍，而因一人写及一县。吁，一元恶大悼矣。"（《读法》第 84）"西门庆之恶十分满足，则蔡太师之恶不言而喻矣。"（第 47 回回评）"西门之恶，纯是太师之恶也。夫太师之下，何止百千万西门，而一西门之恶为何如也。"（第 48 回回评）"甚矣！夫作书者必大不得于时势，方作寓言以垂世。今止言一家，不及天下国家，何以见怨之深，而不能忘哉！故此回历叙运艮峰之赏，无谓诸奸臣之贪位慕禄，以一发胸中之恨也。"（第 70 回回评）这些评语都论及《金瓶梅》对社会黑暗的批判。

张竹坡认为，《金瓶梅》又是一部"惩人的书"（《读法》第 105）。"文字幽惨恶毒，直是一派地狱文字"（第 5 回回评）。"《金瓶梅》以'冷热'二字开讲，抑孰不知此二字为一部之金钥乎？"（《冷热金针》）"天下最真者，莫若伦常；最假者，莫若财色。然而伦常之中，如君臣、朋友、夫妇，可合而成；若夫父子、兄弟，如水同源，如木同本，流分枝引，莫不天成，乃竟有假父假子，假兄假弟之辈。噫，此而可假，孰不可假？将富贵，而假者可真，贫贱而真者亦假。富贵，热也，热则无不真。贫贱，冷也，冷则无不假。不谓冷热二字，颠倒真假一至于此。然而冷热亦无定矣，今日冷而明日热，则今日真者假，而明日假者真矣。今日热而明日冷，则今日之真者，悉为明日之假者矣。悲夫，本以嗜欲故，遂迷财色，因财色故遂成冷热，因冷热遂乱真假，因彼之假者，欲肆其趋承，使我之真者皆遭其荼毒，所以此书独罪财色也。"（《竹坡闲话》）"其书凡有描写，莫不各尽人情。然则真千百化身现各色人等，为之说法者也。"（《读法》第 62）"《金瓶梅》是部惩人的书，故谓之戒律亦可。虽然又云《金瓶梅》是部入世的书，然谓之出世的书亦无不可。"（《读法》第 105）张竹坡这些批语都指出《，金瓶梅》对丑恶事物的描写，既是对黑暗现实的批判，也是对人心世情的批判，对于社会风尚、人与人之间社会关系准则的批判，对社会意识形态的批判。他认为，《金瓶梅》以"千百化身现各色人等，为之说法""作者深著世情之险，危机触处皆然"（第 24 回评），"读此书者，于此处当深省之，便可于淫欲世界中，悟圣贤学问"（第 25 回回评）。这是对《金瓶梅》认识价值更深层次的理解。

三

在《金瓶梅》的意象世界里，丑，占据了舞台的中心乃至每一个角落。小说以恶霸豪绅西门庆一家的兴衰荣枯为线索，以大量篇幅写了西门庆污秽不堪的家庭生活和这一家庭内部妻妾之间的争宠斗强，卖俏营奸。它写的是一家，但未局限于一家，而是通过它的社会交往，上通朝廷，中结官府，下凌百姓，勾勒了一个阴森冷酷的鬼域世界。它写的是曲尽丑态的肮脏淫乱，陷于灭顶之灾的罪恶和令人窒息的黑暗与腐臭。这是一部真正的"恶之花"。张竹坡认为，《金瓶梅》对于丑恶事物的描写既有其深厚的社会基础，又有其深刻的认识价值，但他在评点中并没有把生活中的"丑"与小说中的"丑"等同起来，而是花了许多笔墨，反复阐述了小说作者是如何认识"丑"、反映"丑"、表现"丑"的，这就深刻揭示了小说艺术是如何"化丑为美"的。

张竹坡认为："看《金瓶梅》，把他当事实看，便被他瞒过，必须把他当文章看，方不被他瞒过也。"（《读法》第 40）"使看官不作西门的事读，全以我此日之文心，逆取他当日的妙笔，则胜如读一部《史记》。"（《读法》第 82）他反复强调，读《金瓶梅》，不能把它当作"事实"来看，必须把它当作"文章"去体会作者的"文心"。

张竹坡认为：《金瓶梅》是大手笔，都是极细的心思做出来者。"（《读法》第 104）"若《金瓶》，乃隐大段精采于琐碎之中。"（《凡例》）"我喜其文之洋洋一百回，而千针万线，同出一丝，又千曲万折，不露一线。"（《竹坡闲语》）"《金瓶》处处体现人情天理，此是其真能悟彻了，此是其不空处也。"（《读法》第 103）"其各尽人情，莫不各得天道。即千古算来，天之祸淫福善、颠倒权奸处，确乎如此。读之，似有一人亲为执笔，在清河县内，西门家里，大大小小，前前后后，碟儿碗儿，一一记之，似真有其事，不敢谓为操笔伸纸做出来的。"（《读法》第 63）但他又强调作者的艺术加工与创造，认为这不是对于现实生活的简单摹写。他说:"常见一人批《金瓶梅》曰:'此西门之大帐薄。'其两眼无珠,可发一笑。夫伊于甚年月日,见作者雇工于西门家里写帐薄哉?"(《读法》第82)"作《金瓶》者,乃善才化身,故能百千解脱,色色皆到,不然正难梦见。"(《读法》第57)"《金瓶梅》写奸夫淫妇,贪官恶仆,帮闲娼妓,皆通身力量,通身解脱,通身智慧,呕心呕血"(《读法》第82),"作《金瓶梅》者,必曾于患难穷愁,人情世故,一一经历过,入世最深,方能为脚色摹神也。"(《读法》第59)"作《金瓶》者,必能转身证菩萨果,盖其立言处,纯是麟角凤嘴文字故也。"(《读法》第58)"《金瓶梅》究竟是大彻悟的人做的,故其将僧尼之不肖处,一一写出。此方是真正菩萨,真正彻悟。"(《读法》第79)

在张竹坡这类批语中,有几点是值得注意的:(1) 他指出,读《金瓶梅》,必须把它当"文章"看,而不能把它等同于日常生活。这也就是说,生活中的"丑"一旦进入小说,它就作为一种审美对象进入审美过程,"审丑"实际上也就意味着"审美"。(2) 他认为《金瓶梅》的特点是"隐大段精采于琐碎"之中,"千针万线同出一丝",《金瓶梅》所写的"祸淫福善颠倒权奸处""处处体贴人情天理",其关键是作者于"人情世故,一一经历过,入世最深"。(4) 他认为作《金瓶梅》者,必须"真彻悟""大彻悟""转身证菩萨果",才能有"麟角凤嘴的文字"。张竹坡所表达的这些认识是非常精彩的。当"丑"大规模地涌入作家视野而成为特定审美视野中的主要对象,这意味着人们在审美领域开辟出一片崭新的天地,也意味着人们对自身审美意识、审美能力的一次大飞跃。诚然,就其本质意义来说,"审丑"也就是"审美"。但是,"审丑"除了遵循审美和文学创作的一般规律,毕竟还有着它自身的规律与特点(张竹坡在评点中就是多次强调,《金瓶梅》不比"花娇月媚"的《西厢记》)。"审美"与"审丑"之不同,从最基本的表征来看,一切美的事物,一切"诗情画意",它都与人们的审美理想审美情感直接对应,能够直接引发人们的共鸣性情感;而丑恶、肮脏、淫秽、腐臭的东西一旦进入人们的视野,人们几乎本能地就将其排除在自己的审美情感之外。因此,对"审丑者"来说,当他把丑陋的事物当作自己的审美对象,就必须超越丑恶事物与审美理想之间的对立,在否定性审美情感的基础与去重铸自己的审美情感审美理想。在这一过程中,审丑者对于感性对象的多重超越,以获得明心见性的"大智慧",乃是必然的前提。

张竹坡强调《金瓶梅》的写作一方面是"仁人志士、孝子悌弟不得于时,上不能问诸天,下不能告诸人,悲愤呜邑,而作秽言以泄其愤也";另一方面,他又指出:"作《金瓶梅》者,必能转身证菩萨果""是大彻悟的人做出",他通过佛家入于尘世又超越尘世,明心见性破惑证真的"转身证菩萨果",准确地揭示出审丑的心理机制,其强调的"大彻悟""大智慧"是对审丑心理机制的一种透彻理解。

四

"丑"进入小说成为小说家直接描写的主要对象,它不能是生活的照录和简单仿写,不能是自然主义的展示和赏玩。它必然经过作者审美眼光的观照与透视,经过审美理想的透析与烛照。作者去表现丑时,他不能丧失自己的审美判断,不能模糊了自己的审美理想。张竹坡在《金瓶梅》评点中,实际上花了大量笔墨去揭示作者的审美评价和审美倾向。

张竹坡认为:"《金瓶梅》到底有一种愤懑气象"(《读法》第77),"文字幽惨恶毒,直是一派地狱文字"(第5回回评),"《金瓶》是两半截书。上半截热,下截冷;上半热中有冷,下半冷中有热。"(《读法》第83)"《金瓶梅》写西门庆无一亲人,上无父母,下无子孙，中无兄弟。"（《读法》第85）"《金瓶》何以必写西门庆孤身一人，无一着已亲哉？盖必如此，方见得其起头热得可笑，后文一冷便冷到彻底，再不能热也。"（《读法》第87）"作者直欲使此清河县之西门氏冷到彻底，并无一人。虽属寓言，而其恨此等人，直使之千百年后，永不复望一复燃之灰。吁！文人亦狠矣哉！"（《读法》第88）他这类评语，巧妙地通过"冷""热"二字，揭示出作者寓于形象之中的审美倾向审美评价。

除了从整体上揭示小说作者的审美倾向，张竹坡深入到小说的情节构思、人物刻画中去，深刻揭示了作者的种种"寓言"。例如他说，《金瓶梅》"以玉楼弹阮起，爱姐抱阮结，乃是作者满肚皮猖狂之泪没处洒落，故以《金瓶梅》为大哭地也。"（《读法》第108）"狮子街，乃武松报仇之地，西门几死其处。曾不数日而子虚又受其害，西门徜徉来往。俟后王六儿，偏又为之移居此地。赏灯，偏令金莲两遍身历其处，写小人托大恶患，嗜恶不悔，一笔都尽。"（《读法》第33）他指出，月娘"乃《金瓶梅》中第一绵里裹针、柔奸之人"（第14回回评），"夫新娶一妾，昨夜上吊，今晚西门拿马鞭入房，月娘为同室之人，乃高枕不问，其与西门上气不问可知矣。"（第20回回评）《金瓶梅》"处处以娼妓暗描瓶儿，作者之意可想。"（第15回回评）他认为："《金瓶梅》内却有两个真人、一尊活佛，然而总不能救一个妖僧之流毒。""武大毒药既出之西门庆家，则西门庆毒药固有人现身而来，神仙、真人、活佛亦安能逆天而救之也哉？"（《读法》第91、92）然而"一片淫欲世界中天命民懿"并没有"尽为灭绝""《金瓶》内有一李安，是一个孝子；却还有一个王杏庵，是个义士；安童是个义仆，黄通判是个义友，曾御史是个忠臣，武二郎是个豪杰悌弟。"（《读法》第89）"《金瓶》以'空'结，看来亦不是'空'到地的，看他以孝哥结，便知。然则所云幻化，乃是以孝化百恶耳。"（《读法》第76）"写月娘，必写其好佛，人抑知作者之意乎？作者开讲，早已劝人六根清净，吾知其必以空结此财色二字也。夫空字作结，必为僧乃可。夫西门不死，必不回头。而西门既死，又谁为僧？使月娘于西门一死，不顾家业，即削发入山，亦何与于西门说法？今必令西门自己受持方可。夫西门已死，则奈何？作者几许踌躇，乃以孝哥生于西门死之一刻，卒欲令其回头，受我度脱，总以圣贤心发菩萨愿，欲天下无终讳过之人，人无不改之过也。夫人之既死，犹望其改过于来生，然则作者之待西门，何其忠厚慨恻，而劝勉于天下后世之人，何其殷殷不已也。是故既有此大结束在胸中，若突然于后文生出一普净师幻化了去，无头无绪，一者落寻常窠臼，二者笔墨则脱露痕迹矣。故必先写月娘好佛，一路尸尸闪闪，如草蛇灰线，后又特笔出碧霞宫，方转到雪涧，而又只一影普净，迟至十年，方才复收到永福寺。且于幻影中，将一部有名人物花开豆爆出来，复一一烟消火灭了去，盖生离死别，各人传中，皆自有结，此方是一总大结束。"（《读法》第26）张竹坡这类评语，的确折射、放大出小说原作中的艺术信息，从艺术创作的层次，揭示了"化丑为美"的艺术机制。

小说以生活中极端的丑作为自己的描写对象，离不开作者的审美评价与判断。但是，作者的审美评价总是寄寓在小说的形象体系之内的，它不可能是赤裸裸的议论与说教。那么，这一类作品的阅读，对于读者来说也就提出了新的要求。张竹坡在评点中，还多方面论及了阅读者应持的审美态度、阅读方法。

张竹坡认为："读《金瓶》者多，不善读《金瓶》者亦多。"（《读法》第92）"看《金瓶》，把他当事实看，便被他瞒过，必须把他当文章看，方不被他瞒过也。"（《读法》第40）"读《金瓶》，必须置唾壶于侧，庶便可击。""《读金瓶》必须中国文学研究置宝剑于右，或可划空泄愤"。"读《金瓶》，必须悬明镜于前，庶能圆满照见。""读《金瓶》，必置大白于左，庶可痛饮，以消此世情之恶。"（《读法》第 93 至 97）"读《金瓶》，必静坐三月方可。否则眼光模糊，不能激射得到。"（《读法》第 72）《金瓶梅》不可零星看，如零星，便止看其淫处也，故必尽数日之间，一气看完，方知作者起伏层次，贯通气脉，为一线穿下来也。"（《读法》第 52）"读《金瓶》，当知其用意处。夫会得其处处所以用意处，方许他读《金瓶梅》"（《读法》第 70）。"夫对人说贼，原以示戒，乃听者反因学做贼之术，是非说贼者之过也，彼听说贼者本自为贼也。"（《读法》第 82）他这类评语，从读者的层面阐述了"化丑为美"的审美机制，对于《金瓶梅》的阅读，具有普遍的指导意义。

五

回顾人类审美的历程，审丑一直是审美一个极有意味的方面。我们还不能肯定地说，"审丑"比"审美"来得更为深刻、更为本质，但是艺术家从生活中感受到了丑陋、罪恶、荒谬、异化，他就有权将"丑"纳于自己的艺术视野而去创造"丑艺术"；人们也就不得不将立足点部分地由"美学"而转移到"丑学"上来。当代学者刘东曾写过一本《西方的丑学》，他对西方文学艺术发展中的"丑学"作了一次饶有兴趣的巡视。刘东曾指出："现代西方的艺术才情，也恰恰表现在敏锐的审丑力上。他们绝不愿意被围于（鲁迅所概括的那个）'美的圈'，而偏偏要把注意力集中在传统以为不可表现的鼻涕、大便、癞头疮、毛毛虫上。"从西方文学艺术的发展来看，他们由"审美"而转入到"审丑"有其深厚的社会、文化根源，但也昭示了文学艺术发展的某种内在的规律。因为，只有丑学这个词，才能帮助我们去概括从理性中'异化'来的一系列被突出地固定出来的感性范畴——孤独、畏、烦、冷嘲、颤栗、绝望、怕、恶心……只有丑学这个词，才能帮助我们去概括被感受为'异化'的种种异在（包括人与人、人与自然、人与社会、人与自我）——疏远、间隔、荒诞、冷寂、孤独……同时，也只有丑学这个词，才能帮助我们去理解现代西方的'反艺术'。"（刘东：《西方的丑学》第 210，四川人民出版社 1986 年版）实际上中国也有自己的"丑学"传统，这种渊源可以直接追溯到《诗经》和《左传》。但直到明中叶，才出现了《金瓶梅》这样集中描写罪恶的巨著。我们以前讨论《金瓶梅》，更多地是从社会批判的角度去探讨它的写实成就，其实，倘从"丑学"的层面去剖析它的文化价值，也许另有一番意义在。《金瓶梅》的出现，不仅在人们的道德情感中掀起了轩然大波，而且对于人性、人的生存作了最为残酷的拷问。《金瓶梅》出现之后，尽管封建卫道士们顽固地将之拒绝于自己的审美视野之外，但一些先行者，如袁宏道、欣欣子、弄珠客、谢肇淛等，还是从美学的角度肯定了它的价值。至张竹坡，则初步形成了他的"丑学"理论。

关于"丑学"——中国美学发展史上这场不大不小的革命，自张竹坡之后并没有真正深入下去，对于《金瓶梅》评论也通常在道德与丑学的交混中争执不清。但张竹坡的审丑理论对于中国古代美学、中国古代小说理论以及《金瓶梅》的研究都有相当的意义。本文对张竹坡的丑学理论限于篇幅只能是一个初步的探讨，至于如何从深广的文化背景上去挖掘张竹坡的丑学理论以及对中国"丑学"作出深入的研究，只能留待日后。

（选自《中国国学研究》2000 年第 2 期）

1999 年，我将金圣叹小说理论研究告一段落后，本想将自己的研究转向其他三大评点家的研究，适逢学生研究张竹坡的评点，也就开始研究《金瓶梅》和张竹坡的评点。当时我系统地查阅了有关文献，做了很多卡片。不过，当我写完《张竹坡对典型理论的贡献》之后，感到很茫然，如果按照传统思路去写，实在有点难以为继，但又苦于找不到突破口。一个偶尔机会，我读了刘东的《西方的丑学》，感到豁然开朗。在我看来，《金瓶梅》实实在在是一本中国的"恶之花"，而张竹坡对《金瓶梅》的评点，就是典型的审丑理论。为了证实这种想法，我把张竹坡的评点重新读了一遍，感觉依然如此。我感到很兴奋，因为在此之前，还没人这么提过。于是，我把有关的审丑理论重新研读了一遍，把做的卡片重新分类，按论述的顺序排列好，然后按卡片一路写下来。说实话，我写这篇文章的时间并不长，倒是思考的时间比较长。中间虽涉及到理论，但这些基本理论并不高深，美学课我们都学过。我要做的工作，也就是看张竹坡的评点是否涉及到审丑，他所达到的广度和深度，以及他这些评点的意义。

论述类论文固然可写成学理性、思辨性、抽象性很强的"纯论述"，也可写成陈述性、梳理性、比较具体的"亚论述"。前者不是一朝一夕之功，后者我们都可问津。

我在很多场合都说过，中文专业的学生，不论将来作什么，都应该注意提高自己的理论修养，训练自己的理论思维。如果对理论不感兴趣，会留下许多遗憾，我至今仍坚持这个观点。因为看问题，需要一定的理论依据；思考问题，需要一定理论高度；论述问题，需要把条理捋清楚。如果具备一定的理论基础，这些问题就不难解决。所以，遇到这类选题，也不妨去试试。

三、评论类

评论类论文简称为"评论"，是中文专业学生写得比较多的一种论文。评论可采用不同形式，如书信体、谈话体、随笔体等。讲论文写作，通常讲的是论述体评论。因为论述体评论是最常见也是最严谨的文学评论体式，它观点明确、论据充分，推演过程步骤清晰，有较严密的逻辑性，是一种规范形态的论文。

写评论要以一定的文学理论为指导，但又不同于文学理论的研究。它研究评价的是一个个具体的作家、作品、文学运动或文学思潮。文学理论与文学评论的关系是基础科学和应用学科的关系：文学理论为文学评论提供基本理论、观点和方法；文学评论则是将其运用到批评实践中去并在批评实践中丰富和推动文学理论的发展。

评论有作品论、作家论、思潮论之分，其中作品论是最主要的一种，因为对作家和思潮的评论要结合具体作品；而作品论也可能加入对作家生平经历的分析和对文学思潮的分析。

所谓的作家论，其实并不能独立存在，它总是与作品论结合在一起，甚至可以说是作品论的延伸。因为作家的生命寄身于其作品的存在序列中，作家的独特性即所谓"风格"是通过其作品的延续形成的；对作家生平、思想的描述通常也是为了使读者更好地理解其作品的内涵和特点。"作家论"与"作品论"的不同也许就在于后者是通过对某一作品与其他作品的"互文性"比较——直接或间接地——论证其新颖独创性；而前者却是通过某一作家的作品系列作品抽象出其人格化的精神价值。

思潮论指的是批评家对特定时间作品中共同表现出来的新的思想倾向和新的创作风格的论述。20世纪以来，文学思潮涌现的品类繁多及转换频率之快是以往所有历史都无与伦比的，短短几十年间就有超现实主义、未来主义、意识流、存在主义、"新小说"、荒诞派、魔幻现实主义等各种思潮层见叠出，令人眼花缭乱。自上世纪80年代以来，这些来自欧美的文学思潮几乎在我国文坛上重演了一遍。随着经济与文化全球化进程的加速，在"先锋派"退潮之后又有新的文学思潮不断涌现，如"新现实主义""新状态文学""女性写作""私人写作""新都市小说"（新市民小说）等。及时发现这些思潮并判断它的真伪，揭示其对于当代文学与当代文化的意义，是思潮论的题旨所在。写思潮论，要求作者要对文学思潮兴起的社会背景、理论资源及其文学作品的内容与形式的诸方面作综合考察。此外，还要对这些思潮是原发的还是受传统或外来影响而被激发的，它的未来趋势将会怎样做出判断，这样才能对读者的理解与作家创作带来有益的启示。

作品论必须从文本分析入手，法国批评理论家蒂博代认为，"理解这些杰作里面自由的创造冲动所包含的年轻和新生的东西"，是批评的"高级职能"。好的作品论不仅要能发现这些"新因素"，还要能够通过分析、比较加以论证，从而使这些"新因素"得以确立。如鲁迅对《红楼梦》的评论："说到《红楼梦》的价值，可是在中国的小说中实在是不可多得的。其要点在敢于如实描写，并无讳饰，和从前的小说叙好人完全是好，坏人完全是坏的，大不相同。所以其中所叙的人物，都是真的人物。"因论说的准确、严谨，这一观点也就成了红学界的一条通识。

写评论要基于作者对文学作品文学现象真切的理解与认识，而作者把握对象的方式是双重的：一方面，他必须把评论对象当作审美对象，以审美的方式去把握对象；另一方面，他必须把对象当作科学对象，以科学的方式去把握对象。

研究文学仅仅靠理智是无法真正地把握作品的。文学作为一种特殊的意识形态，它以艺术的方式掌握世界。作家们以审美的眼光感受、观察着现实世界，并按照美的规律，运用艺术思维，通过具体可感的形象，将自己独特的对于现实世界的审美感受传达出来，从而创作了文学作品。批评家要科学地判断其思想价值和艺术价值，首先就必须以审美的方式深切地去感受这个作品。如批评家不能走入作家所创作的艺术世界，是无法把握作品的。现实中，我们就可能体会得到，读一篇小说，读一首诗，你可能读出了全部文字，并不见得就把握了它；甚至读懂了其中每一个字、每一个词、每一个句子的含义，也不见得就把握了它，因为作品的意境、神韵、形象、意蕴、匠心、风格、创作个性等，并不是通过文字直接表达出来的，它需要我们借助文字，运用想象和联想去感受、把握。如果没有审美感受能力，就不能具体感受流注于整个作品之中的生气，不能把握"活生生"的有血有肉的具体的作品。

然而，评论的目的并不止于一般意义的审美，它的本质是一种科学研究活动，一切感性的东西只有上升到科学理性高度才能达到对对象本质的真正理解，才能分析文学现象，判断其思想价值和艺术价值，确定具体文学现象与美的理想典范之间的符合程度、冲突程度，从而总结出规律性的结论。王国维在《人间词话》中说："诗人对宇宙人生，须入乎其内，又须出乎其外。入乎其内，故能写之；出乎其外，故能观之。入乎其内，故有生气；出乎其外，故有高致。"俞平伯将其移之于文学批评，他在《人间词话·序》中说："作文艺批评，一在能体会，二在能超脱。必须身居其中，局中人知甘苦；又须身处局外，局外人有公论。"这一"出"一"入"，说的正是批评家把握对象的双重方式及其转换，对评论写作具有普遍指导意义。

与前者密切相关的是感性与理性的有机融合。在评论的写作过程中，无论酝酿构思还是形诸表达，理性与感性都是充盈其中的。

写评论，必须基于我们对于作品的审美感受。从审美感受出发也就是从作品实际出发。没有真切具体的审美感受就可能导致观念式、理念式的批评。在现实中我们可以看到，有些评论，从概念到概念，根本没有自己的审美感受，说了半天也不切作品实际，显得面目可憎。

但是，写评论又不能停留在感性的层面上，单凭感性认识是绝对不能准确地把握评论对象的。巴金曾说过："随便举一个例罢，谁都知道别林斯基是一个大批评家，许多作者都受过他的指导。但是他一生写过一篇印象式的读后感吗？没有一个批评家曾拿过印象来做批评的标准。批评一篇文学作品，不去理解它，不去分析它，不去拿一个尺度衡量它，单凭自己的政治立场，甚至单凭自己一时的印象，这绝对不是批评，这只是个人的读后感。事实上也许这个人根本就不懂得文学和艺术。"①别林斯基也曾说过："判断应该听命于理性，而不是听命于个别的人，人必须代表全人类的理性，而不是代表自己个人去进行判断。'我喜欢，我不喜欢'等说法，只有当涉及菜肴、醇酒、骏马、猎犬之类的东西时才可能有威信；在这种时候，这种说法甚至可能是有权威性的。可是，当涉及到历史、科学、艺术、道德等现象的时候，仅仅根据自己的感觉和意见任意妄为地、毫无根据地进行判断的所有一切的我，都会令人想起疯人院里不幸的病人……进行批评——这就是意味着要在局部现象中探寻和揭示现象所据以显现的普遍理性法则，并断定局部现象与理想典范之间的生动的、有机的相互关系的程度。"②

在评论的写作中，复述是走向判断的途径。没有复述，也就没有论据。但要作好复述，殊非易事。别林斯基曾这样论述过复述：

> 再没有比叙述一部艺术作品的内容更困难、更麻烦的事了。叙述的目的不在于显示优美的章节：不管一部作品的章节好到如何程度，它总是在对整体的关系上看来才是好的。因此，叙述内容时必须有这样一个目的——仔细探究整部作品的概念，以便显示这个概念是被诗人多么忠实地实现出来。怎么能够做到这一点呢？重抄整部作品是办不到的；可是，从卓越的整体中选取一部分章节，而删弃另外一部分章节，为的是不要让摘录超过应有的限度，这怎么行呢？其次，用枯燥乏味的故事，把摘录联结起来，让神情和色彩、生命和灵魂留在书中，而仅仅抓住死的骨架，这又怎么行呢？我们现在特别感觉到我们所负的责任和重大的困难了。在这以前，我们已经对于无数优美的局部章节觉得茫无所措了，而现在，当我们开始讲到故事中最重要的部分的时候，我们更是想逐字逐句地把作者的整段叙述抄录出来，其中的每一个字都是含意深长、回味无穷，充满着浓烈的诗意，闪烁着绚烂、华美的色彩；然而，我们还是像先前一样，不得不用自己的方式加以复述，同时，尽可能地保持原书的句法，摘录一些章节。①

　　①别林斯基．别林斯基选集．第 2 卷[M]．上海：上海译文出版社．1979:271-272.

批评家之所以感到复述困难，在于他既不能"逐字逐句全抄整部作品"，也不能把"神情和色彩、生命和灵魂"留在书中，仅仅抓住一个"死"的骨架——他在复述有关内容时必须抓住原作的神韵与风格。如果复述作得不好也就会损害原作的生命，影响自己的判断。事实上，越是优秀的作品就越难复述，因为它的意旨深藏在故事的背后，它的风格、神韵也不易把握，只是简单地介绍它的情节很可能会使人觉得平庸而毫无意味。这就要求批评家"心领神会"，真正领悟作品的意蕴，并从这种领悟出发复述故事情节，才能把读者引向作品的精髓并被它感染。在这一过程中，直觉性的、感悟性的审美心理投射是必不可少的，仅凭纯客观的理智而没有主体精神的烛照，无法作好复述。

复述有两种形式，一是概括式的复述，一是比较具体的复述。概括式的复述是一种鸟瞰，它带给我们的是经过批评家想像力过滤的一幅速写，一个镜头，几笔彩绘；具体的复述，则带领我们走近原作，显示作品的一切浓淡色度。要作好复述必须要做到以下几点：(1)要传

　　①　转引自：蔡赓生．文学评论与鉴赏教程．[M]．武汉：武汉大学出版社．1997:302.

　　②　别林斯基．别林斯基论文学[M]．上海：新文艺出版社．1958.

达原作的风格、神韵；（2）要抓住主要线索和主要场面；（3）要寓评论于复述之中；（4）要恰当地引用原文。

具体复述是对原作内容再度描述，因而也包含摘引。摘录实际上是一种广义的复述，它的用意仍在于介绍原作。在文学作品中，一些生动的描写、精妙的语言，往往不可替代不可转述，在这种情况下，适当地引用原文更能逼近原作。摘录有明引和暗引之分。明引不能改动原作的文字，通常加上引号以作标志。暗引则是评论者在转述中不露痕迹地插入原作的文字，为了行文的衔接吻合，有时可对原作的文字作少量改动。摘引原文，关键是选得准，引得恰到好处。

要作好复述，须综合运用概括复述和具体复述并使评论融于复述之中，如余华是这样复述福克纳小说《沃许》的：

> 这个故事和福克纳的其他故事一样粗犷有力，充满了汗水和泥土气息。两个白人——塞德潘和沃许，前者因为富裕成了主人，而贫穷的沃许，他虽然在黑人那里时常会得到来自肤色的优越感，可他仍然是一个奴隶，一个塞德潘家中的白奴。当这个和他一样年过六十的老爷使他只有十五岁的外孙女怀孕以后，沃许没有感到愤怒，甚至连不安都没有。于是故事开始了，沃许的外孙女弥丽躺在草垫上，身边是她刚刚出生的女儿。塞德潘这一天起床很早，不是为了弥丽的生产，而是他家中名叫格利赛达的母马产下了马驹。塞德潘站在弥丽的草垫旁，看着弥丽和她身边的孩子，他说："真可惜，你不是匹母马。不然的话，我就能分给你一间挺像样的马棚了。"塞德潘为格利赛达早晨产下的小公马得意洋洋，他说："公的。呱呱叫的小驹子"。然后他用鞭子指指自己的女儿："这个呢？是个母的，我觉得。"

这里，概括复述与具体复述结合得天衣无缝。抛开评论的内容不论，单就复述而言，这样的复述不仅使读者了解了原作的"意思"，同时还能领略到原作的语言风格和情感色彩。

不论哪一种复述都不应是对原作语言和经验冷漠、枯燥的介绍，而是对艺术作品经验的再度创造，因而复述本身即包含着理解和阐释，或者说，复述和阐释自然地连成一体。

还是看余华评《沃许》的一个片断吧：

> 沃许砍死塞德潘之后，威廉·福克纳的叙述似乎进入了某种休息中的状态，节奏逐渐缓慢下来，如同远处的流水声轻微和单纯地响着。叙述和沃许共同经历了前期的紧张之后，随着那把镰刀果断地砍下去，两者又共同进入了不可思议的安静之中。当沃许几乎耗尽了毕生的勇气和力量，终于完成了自己的工作，他似乎像他的外孙女一样的疲惫了。于是他坐在了窗口，开始其漫长的等待，同时也开始了劳累之后的休息。此刻的叙述展示了一劳永逸似的放松，威廉·福克那让叙述给予沃许的不是压迫，而是一种酬谢。沃许·琼斯理应得到这样的酬谢。

这里的复述既带有福克纳的语言风格，又带有余华自己的语感和色彩，造成一种奇怪的融合，这种融合我们还可以在其他作为艺术家的评论家笔下发现，如鲁迅、沈从文、李健吾、贾平凹等，他们在复述原作的某一内容时，常常调动了自己的情感与想象，进入到"彼一世界"的再造，从而与原作者同声相和，水乳交融。

写评论不能没有"述"——只有把自己的评论对象准确地描绘、勾勒出来，才有可能在此基础上进行评论。但这类论文的"述"完全是为了"评"。有些同学写评论花了很大篇幅去转述作品的故事情节，自己的评论却很少。这样写，成了作品故事情节的介绍，无法构成真正意义上的"评论"。

在评论中，批评家分析评论作品最常采用手段是描述和论证。

描述指的是对批评家主观感受的描述；论证是对批评对象的分析和综合，它往往从一定的理论与批评方法出发，通过归纳、演绎和比较的方法，揭示对象的性质或规律。

批评中的描述，需要评论者将自己对艺术作品的审美感受具体化为一定的形象和情境，同时也将自己的思考包容于其中，只不过这种"思"不是抽象的理性的"思"，而是形象的诗意的"思"。我们试以海德格尔对凡·高的《农民鞋》的评述为例：

> 从鞋具磨损的内部那黑洞洞的敞口中，凝聚着劳动步履的艰辛。这硬邦邦、沉甸甸的破旧农鞋里，积聚着那寒风陡峭中迈动在一望无际的永远单调的田垄上的步履的坚韧和滞缓。皮质农鞋上沾着湿润而肥沃的泥土。暮色降临，这双鞋在田野小径上踽踽而行。在这鞋具里，回响着大地无声的召唤，显示着大地对成熟的谷物的宁静的馈赠，表征着大地在冬闲的荒芜田野里朦胧的冬眠。这器具浸透着对面包的稳靠性的无怨无艾的焦虑，以及那战胜了贫困的无言的喜悦，隐含着分娩阵痛时的哆嗦，死亡逼近时的战栗。

像这样纤细的，体现着批评者与作品的深挚对话的描述，即在海氏本人的作品中也不多见，给人的启示却是理性话语所难以达到的。也许，从本质上说，只有经由对批评体验的描述，阐释才能到达其应有的深度。

再看丹纳对莎士比亚的评论：

> 莎士比亚的风格是各种猛烈词句的复合体，没有一个人能够像他这样随心所欲地驾驭语言。交错的对比，狂暴的夸张，省字符号，惊叹符号，颂歌的狂热，意念的转换，可怖的或神圣的形象的堆积，全都羼杂在一行诗句中；照我看来，他似乎没有一个字不是大声喊出来的……莎士比亚从不平静地去看待事物。他的全部思想力量都集中在当前的形象和意念上面。他把自己投入到这些形象和意念中去。面临着这样一位天才，我们犹如置身在深渊的边缘；一股回旋的急流汹涌奔腾，吞没了一切，其中浮现出来的东西都是改变了形状的，我们在这些震动心弦的隐喻面前，不禁茫然若失；这些隐喻是由一只狂热的手在夜间的谵妄迷乱中写出来的，它们把需要用一整页去表现的意念和图象凝聚在半句话之中，使人目不暇接。字眼失去了意义；结构被打乱了；似非而是的风格，人在忘我的激动之中偶然脱口而出的显然虚妄的辞藻，全都变成了普遍的语言；他迷惑别人，搀斥别人，使人发生恐惧，感到厌恶，受到挫折；他的诗是一首深入肺腑的壮丽的歌曲，唱出了高昂的声调，甚至超越了我们的听觉，使我们觉得刺耳，我们只有用自己的心灵才能领会这种歌曲的正确和优美。
>
> 可是这还在其次，因为那种凝聚力是突然迸发出来的，因而变得更为强烈有力。莎士比亚的作品中没有预先布置的伏笔，没有经过考虑的适当安排，没有按部就班的进展，他不管自己能不能被人理解。他像强悍的烈马，只会跳跃，不能奔跑。他在两句话之间架起了沟通庞大空隙的桥梁；刹那之间就接触到两个极端。读者无法找到它们之间

的线索；它们被那些惊人的跳跃所迷惑而感到奇怪；诗人凭着什么奇迹竟能恰好就在脱离一个意念的时候立刻转入另一个新的意念？也许他在两个形象之间发现了错综复杂的变化过程，这在我们是需要费尽力气一步一步地去完成的，可是他却只要迈一大步就能跨过。莎士比亚在飞翔，我们在爬行。他形成了这样一种风格：一些奇异而雄伟的形象立刻被另一些更奇异更雄伟的形象所破坏，一些仅仅达意的意念被另一些意在言外的意念所完成，它们之间没有明显的联系，只有显然的龃龉；我们每走一步就得停下来，路线没有了；可是瞧！诗人远远地站在我们的前面，于是我们发现自己正战战兢兢地踏着他的脚迹走着一条布满巉崖的崎岖道路，他在这条道路上如履平地，可是我们却要用尽气力才能跟踪前进。①

①丹纳·莎士比亚论．见：莎士比亚研究［M］．张可译．上海：上海译文出版社．1982：95－98.

丹纳论述的是莎士比亚的艺术风格，用纯理论的抽象概括，也许用一句"奇异而雄伟"也就完了，但他用的是具体的描述而不是抽象的概念。他设身处地地描述了读者在莎剧面前手足无措的感受，同时运用形象化的语言，为莎士比亚奇异雄伟的风格注入了一种具体的审美的思辨的内涵，让莎士比亚的风格可触可摸，可以言传意会。他不仅形象地描述了莎士比亚的艺术风格，也在描述中完成了自己的科学论证。他不仅用理智来说服读者，而且还用情绪来打动读者，用色彩画面、形象来吸引读者，这便是描述。

另一种描述是将观念形象化，这是一种修辞性的描述，这种描述往往借比喻、拟人或举例手法，将思想形象化、具体化，将理性的思想披上一件感性的衣裳，许多理论性的批评文章所使用的描述都属此种。

试看雪莱《诗辩》结尾：

诗使一切变得美丽。诗使最美的东西愈见其美，给破败的容色增添美丽，它撮合狂喜和恐怖、悲哀和快乐、永恒和无常，它把所有不可调和的东西驯服并统一在它那轻柔的轭架下。诗改变它所触及的一切，在它的熠熠光华里，一种奇妙的感应把所有的形式都变成诗性的化身，它那神奇的点金术把生命的死亡河谷中流淌出来的毒液点化成可饮的金汁。它撕去世界的陈旧面纱，裸露出甜睡中的美，那才是世界万物的精神。

除描述，批评家更多的是通过分析论证来表明自己的见解，在文学批评科学化的今天，论证的形式也更为常见。因而准确、雄辩的分析论证对现代的文学批评尤其重要。

如何做好论证呢？

第一，要有理论思维。文学是一个丰富、复杂的多极存在，文学与历史、社会、人生、心理、道德、宗教都有千丝万缕的联系，因而人文科学及社会科学理论对理解文学尤其重要，无论是解剖某一作品还是把握作品与社会历史等外在方面的关系，都要从一定理论出发。在"理论的批评化"与"批评的理论化"日益盛行的当代批评界，理论的贫困就意味着批评的贫困。

第二，分析论证既要全面又要有针对性。所谓全面，是指对作品的整体、本文含义与其暗示的现实等诸因素能从内到外加以整体观照。如鲁迅先生所说："我总以为倘要论文，最好是顾及全篇，并且顾及作者的全人，以及他所处的社会状态，这才较为确凿。要不然，是很容易近乎说梦的。"但全面并不意味着要在论述中面面俱到。具体的论述总是有针对性的。批评家要根据现实需要，选取一定视角加以分析论证，而不是对每一批评对象及对象的每一方面都作"美学的和历史的"批评。

第三，论证应有明晰的层次。批评要以理服人，就要有逻辑力量。逻辑力量往往是一种渐进的推演，由表及里、由浅入深、层层推进，逐渐挖掘出问题的实质。这种层次明晰的论证，是思维严密与深刻的一种外化，是理智之美的表现形式。

第四，论证与描述相结合。对批评而言，特别是对作品的批评而言，纯然抽象的论证是不可思议的。批评要有针对性和深刻性，不能离开对作品内在肌理的描述，也不能将主观的全部深刻印象"译"成理性话语，因而如何将分析与措述有机地融合，需要初学者细心加以体会。

下面也举一篇例文供大家体会。

新世纪小说与寓言化叙述

李运抟　朱海霞

摘　要　现代主义文学是 20 世纪世界文学中影响巨大的思潮景观。现代主义小说体现的寓言化特征。这种创作对中国新时期小说创作影响显著，中国新世纪小说也强化了寓言化并产生不少典型文本。寓言本质是寓教于乐，寓言化小说的"教"与"乐"的内涵和表现更为丰富复杂，有独特的"叙述结构"。寓言化小说显示了现实主义与现代主义的自觉融合。

关键词　新世纪 小说 寓言化

现代主义文学思潮是 20 世纪世界文学中一个影响巨大的景观。从现代主义小说的特征看，寓言化则是个醒目的存在。如卡夫卡的《变形记》《判决》和《城堡》，乔伊斯的《尤里西斯》，马尔克斯的《百年孤独》和《家长的没落》，海勒的《第二十二条军规》和米兰·昆德拉的《生命中不能承受之轻》等，这些经典作品无不具有突出的寓言性质。卡夫卡《城堡》的寓言含义曾引起多种解释。有人认为城堡是真理的象征，K 是为了寻找终极真理，但可望而不可及；有人认为城堡是父亲绝对权威的象征，表现了父子关系的紧张；有人认为卡夫卡时代的欧洲盛行排犹主义，K 所寻找的城堡是犹太人的家园；有人认为城堡象征资本主义社会的异化，K 进入不了城堡喻示着人们找不到解决问题的途径等等。无论怎样解释，《城堡》的寓言性质则被普遍认同。从最抽象的意义说，《城堡》就是一个人类无法找到安全归宿和生存荒诞的寓言。小说的寓言化揭示通常显示的是对相关历史和现实的深刻理解和高度概况。正如提供了一天时间表的《尤里西斯》，其展示的三个都柏林人既自由自在又无所事事的琐碎生活，揭示出一种普遍生存状况。而《百年孤独》的马孔多镇，不管发生过多少惊天动地或稀奇古怪的事情，其宿命却已经记载在那张神秘的羊皮手稿中。至于海勒描述的那个无法摆脱却又时刻束缚着人们的"第二十二条军规"，同样揭示了一种现实生存的无奈和荒唐。现代主义小说的哲理性，常常就是通过寓言方式来表现。世界现代主义文艺思潮对中国新时期小说的影响显著。王蒙曾认为"向国际靠拢"已成为中国 90 年代小说创作的一种趋势，"许多作家作品都能看到受马尔克斯影响的痕迹"[①]。这无疑是事实，但是影响不限于马尔克斯。如果说中国小说的"向国际靠拢"体现在形式试验、文化视野和哲理思考等多方面，寓言化则可谓是一个综合标志。早期"怪诞小说"如宗璞的《蜗居》《鬼域》《泥沼中的头颅》和李国文的《危楼记事》等，已显示了寓言化特征，到韩少功的《爸爸爸》和《女女女》，小说的寓言化更为明显。《爸爸爸》中的丙崽，一个永远长不大却又古怪精灵的白痴，竟然成为鸡头寨村民的膜拜对象，这就是个愚昧与荒诞的文化寓言。先锋小说同样显示了寓言特征。余华以暴力与死亡为主题的《现实一种》《世事如烟》和《死亡叙述》等，都具有寓言意味。北村《施洗的河》更是寓言性文本：灾难不断的霍童乡和安贞堡，展示的就是文化和种族的恶性循环的寓言。残雪从《苍老的浮云》《天堂里的对话》到《突围表演》等，也都有寓言特征。铁凝的《玫瑰门》则可以视为中国女性与传统文化的寓言。新历史小说也很重视寓言表现。苏童《米》的寓言性质就非常突出：五龙从乡村逃往城市又再返回乡村，"米"不仅是这个农民永远的精神寄托，也是农业文化和民族生存的寓言化写照。阿来的《尘埃落定》则是关于土司制度的荒诞寓言。《白鹿原》主体内容是写实的，但揭示"民族秘史"的意识和"白鹿精魂"的设置也带有寓言特征。在中国新世纪（包括世纪之交时期）的小说创作中，寓言化叙述不仅继续着，有些文本还表现得更为自觉和成熟。这种叙述成为中国新世纪小说一个值得关注的美学特征。

一、小说的寓言化

所谓寓言，即以虚构的故事来说明某个道理或某种教训。因此，寓言是非常典型的寓教于乐的文学样式，如著名的《伊索寓言》和《克雷洛夫寓言》所描述的许多故事不仅有趣，而且给人以启示。像《农夫与蛇》《龟兔赛跑》《狐狸与葡萄》等，其中蕴含的人生哲理广为流传。中国古代作品同样包含很多寓言故事，司马迁曾说庄子"著书十余万言，大抵率寓言也"（《史记·老子列传》），《庄子》的寓言故事，或寓深刻哲理，或为社会现实的深刻总结，都耐人寻味。中国很多成语都是寓言故事的高度概括，如庖丁解牛、井底之蛙、东施效颦、邯郸学步、拔苗助长、对牛弹琴、滥竽充数、兔死狐悲等等。寓言道理往往有普遍性，如《农夫与蛇》和《东郭先生和狼》揭示的就是同一道理。小说的寓言化和一般寓言故事当然有差异。就寓言本质说，寓言化小说也是寓教于乐，说明某些生存道理和现实真相。但"教"的内涵与"乐"的表现则丰富复杂得多。从两者关系看，小说的寓言化是个封闭与开放结合的双重结构：封闭，是指文本叙述必须围绕特定寓言的主题。意味丰富的主题可能不止一个，但通常有个贯穿始终的主导性主题。开放，则是指围绕特定寓言主题，可以采取多种叙述方式，展开多种可能和多种寻找。但寓言之所以为寓言，就在于所有这些可能和寻找最终还是回到主题——难以逃脱的命运和结果。无论小说描述的是民族、文化、历史的寓言，还是社会、现实或革命的寓言，都存在无法改变的结果。结果无法改变是原因的存在。小说寓言化，实际就是因果关系的艺术诠释。下面来看一些长篇小说的寓言景观，它们都是比较典型的寓言化文本。出版于新世纪前夕的李佩甫的《羊的门》所描写的"呼家堡"就可视为一种寓言符号。"东方教父"呼天成的呼风唤雨，呼家堡的种种故事，交织成一个专制权力和奴性文化的寓言。小说结尾特别耐人寻味：当村民们知道呼伯昏迷时，都忧心忡忡地想，如果呼伯有个三长两短，他们该怎么活呢？此时村干部从呼伯屋里跑出来，说呼伯想听狗叫。于是，老闺女徐三妮首先跪下学狗叫，紧接着全村男女老少都学起狗叫，于是"在黑暗之中，呼家堡传出了一片震耳欲聋的狗咬声"。这种描写是对小说寓言主题的强化，说明呼家堡的统治者即使死了，村民们也难以摆脱专制权力和奴性文化的强大规范和习惯思维。莫言的《酒国》虽没有引起足够的重视，但这部荒诞小说强烈的寓言色彩却值得关注。虚构的"酒国"是个可怕的地方，传闻那里的官员吃掉了无数婴儿。特级侦查员丁钩儿去酒国侦查官员吃婴儿的传闻，却被诱骗，也吃了"红烧婴儿"；作家莫言则成为"酒国"的座上客，遇到了很多荒唐人事。这使人联想到鲁迅《狂人日记》对"吃人"文化的批判。《酒国》的寓言性质并不在于真实与虚构的结合，而在于发生在"酒国"的所有故事都必然是荒诞而又无法解脱的。这就是寓言化的典型表现。柯云路的《黑山堡纲鉴》也是个典型的寓言化文本。小说以文革为背景，描述了"黑山堡王国"从革命到衰亡的过程。作品采用了亦真亦幻的叙事方式：一方面，我们可以清楚看到文革时代的社会图画，如膜拜权力、造神运动、迷狂群众、派别武斗、封建幽灵和现代迷信等。另一方面，这一切又被漫画化。以武装斗争建立了黑山堡革命委员会政权的刘广龙，其喜读古书的行为就像个神秘巫师，其专制和残酷则如同古代帝王。准军事化的黑山堡就像个匪夷所思的古老王国。而内中的人们只知道服从、告发和讨好，个个都是漫画化了的奴隶、奸细和帮凶的角色。象征着愚昧和野蛮的黑山堡就是一个意味丰富的寓言符号，而寄寓告诫之意的小说题目中的"纲鉴"二字，实际上已经隐喻着作品的寓言性质。艾伟的《越野赛跑》和《黑山堡纲鉴》可谓异曲同工。这部同样以文革为背景的寓言化作品，也有很多现实描写，也大量运用了荒诞手法。如果说写实场面使我们看到了文革现实的真切情形，充满想象的夸张意象则突出了现实的荒诞。虚实交织中，浮现出苦海无边般的丑恶、庸俗和堕落，展示了黑白不分、人妖颠倒的可怕。小说中那四小白马是不受人世污染的灵性所在，象征着善良、同情、正义和纯洁。这些品质只能在动物身上体现，更加突出了时代的荒唐。小荷花的形象也耐人寻味：被村人叫成"破鞋"而遭蔑视的小荷花，事实上比循规蹈矩的村民和道貌岸然的"革命者"都要善良得多，这无疑是对人性扭曲的辛辣讽刺。步年和小荷花最后去的"天柱"，是个远离世俗纷争和现实丑恶的神奇地方，其象征意味非常明显：文革时代的国人已找不到人间净土，净土只能出现在想象中。格非的《人面桃花》，完全就是个关于革命和乌托邦的寓言。首先"普济"这个地名，本身就意味着是个乌托邦的家园。罢官回乡的陆侃想建立普济学堂，结果被人们视为精神失常的"疯子"；革命党人张季元要在普济建立大同世界，结果也是幻想；土匪云集的花家舍恍如人间仙境，花家舍湖心小岛则恍如桃花源，而最后都化为废墟；陆秀米继承父业的人生经历，可以说最具寓言性质。她付出艰辛努力，结果还是无法摆脱父亲的命运。小说结尾：当身心疲惫的秀米观看父亲留下的"忘忧釜"时，上面已经结了一层晶莹的薄冰，而秀米从薄冰中突然看见父亲面容，"这正在融化的冰花，就是秀米的过去与未来"。心口一阵绞痛的秀米终于依着廊柱静静死去。人面不知何处去，桃花依旧笑春风，革命党人全部死光，大同世界还是个乌托邦。就针对特定历史时代和革命事件而言，《人面桃花》的寓言化主题显而易见。以上简要分析了几部寓言化小说的代表作品。这类作品还有不少，也不限于长篇。近年反响很大的陈应松的神农架系列中篇小说，如《豹子最后的舞蹈》《松鸦为什么鸣叫》《狂犬事件》《望粮山》和《太平狗》，就都具有寓言化特征。获得第三届鲁迅文学奖的《松鸦为什么鸣叫》，亦是以特殊方式切入现实问题的寓言：人类的生存方式、现实利益和文化心理导致了社会环境和自然环境的恶化，而环境的恶化又导致了人性的异化。只要这种生存状况不变，喜吃尸体的松鸦就会鸣叫。而"松鸦鸣叫"又喻示着原因的存在。阿来的中篇小说《遥远的温泉》，同样是揭示生存环境的恶化，同样具有明显的寓言性质。"松鸦鸣叫"的凄厉，美丽"温泉"变得遥远，都包含着揭示生存现状和追寻生存意义的深刻寓意。

　　二、寓言化的叙述方式

　　叙事文学作品不管表达何种寓言含意，其都必须依靠具体叙述。韦勒克·沃伦认为："寓言是时间和因果的顺序连续，不管它如何被讲述，其顺序连续即是'故事'或故事的材料。俄国的形式主义者们把'寓言'和'sujet'作了区分。我们可以把'sujet'译作'叙述性结构'（'narrativestructure'）。'寓言'是所有母题的总和，而'sujet'则是许多不同的母题艺术地按顺序的呈现。"②寓言包含的艺术母题，多是人类社会的普遍现象和生活经验的总结，如战争、民族、爱情、婚姻、家庭、人性、母爱、嫉妒、刻薄、背叛、残忍、愚昧等等。虽然具体作品对应的母题各有不同，但无论什么艺术母题，都必须借助一定的"叙述性结构"来完成和显示，也就是必须"被讲述"出来。比如前面说过的卡夫卡的《城堡》，关于其寓言含意虽然有多种解释，但所有这些含意都要通过具体叙述。《城堡》的叙述结构和因果关系，是在 K 所遇到的一系列莫名其妙的遭遇中呈现。K 自称是上面派来的土地测量员，却又拿不出任何证明；K 的两个长相非常相似的助手也令人生疑；而 K 前去的村庄也根本不需要什么土地测量员。村庄的人事现象也莫名其妙。于是不管 K 怎么努力，还是无法进入就在眼前的"城堡"。总体而言，寓言化小说的"叙述性结构"主要包括两个方面：一是故事材料应该体现特定的寓言含意；二是故事进程的时间安排应该显示因果关系。寓言化叙述所需要的意象、象征和隐喻，也应该服从上述两个要求。中国新世纪前后的寓言化小说，其叙述有多种风格和多种表现，但同样符合寓言化"叙述性结构"的基本规范和主要审美特征。前面分析的代表性作品都是如此。这里不妨再以阎连科小说为例来分析寓言化叙述的特征。在近年来的寓言化小说创作中，阎连科可谓是最有代表性的作家。其《日光流年》《年月日》《坚硬如水》和《受活》等，几乎都可以视为寓言化文本。雷达曾说："我之重视阎连科近年来的一批新作，是惊奇于他能够将真实推向一种陌生而警醒的程度，以至大大超越了表象的真实性，进入到人性和灵魂的深邃真实。仿佛是出于一种天赋才能，他可以毫不费力地将本土与现代，传统与先锋，写实主义与表现主义，形似与神似，扭合在一起，且不见人为痕迹，形成了一种特殊的语言风格和表述方式。看局部，看细节，全然是乡土的、写实的，历历如绘，栩栩如生，然而，它们的指向却是形而上的，整体上像一个大寓言，是对人生对政治对文化的深刻反思，寄寓着作者对一些带根本性的生存问题的独特看法。"③如果说阎连科近年小说都具有突出的寓言性质，那么其寓言化叙述也是堪称出色的。我们先来看《日光流年》。小说描述的故事很奇特：一个叫三姓村的地方，很久以来就流行着"喉塞"这种可怕疾病。这种无法治好的奇怪顽疾使村民都活不过 40 岁。现任的村干部莫名其妙地认定土地有问题，于是一声令下，村民们便开始翻地换土。这个巨大工程让村民累得死去活来，但活过 40 岁仍是一个梦幻。在这种寓言化的故事框架中，作者描述了令人惊心动魄的生存情形：村民为了活下去，年轻男人被迫卖皮子而留下可怕伤疤，青年女子则不得不卖淫；为了得到公社卢主任的支持，村里派出最灵活的女人司马桃花去伺候他；当卢主任玩腻后，无可奈何的村长竟鼓动村民献出黄花闺女。但即使如此，三姓村人还是摆脱不了"喉塞"，苦难还是继续存在。作为现代寓言，《日光流年》揭示愚昧和权势的互为关系：愚昧导致权力膜拜，专制则必然强化愚昧。而这些寓言含意，恰恰是经过小说的寓言化叙述而逐渐呈现，通过一系列荒诞情节而完成。以文革为背景的《坚硬如水》，同样显示了强烈的寓言性质和出色的寓言化叙述。小说中汇集了大量文革流行话语，构成了一个时代的精神标志，这可以视为寓言的背景材料。高爱军和夏红梅这对"革命伴侣"，则成为一个狂乱时代的思想和情绪的象征符号。权力和性欲的密切结合显示了一种隐秘的时代指向，也成为这对"革命伴侣"的根本纽带。他俩在性欲中获得革命力量，又在革命中获得性欲高潮。高爱军和夏红梅的革命和性欲都非常"坚硬":革命能将程岗镇闹个天翻地覆;性欲高涨到竟然挖地道去约会。但在更高的权力面前,这种"坚硬"又那么脆弱,高爱军和夏红梅像一对小跳蚤般被捏死。而他们被处决的起因却非常偶然:地委关书记在江青画像下写了一句"流氓话":"你是我的夫人多好!!!"三个惊叹号显示了关书记的强烈欲望和胆大包天。这个秘密被高爱军和夏红梅于无意中发现。倘若他们去告发,关书记必难逃厄运。尽管他们绝对不敢透露出去,但关书记并不放心,而他的权力又可以把可能的告发者轻易处死。这就是专制权力的游戏规则。而《坚硬如水》的深刻含意,也就在这种寓言化叙述中得以完成和呈现。《受活》是阎连科又一出色的寓言化文本。阎晶明曾这样评价:作品"有一个最大的故事悬念,也是这部小说的核心故事和中心主题,这就是县长柳鹰雀要购买列宁遗体,要在县里建纪念堂并以此吸引游客、发展旅游,进而带动全县经济发展的宏大构想。这一构想的意义不仅在于其过分独特,更主要的是,它使小说的现实感和时代色彩明白无误地突显出来,同时,这个含义复杂的荒唐构想,浓缩了小说的现实感、时代性和寓言色彩。"④不过《受活》的寓言表现不仅仅是"寓言色彩",而是非常充分的寓言化。小说体现的现实感和时代性,也因这种充分的寓言化得以彰显。受活庄内外发生的所有貌似庄严而实际荒唐、看似可笑又非常真实的事情,可以说全是"活受罪"。如果说"活受罪"的必然和难以摆脱是源于明显的因果关系,那么这种因果关系,恰恰都是通过寓言结构和寓言化叙述来逐步实现的。寓言化小说的叙述,需要寓言化的故事材料和寓言化的叙述结构。其采取的叙述视角也往往比较独特。比如《爸爸爸》和《尘埃落定》采取的"傻子"视角。林白的长篇小说《万物花开》的叙述视角也很独特:十五岁的"大头"乡村少年为叙述主体,"大头"的脑袋里长了五个瘤子,里面充满奇特想象和怪异感觉,而借助"大头"的视角,散花村这个乡村世界的现实生活景观、历史文化的传承和人们的生命本能欲望等,才得到充分展示,这也正是小说题目"万物花开"的寓意。而叙述视角的独特,说到底也是便于寓言化叙述的展开。

三、现实主义与现代主义的融合

中国新时期小说的寓言化创作和新世纪小说对寓言化的继续,不能说全是世界现代主义文学思潮影响下的产物,但这种影响无疑是非常明显的。但无论是世界现代主义小说的寓言化还是中国本土小说的寓言化,都涉及到一个重要问题:现实主义与现代主义的关系。从中外现代小说的寓言化情况看,我们确实既可以感受到现代主义思潮的明显特征,又能感受到现实主义创作特征的张扬。因此,怎样看待两者的界限和关系成为一个无法回避的问题。关于现实主义与现代主义的界限和关系问题早就存在争论,也是20世纪中外文论的热门话题。冯宪光曾认为:"现实主义和现代主义之争是20世纪马克思主义文论的世纪之争。中国新时期从80年代初开始,几乎重演了西马30年代关于现实主义的争论。但是中国新时期文论关于现实主义和现代主义的争论与西马中的类似争论又有明显的不同之处,这就是西马文论所面对的无论是现实主义或是现代主义文学现象,都是西方本土的文化现象;而中国无论是"五四"以来被视为现实主义的文学,或是80年代被视为现代主义的新潮文学,都是在受到西方文化的强势影响之后发生和发展的,是一种跨文化影响的产物。"⑤不同文化背景是有重要区别的。中国新时期文艺理论对现实主义和现代主义关系研究的"重演",也说明西方现代马克思主义美学的极大影响(不过应该指出的是,这种"重演"不限于20世纪30年代的西马,而应包括60年代的西马。事实是60年代的西马对现实主义的研究比30年代西马的相关研究更具现代意识)。

而西方文化的强势影响，也使中国"五四"以来和新时期的文论，对现实主义和现代主义的解释缺乏独立意识。但这只是问题的一个方面。因为从现实主义和现代主义的理论本身来说，它们应该具有超越文化背景的学理性和独立性，否则文学理论就变成了文化理论的附属物，文学观念也成为文化观念的附属物。现在的问题是如何看待突破传统理论的看法。60年代的西马美学界，特别是奥地利美学家费舍的"新现实主义"和法国美学家加洛蒂的"无边的现实主义"，对现实主义的定义就有不少新观点。对于一般都认为是典型的现代主义作家的卡夫卡，加洛蒂则认为其就是伟大的现实主义作家。加洛蒂的评判依据是："作为现实主义者，不是模仿现实的形象，而是模仿它的能动性，不是提供事物、事件、人物的仿制品或复制品，而是参加一个正在形成的世界的行动，发现它的内在节奏。"他认为"卡夫卡的伟大在于已经懂得创造一个与现实世界统一的神话世界"。因此，"他生活过的世界和他创造的世界是统一的"。卡夫卡所描述的充满矛盾、扭曲、痛苦、迷惘的世界，也是和我们的世界是"统一的"。⑥就卡夫卡的寓言化的《变形记》《判决》和《城堡》来看，它们确实揭示了人类社会的某些本质现象。据说马尔克斯也认为自己写的就是"真正的现实主义小说"，而不是所谓魔幻现实主义。⑦如此等等，都涉及到如何理解现实主义与现代主义的界限和关系。加洛蒂对卡夫卡的定位，马尔克斯的宣称，其实都是一家之言。作为两种文艺思潮和创作方法，它们之间还是有明显区别。至于两者关系，向来就有三种观点：一是反叛说，即现代主义是反叛传统现实主义的产物；二是更新说，即现代主义是继承了现实主义遗产的更新创造；三是融合说，即现代主义和现实主义并非二元对立，而是始终存在交织与融合。上述三种观点都有事实依据。西方现代主义作家对传统现实主义本来就有多种态度。有的是彻底反叛，如英国意识流小说家伍尔芙对巴尔扎克的贬斥；有的是继承更新，如卡夫卡就继承了追求本质真实和社会批判的现实主义传统，又以"变形艺术"更新了传统"再现"方式；至于现代主义和现实主义的融合则成为普遍现象，拉美"魔幻现实主义"就是典型。根据大量创作实践来看，我们更倾向于融合说。事实上，现代主义思潮虽然是以离经叛道的姿态出现，但并没有也不可能完全切断历史母体，它还是继承了传统现实主义的遗产。比如现实主义文本，除时空形式的"再现"要求，还必须客观反映审美对象的本质、直面现实矛盾和批判人生丑恶。这就是其审美精神的基本要求。没有这种精神，现实主义就不复存在。从世界现代主义文学来看，大量文本同样体现了现实主义审美原则。即使不采取再现艺术，不求"形似"而求"神似"的变形艺术，同样能透视生活本质。卡夫卡是这样，马尔克斯更是如此。马尔克斯的"魔幻现实主义"的卓越创作，决非仅仅因为才华出众、技巧娴熟，更重要的是其秉持社会良知的创作立场。正如瑞典文学院给他的"颁奖辞"中所说："在拉美，激烈的政治斗争使知识界始终处于一种白热化的气氛之中，和其他重要作家一样，加西亚·马尔克斯在政治上坚定地活在贫苦大众和弱者一边，反对压迫和剥削。"⑧作为魔幻现实主义代表作家，马尔克斯的创作不仅具有现代主义特征，也张扬了现实主义精神。其实不难发现，中国新世纪前后的小说的寓言化创作，大多作家都坚持了关注现实、直面人生和批判丑陋的现实主义精神，同时也突出了现代理性的思考。寓言化小说往往最能体现现实主义与现代主义的融合。这种融合不仅表现在审美意识方面，也显示在艺术描述方面。事实上，不少寓言化小说的艺术表现形式，往往既有再现艺术又有变形艺术。比如莫言，其不少作品都显示了魔幻现实主义特征，这使莫言在创作《檀香刑》时甚至希望消除"魔幻现实主义味道"，从而保持更多"民间气息"。⑨《檀香刑》虽然体现了本土化的民间叙述特征，但事实上还是存在浓郁的"魔幻现实主义味道"。这固然说明创作实践是非常复杂的审美活动，同时也说明在莫言的创作中，现实主义意识与现代主义思考、民间意识和现代理性已经处于非常密切的融合状态。西方现代文艺思潮的产生有着深刻的历史背景和时代原因。现代主义作家对人与社会、人与环境、人与人、人与自然等多重关系的质疑与迷惘，来自两次世界大战对人类文明的可怕摧毁，资本社会的激烈竞争和物质时代的精神困惑。这些也体现在现代主义小说的寓言化叙述中。中国新世纪前后的寓言化小说创作的文化背景、历史背景和现实环境有所不同，其寓言化充满本土风景，但关于人与社会、人与环境、人与人、人与自然等多重关系的理解，同样也存在很多质疑与迷惘。从寓言本质来说，中外现代寓言化小说其实都体现了深刻的人生思考、深刻的社会审视、痛苦的经验总结和警醒的告诫寓意。

参考文献：

①王蒙．关于九十年代小说[A]．中国小说学会第三届年会论文集[C]．天津：百花文艺出版社．

②韦勒克，沃伦．文学理论[M]．刘象愚译．上海：三联书店，1984.

③雷达．权欲与情欲的舞蹈——评〈坚硬如水〉[A]．2001年中国小说排行榜[C]．长春：时代文艺出版社2002.

④阎晶明．生命之树的疯狂生长——评〈受活〉[A]．2003中国小说排行榜[C]．时代文艺出版社2004.

⑤冯宪光．"西马"文论与中国当代文论建设[J]．文学评论，1999(1).

⑥加洛蒂．论无边的现实主义[M]．吴岳添译．上海：上海文艺出版社出版，1986.

⑦邱华栋．九盏明亮的灯·拉丁美洲的凸透镜[J]．山花，2002(4).

⑧诺贝尔文学奖颁奖获奖演说全集[M]．北京：中国广播电视出版社，1993.

⑨莫言．檀香刑[M]．北京：作家出版社，2001.

（原载《南京师范大学文学院学报》2006年第3期）

这篇论文是我院李运抟教授和他的研究生合写的。观点是：现代主义文学是20世纪世界文学中影响巨大的思潮景观，现代主义小说所体现出寓言化特征对中国新时期小说创作影响显著，中国新世纪小说也强化了寓言化并产生不少典型文本。寓言化小说显示了现实主义与现代主义的自觉融合。写评论，要选择好自己的评论对象，揭示其思想价值和艺术价值，总结一定的创作规律，有利于阅读和创作。要做到这些，其实是很难的。我们同学写评论，往往局限于某部作品某个方面的评论，那固然重要，有时也不妨作些综合性的研究。

四、说明类

说明类论文有论有述，述论结合，其述的成分比较重，它的述更多地表现为说明。它重在资料的收集、挖掘、整理、鉴别、描述、交代，凡是以实验、调查、观测、考证、训诂、校勘等为主要研究手段的论文，如方言调查、古籍钩沉、辑佚、年谱、评传等，多为此类。

说明类论文说明的成分比较重，"论"只是在资料陈述的基础上顺势而出，它侧重资料的交代、梳理、鉴别，它的价值主要体现在它的资料上。试看严云受先生的《金圣叹事迹系年》。

金圣叹事迹系年

严云受

明万历三十六年(1608)戊申

阴历三月三日生。一岁。长洲人，家居长洲乡村。金氏原名采，字若采；又名喟，号圣叹。庠姓张。曾顶金人瑞名应科试，故亦名人瑞。又称唱经先生。

［按］：

1. 金圣叹生年无明确记载，但据金氏为其好友嵇永仁《葭秋堂旧刻杂诗》所作之《葭秋堂诗序》，以及编定《唐才子书》后所作的自序中的有关资料，可以推算得知。《葭秋堂诗序》云："同学弟人瑞顿首：弟年五十有三矣。自前冬一病百日，通身竟成颓唐……弟自端午之日，收束残破数十余本，深入金墅太湖之滨三小女草屋中，对影兀兀，力疾先理唐人七律六百余章，付诸剞劂，行就竣矣。"(载《抱犊山房集》卷四)金氏"力疾先理"之"唐人七律六百余章"於顺治年印刊行，书名为《唐才子诗甲集七言律》。该书卷一有《自序》，说明了选批的时间："顺治十七年春二月八之日，儿子雍强欲予粗锐唐诗七言律体。予不能辞，既受其请矣。至夏四月望之日，前后通计所说过诗，可得满六百首。"该书卷十附有金雍跋语，云："顺治十七年四月十八日说唐人七言律祷竟。男雍释笔受并补注。"由此可见，金氏于端午之日在三小女草屋中力疾整理唐人七律之年正是顺治十七年。其时金氏"五十有三"。往上推算，金氏自当生于明万历三十六年(1608)。又据杨保同《金圣叹轶事》："俗传三月三日为文昌生日，而圣叹亦于是日生，故人称圣叹为文曲星。圣叹虔祀文昌，或亦因此与? 可知他生日是阴历三月三日。

2. 关于金圣叹的籍贯，清人记载有歧异。《哭庙记略》："金圣叹，长洲人。"廖燕《金圣叹先生传》(《碑传补》四十四)则云："吴县诸生也。"归庄《诛邪鬼》曰："苏州有金圣叹，未指明籍属何县。(《归庄集》卷十)近人蔡丏因《清代七百名人传·金人瑞》云："金人瑞，长洲人。"目前学术界两说并存。上海古籍出版社《沉吟楼诗选·出版说明》："人瑞原名采……长洲人。"有的研究者则以为他是吴县人。仔细揆度，"长洲"说较可信。理由：(一)《哭庙记略》成书时间距金氏较近，记载较可靠。如别无更有力的证据，难以否定《记略》中金氏为长洲人之记载。(二)金氏原居长洲乡村，后迁居苏州西城，该区属吴县。金氏后来补吴庠生。故有人称他为吴县诸生，《苏州府志》将其菱属吴县部。但不能据此判定其籍贯为吴县。但如果考虑到长洲本自吴县划分而置，帮笼统地说，亦可称其为吴县人。

3. 吴翌凤《东斋胜语》："金圣叹居憩桥巷。"此地在苏州西城，乃是金氏中年以后之住址。其出生与早年生活地应在长洲乡村。金氏《第五才子书施耐庵水游传序三》(以后简称《序三》)云："吾年十岁，方入乡塾。"第五十六回回前批语中云："吾数岁时，在乡塾中临窗读书。"金氏如果世居苏州城内，怎么离城下乡就读? 金圣叹自幼在乡塾读书一事，足可证明其家原不在苏州城内。再如，《沉吟楼诗选》(以后简称《诗选》)中之《新晴上午踯躅无侣独坐舍边小桥看天四垂》一诗亦说明金氏家本在农村。诗云："新晴万物毕畅，旷野四天尽低；岂惟同袍不见，方且我情亦移。"金圣叹舍边有小桥，坐桥上眺望，天幕接地，旷野尽收眼底。此景只能在乡村中才能见到。太约自中年后，金圣叹迁居于苏州西城。

4. 金圣叹之父待考，可能是无功名之小地主。家中略有田产，租与佃户耕种。田租收入可以维持一般生活水平。《诗选·效李义山绝句》中有句云"忽逢租户饷蜻蜍"，可说明其家收租。

5. 关于金圣叹的名、字、号，亦多异说。《辛丑纪闻》："金圣叹名喟，又名人瑞。姓张，原名采，字若采。"廖燕《金圣叹先生传》："先生金姓采名，若采字……鼎革后更名人瑞，字圣叹。"《哭庙记略》："金圣叹名人瑞。庠生，姓张；原名采，字若采。又说他曾于科试时'顶金人瑞名就试'。"王应奎《柳南随笔》："金人瑞，字若采，圣叹，其法号也。"蔡丙因《金人瑞》："金人瑞……初名喟，字若采，一字圣叹。"俞鸿筹《沉吟楼诗选读后记》："圣叹原名采，鼎革后更名人瑞。稗史有云本姓张氏，或云名喟，皆臆造，不足据。"诸种记载中，《辛丑纪闻》与《记略》较可信。钱谦益《天台泐法师显灵记》记述天启七年(1627)事时，称金圣叹为"金生采"，其时金氏二十岁。由此可知，"采"当是金氏原名。又据廖燕《金圣叹先生传》："或问：'圣叹'二字何义？先生曰：《论语》有两'喟然叹曰'，在颜渊为叹圣，在曾点则为圣叹。予其为点之流亚与？"金氏取名喟，号圣叹，显然是以不求为官、深得孔子叹许之曾点自许。故此名、号当是屡经人生坎坷，用世之志渐消后所取。人瑞一名，凿如《哭庙记略》所云，乃科试曾顶用之名，非明亡后所取。

6.《诗选》中有如下数诗：《讹传境哥被虏》《喜见境哥》《于教院屏风得读慧阳兄诗，喜而有作》《十六日三弟岸先手扎并诗，率答二绝》《外甥七日》。故知他有兄、弟、妹。具体情况待考。又有族兄金昌，字长文。金昌同他来往至密。(见金昌《叙第四才子书》)

万历四十三年(1615)乙卯

八岁。已识字读书。家庭生活较优裕。

[按]：

《诗选》中《念舍弟》云："记得同君八岁时，一双童子好威仪。拈书弄笔三时懒，扑蝶寻虫百事宜。一自耶娘为异物，至今兄弟并差池。前朝略续游仙梦，此后相思知不知。"诗之前四句可供了解金氏童年生活情况。八岁已"拈书弄笔"，启蒙当在六、七岁时。生活条件较好，故"百事"皆宜。

万历四十五年(1617)丁巳

十岁。入私塾读《大学》《中庸》《论语》《孟子》，甚不爱读。并学《毛诗》。

[按]：

《序三》："吾年十岁，方入乡塾。随例读《大学》《中庸》《论语》《孟子》等书，意恛如也。每与同塾儿作是语：不知习此将何为者？又窥见大人撒夜吟诵，其意乐甚。殊不知其何所得乐，又不知尽天下书当有几许？其中皆何所言？不雷同耶？如是之事，总未能明于心。"《第六才子书西厢记》(以下简称《金批西厢》)《酬简》总批："吾十岁初受《毛诗》。"金氏十岁前可能是在家随父受书，十岁正式入塾习"四书"，准备举子业。

万历四十六年(1618)戊午

十一岁。常生病，病则告假，暂离乡塾，因得空在家读《妙法莲花经》《离骚》《史记》《水浒传》，均颇喜爱；尤好《水浒传》，朝夕在手。

[按]：

《序三》："明年十一岁，身体时时有小病。病作，辄得告假出塾。吾既不好弄，大人又禁不许弄，仍以书为消息而已。吾最初得见者，是《妙法莲华经》；次之，则见屈子《离骚》；次之，得见太史公《史记》；次之，得见俗本《水浒传》。是皆十一岁病中之创获也。

《离骚》苦多生字，好之而不甚解，记其一句两句吟唱而已。《法华经》《史记》解处为多，然胆未坚刚，终亦不能常读。其无晨无夜不在怀抱者，吾于《水浒传》，可谓无间然矣。吾犹自记十一岁读《水浒》后，便有于书无所不窥之势。"金氏所谓俗本《水浒传》，当指繁本系统的《忠义水浒传》或《忠义水浒全传》，非指简本。

　　万历四十七年（1619）已未

　　十二岁。熟读《孟子》。始批《水浒传》。

　　［按］：

　　……

（严云受．金圣叹事迹系年．载：文史（第29
辑）．中华书局，1988．选自人大复印资料《中国古代、
近代文学研究》1989 年第 2 期）

　　我举此篇为证，因大家对这类论文不太熟悉。从这篇《系年》看，其主要手段也就是叙述、说明，论点只是顺着说明，附带而出。要写好这类论文，殊非易事，大量原始资料的搜集、挖掘、整理、鉴别，靠的是真功夫，容不得半点懈怠。这类论文对我们的研究是很有帮助的。我开始接触金圣叹小说理论时，手头只有北京大学出版社出版的《水浒传会评本》上下册，感到很茫然。后来幸亏找到了严云受先生这篇《金圣叹事迹系年》，才理出一个基本头绪。

　　除参考文献，我们有时也需要做作家生平事迹系年和作品系年。虽然现在许多作家都有年谱之类的参考资料，但诚心研究他，自己亲手做一遍"系年"，心里来得踏实。我们系的一些老师带研究生，如研究作家作品，都会要求学生做"系年"一类前期研究。这既是一种科学、扎实的态度，也是对我们极好的训练。

第三节　论文写作的专业基础

　　论文写作要解决的是专门性的学术没有专门、系统的专业知识，是写不好问题，论文的。专业知识越厚实，写出的论文也就越有分量。进入大学，我们学的就是系统的专业知识。按理说，也就具备了写论文的专业知识。但从实践看，很多同学进入毕业论文写作时，还不能说已具备相应的专业基础。所以，这节我想和大家讨论一下论文写作的专业基础问题。

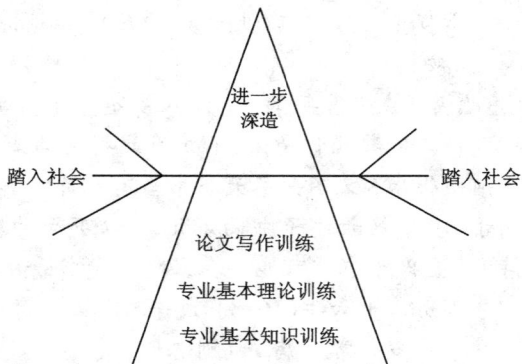

进一步深造

踏入社会　　　　　　　　踏入社会

论文写作训练

专业基本理论训练

专业基本知识训练

　　首先，我想画个图形来描述一下我对专业学习的认识。

　　中文专业的学习，就像一个金字塔：本科阶段我们首先接受的是专业基本知识的训练，专业理论的训练，再接受的是论文写作的训练。当我们完成这些基本训练后，或踏入社会成为实用性人才，或进一步深造成为研究性人才——都可能达到峰顶——而毕业论文的写作，既是大学本科阶段的结束，又是人生旅程新的开始；而要很好完成毕业论文，必须完成"专业知识"和"专业理论"的训练，只有较好地完成了"专业知识"和"专业理论"的训练，才称得上具备了论文写作的专业基础。

一、专业知识

谁都承认基础的重要，但怎样才能打好基础，怎样才算打好基础，往往见仁见智。在我看来，中文专业的基础训练说复杂非常复杂，说简单也非常简单。说复杂是因为中文专业的书籍浩如烟海，想把它们穷尽几乎是不可能的；说简单是因为在专业的构成上不过"语言""文学"两端而已，且与我们平时的学习非常贴近。

（一）现代汉语与古代汉语

就知识层面，本科阶段所开设的课程主要有"现代汉语"与"古代汉语"；每门课程又都涉及语音、文字、词汇、语法、修辞。这些东西我们在进大学之前多多少少有所了解，如果不以专家的水平而是从一般专业知识的训练来看，要打下一个较好基础并不是很难的事，因为在中学阶段我们就做过大量训练，有一定基础了。进入大学，不过是把已有知识系统化、学科化并培养相应的技能而已。据我个人的经验，将已有知识系统化、学科化并不是很难的事，只要消化课堂讲授的内容，将教科书通读懂就行了；倒是语言技能、语言感受力的培养非得下力气不可。学习现代汉语，必须分析大量语言现象；学习古代汉语，必须阅读大量文言，才能把知识转换为一种技能、能力。

对大多数同学来说，古代汉语的学习可能比现代汉语的学习难些，因为现代汉语现在还活在我们口头，而古代汉语离我们比较遥远。但结合古代文学的学习也不会太难。记得我读本科时，班上大多数的同学花了不到一年的时间，就能读一般古籍了。学习古代汉语，须背诵一定的篇目，须认真识记一些虚词和实词，须认真读一些无标点本，现在有些同学，只读白话翻译本，只看简体本，方法上肯定是不对的。对我们来说，无论现代汉语还是古代汉语，首先是一种工具，作为中文专业的学生，首先得掌握好工具。

学习现代汉语与古代汉语，在读好教材之余，还应多看一些课外书籍，如：

现代汉语

1.《现代汉语》，胡裕树主编，上海教育出版社，1998

2.《现代汉语》，北京大学中文系，商务印书馆，2000

3.《汉语口语语法》，赵元任，商务印书馆，1979

4.《语法讲义》，朱德熙，商务印书馆，1982

5.《汉语语法分析问题》，吕叔湘，商务印书馆，1979

6.《汉语语义学》，贾彦德，北京大学出版社，1999

7.《现代汉语词汇》，符淮青，北京大学出版社，1985

8.《词义的分析和描写》，符淮青，语文出版社，1996

9.《词汇学简论》，张永言，华中工学院出版社，1982

10.《马氏文通》，马建忠，商务印书馆，1980

11.《新著国语文法》，黎锦熙，商务印书馆，1980

12.《中国现代语法》，王力，商务印书馆，1982

13.《中国文法概略》，吕叔湘，商务印书馆，1982

14.《现代汉语语法研究教程》，陆俭明，北京大学出版，2003

15.《汉语方言及方言调查》，詹伯慧等，湖北教育出版社，2001

16.《普通语音学纲要》，罗常培、王均，商务印书馆，1981

17.《修辞学发凡》，陈望道，上海教育出版社，1979

18.《修辞学通论》，王希杰，南京出版社，1996

古代汉语

1.《古代汉语》，王力，中华书局，1962

2.《古汉语纲要》，周秉钧，湖南教育出版，1981

3.《近代汉语纲要》，蒋冀骋，湖南教育出版，1997

4.《说文解字注》，段玉裁，上海古籍出版社，1981

5.《说文解字通论》，陆宗达，北京出版社，1981

6.《训诂简论》，陆宗达，北京出版社，1980

7.《训诂与训诂学》，陆宗达、王宁，山西教育出版社，1994

8.《经传释词》，王引之，岳麓书社，1984

9.《词诠》，杨树达，中华书局，1954

10.《古汉语词汇纲要》，蒋绍愚，北京大学出版社，1989

11.《词汇学简论》，张永言，华中工学院出版社，1982

12.《词义研究与辞书释义》，苏宝荣，商务印书馆，2000

13、《古汉语虚词通释》，何乐乐等，北京出版社，1994

14.《古汉语语法及其发展》，杨伯峻等，语文出版社，1992

15.《汉语音韵学导论》，罗常培，中华书局，1956

16.《中国文字学》，唐兰，上海古籍出版社，1979

17.《文字学概要》，裘锡圭，商务印书馆，1988

18.《中国语言学史》王力，山西人民出版社，1981

19.《汉语史稿》，王力，中华书局，1980

20.《汉语音韵》，王力，中华书局，1963

（二）中外文学史

　　就知识层面，中文专业开设的基本课程是文学史（包括中国古代文学史、现代文学史、当代文学史、外国文学史）。文学史的学习当然重要，社会上一些文学青年，他们读的作品有的比我们本科生还要多，但他们没有系统学过文学史，一般不会把自己读的作品纳入到一个世界文学史的整体框架中来思考，也不会去思考文学发展的规律及不同民族文学的特点，只有通过系统的、专业的学习才可能达到专业的水平。但就一般的专业训练来说，文学史的学习也不是太难的事情。课堂上认真听课，找一两个不同版本的文学史读一读，也就行了。学习文学史，难在什么地方呢？难在作品的阅读。

　　文学史的学习是必须结合具体作品的阅读的。我们不妨回忆一下，文学史上的某个重要作家，或某部重要作品，讲文学史的老师可能花两节课、四节课的时间，很快就讲过去了，如果我们读过有关作品，听起来就会有收获，如果没读过有关作品，就像听天书一样不知所云。文学史的学习必须结合作品阅读，如果没读作品，仅仅记住一个史的轮廓，就是一个空架子。记得我读大一时，不知道怎么读书，一个老生对我说，不知道怎么读，就读作品吧。我记住了他的话，一个学期下来读了几十本。最初，我并没有感到自己有什么收获。后来才感到，作品的阅读，一是开阔了自己眼界，二是提高了自己修养，三是提高了自己阅读欣赏的能力，四是积累了思考的一些资源。读作品，不能期待一下就提高了，需要一个过程。在我看来，作品阅读的数量和质量，最能考量我们的基本功，在这一点上是不能偷懒的。

中国古代作品，应包括《诗经》《楚辞》《论语》《孟子》《老子》《庄子》《左传》《乐府诗选》《史记选》《陶渊明集》《世说新语》《搜神记》《唐诗选》《李白诗选》《杜甫诗选》《李商隐选集》《唐宋八家文选》《唐宋词选》《苏轼选集》《辛弃疾词选》《宋诗选注》《唐宋传奇》《元人杂剧》《西厢记》《牡丹亭》《长生殿》《桃花扇》《三言》《两拍》《西游记》《三国演义》《水浒》《金瓶梅》《红楼梦》《儒林外史》《聊斋志异》《老残游记》等；现当代应包括《鲁迅作品选》《郁达夫小说集》《沈从文小说选集》《子夜》《骆驼祥子》《家》《围城》《创业史》（第一部）《白鹿原》《王蒙代表作》《雷雨》《日出》《茶馆》《女神》《新月诗选》《艾青诗选》《现代派诗选》等①。

外国文学名著阅读书目应包括：《希腊的神话和传说》《伊利昂纪》《奥德修纪》《俄狄浦斯王》（《索福克勒斯悲剧二种》）《神曲》《十日谈》《堂吉诃德》《伪君子》《吝啬鬼》《新爱洛依丝》《阴谋与爱情》《少年维特之烦恼》《浮士德》《唐璜》《莎士比亚全集》《草叶集》《巴黎圣母院》《悲惨世界》《叶甫盖尼·奥涅金》《红与黑》《高老头》《欧也妮·葛朗台》《简·爱》《包法利夫人》《大卫·科波菲尔》《双城记》《德伯家的苔丝》《钦差大臣》《死魂灵》《贵族之家》《父与子》《罪与罚》《契诃夫短篇小说选》《复活》《安娜·卡列尼娜》《哈克贝利·费恩历险记》《莫泊桑短篇小说选》《俊友》《玩偶之家》《母亲》《约翰·克利斯朵夫》《静静的顿河》《沙恭达罗》《泰戈尔诗选》《一千零一夜》《雪国》《永别了，武器》《老人与海》《荒原》《变形记》《城堡》《毛猿》《尤利西斯》《喧哗与骚动》《等待戈多》《第二十二条军规》《百年孤独》《生命不能承受之轻》等。

在研读原著的基础上，可参看一些书目，如：

中国古代文学

1.《中国上古神话》，刘城淮，上海文艺出版社，1988。

2.《中国神话哲学》，叶舒宪，中国社会科学出版社，1992

3.《诗经研究史概要》，夏传才，中州书画社，1982

4.《诗经的文化精神》，李山，东方出版社，1997

5.《国风集说》，张树波，河北人民出版社，1993

6.《兴的源起》，赵沛霖，中国社会科学出版社，1987

7.《先秦散文艺术新探》，谭家健，首都师范大学出版社，1995

8.《孔子答客问》，王长华，上海人民出版社，1997

9.《论语今读》，李泽厚，三联书店，2004

10.《庄学研究》，崔大华，人民出版社，1992

11.《杨义文存》第七卷:《楚辞诗学》，人民出版社，1998

12.《汉代文学思想史》，许洁，南京大学出版社，1990

13.《汉代文人与文学观念的演进》，于迎春，东方出版社，1997

14.《史记通论》，韩兆琦，北京师范大学出版社，1990

---

① 当代文学的作品较多，因篇幅所限，这里未一一列明。编者。

15.《史记研究》，张大可，甘肃人民出版社，1985

16.《汉魏六朝诗讲录》，叶嘉莹，河北教育出版社，1997

17.《先秦两汉文学批评史》，顾易生 蒋凡，上海古籍出版社，1990

18.《魏晋南北朝文学思想史》，罗宗强，中华书局，1996

19.《玄学与魏晋士人心态》，罗宗强，南开大学出版社，2003

20.《中古文学史论》，王瑶，北京大学出版社，1986

21.《八代诗史》，葛晓音，陕西人民出版社，1989

22.《中国中古诗歌史》，王钟陵，江苏教育出版社，1988

23.《魏晋文学史》，徐公持，人民文学出版社，1999

24.《南北朝文学史》，曹道衡、沈玉成，人民文学出版社，1991

25.《中古文学理论范畴》，詹福瑞，河北大学出版社，1997

26.《魏晋诗歌艺术原论》，钱志熙，北京大学出版社，1993

27.《文心雕龙今译》，周振甫，人民文学出版社，1986

28.《中古文学文献学》，刘跃进，江苏古籍出版社，1997

29.《魏晋南北朝赋史》，程章灿，江苏古籍出版社，2001

30.《赋史》，马积高，上海古籍出版社，1987

31.《汉魏六朝乐府文学史》，萧涤非，人民文学出版社，1984

32.《乐府诗述论》，王运熙，上海古籍出版社，1996

33.《魏晋南北朝文学史参考资料》，北京大学编，中华书局，1962

34.《隋唐五代文学思想史》，罗宗强，中华书局，2003

35.《唐诗小史》，罗宗强，陕西人民出版社，1987

36.《唐诗学引论》，陈伯海，知识出版社，1988

37.《唐诗史》（上下册），许总，江苏教育出版社，1994

38.《唐代科举与文学》，傅璇琮，陕西人民出版社，1986

39.《唐代幕府与文学》，戴伟华，现代出版社，1990

40.《唐音佛教辨思录》，陈允吉，上海古籍出版社，1988

41.《中国诗歌艺术研究》，袁行霈，北京大学出版社，1987

42.《中国诗话史》，蔡镇楚，北京图书馆出版社，1987

43.《两宋文学史》（《程千帆全集第十三卷》），河北教育出版社，2000

44.《宋代文学通论》，王水照，河南人民出版社，1997

45.《宋代文学思想史》，张毅，中华书局，1995

46.《唐宋词通论》，吴熊和，浙江古籍出版社，1985

47.《唐宋词史》，杨海明，江苏古籍出版社，1987

48.《唐宋词流派史》，刘扬忠，福建人民出版社，1999

49.《宋代词学审美理想》，张惠民，人民文学出版社，1995

50.《唐宋词史论》，王兆鹏，人民文学出版社，2000

51.《中国词学史》，谢桃坊，巴蜀书社，1993

52.《灵谿词说》，叶嘉莹，上海古籍出版，1987

53.《宋诗史》，许总，重庆出版社，1992

54.《宋诗纵横》，赵仁珪，中华书局，1994

55.《宋代诗学通论》，周裕锴，巴蜀书社，1997

56.《宋诗学导论》，程杰，天津人民出版社，1999

57.《中国散文史》，郭预衡，上海古籍出版社，1986

58.《中国散文史》，刘衍，上海古籍出版社，1987

59.《唐宋古文运动》，钱冬父，上海古籍出版社，1979

60.《中国小说史略》，鲁迅，上海古籍出版社，1983

61.《中国古典小说史论》，杨义，中国社会科学出版社，1995

62.《话本小说概论》，胡士莹，中华书局，1980

63.《文学史学的明清小说研究》，袁世硕，齐鲁书社，1999

64.《中国小说源流论》，石昌渝，三联出版社，1997

65.《文言小说审美发展史》，陈文新，武汉大学出版社，2002

66.《中国古典小说心解》，张锦池，黑龙江人民出版社，2000

67.《奇特的精神漫游》《西游记》新说，刘勇强，三联出版社，1992

68.《元人杂剧与元代社会》，幺书仪，北京大学出版社，1997

69.《中国古代戏曲专题》，张燕瑾，高等教育出版社，2002

70.《中国古代散曲史》，李昌集，华东师大出版社，1991

71.《宋元戏曲史》，王国维，上海古籍出版社，1984

72.《中国戏曲通史》，张庚、郭汉城，中国戏剧出版社，1980

73.《中国近代戏曲史》，青木正儿，中华书局出版社，1954

74.《中国诗歌美学》，肖驰，北京大学出版社，1986

75.《中国诗学批评史》，陈良运，江西人民出版社，1995

76.《中国古典文学接受史》，尚学锋、过常宝、郭英德，山东教育出版社，2002

77.《中国古代思想史论》，李泽厚，天津社会科学院出版社，2003

78.《汉文学史纲要》，鲁迅，上海古籍出版社，1983

中国现当代文学

1.《中国现代文学三十年》，钱理群等主编，北京大学出版社，1998

2.《中国当代文学史教程》，陈思和主编，复旦大学出版社，1999

3.《中国现当代文学作品选》，钱谷融主编，华东师范大学出版社，1999

4.《现代中国文学作品选读》，乔以钢主编，南开大学出版社，2004

5.《文学运动史料选》，上海教育出版社，1979

6.《中国新文学史稿》，王瑶，上海文艺出版社，1982

7.《中国现代文学史》，唐弢，人民文学出版社，1980

8.《中国现代文学史》，郭志刚等主编，高等教育出版社，1999

9.《中国现代文学批评史新编》，许道明，复旦大学出版社，2002

10.《中国现代文学思潮史》，马良春等，北京十月文艺出版社，1995

11.《中国当代文学思潮史》，朱寨主编，人民文学出版社，1987

12.《二十世纪中外文学交流史》，李岫等主编，河北教育出版社，2001

13.《中国现代小说史》，杨义，人民文学出版社，1998

14.《中国现代小说流派史》，严家炎，人民文学出版社，1989

15.《中国现代戏剧史稿》，陈白尘，中国戏剧出版社，1989

16.《中国文论选》(近代卷、现代卷)，王运熙，江苏文艺出版社，1996

17.《中国现代文学批评史》，温儒敏，北京大学出版社，1993

18.《中国现代文学论争史》，刘炎生，广东人民出版社，1999

19.《二十世纪中国小说理论资料》，陈平原等，北京大学出版社，1997

20.《二十世纪中国文学史论》，王晓明主编，东方出版中心，2003

20.《中国当代文学关键词十讲》，陈思和，复旦大学出版社，2002

21.《现代性与中国当代文学转型》，陈晓明，云南人民出版社，2003

22.《表意的焦虑》，陈晓明，中央编译出版社，2002

23.《问题与方法》，洪子诚，三联书店，2002

24.《心灵的探寻》，钱理群，河北教育出版社，2005

25.《90 年代批评文选》，陈思和等主编，汉语大词典出版社，2001

26.《现代性的追求》，李欧梵，三联书店，2000

27.《中国现代主义诗潮史论》，孙玉石，北京大学出版社，1999

28.《中国现代主义文学史》，朱寿桐等，江苏教育出版社，1998

29.《中国比较文学批评史纲》，杨义，福建教育出版社，2002

外国文学

1.《欧洲文学史》，李赋宁总主编，商务印书馆，1999

2.《欧洲文学史》，杨周翰等主编，人民文学出版社，1979

3.《十九世纪文学主流》(一至六册)，勃兰兑斯，人民文学出版社，1982

4.《古希腊三大悲剧家研究》，中国社会科学院处国文学研究所，外国文学研究资料丛刊编辑委员会编，中国社会科学出版社，1986

5.《西欧中世纪骑士的生活》，倪世光，河北大学出版社，2004

6.《欧洲中世纪文学史》，杨慧林、黄晋凯，译林出版社，2001

7.《意大利文艺复兴时期的文化》，(瑞士)雅各布·布克哈特著，何新译，商务印书馆，1979。

8.《塞万提斯和〈堂．吉诃德〉》，文美慧，北京出版社，1981

9.《英国文学史纲》，(苏)阿尼克斯特著，人民文学出版社，1959

10.《英国小说史》，高继海，中国社会科学出版社，2003

11.《小说的兴起：笛福．理查逊．菲尔丁研究》，(美)Y. 瓦特著，高原等译，三联书店，1992

12.《英国浪漫主义诗歌史》，王佐良，人民文学出版社，1991

13.《莎士比亚的戏剧》，(苏)阿尼克斯特著，徐云生译，新文艺出版社，1957

14.《英国文学的伟大传统》，(美)安妮特．T. 鲁宾斯坦著，陈安全等译，上海译文出版社，1998

15.《哈代创作论集》，中国社会科学院外国文学研究所外国文学研究资料丛书编辑委员会编，陈焘宇编选，中国社会科学出版社，1992

16.《〈浮士德〉研究》，董问樵，复旦大学出版社，1987

17.《俄国文学史》，(苏)高尔基著，缪灵珠译，新文艺出版社，1956

18.《俄国文学批评史》，刘宁主编，上海译文出版社，1999

19.《宗教文化语境下的陀思妥耶夫斯基诗学》，王志耕著，北京师范大学出版

社，2003

20.《巴赫金之后的陀思妥耶夫斯基：陀思妥耶夫斯基幻想现实主义解读》，（英）马尔科姆·琼斯著，赵亚莉等译，吉林人民出版社，2004

21.《陀思妥耶夫斯基诗学问题：复调小说理论》，（苏）巴赫金著，白春仁等译，三联书店，1988

22.《托尔斯泰评传》，（苏）贝奇柯夫著，吴钧燮译，人民文学出版社，1959

23.《论文学》，（苏）高尔基著；孟昌等译，人民文学出版社，1978

24.《肖洛霍夫评传》，（俄）瓦·李维诺夫著；孙凌齐译，中央编译出版社，2002

25.《法国文学史》，郑克鲁编著，上海外语教育出版社，2003

26.《法国文学的理性批判精神：从拉伯雷到萨特》，艾珉著，北京大学出版社，1991

27.《司汤达比较研究》，许光华，华东师范大学出版社，1991

28.《司汤达研究》，巴尔扎克著，李健吾译。

29.《伟大的生平：巴尔扎克传》，（奥）斯蒂芬·茨威格著；攸然译，团结出版社，2004

30.《福楼拜评传》，李健吾，商务印书馆

31.《罗曼·罗兰传》，（奥）斯蒂芬·茨威格著，云海译，团结出版社，2003

32.《自然主义大师左拉》，柳鸣九，上海文艺出版社，1989

33.《美国文学史》，常耀信，南开大学出版社，1998

34.《海明威谈创作》，董衡巽，三联书店

35.《德莱塞研究》，蒋道超，上海外语教育出版社，2003

36.《博尔赫斯》，陈众议，华夏出版社，2001

37.《加西亚·马尔克斯传》，陈众议，新世界出版社，2003

38.《拉丁美洲文学简史》，（智利）托雷斯．旦奥塞科著；吴健恒译，人民文学出版社，1978

39.《拉丁美洲文学史》，赵德明等编著，北京大学出版社，1989

40.《灵魂的城堡：理解卡夫卡》，残雪，上海文艺出版社，2004

41.《英美意识流小说》，李维屏，上海外语教育出版社，1996

42.《新小说派研究》，柳鸣九编选，中国社会科学出版社，1986

43.《现代主义文学作品选》，刘象愚选编，高等教育出版社，2002

44.《未来主义 超现实主义 魔幻现实主义》，柳鸣九主编，中国社会科学出版社，1987

45.《从现代主义到后现代主义》，刘象愚，杨恒达，曾艳兵主编，高等教育出版社，2002

46.《后现代主义文化研究》，王岳川，北京大学出版社，1992

以上所引参考了河北师大文学院本科生指定参考书目，并作了适当改动。我认为，文学方面当以作品阅读为主，所列书目仅仅是为了加深学生对作品的认识；而人的认识是无止境的，随着科研的日益深入，所列参考书目需随时补充。

二、专业理论

人类精神财富是一个巨大的金字塔，其最底层是知识，知识之上是理论。随着专业学习的展开，我们也就要接受专业理论的训练。理论是对知识的概括和抽象，随着专业理论的学习，我们的专业学习也就进入到一个新的层次。正如专业知识的学习一样，专业理论训练也可以从"语言"和"文学"两方面来说。

（一）语言学概论

随着古代汉语和现代汉语的开设，学校一般还会开设"语言学概论"，这门课程就像"文学原理"一样，是一门基础理论课。文学创作和研究需要理论的指导，语言的运用和研究也需要理论的指导。"语言学概论"这门课程，通过语言学理论的训练，让学生掌握语言学的一些基本理论，具有严密的理论思维能力，并能正确运用语言。当然，就这门课程来说，仅仅局限于一本教材还不够，还得涉猎一些语言学的理论著作，如，萨丕尔的《语言论》（商务印书馆，1964 年），布龙菲尔德的《语言论》（商务印书馆，1980 年），高名凯的《语言论》（商务印书馆，1995 年），索绪尔的《普通语言学教程》（商务印书馆，1980 年），霍凯特的《现代语言学教程》（北京大学出版社，1986 年），赵元任的《语言问题》（商务印书馆，1980 年），罗常培的《语言与文化》（语文出版社 1989 年），梅耶的《历史语言学中的比较方法》，赵元任的《语言问题》（商务印书馆，1980 年），罗常培的《语言与文化》（语文出版社，1989 年）吴文祺、张世禄主编的《中国历代语言学论文选注》（上海教育出版社，1986 年），胡明扬主编的《西方语言学名著选读》（中国人民大学出版社，1988 年）等。我们最好是在课外选读一部分。

（二）文学原理

文学方面的理论训练是从"文学原理"开始的。文学原理以文学现象为研究对象，它运用种种理论，从不同角度，研究文学的本质、特征、规律，研究文学与人、社会以及其他人类精神现象及其产品之间的关系，以指导人们的文学实践。

以前我们说过，"论"是"史"的浓缩，"史"是"论"的展开。于是，以"文学原理"这门课为基础，也就有了"中国古代文论""西方文论""马列文论"这些课程。

"文学原理"之后，还开设有"美学原理"。"美学原理"一展开，又有了"中国古代美学史""西方美学史"。

学习这些课程，关键是重视，只有高度重视才能听得进去，读得进去。正如上面所讲，从整体上把握这些课程的内容非常重要，但满足于课堂上听听是入不了骨的，最好是在这些课程的学习中选择一些原著认真读，才能觉得扎实。研读文论，最好先借助概述性的工具书，对文论史形成整体的认识，对一些基本理论基本范畴的形成、发展，有一个大体的认识，但要把功夫花在经典原著上。

以下开列的书目较多，在读期间，全部读完不太可能，各人可根据自己的情况有所取舍，但一定要抓住基本的书目。

1. 西方文艺学著作

（1）概述（概述性著作如找不到所开书目，可找相关书籍）

陆梅林辑注《马克思恩格斯论文学与艺术》；伍蠡甫《西方文艺理论名著选编》；伍蠡甫《欧洲文论简史》；胡经之《西方文艺理论名著教程》；朱光潜《西方美学史》；蒋孔阳《德国古典美学》；朱立元《现代西方美学史》；张首映的《西方 20 世纪文论史》；朱立元《当代西方文艺理论》；张隆溪《20 世纪文论述评》；童庆炳《中西比较诗学体系》；纪怀民等《马克思主义

文艺论著选讲》。伊格尔顿《二十世纪西方理论》，戴维·洛奇《二十世纪西方文学评论》。

（2）原著（重点）

柏拉图《文艺对话集》；亚里斯多德《诗学》；贺拉斯《诗艺》；郎古弩斯《论崇高》；布瓦罗《诗的艺术》；丹纳《艺术哲学》；莱辛《汉堡剧评》；爱克曼《歌德谈话录》；狄德罗《狄德罗美学论文》；黑格尔《美学》；康德《判断力批判》；席勒《审美教育书简》；维柯《新科学》；别林斯基《别林斯基选集》；车尔尼雪夫斯基《生活与美学》；普列汉诺夫《普列汉诺夫美学论文集》；尼采《悲剧的诞生》；高尔基《论文学》；韦勒克《文学理论》；艾布拉姆斯《镜与灯》；弗洛伊德《弗洛伊德论美文选》；荣格《心理学与文学》；马克思《巴黎手稿》；23、勃兰兑斯《19世纪文学潮流》。

2. 中国古代文论

（1）概述（概述性著作如找不到所开书目，可找相关书籍）

郭绍虞《中国文学批评史》；张少康《中国文学批评史》；赖力行《中国古代文论史》；钱钟书《谈艺录》；徐复观《中国艺术精神》；刘若愚《中国的文学理论》；叶朗《中国美学史大纲》；李泽厚《美的历程》等。

（2）原著（重点）

钟嵘《诗品》；曹丕《典论论文》；陆机《文赋》；刘勰《文心雕龙》；严羽《沧浪诗话》；司空图《诗品》叶燮《原诗》；王国维《人间词话》；李渔《闲情偶寄》；刘大魁《论文偶记》；郭绍虞《中国历代文论选》等。

（三）哲学

无论语言还是文学，多接触一些社会科学，如社会学、历史学、伦理学、文化学、心理学、宗教学、教育学是大有好处的。掌握这些学科一些基本理论也属于基本理论的训练。当然，我们是学汉语言文学的，学习这些学科不一定要达到其他专业的水平，找一些基本的书看看也就行了。但多掌握一些理论是提高我们基础理论水平的一个有效的途径。这里，我主要想讲讲哲学方面的训练。我们写论文，运用的是理论思维，理论思维是解决理论问题、完成理性认识的思维，它要站在一定的理论的高度去分析、研究 客观事物，并将一般现象上升到理论的高度。理论思维具有抽象性。它不能停留右直观的现象上，它虽然有时要从具体、感性的事物出发，但思维过程中要逐步扬弃事物的感性特点，抽象概括出事物的本质特征和规律性的联系，并把思维的结果用概念、判断的形式表现出来。

理论思维具有概括性。概括是一切研究的起点，也是研究的目的，任何科学研究的目的都在于概括出研究所获得的东西，把事实化为一般的规律。思维之所以能揭示事物的本质和内在规律，主要来自抽象和概括。在思维过程中，人们必须在思想上区别事物的本质属性和非本质属性，舍弃非本质属性，并将事物一般的、共同的属性、特征结合起来，或把个别事物的本质属性、特征推广为同类事物的本质属性和特征。

理论思维还具有逻辑性。它运用概念、判断、推理等基本形式去认识客观事物，揭示事物的本质特征及规律，整个思维过程就是由概念、判断、推理所组成的一个严密的逻辑体系。在思维过程中，必须严格遵循同一律、排中律、矛盾律，即：在同一思维的过程中，每个概念和判断都必须具有确定的同一内容；在两个矛盾的判断中，必须二者择一，不能既不断定是什么，又不断定不是什么；在同一时间、同一关系下，对同一对象所作的两个矛盾判断不能同时都真，其中必有一假。

从事科学研究，必须具备比较好的理论思维能力。怎样培养自己的理论思维能力呢·恩格斯在《自然辩证法》中指出："一个民族想要站在科学的最高峰，就一刻也不能没有理论思维"，但理论的思维不仅仅是一种天赋的能力，这种能力必须加以发展和锻炼，除了学习以往的哲学，直到现在还没有别的手段。"很多学者谈到自己的科研时，都曾提到自己得益于哲学训练。因此，我们不管是学哪个专业，都应该读一些哲学著作，进行自觉的哲学训练。

张世英先生在《谈谈哲学史的研究和论文写作》一文中，为研究哲学史的青年朋友开过一些基本书目。他开列的是：

　　柏拉图：《理想国》；
　　②亚里士多德：《形而上学》；
　　③笛卡尔：《哲学原理》；
　　④斯宾诺莎：《伦理学》；
　　⑤洛克莱：《人类理智论》；
　　⑥莱布尼兹：《人类理智新论》；
　　⑦贝克莱：《人类知识原理》；
　　⑧休谟：《人类理智研究》；
　　⑨康德：《纯粹理性批判》；
　　⑩黑格尔：《小逻辑》。

张先生说，这个书目是在假定已经泛读过《西方古典哲学原著选辑》"古希腊罗马、"16～18 世纪西欧各国哲学""18 世纪法国哲学"和"18 世纪末 19 世纪初德国哲学"的前提下拟定的，有些重要的哲学家，如 18 世纪法国唯物论者和费尔巴哈的著作，《选辑》已经收得比较全面、比较完整，就没有列入。此外，他认为，除了我国解放后出版的哲学史，还应仔细阅读几本西方学者讲西方哲学史的著作，他推荐了美国学者弗兰克·梯利的《哲学史》，美国学者赫尔巴特·E·库西曼的《哲学史》，黑格尔的《哲学史讲演录》，余柏威的《哲学史》。

张先生还谈到了学习方法的问题，他回顾自己的学习经历时说："我只觉得我从前的老师冯文潜先生教我的西方哲学史，使我很受教益。他要我熟读柏拉图的《理想国》和梯利的《哲学史》，办法是每读完一章或一节，都要合上书本，用自己的话把原作的大意写成读书报告，个人的评论则写在正文的一侧或下方。冯老师嘱咐我，写读书报告首先要注意自己的概括是否与原意相符，但又不准照抄，要合上书本再写。在作读书报告的过程中，有时自以为读懂了，临到执笔，却又概括不起来，表达不出来，这往往是因为懂得不透的原故，于是打开原书再看，再合上，再写。这样写完一次读书报告之后，原著的那一部分内容不仅懂得比较透彻了，而且也记得比较牢固。实在不懂的地方，口头请教冯老师，这就更是终生难忘。冯老师评阅时，不太看重我个人的评论，主要是指出有失原意的地方。我当时暗想，老师有点'述而不作'，但后来每一回想，却越来越觉得从冯老师那里学得的知识最熟透、最牢靠。"

我们在训练自己理论思维时，也可以采用这种办法。这办法看起来很笨，实际上是最有效、最扎实的。虽然我们不是学哲学专业的，不能和学哲学专业的学生比，但如果能从张先生所开书目中选读一两本作为基础训练，肯定会有收获的。

三、关于选修课的选修

大学除上述专业课，一般都开设了很多选修课，这些选修课也是我们专业学习的有机构成。粗略地划分，可把这些选修课分为两类：

一类可称之为"专业知识拓展课"。如，我们院在专业主干课的基础上开有"文献学""训诂学""20世纪西方文学批评研究""方言调查与研究"等。这类课程就是专业课的进一步拓展，它将我们专业有关方面的知识导向深入。

还有一类可称之为"专题研究课"，开这些课的老师，一般是某个领域里的专家，他们长期从事这方面的研究并有自己的研究成果。课堂上，他们会介绍有关的研究成果，介绍自己的研究思路和研究方法，讲述自己的研究心得，如我们系里所开设的"鲁迅研究""沈从文研究"《红楼梦》研究"《文心雕龙》研究"等。

同学们选修这些课程，大多为了修满学分，很少深究。其实，在我看来，对于所有的"专业知识拓展课"，不论对它是否感兴趣，都应选修，它对于完善我们的专业知识结构是不可或缺的。如"文献学"，文献学是研究文献发展规律和研究方法的一门学科，是治学的基础、资料的源头、深入研究的门径，这门课程会向我们介绍中国古代浩如烟海的文献典籍，告诉我们检索的基本方法；"训诂学"这门课程"研究前人的注疏，历代的训诂，分析归纳，明其源流，辨其指归，阐其枢要，述其方法，演为系统而条理之"，并会系统地训练我们；"方言调查与研究"会告诉我们研究的基本方法以及如何去辨音记音；"20世纪西方文学批评研究"会系统地介绍西方一些新的批评理论和方法……学好这类选修课，会将我们的专业基础导向深入。

对于"专题研究课"，我个人的意见是可以凭兴趣选择，因为一个人的时间有限，精力有限，不可能面面俱到，满天开花，选择几门，看老师是怎么展开研究的，会给我们许多启发。

四、如何才能打基础

前面讲了，如何打好自己专业基础，是个见仁见智的问题，如果不是从某个学科出发，而是着眼于整个"中文专业"，我的意见有几点：

（一）结构意识

学习中文专业，最怕偏科，而偏科往往比较普遍。譬如，喜欢语言的不喜欢文学，喜欢文学的不喜欢语言，喜欢中国文学的不喜欢外国文学，喜欢外国文学的不喜欢中国文学，喜欢古代文学的不喜欢当代文学，喜欢当代文学的不喜欢古代文学，等等。我认为，过早偏科总是不好的。中文专业的课程是根据"汉语言文学"这个学科的对象、性质、内部联系来开设的，不是可有可无的，如果单凭兴趣随意取舍，所学的知识就不系统了。如我们学中文的，连莎士比亚都没读过，连巴尔扎克都没读过，连《红楼梦》都没读过就是笑话。另外，我们思考问题研究问题总还得有一个广泛的参照系数，譬如我们以后专门研究现代文学，专门研究鲁迅，如不能把鲁迅置于整个世界文化的格局中来思考，就很难揭示鲁迅的思想价值、文化价值、审美价值。

（二）自学意识

我曾和同学交流过学习体会，一个优秀的大学生，应该将50%的时间花在课堂上，将50%的时间花在自学上。一个学生，如果仅仅满足于老师在课堂上所讲的，仅仅满足于教科书上所读的，并不能很好地学好自己的专业。为什么呢？因为老师所讲的，教科书上所讲的，往往只是最基础的，这些知识，还需要我们课外去充实，去补充。如一部文学史学下来，我们连中间最重要的作家、最重要的作品都没读过，这门课程也就被架空了。而这些作家作品的阅读，就要靠课外下功夫，功夫不到就没办法把基础打好。

（三）选择意识

中文专业的学生，要读的书是那么多，要把自己想读的书全部读一遍几乎是不可能的，即使全读一遍效果也并不一定好。我曾说过，在规定的时间内，有的读100本，有的读2本，就效果而言，读100本的同学不一定赶得上读2本的。这里就有一个选择的问题。应选择什么样的书呢？在上《写作原理》时，我曾引王东成的话说过：

一是基本的书。这类书是一个人建造自己精神大厦的基石，是喂养自己文化生命的"母乳"。人们就是在这种精神大厦的奠基中，在这种文化"开口奶"的吮吸中，为自己的人生抹上第一层"底色"，形成影响自己一生的文化"童子功"的。最基本的东西（包括最基本的知识、观念等）往往是最根本、最具有制约力、最具有战略意义的东西。中国近现代史上那些"两脚踏东西文化，一心评宇宙文章"的大作家、大学问家，为什么有那么强的文学和文化创造力，能够耸起一座座文学、文化的高山和一片片文学、文化的高原？一个重要的原因，就是他们的文化"开口奶"吃得好，文化"童子功"练得好。自小便"子曰诗云"，打下了良好的国学根底；进入青年时代，恰逢"欧风美雨"东渐，打下了良好的西学基础……

二是经典的书。这类书是人类精神天空中的恒星而不是流星，是人类文化大海边的礁石而不是沙砾，它们可以被时代的潮汐淹没，但绝不会被历史的海浪冲走。它们是宏伟的"卢浮宫""金字塔"和"都江堰"，而不是遍地的"卡拉OK厅"和粗俗、低劣的仿制赝品；是人们喝了它们以后什么样的酒都能对付的"陈年佳酿"。读书当有"精品意识"。要把有限的、宝贵的精力和时间投入到阅读文化精品上，而不能随便抛掷在阅读那些知识秕糠或者品位很低的书籍上。"登东山而小鲁，登泰山而小天下""会当凌绝顶，一览众山小""曾经沧海难为水，除却巫山不是云"。读那些经典的书，就是"登泰山"，就是"凌绝顶"，就是"经沧海"，就是观"巫山之云"。有了它们在胸中，就可能"小天下""览众山"，就可能具有云水襟怀，就可能拥有"雄兵百万"。

三是前沿的书。这类书是人类精神文化领域中的最新成果，常常是被人类刚刚发现的"新大陆"和刚刚开拓的土地。读这类书，往往使人的精神、思想比较新锐、敏感、富有生气、与时代一起前进，而避免陈腐、迟钝、僵化、与世隔绝。一个创作主体，不一定时时都立于思想文化的潮头，但是，他必须耳聪目明，眼观六路，耳听八方，关注人类精神文化的最新进展和最新趋势，而不是闭目塞听，不见云卷云舒，不听风声雨声，萎顿和湮没在历史的尘埃中。

四是源头的书。这类书是人类最早开拓、耕耘的精神土地，最早创造、生产的文化产品。它们凝聚着人类最初的梦想和智慧，蕴藏着人类文化的"遗传基因"和"原型"。这些梦想与智慧、"基因"与"原型"并没有完全属于历史，它们正在以各种各样的方式给人类的现实与未来以深刻的影响。在一定意义上说，它们是我们人类在艰苦跋涉中频频回首的精神"家园"与文化"老屋"。读了这类书，人们常常有寻到了"家园"、寻到了"根"的感觉……一个现代文化的耕耘者、创造者，直接与"源头"对话，直接与那些至今还俯瞰着人类生活的精神大师对话，从中汲取智慧和启迪，该是怎样要紧的一件事，同时又是一个多么明智的选择！

五是历史方面的书。一个创作主体，最好读一点历史，读一点自己民族、自己国家和整个人类的历史。读一点这方面的书，创作眼光可能变得比较开阔、清澈、深邃。

什么是基本的书？在我看来，我们所学的教材，大部分可看作基本的书。优秀的教材，应该站在学科前沿，客观介绍本学科最基本的知识，大家所公认的研究成果。它就像一张导游图，把我们领入学科。前面我们说了，如果仅仅局限于这些教材是不够的，但如果忽视这些教材的学习也不行。

什么是经典呢？我认为，就本专业来说，各课程所推荐的必读书目大部分可以看作经典。大学中文系，一般都给学生开了必读书目和参考书目并印发给大家了。很多同学不重视这个书目，看都不看，挺可惜的。大家如果按照必读书目和参考书目去读书，比盲目地看，肯定要好得多。

什么叫源头的书呢？就中文专业来说，也就是"古希腊文学"和"先秦文学"。古希腊文学，包括古希腊的悲喜剧、荷马史诗、柏拉图的《文艺对话集》和亚里斯多德的《诗学》，先秦文学，包括《诗经》《楚辞》《论语》《孟子》《老子》《庄子》《左传》《国语》等，都是我们应该读并且要读好的。

历史方面的书则要看需要了，譬如，我们准备研究某一段文学，对那一段的历史就不可能不闻不问。至于前沿的书，一般指专业范围内最新的研究成果。当然，我们也不能局限于本专业的范围之内，举凡最新出的一些思想文化哲学方面的著作也应有所涉猎。

（四）方法意识

我们对所要读的书不能同等对待，培根在《论学问》中说："有些书可供一尝，有些书可以吞下，有不多的几部书则应当咀嚼消化；这就是说，有些书只要读读他们的一部分就够了，有些书可以全读，但是不必过于细心地读；还有不多的几部书则应当全读，勤读，而且用心地读。"我认为这是一个大学问家的经验之谈。有些书是可以泛泛去读的，通过泛读，以扩大我们的知识面；有些书则要精读，反复地读，以扎稳我们的根基。中文专业一直强调背诵，我认为这是值得提倡的，如果有些典籍没有背诵下来，就像没读过一样。鲁迅提倡以"泛览"为基础，然后选择自己喜爱的一门或几门深入地研究下去。他主张在消闲的时候"随便翻翻"，也主张遇到必读的书"硬看"，直到读懂、钻透为止。著名数学家苏步青主张读书要多读、精读，他读书时，第一遍一般先读个大概，第二遍、第三遍逐步加深理解。他就是这样来读《红楼梦》《西游记》《三国演义》的。他最喜欢《聊斋》，不知反复读了多少遍。起初，有些地方不懂，又无处可查，他就读下去再说，以后再读就逐步加深理解。华罗庚是靠刻苦自学成长的数学家，他把读书过程归结为"由厚到薄""由薄到厚"两个阶段。当你对书的内容真正有了透彻的了解，抓住了全书的要点，掌握了全书的精神实质后，读书就由厚变薄了，愈是懂得透彻，就愈有薄的感觉。如果在读书过程中，你对各章节又作深入的探讨，在每页上加添注解，补充参考资料，那么，书又会愈读愈厚。因此，读书就是由厚到薄，又由薄到厚的双向过程。数学家王梓坤的读书方法也很有特点，他主张抄读。他认为，人们只知抄书之苦，未知抄书之益，抄完毫末俱见，一览无余，胜读十遍，这些方法都值得我们借鉴。

（五）时间意识

每每和同学们谈起读书，课堂上总是惊呼一片，要读的书这么多，怎么读得过来？要读过来，一是要选最重要的书来读；二是要讲究方法区别对待；三是要抓住时间。

我在课堂上曾讲过，有的人读大学，只读了"二年"，有的却读了"六年"，讲的就是时间问题。有的人读大学，一入校，一是不知道怎么读书；二是思想上放松，觉得高中几年太辛苦了，想松口气，今天和老乡聚聚会，明天开个生日 Party，一年下来，很快就过去了。到了第二个学期，又要应付外语。到了第三个学期，总算想读读书了，可时间过得真快，一眨眼，又要教学实习、写毕业论文和联系工作了。所以，真正算起来，这些人也就只读了二年书。有的人却不是这样，学习抓得很紧。

我们不妨算一个账：大学 4 个学年 8 个学期，如果每学期按 17 周计算，抓住每周的星期六、星期天，就有 272 天；每年暑假算 45 天，寒假算 25 天，如果抓住寒暑假的时间，4 年下来就有 280 天；再加上每年的"五一""十一"等，至少有 40 天，整个大学 4 年，就有 392 天。如果把这些时间都抓住，也就相当于多念了半个大学。我们现在开的课很多，社团活动也多，看上去时间很紧，但真正抓紧，时间还是有的。

五、前期研究

写毕业论文，一般应在专业课程学习的基础上选择某门课程多读点书，才能将自己逐步导入到研究的领域。当代学者曹道衡先生在《谈谈魏晋南北朝文学》一文中，曾为有志于魏晋南北朝文学研究的青年朋友开列了一个学习魏晋南北朝文学参考书目，并讲到初学者如何研究魏晋南北朝文学。他开的书目是：

《全汉三国晋南北朝诗》，丁福保编，1956 年中华书局出版。

《全上古三代秦汉三国六朝文》，（清）严可均校辑，1958 年中华书局出版。

《文选》，（梁）萧统选辑，（唐）李善注，中华书局出版。

《乐府诗选》，余冠英注，人民文学出版社出版。

《汉魏六朝诗选》，余冠英选注，人民文学出版社出版。

《古诗源》，（清）沈德潜选辑，1980 年中华书局出版。

《玉台新咏》，（梁）徐陵辑，1955 年文学古籍刊行社出版。

《六朝文絜注》，（清）许梿选辑，（清）黎经诰笺注，1962 年中华书局上海编辑所出版。

《世说新语》，（宋）刘义庆著，1962 年中华书局上海编辑所出版。

《搜神记》，（晋）干宝著，1979 年中华书局出版。

《文心雕龙注释》，（梁）刘勰著，周振甫注，1981 年人民文学出版社出版。

《诗品注》，（梁）钟嵘著，陈延杰注，1961 年人民文学出版社出版。

《魏晋南北朝文学史参考资料》，北京大学中文系文学史教研室选注，1962 年中华书局出版。

曹先生说：

我觉得要学习和研究一个时代的文学史，必须先对这个时代的历史和思想史有一定的了解。同时，为了更好地了解魏晋南北朝文学的承先启后作用，对先秦两汉文学和唐五代以后的文学也应该具备适当的水平。这些都是无庸赘言的。

对一个初学者来说，我想首先还是应该从选本入手。这是历来研究者一般都采用的方法。不过，过去的一些选本，大抵出于封建文人之手。如沈德潜的《古诗源》，虽号为平稳，但选取的标准毕竟陈旧，例如其中收入的应制之作以及郊庙乐章之类为数不少。这些诗不论从思想内容到艺术技巧都颇少可取之处。王士祯的《古诗选》除了从封建士大夫立场出发外，还杂有一些艺术上的偏见。这两部书之不便于初学者，还因为《古诗源》基本无注；而清闻人倓对《古诗选》的笺注又常有错误。所以阅读魏晋南北朝诗，最好先读余冠英先生的《汉魏六朝诗选》和《乐府诗选》。这两部书的选录重点有所不同，前者着重文人诗而后者着重民歌。余先生在编选这两本书时，从新的观点出发，既注意到作品的思想内容，也注意到艺术成就，入选之作，均为传诵名篇。更应该提出的是余先生对这些诗歌的解释往往博采众多的材料，下了许多考证工夫，得出不少精辟的新见。尤其是两书的序言，概括论述当时诗歌发展的情况及各家特色，更应精读。

除了诗歌以外，北京大学中国文学史教研室选注的《魏晋南北朝文学史参考资料》选录了各种体裁的代表作。选择精当，注释详明。此书所附的一些评论和研究资料对读者也极有帮助。此外，在阅读选本的同时，还可以兼读胡国瑞先生的《魏晋南北朝文学史》，以求对当时文学史的概况，能得到一个较为系统的了解。

在精读选本以后，进一步就应该读一些主要作家的诗集或诗文集。曹操、曹丕、曹植、阮籍和谢灵运的诗，有黄节注本；陆机、谢朓的诗，有郝立权注本；嵇康集有戴明扬《嵇康集校注》；陶潜集有清陶澍的《靖节先生集注》；鲍照集有钱仲联先生《鲍参军集注》；庾信集有清倪璠的《庾子山集注》。这些作品基本上可以反映魏晋南北朝各流派、各时期、各地区的重要作家的创作成就。

当一个初学者在读完这些诗文集以后，进一步就可以开始全面阅读材料进行研究了。研究魏晋南北朝文学的主要材料，基本上都收集在清严可均《全上古三代秦汉三国六朝文》和近人丁福保编的《全汉三国晋南北朝诗》二书之中。至于综论当时文学情况的著作除了刘勰的《文心雕龙》和钟嵘《诗品》这两部文学批评名著外，近人刘师培的《中国中古文学史讲义》，也颇具参考价值。但从事魏晋南北朝文学史研究的同志，更应精读的则首推《文选》和《玉台新咏》，其次是宋郭茂倩的《乐府诗集》，因为这些书是魏晋南北朝作品最早的总集，后来一些辑本，大抵以此为基础。当然，为了进一步作深入的研究，还应阅览各种史籍、古类书以及《文苑英华》等古选本。

从曹先生这一些话中我们不难悟出，专业学习与专题研究的不同。当然，我们平时功课多，时间紧，课余不一定能读这么多的书，但在自己选定的专业范围内读一些基本书，还是必要的。

第四节　论文写作的学术规范

建立学术规范，树立良好学风是学界当前的一个极为重要的任务。我在教育部社会科学委员会秘书处所编的《学术规范与学风建设论坛》中，读到杨春忠先生所写的一篇文章：《论学术规范制度化与学位论文写作》[①]。杨先生在谈到当前一些有代表性的论文写作教材时也提到了我这本《论文写作导论》。他认为，这类"教程"在描述论文写作的一般过程及其环节时比较具体，但对学术规范相关问题重视不够。对学生进行严格的学术规范教育与学术训练，理应上升到日程上来，我们的大学教育不能只注重知识的传授，而忽略文德和学风的教育。我们需要的是有关学术道德规范、形式规范、学科规范、学理规范与评价规范之内容详实而又富有现实针对性和可操作性的"论文写作及其规范手册"。我们应开展各种相关活动，

---

①　教育部社会科学委员会秘书处编.《学术规范与学风建设论坛》[M]. 北京. 高等教育出版社.2005;319-337.

利用多种渠道、途径与方法来强化学生的学术道德意识和学术规范意识，并使之落实为实际行动。我认为这些批评是对的，所以想谈谈学术规范的问题。

为什么要强调学术规范？因为自上世纪90年代以来，学术失范的现象时有发生并越来越严重。同学们大概平时也听得到某博导、某教授又抄袭他人成果了；某著名权威根本没投入研究却成了成果第一署名人了；某次学术成果评奖或某次职称评定又成了人情和权力的交换了……学术失范现象在学士、硕士、博士中也存在：有的人写论文，从网上找几篇论文随便拼贴一下就算完成了；有的自己根本没有动手，是花钱请人写的；有些网站，甚至把论文写作当作一种交易，只要你肯出钱，就可以代你写学士、硕士、博士、申报职称的论文；至于博士、硕士、学士论文在注释与索引上不规范的现象更是相当普遍……这种学术失范的后果是非常严重的。当一个国家的学术尊严可以任人随意践踏与蹂躏时，这个国家的学术事业也就不复存在了。2004年8月16日，教育部还特地发了一个文件：

高等学校哲学社会科学研究学术规范（试行）

（教育部社会科学委员会2004年6月22日第一次全体会议讨论通过）

一、总则

（一）为规范高等学校（以下简称高校）哲学社会科学研究工作，加强学风建设和职业道德修养，保障学术自由，促进学术交流、学术积累与学术创新，进一步发展和繁荣高校哲学社会科学研究事业，特制订本规范。

（二）本规范由广大专家学者广泛讨论，共同参与制订，是高校师生及相关人员在学术活动中自律的准则。

二、基本规范

（三）高校哲学社会科学研究应以马克思列宁主义、毛泽东思想、邓小平理论和"三个代表"重要思想为指导，遵循解放思想、实事求是、与时俱进的思想路线，贯彻"百花齐放、百家争鸣"的方针，不断推动学术进步。

（四）高校哲学社会科学研究工作者应以推动社会主义物质文明、政治文明和精神文明建设为己任，具有强烈的历史使命感和社会责任感，勇于学术创新，努力创造先进文化，积极弘扬科学精神、人文精神与民族精神。

（五）高校哲学社会科学研究工作者应遵守《中华人民共和国著作权法》《中华人民共和国专利法》《中华人民共和国国家通用语言文字法》等相关法律、法规。

（六）高校哲学社会科学研究工作者应模范遵守学术道德。

三、学术引文规范

（七）引文应以原始文献和第一手资料为原则。凡引用他人观点、方案、资料、数据等，无论曾否发表，无论是纸质或电子版，均应详加注解。凡转引文献资料，应如实说明。

（八）学术论著应合理使用引文。对已有学术成果的介绍、评论、引用和注解，应力求客观，公允、准确。

伪注，伪造、篡改文献和数据等，均属学术不端行为。

四、学术成果规范

（九）不得以任何方式抄袭、剽窃或侵吞他人学术成果。

（十）应注重学术质量，反对粗制滥造和低水平重复，避免片面追求数量的倾向。

（十一）应充分尊重和借鉴已有的学术成果，注重调查研究，在全面掌握相关研究资料和学术信息的基础上，精心设计研究方案，讲究研究方法。力求论证缜密，表达准确。

（十二）学术成果文本应规范使用中国语言文字、标点符号、数字及外国语言文字。

（十三）学术成果不应重复发表。另有约定再次发表时，应注明出处。

（十四）学术成果的署名应实事求是。署名者应对该项成果承担相对的学术责任、道义责任和法律责任。

（十五）凡接受合法资助的研究项目，其最终成果应与资助申请和立项通知相一致；若需修改，应事先与资助方协商，并征得其同意。

（十六）研究成果发表时，应以适当方式向提供过指导、建议、帮助和资助的个人或机构致谢。

五、学术评价规范

（十七）学术评价应坚持客观、公正、公开的原则。

（十八）学术评价应以学术价值或社会效益为基本标准。对基本研究成果的评价，应以学术积累和学术创新为主要尺度；对应用研究成果的评价，应注重其社会效益或经济效益。

（十九）学术评价机构应坚持程序公正、标准合理，采用同行专家评审制，实行回避制度、民主表决制度、建立结果公示和意见反馈机制。

评审意见应措辞严谨、准确，慎用"原创""首创""国内领先""国际领先""世界水平""填补重大空白""重大突破"等词语。

评价机构和评审专家应对其评价意见负责，并对评议过程保密，对不当评价、虚假评价、泄密、披露不实信息或恶意中伤等造成的后果承担相应责任。

（二十）被评价者不得干扰评价过程。否则，应对其不正当行为引发的一切后果自负。

六、学术批评规范

（二十一）应大力倡导学术批评，积极推进不同学术观点之间的自由讨论、相互交流与学术争鸣。

（二十二）学术批评应该以学术为中心，以文本为依据，以理服人。批评者应当行使学术批评的权利，并承担相应的责任。被批评者有反批评的权利，但不得对批评者压制或报复。

七、附则

（二十三）本规范将根据哲学社会科学研究事业发展的需要不断修订和完善。

（二十四）各高校可根据本规范，结合具体情况，制订相应的学术规范及其实施办法，并对侵犯知识产权或违反学术道德的学术不端行为加以监督和惩处。

（二十五）本规范的解释权归教育部社会科学委员会。

学术规范涉及到评价规范、批评规范、成果规范、引文规范等诸多方面，是一个比较复杂的问题。如，既然是"学术规范"，首先应得对"学术"有个界定，把一些"伪学术""泡沫学术"排除在外，否则就无从谈规范；其次，学术规范不仅仅是论文规范与评定规范，而是一个系统工程，需要各个方面的努力；其三，所谓规范，不能只是一个笼统的说法，还须作量与质的规定；其四，这些量和质的规定不能仅仅是道德上的一种倡导，还须制度化；其五，这些制度由谁来贯彻落实、监督执行，等等。

我认为，学术规范也就是学术规矩。干什么都得讲规矩，不依规矩不能成方圆。进行学术活动，也得有个规矩。有了规矩，大家有了共同语言，才能够交流，然后在这个基础上就可以互相评判，从而建立起所谓的学术共同体。要解决学术失范，不能仅仅依靠法律，还需学术管理、学术评价等部门共同努力；还要依靠学术道德、学术规范的教育。有专家就提到，有些学术失范并不是有意而为之的，造成这一现象的重要原因之一就是高校和科研院所的学术训练不得力，大多数学校没有开设相关的课程，许多导师也没有对学生进行有关注释与索引方面的严格训练。这些意见是对的。

作为学生，可从以下几方面理解这"规矩"。

一、学理规范

学理规范主要指论文的学术性和创造性。

构成一篇学术论文有两条最基本的规范：第一，你研究的一定是学术问题；第二，你必须在已有成果的基础上提出自己创造性的见解。

前面讲了，学术论文具有突出的学术性：它只能把学术问题当作自己的论题；把学术成果当作自己的描述对象；把学术见解作为文章的核心内容。它以学术性区别于一般的社会理论文章和政治理论文章，一般的"读后感""随笔""赏析""思想评论"不能算学术论文。讲学术规范，首先就应该把一些非学术、伪学术、泡沫学术排除出去，切不可把非学术的问题来当学术。现实中大家可能看到，有些所谓的"论文"，一点学术价值也没有，把"学术"当儿戏，这就说明，这些人在基本意识上没有树立起论文写作的学理规范。学术论文不仅要进行专门化的学术研究，而且还要报告自己独到的研究成果。学术论文不同于一般的教科书，它不能重复已有知识；甚至也不同于某些学术专著，因为某些学术专著主要用于专业知识的传播和普及，强调知识的系统性、常规性。学术论文则必须创造性地解决某一学术问题，如果没有创造性也就失去了它存在的意义。创造有大小之别，水平有高低之分，大到开创一门新学科，创立一个新学派，小到发现一条有价值的资料，都可视为有创造性。但无论怎样都应该写出自己的见解来，否则就不可能形成一篇学术论文。因此，所有的研究，都应完备地检索相关文献资料，对相关性研究有一种整体而清晰的了解，避免重复选题，避免非学术的选题。

二、道德规范

干什么都要讲究道德，从事学术研究也要讲道德。如果你花了很多心思写成一篇论文，论文却被人抄袭了，你气愤吗？你肯定会感到气愤。如果你花了很多功夫写成一篇论文，才打了一个"良"，别人从网上抄来一篇文章，却打了一个"优"，你会感到气愤吗？你肯定会感到气愤。如果你看到一篇文章，很一般，作者却天天在你面前夸耀他是如何获得"重大突破"的，你会鄙夷他吗？你肯定会鄙夷他。你为什么会这样？因为他不道德。如果有了一个正确的是非观念，使不道德的人再也不敢这样了，这样也就确立了学术上的道德规范。

科学研究应该是极其严肃、极其认真的，它不存在任何敷衍，不存在任何懈怠，不存在任何投机取巧的心理。它要脚踏实地，全身心地投入，坚持不懈地劳动，以自己辛勤的汗水去敲开成功之门。学术研究应该是实事求是的，它服从于科学的宗旨，服从于科学的"良心"，一切立论都建立在坚实的事实基础上。它不会拜倒在权威脚下曲意逢迎，更不会为了某一目的违背事实而作违心之论；它勇于承认自己的失误，也勇于坚持自己的见解。这既是一种科学的态度，也是一种学术道德。抄袭和剽窃他人成果，说重点是违法，说轻点是不道德。无论如何，都是人所不耻的。学习论文写作，首先就要建起这道"铁门槛"，不越雷池一步。

但是，有些人并不明白这点。记得有一年，我指导自考生的一篇论文，他恰恰抄了我的一篇文章。我写信对他说，你应该重写，你抄我的文章了。他一个字也没改，原稿寄回，好像我不通过还不行似的。还有一年，我指导本科生一篇论文，他从网上原封不动地下载了一篇文章交给我，我给他指出来，他笑笑，全不当一回事。这就是全然不懂基本的道德规范。现在，高校都规定，抄袭论文、雇枪手写论文，或替别人当枪手的，都将被开除。像我们学校，在论文之前还要求同学签署一个"诚信申明"：

湖南师范大学本科毕业设计诚信声明

本人郑重声明：所呈交的本科毕业设计，是本人在指导老师的指导下，独立进行研究工作所取得的成果，成果不存在知识产权争议，除设计中已经注明引用的内容外，本设计不含任何其他个人或集体已经发表或撰写过的作品成果。对本设计的研究做出重要贡献的个人和集体均已在文中以明确方式标明。本人完全意识到本声明的法律结果由本人承担。

本科毕业设计作者签名：（亲笔签名）
二〇〇　　年　　月　　日（打印）

这叫作：你不讲道德，我非要你讲道德。

三、形式规范

科学需要郑重、严谨、一丝不苟的态度，任何一道环节上的马虎草率都可能损伤论文的科学性。因此，论文形式也应做到规范。其中包括格式规范、表达规范、印制规范。下面我们举我校的规定来说明。

（一）格式规范

1. 论文的前置部分

包括封面、毕业论文诚信声明、毕业论文开题报告书、指导教师指导毕业论文情况登记表、毕业论文评审表、毕业论文答辩记录表、目录、插图索引（必要时）、附表索引（必要时）。

其要求是：（1）封面格式必须符合学校要求。（2）封面上的学科分类号要准确，专业名称表述要准确。（3）封面上的论文题目必须与正文上的题目一致。（4）目录以文章内容的先后为序，按章、节、条三级标题编写，要求标题层次清晰。目录中的标题要与正文中标题一致，目录中应包括绪论、论文主体、结论、参考文献、附录、致谢等。（5）目录中的页码要与正文中的页码相一致。

2. 论文的正文部分

正文部分是论文的主体和核心，包括论文题目，作者专业、年级、姓名，中文摘要与英文摘要，中文关键词与英文关键词，引言或绪论，论文主体，结论，参考文献等部分。

其要求是：

（1）论文题目应简短、明确、有概括性。通过题目，能大致了解论文内容、专业特点和学科范畴。但字数要适当，一般不宜超过 20 字。必要时可加副标题。学生的论文要一人一题，而且选题要符合专业培养目标。封面上的毕业论文题目分别用中英文表述；题目的英文翻译一定要恰当。毕业论文经过开题，题目有修改的，必须在开题报告中有说明；题目无调整的，封面上、开题报告书上、评审登记卡上、答辩记录表上、正文上的标题必须一致。

（2）论文摘要必须是对全文内容的高度概括，应反映出毕业论文的内容、方法、成果和结论，不能过于简略，要语句通顺，文字流畅。摘要中不宜使用公式、图表、不标注引用文献编号。中文摘要以 300－500 字为宜，英文摘要应与中文摘要一致，并要符合英语语法，无语言错误，语句通顺，文字表达自然流畅。毕业论文评审表上的中英文摘要必须与毕业论文正文上的中英文摘要完全一致。

（3）关键词是供检索用的主题词条，应采用能覆盖论文主要内容的通用词条。关键词一般为 3－5 个，按词条的外延层次排列，外延大的排在前面。英文的关键词应与中文关键词一致。关键词之间用分号分开，最后一个关键词后不打标点符号。毕业论文评审表上的关键词必须与毕业论文正文上的关键词完全一致。

（4）引言或绪论一般作为第一章。引言或绪论应对与选题相关的国内外文献进行综述。其主要内容包括：选题的背景及目的；国内外研究状况和相关领域中已有的成果；尚待进一步研究和解决的问题；设计和研究方法等。绪论一般不应少于 1500 字。

（5）毕业论文主体是毕业论文正文的主要部分，应对本研究内容及成果应进行较全面、客观的理论阐述，应着重指出本研究内容中的创新、改进与实际应用之处。凡引用、转述、参考他人的成果或资料，均须注明出处。

（6）论文中的章、节、条、款各级标题要突出重点、简明扼要。字数一般在 15 字以内，不得使用标点符号。标题中尽量不采用英文缩写词，对必须采用者，应使用本学科的通用缩写词。论文正文的层次应根据实际需要而定。

（7）结论单独作为一章排写，但不加章号。结论是毕业论文的总结，是整篇论文的归宿。要求精炼、准确地概述全文的主要观点：或自己赞成的观点、或自己反对的观点、或自己的创造性工作与新的见解及其意义和作用，还进一步提出需要讨论的问题和建议等。

（8）参考文献。除特殊专业的毕业论文外，原则上均应有 2 篇以上的外文参考文献。毕业论文（设计）的撰写应本着严谨求实的科学态度，凡有直接引用他人成果之处，均应进行标注，并按引文在正文中出现的先后顺序列于参考文献中。一篇论著在论文中多处直接引用时，在参考文献中只应出现一次，应将标注序号归并到一起集中列出。仅参考但未直接引用的与毕业论文选题有关的著作和论文也应在参考文献中列出，排于直接引用的参考文献之后，并连续编序号。

3. 附录部分包括附录（必要时）、致谢

附录部分的要求是：

（1）对于一些不宜放入正文中、但作为毕业论文（设计）又是不可缺少的部分，或有重要参考价值的内容，可编入毕业论文（设计）的附录中。

（2）致谢中主要感谢导师和对论文工作有直接贡献及帮助的人士和单位。

（二）印制规范

1. 字符、字数

一般要用汉语简化文字书写，原则上文科不得少于 10000 字。

2. 排版印制

论文一律由本人在计算机上输入、编排并打印在 A4 幅面白纸上，单面印刷。

3. 字体和字号

论文题目：3 号黑体。

论文中的各章标题：4 号黑体。

论文中的节、条、款各级标题及正文文字：4 号仿宋体。

引文页码：5 号仿宋体。

数字和字母：Times New Roman 体。

4. 封面

论文封面规范见附件中的"文本格式"，论文一律采用 A4 白色铜板纸包封面。封面上要求填写的内容一律打印填写。

5. 论文页面设置

（1）页边距。上边距：2.54cm；下边距：2.54cm；左边距 3.17cm；右边距：3.17cm。

（2）行距：行间距为单倍行距。

（3）书眉：不设页眉。

（4）页码的书写要求。

毕业论文文本前置部分的封面、毕业论文诚信声明、毕业论文开题报告书、指导教师指导毕业论文情况登记表、毕业论文评审表、毕业论文答辩记录表和目录不编入论文页码。

目录用罗马数字单独编页码，页码位于页面底端居中。

毕业论文正文部分与附录部分的页码从论文题目开始，至附录，用阿拉伯数字连续编排，页码位于页面底端居中。

6. 摘要与关键词

中文的"摘要"与" 关键词"几个标示字为 4 号黑体；英文的"摘要"与" 关键词"几个标示字为 4 号 Times New Roman 体。中文摘要内容与具体的关键词为小 4 号仿宋体；英文摘要内容与具体的关键词为小 4 号 Times New Roman 体。

7. 名词术语

科技名词术语及设备、元件的名称，应采用国家标准或部颁标准中规定的术语或名称。标准中未规定的术语要采用学科通用术语或名称。全文名词术语必须统一。一些特殊名词或新名词应在适当位置加以说明或注解。

采用英语缩写词时，除本学科广泛应用的通用缩写词外，文中第一次出现的缩写词应该用括号注明英文全文。

8. 数字

按国家语言文字工作委员会等七个单位 1987 年发布的《关于出版物上数字用法的试行规定》，除习惯用中文数字表示的以外，一般均采用阿拉伯数字。年份一概写全数，如 2005 年不能写成 05 年。

9. 表格

每个表格应有自己的表序和表题，并应在文中进行说明，例如："如表 1.1"。

表序一般按章编排，如第一章第一个插表的序号为"表 1.1"等。表序与表名之间空一格，表名中不允许使用标点符号，表名后不加标点。表序与表名置于表上居中。

表头设计应简单明了，尽量不用斜线；表头与表格为一整体，不得拆开排写于两页。

表中数据应正确无误，书写清楚。数字空缺的格内加"—"字线(占2个数字)，不允许用
"～"或"同上"之类的写法；表内文字一律用5号仿宋体。

表中若有附注时，用5号仿宋体写在表的下方，句末加标点。仅有一条附注时写成：注：
……有多条附注时，附注各项的序号一律用阿拉伯数字，例如：注1：……

10. 图

毕业论文的插图应与文字紧密配合，文图相符，内容正确。选图要力求精练。

插图应符合国家标准及专业标准。

每幅插图均应有图题(由图号和图名组成)。图号按章编排，如第一章第一图的图号为
"图1.1"等。图题置于图下，用5号宋体。有图注或其他说明时应置于图题之上，用5号仿
宋体。图名在图号之后空一格排写。引用图应说明出处，在图题右上角加引用文献号。图中
若有分图时，分图号用(a)、(b)等置于分图之下。图中各部分说明应采用中文(引用的外文
图除外)或数字项号，各项文字说明置于图题之上(有分图题者，置于分图题之上)。插图与
其图题为一个整体，不得拆开排写于两页。插图处的该页空白不够排写该图整体时，可将其
后文字部分提前排写，将图移至次页最前面。毕业论文原件中的照片图应是直接用数码相机
拍照的照片，或是原版照片粘贴，不得采用复印方式。照片可为黑白或彩色，应主题突出、
层次分明、清晰整洁、反差适中。照片采用光面相纸，不宜用布纹相纸。对坐标轴必须进行
说明，有数字标注的坐标图，必须注明坐标单位。

11. 注释

毕业论文中有个别名词或情况需要解释时，可加注说明。注释一律用页末注，即将注文
放在加注页稿纸的下端，而不用行中注(夹在正文中的注)和 篇末注(将全部注文集中在文章
末尾)。若在同一页中有两个以上的注时，按各注出现的先后，须按序编列注号。注释的注
号左顶格，并用数字加圆表示，如①，②……应与正文中的指示序号和格式一致。注释只限
于写在注释符号出现的同页，不得隔页。

12. 参考文献

参考文献的著录均应符合国家有关标准(按 GB7714—87《文后参考文献著录格式》执
行)。参考文献的序号左顶格，并用数字加方括号表示，如[1]，[2]，[3]……应与正文中的
指示序号和格式一致。每一参考文献条目的最后均以"·"结束。一篇论著在论文中多处引
用时，在参考文献中只应出现一次，序号以第一次出现的为准，应将序号归并到一起集中列
出。不得将参考文献标示置于正文中的各级标题处。

13. 附录

论文的附录依序用大写正体 A，B，C……编序号，如：附录 A。附录中的图、表、式等另
行编序号，与正文分开，也一律用阿拉伯数字编码，但在数码前冠以附录序码，如：图 A1；表
B2；式(B3)等.

四、引注规范

学术论著注释和索引的规范化是学术规范建设的重要组成部分。规范的注释和索引不仅
为学术界同行对相关问题作进一步研究提供了线索，也为文献学研究提供了可供分析的样
本。同时，它也在一定程度上反映着学者自己的学术功力和人品。

引注规范尤其是大学生要注意的。

任何研究，都是在已有思想资料基础上进行的，都是站在前人或他人肩膀上的一种极目

远眺。写论文也同样如此，它不可避免地要引用、借鉴他人的研究成果。凡在论文中引用他人的文章、观点、材料、数据等研究成果均应注明出处，不能将别人的话当作自己的话，也不能换一个角度换一种说法将别人的东西化为己有。

科学、严谨、规范的标注，既是作者持之有据的有力说明，也是对他人劳动成果的尊重。既是作者治学是否严谨的一种表征，也能检验出作者所下的功夫及论文的创新度。因为判定一篇论文或一部著作有无学术创新需要在与同类著作的比较及与已有成果的讨论中凸现出来的，而不规范的引注往往为剽窃者打开方便之门。

在学术规范体系比较健全的国度，引证标注往往被视为学术规范的重要组成部分之一，它是建立良好学术道德的程序性制约，也是杜绝剽窃的有效办法。

引用文献资源的学术规范主要包括：

（一）所有研究都应依据已有文献对相同或相关方面研究成果作出概括性说明

论文写作，要求"简要说明研究工作的目的，范围，相关领域的前人工作和知识空白，理论基础和分析，研究设想，研究方法和实验设计，预期结果和意义等"。

为什么要这样要求？

首先，因为任何知识生产、知识创新都需要以知识的有序继承和必要积累，概略性介绍实际上就是作者继承知识和展示积累的体现；

其次，通过概略性说明展现研究现状，可以为人们评价其价值提供基本资料或线索；

第三，体现了对前人创造成果的尊重。

要达到这些要求，我们必须在选题之前尽可能全面普查相关文献，只有通过全面的检索才能获得文献进而对文献进行分析研究，明确前人的研究已解决了哪些问题，存在什么缺陷，自己研究的推进和创新是什么。这就需要概述性的说明。

与上面紧密相关的是可以避免重复前人已经完成了的研究。学术研究以创新为目标，如果我们不知道此前人们在相关领域的研究情况又如何知道哪些属于创新？因此，我们写论文时，通常要向读者明示：在这个领域中前人已经取得的成绩，自己的问题是怎样的引出，又希望在哪些方面——材料、方法抑或观念——推陈出新，这样一来，引用就是非常必要的。

但在实际中，我们很难看到同学有比较全面客观的概括性说明。很多同学"概括前人已有成果"不过是走走过场，笼统写几句算是有个交代；有些同学只是概述与自己论文有利的部分；有些同学甚至没有普查过文献。

（二）对已有文献任何形式的引用都必须注明出处

凡在论文中引用他人文章、观点、材料、数据等研究成果，均应注明出处，这既体现了作者实事求是、言之有据的科学态度，也体现出对他人著作权的尊重，同时还能为读者深入了解相关内容查找相关资料提供线索。但在实际中，同学们往往做得不规范：有的论文，寥寥的就是几个"注释"；有的论文虽有"注释"，但不规范；有的文章引注很多，一篇文章下面有一百多个注释，但一推敲，这些书他根本就没看过；有的论文大段抄引别人文章，在行文中就是不加说明，仅开列一个所谓的"参考文献""以此来逃脱他人的指责；更有甚者，就是把别人的观点据为己有。

（三）原则上不作间接引用

间接引用也就是"转引"——引用第三者作品中所引用的内容——在论文写作中，间接引用原则上是被禁止的，因为转引不能确保所引内容的准确无误。当然，就人文社科来说，有时候间接引用难以避免，但必须明确注明"转引自XXXX"，否则被认为是对出处的不实标注，学术界惯称"伪引"。不实标注，同样是一种学术上的弄虚作假，同样为学术伦理规范所不容。

（四）引用必须适当

这是对征引量的限制。虽然引用是"必要"的，但也不能为引用而引用，过度引用，容易把论文变成资料汇编，即便注明了出处，也让文章从根本上失去了存在价值。有些同学，从头到尾都是引用，很难得看见他自己的话，更看不到他的观点，这就犯了过度征引的毛病。

（五）引用必须尊重作者原意，不可断章取义

无论作正面立论的依据，还是作为反面批评的对象，引用都应当尊重被引者的原意，不可曲解引文。断章取义、曲解引文被认为是不实引用，不实引用被视为学术上的弄虚作假。我们引用时要认真核对引文，应尽可能保持原貌。有时为了节省篇幅或便于读者理解，可作一定限度的增删。但增加的内容应以夹注的方式注明；删节要使用省略号，删节之间应避免读者对引文原意产生误解。同时，不能有利于自己立论的就取，不利于自己立论的就舍。

（六）原则上使用原始文献

这是针对引用文献的来源的规范。有些文献，特别是一些著名文献，往往有汇编本，改编本，简本，摘要等形式，作为原则，引用时应尽可能采用原始形态的文本，尽可能追溯到原创者。

（七）原则上使用最新版本

作者在作品发表之后又出修订版，意味着作者对于原来作品的观点、材料或表述不满意，因此，引用应以修订版为依据。不过，这条规则有一个限制，如果引用者所从事的恰好是对于特定作者学说演变的研究，引用此前各种版本是必要的。

（八）标注应完整，准确地显示被引作品的相关信息

这是技术方法的规范。所谓相关信息，包括作者、题名、出版地、出版时间、卷期、页次等。完整，准确地显示相关信息。一方面体现了引文的确切性，说到底是学术研究严谨的科学态度的体现，同时也为读者以此为线索的进一步查找提供了方便。

（九）应体现学术独立和学者尊严

作为学者，在论文写作过程中须对学术研究心存虔敬，抵御曲学阿世，不能把研究作为迎奉权贵手段。在引用环节上，所引文献，都应当受到必要的质疑，而不是当然的真理。事实上，是否存在这样的怀疑精神乃是学术引用与宗教或准宗教式宣传的引用之间的重要界限。

各类参考文献条目的编排格式及示例如下。

（1）连续出版物

［序号］主要责任者．文献题名［J］．刊名，出版年份，卷号（期号）：起止页码．

例如：［1］毛峡，丁玉宽．图像的情感特征分析及其和谐感评价［J］．电子学报，2001，29（12A）：1923 – 1927.

［2］ Mao Xia, et a1. Affective Property of Image and Fractal Dimension ［J］. Chaos, Solitons&Fractals. U. K. , 2003：V15905 – 910.

（2）专著

［序号］主要责任者．文献题名［M］．出版地：出版者，出版年：起止页码．

例如：［3］刘国钧，王连成．图书馆史研究［M］．北京：高等教育出版社，1979：15 – 18，31.

［4］T・Parsons，The Social System，New York：：Free Press，1961，P36 –45.

（3）会议论文集

［序号］主要责任者．文献题名［A］主编．论文集名［C］．出版地：出版者，出版年：起止页码．

例如：［5］毛峡．绘画的音乐表现［A］．中国人工智能学会2001年全国学术年会论文集［C］．北京：北京邮电大学出版社，2001：739—740.

（4）学位论文

［序号］主要责任者．文献题名［D］．保存地：保存单位，年份．

例如：［6］张和生．地质力学系统理论［D］．太原：太原理工大学，1998.

（5）报告

［序号］主要责任者．文献题名［R］．报告地：报告会主办单位，年份．

例如：［7］冯西桥．核反应堆压力容器的LBB分析［R］．北京：清华大学核能技术设计研究院，1997.

（6）专利文献

［序号］专利所有者．专利题名［P］．专利国别：专利号，发布日期．

例如：［8］姜锡洲．一种温热外敷药制备方案［P］．中国专利：881056078，1983 –08 –12.

（7）国际、国家标准

［序号］标准代号，标准名称［S］．出版地：出版者，出版年．如：［9］GB/T16159—1996，汉语拼音正词法基本规则［S］．北京：中国标准出版社，1996.

（8）报纸文章

［序号］主要责任者．文献题名［N］．报纸名，出版日期（版次）．如：［10］毛峡．情感工学破解'舒服'之迷［N］．光明日报，2000 –4 –17（BI）.

（9）电子文献

［序号］主要责任者．电子文献题名［文献类型/载体类型］．电子文献的出版或可获得地址，发表或更新日期/引用日期（任选）．如：［11］王明亮．中国学术期刊标准化数据库系统工程的［DB/OL］．http://www. cajcd. cn/pub/wml. txt/9808 10 –2. html，1998 –08 –16/1998 –10 –04. 外国作者的姓名书写格式一般为：名的缩写、姓。如A. Johnson，R. O. Duda

引用参考文献类型及其标识说明如下：

根据GB3469规定，以单字母方式标识以下各种参数文献类型，如下表：

参数文献的标识

参考文献类型	专著	论文集	单篇论文	报纸文章	期刊文章
文献类型标识	M	C	A	N	J
参考文献类型	学位论文	报告	标准	专利	其他文献
文献类型标识	D	R	S	P	Z

电子文献的标识

参考文献类型	数据库（网上）	计算机程序（磁盘）	光盘图书
文献类型标识	DB（DB/OL）	CP（CP/DK）	M/CD

关于参考文献的未尽事项可参见国家标准《文后参考文献著录规则》（GB7714 –87）。

五、学术规范需要基本素质作保障

论文写作是学术规范训练的一种最为基本的方式，理应结合自己研究对象的客观规定性，根据自己所搜集资料的实际来确立论题；在特定理论的指导下运用一定的研究方法来对自己的观点进行论证；在论证中应具有观点的贯通性与逻辑的严密性，从而使自己的论文具有学理性与现实针对性；应遵守最为基本的学术规范，遵守学位论文写作的一般惯例。毕业论文应基于严谨的研究、真诚的思考、严密的论证，反对侵占、剽窃、抄袭他人的研究成果。这是论文写作最基本的规范，也是论文写作者的道德底线。有些同学做得不好，一是对这些规范不了解，二是思想上不重视，持一种无所谓的态度，所以这里附带着讲一下研究态度的问题。

科研态度是我们对科研所持的看法及采取行动的总的表征。多年的教学实践证明，良好的科研态度对论文的写作也起着非常重要的作用。态度认真，研究投入，写出的论文就好一些。如果随便应付，马虎敷衍，要写好论文是不可能的。

科学的态度，应该是极其严肃认真的，它不存在任何敷衍，不存在任何懈怠，不存在任何投 机取巧的心理。它要脚踏实地，全身心地投入，坚持不懈地劳动，以自己辛勤的汗水，去敲 开成功之门。

科学的态度，应该是实事求是的，它服从于科学的宗旨，服从于科学的"良心"，一切立论都建立在坚实的事实基础上。它不会拜倒在权威的脚下曲意逢迎，更不会为了某一目的违背事实而作违心之论；它勇于承认自己的失误，也勇于坚持自己的见解。

科学的态度，还应该是不怕挫折不畏艰难的。科学的道路是崎岖曲折的。科学上的每一个发现，每个进步都意味着无数的挫折和失败。只有经过挫折和失败，拨开层层迷雾、重重障碍才能发现真理。没有锲而不舍的精神，没有坚韧不拔的意志，就很难把科研进行下去。

科学态度的养成既涉及到思维认识，也涉及到一些非智力因素。研究者解决问题的动机、对问题的兴趣、意志以及性格特征等多种非智能因素，往往影响到研究者的科研态度。

大学生写论文的动机是什么呢？高一层的动机是从此走入科学研究之门，以科研作为自己终生的事业，并以此为人类物质文明建设和精神文明建设作出自己的贡献；次一点的动机是写好论文争取打一个高分；更次一点的动机是马马虎虎应付过去。

不同的动机、愿望、目的，也就表现出不同的态度。很多同学认为，自己以后不从事科研也不想从事科研，用不着在论文上多下功夫。这种想法是不对的，是很狭隘很功利的。我一个同学，大学毕业之后先后当过大学老师、杂志主编、酒店经理、报社社长、出版集团总董事长。他没学过酒店管理，没学过新闻，也没学过出版，但他干得非常出色。他的成功当然有多方面的原因，其科研能力强也是他成功的重要原因之一。论文写作是接受专业训练的一次极好的机会。经过严格训练，固然可以为以后的科研打下良好的基础，以后不从事专门研究，对日后的工作、生活也有莫大的好处。

对于论文的写作来说，研究者的兴趣、意志也很重要。一般说来，我们对某一事物感兴趣，才能深入地探究下去。如果对课题一点也不感兴趣，论文就难以写下去。兴趣比较广泛，就要选符合自己发展同时又感兴趣的课题。如果无所谓"兴趣"，好像对所有的学科都感兴趣又都不感兴趣，就要选自己比较专长的课题。就科研来说，有时候，我们是对某一事物感兴趣，然后深入研究；另一种情况是，一开始无所谓兴趣，随着研究的深入，反而激发了自己的兴趣。学术的兴趣要靠自己培养。很多领域的研究，在一般的人看来是枯燥乏味的，而研究者却津津有味，乐在其中，个中滋味，要靠自己去体会、培养。

要将自己的努力维持在某一目标上，仅靠兴趣还不行，还要靠意志。意志是人自觉调节自己的行动去克服困难以达到目的的心理过程，是人的意识能动作用的表现。意志的自觉性、果断性、坚持性、自制性、独立性，是实现目的性行为的根本保证。写论文，特别需要作者通过意志的努力，去克服内在的、外在的困难，以达到既定的目的。

性格是一个人在对现实的态度及与之相应的习惯化的行为方式中所表现出的比较稳定的心理特征。人的性格结构是立体的、多侧面的，由许多方面的特征所组成的。一个人身上，既有一些有利于从事科研的性格因素，也有一些不利于科研的性格因素。如，一个性格怯弱的人，常常患得患失，对挫折和失败怀有深深的恐惧。在这种心理状态下，思维活动是无法自由展开的。一个缺乏工作热情的人，一般不会忘我地求索，沉浸在创造的快乐之中；一个缺乏自制力，过于情绪化的人，很容易受挫时会灰心丧气，失去克服困难的信心和勇气；一个懒惰的人，则可能敷衍了事，不愿意从事艰苦的科研活动；一个墨守成规、缺乏创造意识的人，往往无法胜任创造性的思维；一个过分自我批评、缺乏自信心的人，往往难于坚持自己的独立见解；一个胸怀和视野都很狭隘的人，往往难以发现有价值的课题；一个着眼于枝枝节节没有大局观、整体观的人，往往难以抓住事物的本质；一个没有批判精神、怀疑精神的人，往往难于提出自己独创的见解；一个缺乏恒心的人，往往三天打鱼，两天晒网，很难把研究工作深入下去；一个粗心大意、马马虎虎的人，科研中很难做到严谨周密；一个自暴自弃的人，或是贪图享受的人，很难对自己的科研提出严格的要求，等等。写论文，要通过自我控制、自我调节，发展积极因素，克服不利因素，使自己的性格结构趋于合理。

以上这些非智力因素，在科研中往往要表现出来，影响我们的科研态度。美国心理学家特尔曼曾作过研究。他在 800 个智力超常的人中抽出成就最大的 20% 和成就最小的 20%，研究他们在 智力因素和非智力因素方面的差异。结果他发现，这两组人最明显的差异并不在智力因素方面，而在于非智力因素方面，成就大的人，在非智力因素方面优于成就小的那一组人。

【思考与训练】

1. 概述论文的含义及特点。
2. 简述论文写作的过程。
3. 简述"述评类""评论类""论述类""说明类"论文的基本特点。
4. 简述论文写作的专业基础并联系实际谈谈自己的学习情况。
5. 谈谈你对学术规范的认识。

第一章 论文的选题

选题是论文写作中一个非常重要的环节，也是初学者最感困惑的地方。怎样选题？选择怎样的题？不仅关系到论文写作的成败，也涉及到我们是否能顺利地走入科学研究之门。本章想就这些问题作一些具体讨论。

第一节 选题的基本含义

论文写作就是从选题开始的。没有研究对象、目标，论文写作就无从谈起；同时，题目选得好不好？有没有价值？有多大价值？自己能否在规定的时限内完成，都涉及到论文成功与否。因此，很多学者都指出：选好题目是论文成功的一半。这话多少有些夸张，选好了题还有很多工作要做。不过，选题确实很重要。一般说来，选题是科研能力的表征，一个科研能力强的人，往往可以敏锐地发现有科研价值的题目，而一个科研能力不强的人，往往找不到题目。一般说来，在校学生(无论本科生、硕士还是博士)的选题，都离不开导师的指导、帮助；而毕业踏入社会后，就只能靠自己选题了。所以，我们在选题阶段，不仅要为自己的毕业论文找到一个好的选题，更重要的还要学会选题。

什么叫选题？简单地说，也就是在思想上选择你要研究的对象、问题。

从表现形态上看，论文的"选题"常常以标题的形式表现出来，如"论《诗经》的浪漫主义因素""论女性神在原始神话中的地位""论苏轼词的现实主义精神""论象征散文的创作规律""论小说非情节因素的审美意义""论杂文的新闻性"，这些标题，就是"选题"。但是，"选题"与"标题"还是有区别的："标题"是论文写成定稿以后所取的"名称""选题"则是自己主观上所确定的研究的对象和目标；随着研究的深入，作者有可能保持原有选题，也可能更改原有选题，至于成文阶段，作者给论文定什么题目，那就更具灵活性了。

从本质上看，选题也就是选准所要研究的某一个问题。

任何科学研究都是从发现问题开始的——发现某一个问题应该研究而没有人研究，发现某个通说存在错误需要纠正，发现某个问题前人论述还不够完善，发现某个理论与实践存在着脱节……在此基础上才有可能导致进一步的研究，没有问题就难以真正深入到创造过程。譬如有这样一个选题："革命导师论新闻的真实性"——它能否构成论文的选题？那就要看它所包含的问题了。如果作者提不出问题，只是人云亦云地综述革命导师对新闻真实性的论述，那就不能构成论文；如果作者认为，目前人们对革命导师的论述认识还不够准确，或革命导师有关论述没有引起人们应有的重视而决定加以重新论述，这也就构成了论文的选题。论文的写作，本质上是一种科学研究。科学研究就是要探索现成理论所没有发现、没有概括、没有解释的事物。如提不出问题也就没找到论文的题目。

在论文写作中，有些同学可能一时提不出什么问题，只好初步确定一个研究对象，如"鲁迅作品研究""汪曾祺小说创作研究"等，但随着研究的深入同样需要提出问题来。譬如你要研究《红楼梦》——《红楼梦》这个对象算是选定了，但题目太大，够写几本书的了，还不能构成你的选题。又譬如，你要研究《红楼梦》里的人物——这个题目也太大，不构成你的选题。如果你打算写一篇《警幻仙姑与九天玄女的对比研究》——看起来有点意思了——但能不能构成你的选题还要看你的准备情况，要看你是否能写出新意来。所以说，一个完整意义上的选题：首先要确定自己研究的领域；其次是确定自己研究的对象；其三是确立研究的突破口；其四是初步确定自己的思路；第五是要通过选题论证能够使自己的选题确立，这才真正称得上选好了题。

第二节　研究方向的确立

先说研究方向的确立。

论文选题最好是在自己所学专业范围之内。大学四年，我们接受的是汉语言文学专业的学习与训练，不管怎样，在本专业的范围内选题总要容易些。有时，有些同学选择了新闻写作、秘书写作或先秦诸子思想研究一类选题，也属本专业范围之内。如果完全跳出本专业的范围，则应慎重。

定方向也就是我们平时所说的选专业。在汉语言文学这个总的专业之下，分出若干小的专业，我们究竟选哪个专业作自己的毕业论文，是需要慎重对待的。虽然不是"一见定终身"，但对我们以后的发展还是会有很大影响。

一、语言类选题

语言学研究的领域非常广泛，各分支学科和新兴学科之间纵横交错。我们这里主要讲"古代汉语"和"现代汉语"论文的写作。

（一）"古代汉语"的选题

与其他类型的论文相比，古代汉语的论文要涉及到我们不太熟悉的古汉语语言现象，似乎有些困难。其实，只要对古汉语有兴趣，真正钻进去了，就不会感到难。我们不难发现，很多古汉语方面的专家、学者，论文一篇接一篇，著作一部接一部，流连忘返，乐此不疲，好比鱼翔大海，鹰击长空，他们就没有艰难畏惧之感。

古汉语研究的领域非常广泛，大致说来，文字、音韵、训诂、语法、修辞都在研究之列。对一般本科生来说，文字、音韵方面的知识接触得少一些，至于训诂、词汇、语法、修辞完全可以结合课程所学的知识，撰写出有分量的论文来。

1. 训诂研究

此类论文题目可大可小，不但一本书、一篇古文的注释，可作为我们研究的对象，就是古文中的一句话、一个词语也可作为研究对象。如《巫山·巫峡》中有句话"王命急宣"，有人就写了一篇《"王命宣"辨》；《诗经》中"薄言"这个词语的解释，从汉代到清代就很不一致，俞敏先生深入研究，就写了一篇很有分量的《诗"薄言"解平议》。我们学古汉语和古代文学，读了不少古文，这些篇目一般都有古注和今注，如果发现分歧和疑义，搜集尽可能多的注本进行分析比较，考证得失，分辨是非，就可能写出论文来。不过，写这一类论文，切忌浮泛，应把注本搜集好，有古注的最好全都要找到，然后穷源溯流，剖析毫厘。

2. 词汇研究

词汇方面的论文可选择若干个典型的词，考察它们古今义的异同，或考察它们的本义，或考察它们从本义到引申义的发展，也可以选择若干同义词进行深入细致的辨析，还可以选择某一本书如《诗经》《论语》《孟子》中的某个实词或虚词，对其义项及用法进行归纳和讨论。这方面，清代学者王念孙、王引之等有许多成功的范例，研读他们的著作，可从中学到很多具体的方法。

3. 语法研究

近一个世纪以来，关于古汉语语法研究的著作可分为两类：一是横断面的研究，大多以先秦语法系统作为主要研究对象，即一般所讲的"文言语法"；一是纵断面的研究，即研究汉语语法系统的历史变化。当代著名学者郭锡良先生曾指出，先秦语法系统的平面研究虽出版了数十种"文言语法""文言虚词"之类的著作，但大多模仿西洋语法的框架，未能从古汉语的实际出发，无论是词类系统还是句法结构，都有不少问题值得研究。如他提出，先秦没有第三人称代词，"之""其""彼"都不是第三人称代词；先秦指示代词不是远近两分而是一个更复杂的系统；任何一个语气词都只表示某一特定的语气，不能表示多种语气。至于汉语语法史的研究，郭先生认为，解放后虽然进展比较迅速，但也不过是触及了整个汉语史极小的一部分，可供研究的问题更多。

关于语法研究的内容虽多，但对于一般大学生来说，写这方面的论文困难较多。因此，选题时题目要小一点，材料涉及的范围不宜太广，最好是选择一部有代表性的著作，研究其中的某一个语法现象。如研究《论语》《孟子》《左传》《战国策》《吕氏春秋》《史记》等书中的副词、介词或连词的用法，甚至还可缩小点，只研究这几类词中某个词的用法；也可以研究这些书中的判断句，或比较句、被动句，或意动用法、使动用法；还可以研究这些书中的"于"字结构与动词搭配所表达的语法关系和语法意义等。此外，王充的《论衡》、刘义庆的《世说新语》、求那毗地译的《百喻经》、唐代的《敦煌变文集》、宋元平话如《大宋宣和遗事》《五代史平话》等也可以用作研究对象。此外，还可以选取某一语法现象（虚词或句式）作历史发展的探索，不过写这类题目涉及的资料范围广，搜集资料很费时间①。

4. 修辞研究

可研究的课题也很多，并非限定在修辞格上。如研究各类文体的语言特点，研究各个作家的语言风格，研究各个作家、各类作品是如何运用语言手段来进行艺术加工的。不过，写这类论文，必须从语言的角度来分析，不能混同于文学论文。

写古汉语方面的论文，应尽量找有争议或较少为人注意的题目，以免人云亦云，重复一些定论。初步确定选题后应查证，看这个题目是否已有人作过。如果有人作过，就要看自己对这个题目了解的深度如何，是否掌握了新的资料，是否有新的看法，是否能作更深入的研究。

写古代汉语方面的论文，一些必要的参考书和工具书是不可缺少的。如，要作训诂、词汇方面的论文，段玉裁的《说文解字注》、新版《辞源》，商务印书馆出版的《古汉语常用词词典》，王力先生主编的《古代汉语》常用词部分，是不可少的。如有可能，《尔雅》《广雅》和朱骏声的《说文通训定声》也应翻检。此外，倘能再读一两部训诂学或词汇学方面的专著，如陆宗达、王宁的《训诂方法论》，张永言的《词汇学简论》，那就更好。如果要作语法方面的论文，至少应该认真读一读王力先生的《汉语史稿》中册，根据情况读马建真的《马氏文通》和杨树达的《高等国文法》有关章节，并读一读王力先生的《中国语法理论》，吕叔湘先生的《汉语

---

① 本节谈古代汉语论文写作，援引了郭锡良先生的见解。郭文《古汉语论文写作的选题及其他》见刘锡庆先生主编的《毕业论文指南》，中国广播电视出版社 1987 年版。

语法分析问题》，从中吸取理论、方法。此外，王引之的《经传释词》、杨树达的《词诠》以及某些文言虚词、文言语法的著作也可备查。总之，在动手搜集资料之前，应阅读一些必要的参考书。

搜集资料，应充分利用工具书如辞典、类书和引得等。

作古汉语论文，不懂得利用引得是损失。有些专书的引得，是按字将全部用例集中排在一起的，哪怕几百个几千个用例也不例外，要研究一个词语、一个虚词或某个句式，可免去自己从头到尾翻检全书之劳。不过，在使用引得时，应查核原书；在分析研究时，应联系上下文考虑问题。

在资料搜集齐全之后，接下来便是分类排比、分析研究。古汉语论文的写作，需要严谨的逻辑思维，它要用精选的语言材料说明问题，在这一点上，它接近自然科学的论文。

（二）"现代汉语"的选题

"现代汉语"包括三大块：普通话、方言和记录现代汉语的汉字。这三部分内容，安排在"现代汉语"教材里，一般以普通话为主，以汉字和方言为辅。通行的教材，包括五章：语音、文字、词汇、语法和修辞，方言多半放在绪论中，也有把方言记音放入语音一章来讲的，如邢福义主编的《现代汉语》①。

"现代汉语"论文的选题大体在以上范围之内，但不必拘泥于这个范围。

1. 语音研究

现代汉语语音，元音占优势，乐音较多，悦耳动听，韵分为"四呼"，开合洪细，音色丰富多彩，声调有平仄，嘘吸徐疾，富于节奏美。研究语音，须经过严格的训练，基础好的人，才能选这方面的题目做论文。目前比较热门的是韵律特征的研究，如陈肖霞《普通话音段协同发音研究》②、曹剑芬《普通话语音的环境音变与双音子和三音子结构》③等。这些研究，都要借助语音仪器。不用借助仪器设备的也有，如普通话声调的平仄如何分辨？汉语拼音调标在什么位置上？规律如何？这些问题都可以研究。

2. 方言研究

现代汉语方言十分丰富。除官话外，闽语、吴语、粤语、湘语、赣语、客家话、平话、徽语等，方言主要分布在中国的南部、东部地区，尤其是长江以南。研究方言，要经过系统的听音、辨音和记音训练。如果基本功过硬，选题非常自由，自己的家乡话就是最好的选题。研究方言，包括语音、词汇、语法各个方面，但语音是基础。调查方言，首先要把音系搞清楚，才好进行词汇、语法的研究。

3. 汉字研究

现代汉字是指记录现代汉语的书写符号，但与古汉字有渊源关系。现代汉字的结构分析和结构规范，都是很重要的研究内容。还有许多大大小小的问题值得研究，如汉字的性质是什么？汉字的发展前途如何？如何避免同形同音字？汉字书写的笔顺规律如何？怎样使汉字输入的五笔字型变得简单易学？

4. 词汇研究

现代汉语词汇，以双音节为主，构词方式多种多样。与语音、语法比较起来，现代汉

①　邢福义主编. 现代汉语［M］. 北京：高等教育出版社，1991.
②　陈肖霞. 普通话音段协同发音研究［J］. 中国语文. 1991.（5）
③　曹剑芬. 普通话语音的环境音变与双音子和三音子结构［J］. 语言文字应用，1996.（2）

词汇的研究成果要少一些。目前中青年代表性的人物有南开大学的刘叔新教授、周荐教授，山东大学的葛本仪教授等。词汇研究大有可为。如语素的性质如何？语素是怎样构成词的？如何解决同一个词有不同的表现形式的问题？哪些词可以拆开来用？偏义词有什么规律？词义理解的重要性在哪里？词义是靠什么确定的？新词的产生有哪些途径？等等，都是要研究的问题。

5. 语法研究

现代汉语语法研究成果最多，但存在的问题也最多。语法是语言的结构规律，代表着语言的特点。语法研究的范围很广泛，从单位看，可以分为语素、词、短语、句子、语段、篇章六级，每一级内部级与级之间都可以研究。如词类如何划分？两类词之间如何区别？如何找出一类词的最简单的区别性特征？词和短语如何划界？短语是怎样构成句子的？汉语的句型句式里，能体现汉语特点的有哪些？单句和复句如何划界？语段如何组合？篇章如何理解？病句的成因是什么？新的语法现象产生的途径如何？语法规范应遵从什么样的原则？同类词或短语在不同的句法位置上表现情况如何？语法形式和语法意义如何结合？语法意义可以分为哪些类别？等等。

6. 语用研究

现代汉语语用，在"现代汉语"教材里主要体现为修辞。研究语言的目的之一，是运用好语言。语言运用的研究前景广阔。如：修辞格的成因如何？为什么"她的眼睛像葡萄"不如"她的眼睛像黑葡萄"好？表达某一意思，可能有多少种方式？在特定环境下，可以用哪些表达方式？一种语言现象赖以生存的语用价值是什么？怎样问话？话语流呈现出什么规律？等等。

7. 标点符号研究

标点符号是记录汉语的辅助符号系统。国家语委有专门的人员研究它。可以探讨的问题有很多，如标点符号表示语言的什么内容？现存的标点符号能表现哪些内容？哪些内容不能表现？在流行的报刊杂志里，哪些用法还未进行规范？哪些用法可以吸收？"？"的用法合理吗？点号能不能连用？等等。

写现代汉语论文，选定题目后首先要查阅文献资料，弄清楚该问题的研究现状，还存在哪些问题，哪些地方可以突破。文献资料主要有两类：专著和专业报刊、杂志上的论文。这里有两个问题要注意：一是不能只看名人的，如吕叔湘、朱德熙、邢福义、陆俭明的论著，而不看其他人的论著；二是不能只看手边有的论著，要尽可能广泛地查阅文献。专业杂志涉及面宽，涉及现代汉语内容的语言类核心期刊主要有以下几种：《中国语文》《辞书研究》《修辞学习》《语言教学与研究》《语文建设》《汉语学习》《语言研究》《汉字文化》《方言》《语言研究》《世界汉语教学》《语文学习》《语文月刊》等。论文方面的索引，可查阅中国人民大学复印资料《语言文字学》。

语言学的论文要求有充分的语言材料。收集材料是论文写作的基础。王力先生说："例不十，则法不立。"赵元任先生说："言有易言无难。"个人的语言知识总是有限的，语言在不断发展，新的、鲜活的语言材料，会对新规律的发掘提出要求。一个大学生，哪怕是一个语言学家，都必须学习自己的母语，多阅读、多听、多留心，不断充实自己的语言知识，才能搞好语言研究工作。现实生活中的语言现象是丰富多彩的，可以从中发现相关的新问题，或从中发现揭示规律的重要线索。收集材料，要注意把出处写清楚，以便别人查阅，也便于自己再查或校对。

研究现代汉语，还要注意多角度、多侧面地研究问题。

首先，要注意形式和内容的相互验证。中文系主干课里，现代汉语很接近自然科学，讲究论证的严密性。意义上的分析，必须有形式上的验证，否则分析显得无力。如说"鸡"，可以指动物，形式上验证——可以说"一只鸡""公鸡"，不能说"鸡上长着鸡毛"；"鸡"可以指菜，形式上验证——可以说"鸡上淋点辣椒油"，不能说"公鸡上淋点辣椒油"。研究问题，可以从形式入手，也可以从意义入手，但二者必须相互验证。

其次，要注意现代汉语的现象在古汉语、近代汉语中情况如何。现代汉语是从古、近代汉语发展来的，从历史发展过程观察问题，可能会把规律挖掘得深一些，准确一些。

再次，要把普通话的现象与方言的现象进行比较，相互启发，相互促进。

另外，还要把现代汉语的现象放到汉藏语系乃至世界各种语系里进行比较，看看你所研究的问题在其他语言中情况如何，是不是独有的。如果你研究的问题是独一无二的，其价值和意义必然是很大的。

二、文学类选题

中外文学史又可分古代、近代、现代、当代；在各个时代的研究中又演化出许许多多的专题来。概括起来主要是对作家、作品和文学现象的研究。

（一）对作家的研究

对作家的研究涉及到作家的生平、创作道路、创作思想、创作风格、创作成就等方面的内容。可以对作家作全面的、综合的研究，如"论欧阳修""陆文夫论"，也可以是研究某一方面，如"论屈原的象征思维""论王维的视觉意象""论李白的怀古情绪""论王安石晚期绝句的意象特色""论老舍小说中北京口语的运用""论王西彦的小说艺术""论萧红早期的小说""论陀斯妥耶夫斯基作品中反叛主人公与二重人格""论海明威笔下的硬汉形象"等。研究作家，离不开对其创作的研究，但研究的着眼点应集中在作家身上，与纯粹的作品研究有别。

（二）对作品的研究

可以对某一文学作品作整体的、综合的研究，如"论《白鹿原》""论《老人与海》""论《阿Q正传》""论《边城》"等；也可以研究作品的某一方面，如"论《红楼梦》中的太虚幻境""论贾母""论《红楼梦》的细节描写""从色彩形式读《红楼梦》""王熙凤的文化内涵""《红楼梦》的心理表现艺术"等。这类选题，以作品作自己的研究对象，目标比较集中，它不像作家研究要涉及许多方面，但选择作品时须要注意：一是要看作品本身是否具有研究价值，能否写成一篇论文，有些作品篇幅很短，值得研究阐发的问题有限，如果选它来作论文就不一定得当。例如，"论张养浩的《山坡羊·潼关怀古》""论马致远的《天净沙·秋思》""论杨朔的《荔枝蜜》"，这一类题目就不恰当；另一方面，如果作品本身很复杂、很丰富，值得研究的问题很多，就要集中力量研究某一个方面的问题，不要把面铺得太宽。如《红楼梦》这样的小说，值得研究的问题实在是太多了，就是写几部书也无法穷尽，就应适当地限制选题。

（三）对文学现象的研究

这里指的"文学现象"，是指具体作家、具体作品之外一切值得研究的现象，包括风格流派、文学社团、某一阶段的文学创作以及创作中所出现的一些带普遍性的思潮、倾向等。如，"论南朝的山水文""论晚唐的小品文创作""论本色词与诗化词""论庄骚并称的文化现象""论古代散文的写意性""新感觉派小说的创作方法""新月派散文的绅士文化特征考察""现代中国家族小说的历史特征""论现代上海都市小说""论中国现代女性文学的嬗变""论新月派诗歌""新写实小说与现代人意识"等。这类选题有比较强的综合性，要求作者有比较好的综合概括能力。

（四）对比研究

将两位作家或两部作品作对比研究，如"论丰子恺与夏目漱石的艺术韵味""论《祝福》和《一生》的异同""论鲁迅与周作人的杂文创作""冰心、丁玲散文创作比较""繁漪与安娜·卡列尼娜的对比研究""嵇康与陶渊明诗歌飞鸟意象的比较""程本、脂本尤三姐形象比较""《聊斋志异》与《阅微草堂笔记》比较"。比较是方方面面的，选题时应注意选题的可比性、大小难易，做到大小难易适中。

文学史的研究，尤其是作家作品的研究，成果非常多，以前大学生写毕业论文，大多集中在这一块。大家以为，写这一类论文比较好找资料，容易写。其实，要写好这一类论文，颇不容易。选这一类论文，一定要尽可能地查找文献资料，不能重复已有的科研成果。

三、文艺学的选题

文艺学包括了文学理论、美学，它是理论性很强的学科，其基本的概念、范畴、定义、方法、体系有较强的系统性、规范性与逻辑性。选这类选题，应掌握其基本理论知识，否则，写起来就不知如何下手，即便硬写出来，也会因为缺少起码的理论规范而叫人不知所云。其选的范围如下：

（一）对文学基本理论的研究

可围绕某个基本理论，在掌握教学基本内容之后再作一些深入的探讨，如"论文学的审美特性""论文学语言""论艺术的情感性""论作家修养""论文学意象""论典型形象的反馈作用"等。选这一类题，一是不要贪大求全，面面俱到，应集中把某一点研究透，以免人云亦云；二是要理论结合实际，从文学创作和文学欣赏的实际出发去总结规律和发掘新义。

（二）对文论史的研究

文论涉及到古代文论、西方文论、马列文论，选题范围非常广阔。文论选题一般是抓住一些重要的文论家和他们提出的一些基本理论问题进行研究。如"论刘勰的养气说""论《文心雕龙》的文艺心理学体系""论白居易的诗论体系""论韩愈古文理论中的'道'""论苏轼的诗论""论袁枚的性灵说""论顾炎武的诗歌理论"，等等。有时，则是抓住一些重要范畴作共时性的研究，如"中国古代文论中的文气说""中国古代文论中的形神说""中国古代文论中的情景说""中国古代文论中的出入说"，等等。后一类题目，要求作者对整个文论史比较熟悉。

（三）对美学基本理论的研究

美学是研究关于人从审美关系上把握现实的一般规律的科学，在大学中文专业和哲学专业里都开有美学课。美学的研究对象一般说来包括了三个方面的内容：一是从宏观方面研究审美对象，阐明美的本质和根源，研究美丑的矛盾发展，美的各种存在形态，以及崇高、滑稽、悲剧、喜剧等的本质特征和相互关系；二是从主观方面研究审美对象所反映的审美意识，阐明美的本质和反映形式的特征及其发展的规律性；三是研究作为审美意识的物质形态化了的艺术，阐明艺术的本质、内容、形式和种类以及艺术创作活动的规律性，包括反映、评价与欣赏等内容。大学生写美学方面的论文可从一些具体问题入手，如"论审美知觉的基本特征""论审美对象""论审美需要""论审美活动的认识论意蕴""论线条的审美特征""论幽默的审美特征""论审美直觉""论审美趣味"，等等。其中艺术美学的研究与文艺学有着紧密的联系。

（四）美学史的研究

美学史包括西方美学史、中国美学史，其选题多是有关美学思想的整理和发掘。如"论孔子的美学思想""老庄美学思想的要义""庄子美学思想中的丑""司空图的美学思想""严羽的美学思想""中国古代的悲怨美学""蔡元培美育思想""文以气为主的美学意蕴""论杜威的实用主义美学""评柏格森的生命哲学美学""马克思主义关于人的全面发展学说与美育问题""从物感说与模仿说看中西古典美学之异同""中西审美移情论比较"等。美学史研究中，关于艺术美学的研究与古代文论有着密切的联系，大家多看一些论文，就能体会到它们的联系与区别。

四、语文教学法选题

与语言类论文和文学类论文相比，教学法类论文最明显的特点就是它的实践性或应用性：它的选题来自于语文教学实践；它的写作离不开语文教学实践；它的观点能够指导语文教学实践。语文教学法论文的写作过程大致为：在语文教学的亲身实践中感受或发现了某个问题，然后以解决这个问题为目标而确定选题；写作时先分析和阐释这个问题存在的原因，再探讨解决这个问题的途径与方法，然后检验所探讨途径与方法的可操作性和有效性。在这样的论文中，生动的教学实例，具体的操作方式，详尽的数据表格，合理的假设实验，都会为文章带来说服力与论辩力，当然也少不了逻辑推论与旁征博引。这样的论文，可以就事论事，也可以以小见大；可以论述宏观问题，也可以论述具体问题；可以纠正发现的错误，也可以提出新的见解；可以以提出操作方式为目标，也可以以进行理论概括为目标。

一般说来，语文教学法类论文的选题范围不外乎五个领域：

（一）语文教育观念研究

语文教育观念是语文教学法中带前沿性的纯理论问题，直接影响语文教学的实践方向。尽管语文教育已经形成了许多基本观念，并且这些观念也相对自成体系，但是，随着认识的发展，社会大环境的变化，一些原有的观念面临着更新，一些新的观念需要提出和建立，因此，这个领域的具体选题是比较多的。比如，我们所说的"语文"究竟其含义如何、性质怎样、特征体现在何处，都是可以重新探讨的；我们所说的"语文教学"究竟其本质怎样、目标如何、任务是什么，也是可以再加阐释的。语文教学中的"文道统一"，如何理解这个"道""道"的内涵与外延如何界定，也可提出新的见解。语文教学中知识传授与能力训练的关系怎样，听、说、读、写需不需要单列课程专门教学，语文教学的效率怎样提高，语文教学的原则到底是哪几条，都可以从新的角度与层面再加论述。还有，语文学科的人文色彩问题，语文教育如何体现素质教育问题，语文教学可否和怎样利用现代科技手段问题，语文教育与社会实用的关系问题，无不可以详论。

（二）语文教材编写研究

这个领域包括两个方面，一是语文教材的编写方式，一是对所用语文教材的把握。就第一方面看，牵涉到的具体选题有：语文教材的编写类型究竟是用综合的形式还是利用分科的形式，语文教材的主体究竟是课文还是其他要素，语文教材中所含课文的选取标准究竟是什么，语文教材究竟按怎样的训练序列来编排顺序，语文教材与各种现代化教学手段如何配套使用，语文教材怎样体现社会实用价值，等等。就第二方面看，牵涉到的选题有：对所使用的语文教材如何评价、使用、取舍，教材中某个单元或某篇课文如何分析、把握、教学，教材中某个句子、某个注释所存在的错误如何修正，与教材配套使用的教学参考书如何看待、使用，有没有缺陷、错误，围绕教材如何自制直观教具，等等。所有这些选题，均能回答或解决语文教学中的某一具体问题，写得好的话，能影响其他语文教师的教学操作。因此，这类选题的实用价值更明显。

（三）语文教学操作研究

这个领域主要牵涉语文教学实践操作的方法，属于方法论探讨范畴，其中又可分为抽象方法论和具体方法论两个层面。在抽象方法论层面，可供选择的论题有：听说教学探讨，阅读教学探讨，写作教学探讨，语文知识教学的模式探讨，一个课题的教学过程与教学方法探讨，一个单元的教学过程与教学方法探讨，语文教学手段探讨，语文课外活动探讨，语文教学指导原则探讨，语文学习能力培养方法探讨，比较教学探讨，等等。在具体方法论层面，可供选择的论题有：一个具体课题的教学探讨，一个具体单元的教学探讨，某种具体教学方法的探讨，各种类型的语文教学效果评价标准探讨，语文考试命题方式与方法探讨，对学生进行语文个别教育的方法探讨，对语文课外活动与语文课外阅读的指导方法探讨，课堂语文教学与家庭语文教育配合途径探讨，一种语文教学改革实验的设计、实施、总结、评价方式探讨，一篇具体课文、一节语文课的教学操作方法探讨，等等。如果深入到语文教学的具体表现形式层面去看，可供选择的选题还有：某种体裁的读写教学模式探讨，某位作家的文章教学方法探讨，某种教学方法的思维训练模式探讨，某个教学阶段的语文教学方式、方法探讨，学生语文能力某个发展阶段的训练方法探讨，等等。所有这些选题，论述时，均可做到理论 联系实际，并且最终提出具体的操作方式方法。这样写出的论文，应用性、可操作性均很强。

（四）语文教师素养研究

对于语文教师素养问题，从事过语文教学的人一般都深有感触。对语文教师来说，要搞好语文教学，使自身的教学卓有成效，就要有好的素养。在这个问题上，可供选择的选题也很多。比如，语文教师的教学语言和口才素养研究，语文教师的板书技巧和绘画素养研究，语文教师的教学态度和面部表情研究，语文教师的朗读朗诵水平和语言风格研究，语文教师的教学特长和教学风格研究，语文教师的思维习惯和教学思路研究，语文教师的知识结构和业余学习研究，语文教师的教学能力与教学效果研究，语文教师的思想和审美情趣研究，语文教师的科学素养和艺术素养研究，语文教师的教材分析能力、教案设计能力、教学组织能力、教学评价能力研究，语文教师的调查、实验、科研能力研究，语文教师的进修途径研究，等等。这些选题，单独研究或综合研究，均可写出高质量的论文。

（五）语文学习规律研究

这个领域，主要包括两个方面，一是语文本身适合学生学习的规律探讨，二是学生学习语文的规律探讨。就第一方面看，牵涉的选题有：语言文字的规律探讨，语言文字的认知方式探讨，语言习得规律探讨，语感获得途径探讨，语文学习的顺序、阶段、方式探讨，等等。这些问题，表面上属于语言学或者应用语言学探讨的对象，实质上是属于语文学习规律领域的探讨对象。就第二方面看，牵涉的选题有：学生语文能力的发展规律探讨，学生语文知识的掌握方式探讨，学生语文学习动机、兴趣、习惯的调查研究，学生语文学习途径的调查研究，学生 语文水平的调查研究，学生的阅读、写作、听说规律探讨，学生形象思维与逻辑思维对其语文能力形成的作用探讨，学生语文自学能力探讨，等等。这个领域的所有选题，其研究成果都可以看做语文教学法研究的基础性成果，价值是相当大的。

教学法方面的选题既要有基本理论的指导，又要有实践经验的积累，还要善于以实践经

验 为基础，将自己的感性经验上升到理性认识，达到理论与实践的完美融合。

五、写作学的选题

写作学是一门新兴学科，它以写作行为为中心，研究写作的规律和技艺。

现代写作学的学科体系基本上以两翼展开：一方面是它的一般学科，一方面是它的分支学科。现代写作学的一般学科主要包括"现代写作原理""文体写作学""写作教学论"。现代写作学的分支学科主要包括"写作心理学""写作思维学""写作语言学""写作美学""写作文化学""写作社会学""写作哲学""写作批评"等。现代写作学的一般学科和分支学科，既可作共时性的基本理论的研究，又可以作历时性的历史考察。写作学论文的选题就在这样一个范围之内。写作学论文选题非常广泛，现列举一些选题如下：

（一）写作主体研究

写作主体研究，如"文学家""新闻记者""秘书"的素质修养研究，"写作主体形成规律的研究""写作能力形成规律的研究"等。

（二）写作过程研究

写作过程研究可以从材料积累到文章写成的各个环节各个层面选题：如"作家积累材料的特点与规律""秘书积累材料的特点与规律""新闻采访的技巧与规律""科技写作聚材的特点与规律""论文学创作的立意""论实用写作的立意""论结构、主旨、材料的辩证关系""论各种表达方式的运用""论语言表达""论写作构思中的联想""论写作构思中的想象"，等等。

（三）写作技法研究

各类文体的写作技法都在可研究之列。如象征、变形、怪诞、意象叠加、借景抒情、托物言志、叙事技巧、叙事方法、论证艺术、立意技巧、观察方法，等等。

（四）写作文体研究

各类文体的文体特征、结构语言、构思规律、表现手法，都可以在研究之列。如，论短篇小说的意境创造，论氛围小说，论微型小说的艺术规范，论象征散文的创作规律，论杂文的"味"，论诗趣，论文气，论情韵，论小品、札记与随笔，论游记的写作，论消息导语的写作，论专访，论深度报道，论公文写作，等等。

（五）写作教学研究

涉及作文教学的各个环节，如记叙文写作教学规律试探，如何提高学生的说明能力，关于 作文教学改革的思考，论观察日记的写作，论"下水作文"、论"趣味作文"、论"口头作文"、论"作文批改"、论"堂外作文"、论"读写结合"，等等。

（六）写作学史研究

这方面的选题范围更广，从古代到现代，许多学者对写作及写作学习的一些原理、规律多有论述，像刘勰的《文心雕龙》，就是一部文体写作学，其作为篇名标出的文种就有 33 种，其中 30 种为实用文，11 种为公务文书。从写作学史中选题，既可以作共时性的、宏观的研究，如"论古代的托物言志说"，也可以集中研究某个作家、某个学者对写作中某个问题的认识，如"刘勰论公务文书的写作"。

写作与我们的日常工作比较贴近，很多人都想选写作学方面的论文，但又感到写作学方面的资料不好找。其实这是一种误解，写作学方面资料还是比较好找的。其资料搜集有以下几个特点：

（1）写作学以写作行为为核心，研究写作的规律和技法，它的目的非常明确，也就是有益写作的教与学。这一特点使它区别于相关学科。如文学理论要研究文学创作中的一些问题，但它并不立足于文学写作的教与学，对写作的种种技巧、艺术并不多加关注，也不涉及到非文学文体的写作。而写作学在这一方面给予了比较多的关注。

（2）写作学涉及到文学写作、新闻写作、秘书写作、科技写作、社交礼仪写作、法律文书写作等等写作领域，涉及到语言学、文学、美学、心理学、思维科学、文化学等诸多学科，这些学科的有关资料也就是写作学搜集资料的范围。如我们研究文学写作的某一问题，就可以到文学理论、美学、古代近代文学、当代文学、外国文学、语言学、修辞学等专题资料中去查找，甚至我们采写新闻的一些经验，写作教学中的一些体会，也可用作论文写作的材料。

（3）写作学方面的论文，研究的是写作行为中的某一问题、某一技巧、某一规律，它所搜集的材料没有时空限制，无论古今中外，只要与自己研究的问题有关的材料都可以随手拿来，为我所用。在这一点上，材料搜集是比较自由的，是非常广泛的。

六、确定研究方向的原则

以上粗略介绍了各专业选题的范围及特点，要确定选题方向，我认为要遵循以下的原则：

（一）从兴趣和擅长入手

无论学习成绩的优良，业务水平的高低，每个人都有一定专长。选题时注意自己的特长，发挥自己某方面的优势，常常能取得较好的效果。具体说来：

1. 注意知识构成方面的特点

虽然大学四年同是学习汉语言文学专业，每个人花在每个学科上的力气是不一样的。如有的人对语言感兴趣，有的人对文学感兴趣。同是喜爱文学，有的人对外国文学感兴趣，有的人对中国文学感兴趣。同是喜爱明清小说，有的人对《红楼梦》感兴趣，有的人则在《聊斋志异》上下的功夫比较多，这就带来了专业知识构成上的特点。选题一般应选择自己感兴趣的专业，选择自己平时下功夫比较多的题目。

2. 注意自己的能力特点

同是研究问题，每个人在研究能力方面往往也表现出不同的特色：有的人可能接受新理论、新方法比较多，有的可能喜欢比较传统的治学路子；有的人可能对语言比较敏感，有的则有很好的审美感受能力；有的人习惯于从比较宏观的角度考虑问题，有的则喜欢抓住某个具体问题深入研究；有的理论思维能力强，喜欢研究比较抽象的理论问题，有的则喜欢研究比较具体的实证材料等。这些能力上的差异既可看做自己的优势，也可以看做自己的局限。就局限方面说，在今后的学习、研究中，应努力加强自己的薄弱环节，弥补自己的不足；从优势方面说，初学学术论文写作，从自己能力擅长处入手容易获得成功，可为以后发展打下一个较好的基础。

3. 考虑自己平时的积累

这里说的积累包括思想上的积累和材料上的积累。初学论文写作，一般还谈不上有严格意义上的自觉的积累，但我们在平时的学习中，对某一作品、某一现象、某一观点或多或少有自己的看法和理解，或是围绕某一专题看过有关的书籍、论文。在选题时可调动自己有关的积累，看看自己对哪些问题有自己的理解和认识，看看自己对哪些方面材料比较熟悉。一般说来，从有思想积累、材料积累处选题写作起来就顺手一些。

（二）从需要入手

"需要"有两种含义：

一是自己本职工作的需要。如你是教语文的，在工作中，你最感头痛的就是作文教学了，往往费力而成效不大。究竟应该怎样教好作文呢？作文教学的规律是怎样的呢？哪些方法能够取得较好的成绩？其中的规律是怎样的呢？你就可以抓住这样的题目研究。又如，你是搞新闻的，新闻记者除了一般的新闻报道，最关注的就是抓"热点"、抓"焦点"了。究竟应该怎样抓"热点""焦点"？成功的经验有哪些？失败的教训有哪些？其中的规律是什么？你也可以抓住这些题目作深入的研究。这样做不仅对自己的工作是一种促进，发表出来对他人也有启发。

一是现实生活的需要，如当前文艺创作中的一些问题，当前文化生活中的一些问题。如近几年来，历史题材的电视连续剧大量涌现，有些编创人员不顾起码的历史常识，抓住正史或野史中的某一个细节大做文章，在观众中造成了很不好的影响。当前历史题材的电视剧存在哪些不足？有哪些问题值得注意？有哪些经验教训值得总结？这一类问题就很有现实意义。

对本科生来说，还要考虑自己毕业之后的"需要"，如果打算考研究生进一步深造，最好是选自己准备报考的专业，通过论文的写作加深自己对专业的理解；如毕业之后打算参加工作，则要考虑自己以后的工作需要。如打算从事中学语文教学，最好是选择与"读""写"研究有关的选题；如果打算到企业去担任秘书，最好选择有关秘书写作有关的选题；如果打算从事宣传工作，最好选择有关新闻写作有关的选题。现在大学生找工作，竞争比较激烈，如果通过毕业论文的写作，为就业确立专业上的一些优势，也不失为一种方法。从近几年大学生选题的趋势来看，以往选题多集中在中外文学史上；而近几年的选题，多集中在作文教学和教学法上。我认为这种趋势是值得鼓励的。作研究，不一定钻到象牙塔里去，作一些实践性研究，也有它的意义在。但写这类论文不能从概念到概念，从理论到理论，要多研究一些具体问题才好。

第三节　研究对象的确定

确立自己的研究方向之后，接着就要考虑研究对象了。

研究对象从何而来？一般有两种途径，一是由自己提出，一是由他人指定。

写论文最理想的是由自己提出选题。在日常生活、学习中，发现问题的途径是很多的。工作的需要，科研的深入，外界事物的触动，他人的启发，阅读、学习中的疑义，都有可能生发出许多问题来。一些学者的经验是，在大学学习阶段首先要认真听老师讲课和阅读有关专业书籍，扎扎实实地学，真正学懂；慢慢就要挑毛病，指出你这里讲得不对，我可以引用文献或书本上的理论和知识证明你这个结论不对，或你这样讲还不够全面，我可以作这样那样的补充。一旦产生疑义，问题也就产生了。搞科研，要有"推翻一世之智勇，开拓万古之心胸"。历史学家张荫麟还在上清华中学时，去清华旁听梁启超的课，听后有不同意见，写了一篇反驳文章。文章质量很高，在杂志上刊登后，编辑以为是教授写的，把稿费寄到清华教授宿舍。梁启超十分欣赏他的才能并精心培养他，结果，他20多岁便成了历史学教授。老一辈学者的经验对我们很有启发。

如果实在提不出选题也可以请教老师，由指导老师提出选题。老师在系内承担着基础课、专业课的教学工作，有着丰富的教学经验和科研经验。他们不但对本学科的科研动态有着深入的了解，对学生的实际情况也比较熟悉。在他们的启发下，往往能使我们某些朦胧的看法形成一个颇有学术价值的观点。不过，请老师帮助，须注意以下两个方面：首先，要请相关专业的老师。每位老师都学有专攻，他们对自己从事的专业有着深入的了解，对其他学科就不一定熟悉，请有关专业老师指导，才能给我们提供具体、深入的指导。另外，请老师指定选题，还应考虑自己可接受程度，看自己能否胜任老师指定的选题。老师的专业研究有所偏重，或站在一定的学科高度选题，有时指定的选题不一定符合我们自身情况。如，我们请唐宋文学的老师帮助选题，他正在研究韩愈的创作，于是给我们出了一个题目："论韩愈的道统观"。这个选题自然有意义，但如果我们对先秦以来的思想发展史不熟悉，对韩愈的生平、作品接触比较少，在比较短的时间内完成这个选题就有问题。这时就不要勉为其难，可向老师陈述自己平时的学习情况，请老师更换一个更适合自己的选题。

　　由于大多数同学是初次尝试学术论文的写作，不太容易掌握科研选题的方法与技巧，许多学校都请有经验的老师开列了一些论文参考选题。按理说，论文选题是无法开列的，为什么呢？因为每一个真正意义上的选题都意味着命题者对这个问题已有比较深入的研究，有时甚至自己动手就能写出一篇论文来；而一个老师的知识再渊博，他的科研再有成就，也不可能面对各个专业各个研究领域开列出几十个几百个选题来。但为了初学者的需要，老师们还是勉为其难地开列了若干参考选题。这些参考选题是老师们根据自己多年的科研经验提出来的，他们或是对这些问题有一定的研究；或是凭自己的学识判断这些选题有一定研究价值，值得深入研究——但这些选题都是参考性、举例性的，并非要求你一字不移地按所列的参考题目写，你可以从中受到启发，去寻找自己的选题。如，现代文学的老师可能给你开列一个选题："沈从文创作研究"——这个题目大得很，够写一本书或几本书了，老师提出这个选题，显然不是要你用这个题目写一篇论文，而是告诉你，沈从文这个作家及其作品值得研究，你如果研究，他可以给你提供具体指导，至于你写什么，是研究沈从文的创作道路、创作思想、创作方法，还是小说创作、散文创作……那要由你自己决定。当然，更多时候老师所列参考题口子开得比较小，不会这样笼统。比方说，在"沈从文研究"这个大题目下，他可能开列更具体一点的题目，如"论沈从文的《边城》"。其实这个题目同样是大致的、参考性的。研究沈从文的《边城》，是研究它的人物、情节、结构、语言、创作方法，还是阐发它在沈从文整个创作中的地位、意义，或它的审美意义、文化内蕴、民俗学意义等，那需要你开启心智，认真研究，不可作机械的理解。

　　如果自己提不出选题，一时也难以找到指导老师和"参考选题"，还可以浏览有关的文献资料，从中受到启发以找到自己的问题。如翻一翻专业学术刊物，或论文题目汇编，看人家研究了哪些问题，从中寻找自己有话可写的题目；如果发现有些题目自己也可以谈出一些看法，再看看人家谈得怎么样，如发现人家谈得还不够透彻，还可以作新的补充和发挥，就可以用来作自己论文的选题。不过，无论是老师指定选题，还是从参考选题或文献资料中找题目，都要在初步接触材料的基础上发现某一个问题，才能真正进入研究。

一、基本方法

（一）从疑问处入手

　　科研必须"有疑"，如果遇到某些疑问（当然，这种疑问不是一般阅读理解上的问题，而是涉及到对某一个学术问题的看法），紧紧抓住深入探究下去，就有可能形成论文的选题。如我读大学时，对古代文论特别感兴趣，曾连续听过两位老师的古代文论课，两位老师都谈到刘勰的《文心雕龙·神思》在陆机《文赋》的基础上对艺术想象作了深刻的揭示。刘勰在陆机的基础上究竟提出了哪些新的东西？两位老师说得不详，后来我抓住这个问题写了一篇论文。

论刘勰《神思篇》"意象"之说

陈果安

内容提要：陆机的《文赋》，是刘勰《神思篇》的思想依据和出发点，《神思篇》甚至援引和阐发了《文赋》中的许多观点。一般认为，刘勰在陆机的基础上对创作构思进行了深入的探讨，得出了许多超越前人的观点，刘勰究竟怎样深入研究和超越陆机的，却语焉不详。我认为，刘勰《神思篇》中提出的"意象"一词，是刘勰深入探讨创作构思的关键，他通过对意象的生成、构成及特征的认识，才得以进一步地揭示作家想象构思的规律，得出许多新的结论和命题。

一个重要概念的提出，常常反映出人们认识的深度和研究的水平，刘勰在《神思篇》提出了"意象"一词，并且将"意象"在创作中的作用提到非常重要的地位，认为"窥意象而运斤"，"盖驭文之首术，谋篇之大端"。"意象"一词的特定涵义及其在刘勰创作论中的意义，较少为人论及，现试述之。

我们知道，对作家创作构思的探讨，并非自刘勰始，在刘勰之前，陆机在《文赋》里，就曾对作家构思活动作过十分精彩和形象地描绘：

"其始也，皆收视反听，耽思傍讯，精骛八极，心游万仞。其致也，情瞳昽而弥鲜，物昭晰而互进，倾群言之沥液，漱六艺之芳润，浮天渊以安流，濯下泉而潜浸。于是，沈辞怫悦，若游鱼衔钩，而出重渊之深，浮藻联翩，若翰鸟缨缴，而坠曾云之峻。收百世之阙文，采千载之遗韵，谢朝花于已披，启夕秀予未振，观古今于须臾，抚四海于一瞬。"

在这一段出色的描述中，陆机已接触到以下的命题：一、艺术构思（主要指构思过程中的想象活动，下同）必须精神专一，"收视反听"；二、艺术想象不受时空限制，可以"精骛八极，心游万仞"；三、艺术想象中，主观客交互作用，"情瞳昽而弥鲜，物昭晰而互进"；四、艺术想象必须"倾群言之沥液，漱六艺之芳润"，离不开语言；五、艺术想象必须独创，"谢朝花予已披，启夕秀于未振"；六、艺术想象具有一定的概括能力，可以"观古今于须臾，抚四海于一瞬"。

陆机这些论述已揭示形象思维的许多特征，可谓难能可贵了，可是，刘勰却认为这些论述"泛论纤悉，而实体未该"（《总术》），"各照隅隙，鲜观衢路"（《序志》），未能说明一些关键性的问题。那么，刘勰是怎样在陆机的基础之上进一步探讨作家艺术构思的特点与规律的呢？人们谈到《神思》，常常语焉不详。我以为，刘勰《神思篇》提出的"意象"，标志着他对作家构思和想象活动十分引人注目的认识深度和研究水平，是他打开艺术构思堂殿大门，登门入室窥其堂奥的关键。

这样说是不是有点牵强附会？我们知道，由于骈文行文的限制，"意象"作为一个完整的名词，在《神思篇》只出现了一次，作为一个新提的概念，刘勰在《文心雕龙》中也没有加以广泛的运用。我认为，一个新概念的提出，并不在于它使用频率的多少，而在于它在什么情况下提出来的，在于它在怎样的意义上使用，在于它在科学研究中所起的作用。

为了说明问题，让我们根据它使用的情况，先给予"意象"一词以接近于它本来含义的解释和界定。

《神思篇》一开始，刘勰就用"形在江海之上，心存魏阙之下"这句古话给"神思"这种身在此而心在彼的精神活动下了定义，接着便描绘了神思的极致境界："寂然凝虑，思接千载，悄焉动容，视通万里，吟咏之间，吐纳珠玉之声，眉睫之前，卷舒风云之色"；接着，刘勰指出要达到这种"极致"的条件和关键："是以陶钧文思，贵在虚静，疏瀹五藏，澡雪精神。积学以储宝，酌理以富才，研阅以穷照，驯致以绎辞，然后使玄解之宰，寻声律而定墨，独照之匠，窥意象而运斤，此盖文之首术，谋篇之大端。"

从这段话的内在逻辑层次来看，一个作者，必须要"疏瀹五藏，澡雪精神。积学以储宝，酌理以富材，研阅以穷照，驯致以绎辞"，才能作到"关键"不塞，"枢机"畅通；"关键"不塞，"枢机"畅通，同时又能"神与物游"，才能达到构思的理想境界；达到构思的理想境界后便可以"寻声律而定墨""窥意象而运斤"，依照构思的蓝图而形诸文字了。按照这个逻辑层次，很显然，刘勰所说的"意象"，即作家构思中形成的形象了。值得注意的是，刘勰所说的"视通万里"，并非作者的身到目观，而是指挥作者在构思过程中的一种内部视觉，他所说的"眉睫之前，卷舒风云之色"，并非客观物象，而是作家想象中形成的一种内部视觉形象。遵照刘勰所表述的这种特定涵义，可见，刘勰说的"意象"指的乃是作家构思过程中形成的尚未形成文字的内心视觉形象。

刘勰所说的"意象"的特定涵义，显然不同于《周易》中的易象。《周易》中的易象，利用八卦图象演绎人生的祸福，其中既有"天地自然之象"，又有"人心营构之象"，既含有哲学的精义，又有审美意象的一定因素，对中国古代文学和古代文论的发展产生了重大影响，对刘勰的意象之说自然也产生了一定的影响，但它毕竟只是哲学著作中的一种形象符号，只是人们对客观事物一种象征性的摹拟，不是人们经过对现实的观察、体验、研究、分析，按照自己审美理想进行的再创造。刘勰的《文心雕龙》，弥纶群言，体大思精，对后世产生了很大影响，"意象"这个词，自刘勰之后也逐渐为人们所使用，但刘勰所说的"意象"，显然也不同于宋元以后人们所说的"意象"。如，宋代《唐子西文录》云：

谢玄晖诗云："寒城一以眺，平楚正苍然。"平楚犹平野也。吕延济乃用"翘翘错薪，言则其楚"，谓楚，木丛。便觉意铢殊窘。

这里的"意象"，指的乃是诗歌的境界，形象，不同于刘勰所说的"意象"。

又如金代的元好问在《遗山文集·新轩乐府序》中说：

自东坡出，情性之外，不知有文字，真有"一洗万古凡马空"意象。

他所说的意象，大致相当于文学作品的气象，也和刘勰所说的"意象"不同。到了明中期以后，关于意象的论述很普遍，茶陵派的首领李东阳，前后七子中的王世贞、何景明、王廷相、李攀龙、谢榛以至清代的钱谦益、沈德潜、李重华、薛雪、米承爵、方东树等都曾以意象论诗。他们所说的意象，已是现代审美意义上的意象，指的是具体文学作品中的形象。他们的论述多侧重于强调"意"与"象"的融合，强调意象的含蓄。

《易经》中的易象，作为既有哲学意义又有一定艺术因素的形象符号，对我国古代文学和文论产生了重大影响，宋元以后的意象说，以其特定的涵义区别客观的物象，反映了我国古代文论家对客观现实形象与文学艺术形象之间既相联系又相区别的认识。刘勰所说的"意象"，以其特定的含义既区别于易象又区别于宋元以后所说的意象，它在我国古代文论史上，又有什么意义呢？

一

刘勰的"意象"之说，在我国文论史上，第一次拨开了遮掩在作家构思活动之前的神秘的帷幕，使作家的创作构思活动从朦胧的模糊的把握之中获得了清晰的形式。

我们知道，文学创作，是一种相当复杂的精神生产劳动，人们所能看到的只是作为精神劳动产品的作品，对于作家创作过程中的心理状况，思想感情活动，作家怎样进行创作而形成作品等情况，那就看不见，摸不着了，所以往往被人看作是神秘的，不可知的，只可意会而不可言传的。在我国文学批评史上，陆机在《文赋》中尽管对作家的构思活动作过精彩的描述，但是，如我们前面所引，陆机的描述毕竟还是一般的，模糊的，朦胧的。刘勰提出"意象"这个特定的概念，并把作家的构思活动看成一个"意象"萌发、产生、生成的过程，一下子就把作家创作构思活动凸现出来了，具体化了，使它成为一个看得见摸得着的活动过程，这就使得本来很神秘的命题，豁然开朗，廓除了不可知的神秘色彩。

刘勰认为，作家的创作过程是一个"意授于思，言授于意"的过程（按：周振甫《文心雕龙注释》：意指意象，思指神思），作家在客观外物的感召之下，通过自己的想象构思才能形成完整的意象；形成完整的意象后才能够"窥意象而运斤"，而形成作品。"意象"不仅是作家构思和想象的产物，而且，"神用象通"（按：王元化《文心雕龙创作论》：神即神思，指想象活动，象即意象，相当于艺术的境界或形象。）作家的整个构思和想象活动中，也离不开具体的"意象"，需要"意象"来沟通和达成。如果离开了具体的意象，构思和想象就没办法进行。显然，用我们今天的话来说，刘勰把"意象"当着了"神思"的载体和材料。

刘勰不仅指出作家的构思和想象活动中，始终离不开"意象"，同时，他还将这种"意象"的活动具体描绘出来。他认为，作家刚刚开始构思，"夫神思方运，万涂竞萌，规距虚位，刻镂无形"，作家头脑中各种各样的意会纷纷出现，合符文章的内容还没有确定下来，要在无定形的意想中刻划着有形的形象。这时，作家头脑中的意象还是紊乱的，朦胧的，不完整的。随着构思的深入，作家"寂然凝虑，思接千载，悄焉通容，视通万里"，突破身观局限，经过选择、加工、再造，作家头脑中的意象才逐渐清晰起来，鲜明起来，想到登山，情思中便充满了山上的风光，想到观海，头脑中便翻滚着海的波涛。作家的才情性气与头脑中的山光水色一同飞驰。

随着刘勰对"意象"萌发、产生、构成的过程的描述，刘勰也揭示出"意象"的一些基本特征。刘勰认为，在作家构思中，"登山则情满于山，观海则意溢于海""吟咏之间，吐纳珠玉之声，眉睫之间，卷舒风云之色"，始终离不开具体鲜明的物象，已揭示出"意象"的具象性。刘勰认为，"神用象通，情变所孕""意象"虽然离不开具体的物象，但在作家的构思中，"意象"不仅仅是客观物象，"意象"的产生还要靠作家思想感情的孕育，作家的思想感情也包孕在"意象"之中，"意象"不再是纯粹客观的物象，而是一个与作家思想感情紧密联系在一起的特定的形象，从而揭示了"意象"的情感性。刘勰认为，"意象"的构成离不开对外物的感知，"思理为妙，神与物游"，但"意象"并不等于简单的外物再现。创作中，"夫神思方运，万涂竞萌"，作家头脑中各种各样的意念纷纷出现，这时，作家头脑中的意象，还是纷乱的，朦胧的，没有定形的，只有经过深入的构思，经过加工、选择、创造，才能构成具体、鲜明、完整的意象，已揭示出"意象"的创造性、运动性。仅就以上而言，刘勰的"意象"说，不但在中国古代文论史上空前绝后，在世界文论史上也大放光华。

我们知道，刘勰《神思篇》所探讨的问题，主要是作家艺术构思和想象的问题。如果不拘泥于名词的话，即我们今天所说的形象思维的问题。在西方，第一次提到形象思维这个词的，是别林斯基。他指出："哲学家用二段论式说话，诗人则用形和图画说话。然而他们说的却是同一件事。"（《形象思维资料汇编》P195～P196）。普列汉诺夫曾以赞同的语气重申了上述观点。他在一篇专论中指出："车尔尼雪夫斯基完全没有把艺术与科学'等同'起来。作为一个熟悉黑格尔美学的人，他像别林斯基一样非常清楚地了解，科学家借助逻辑论证来表达自己的思想，而艺术家则在形象上体现自己的思想"（同上书，P32～P33）。这段话同时提到了四位最卓越的美学家的意见包括普列汉诺夫本人，他们都提到用"形象"说话，但他们所说的"形象"还只是一般的形象。而在一千多年以前，刘勰就揭示了这个"形象"的特定涌义和一些基本特征，这不能不叫人惊叹。

刘勰提出了"意象"这个具有特定含义的概念，揭示了"意象"的基本特征，明确地将作家的艺术构思过程看成一个"意象"萌发、生成，构成的过程，拨开了遮掩在艺术想象之前的神秘的维幕，打开了艺术想象的神奇的大门，从而在我国古代文论史上，把对艺术想象的研究提高到一个空前的高度。难能可贵的是，刘勰的结论并没有停留在这一点上，他睿智的目光巡视着艺术构思的堂奥，他的思维按照内在的逻辑继续推进，探索着"意象"构成的机制，从而更进一步地揭示了艺术想象的想象的基本规律。

二

刘勰根据"意象"萌发，生成的特点，提出了"思理为妙，神与物游"的基本原则。

艺术想象虽然"形在江海之上，心存魏阙之下"，不受身观限制，但并不是来自凌虚蹈空的主观冥想，而是来自对客观物象的观察感受，"它像纯洁而经琢磨的水晶照映出感觉所获得的具体事物的形象"（意大利汤密达诺，见《外国理论家作家论形象思维》）。作为一种心理现象的想象活动，不外是表象的再现，表象的组合，表象的创造。无论是表象的再现，表象的组合，还是表象的创造，它们都离不开具体物象，都必须以现实事物在我们头脑中构成的具体形象为依据。现实事物是想象活动的唯一来源和材料。刘勰提出的"思理为妙，神与物游"，正深刻地揭示了这一规律。

刘勰提出"意象"这个词，因为他明确地认识到，作家的构思过程，也就是这种尚未形成文字的作家内部视觉形象萌发、产生、构成的过程。在《神思篇》，刘勰对这种内部视觉形象的生成过程是描述得非常清楚的。在描述中，刘勰对想象活动始终离不开具体物象的特点更有着清楚的认识。因此，他在描绘了"神思"的极致境界后，紧接着一句就是："思理为妙，神与物游。"

刘勰说的"神"，指的是作家的想象构思，即"神思"。刘勰说的"物"，指的是客观外物。刘勰说的"思理为妙，神与物游"，意即作家的想象始终要与具体物象一起飞驰，要以客观事物为依据。刘勰"神与物游"的原则，将想象活动植根于现实基础之上，进一步廓清了笼罩在想象构思活动之上的迷雾，使这个扑朔迷离的命题变得更加明朗。而且，刘勰也给作家指出了一条必须遵循的法则。

三

刘勰从"意象"的生成机制出发，在陆机"意不称物、文不逮意"的基础上，得出了"意授于思，言授予意，密则无际，疏则千里"的新的结论。

我们知道，刘勰探讨艺术构思，是以《文赋》为思想依据和出发点的，《文赋》探讨作家的创作，是以言、意、物三者的矛盾关系为纲领的，《文赋》开宗明义就指出："恒患意不称物，文不逮意。"陆机说的"物"，指的是客观景物，陆机所说的"意"，指的是主体构思，陆机所说的"文"，指的是文辞。所谓"意不称物，文不逮意"，主要指的是反映者与被反映者，思想与语言之间的矛盾。陆机从"文、意、物"三者的关系来探讨作家创作，一方面可以说是受《周易》《庄子》以及魏晋玄学言意之辩的影响；一方面又可以说是文学创作内部规律的必然。文学作品的产生，首先是作家在生活实践中接触到客观事物，在客观事物的摇荡下产生了激动的思想感情，然后通过头脑的思维和想象，使客观得来的物象和主观激起的思想感情相互交融，孕育成鲜明完整的形象和明确集中的主题，然后选择合适的体裁、结构、语言、艺术手法，将构思艺术地表现出来，形成文字作品。在这一个过程中，确实包含着两种矛盾关系：一是主观与客观的矛盾关系；一是构思与表现之间的矛盾关系。简而言之，即"文、意、物"之间的矛盾关系。一个作家，如果不能处理好这三者的关系，就不可能写出优秀的作品来。

刘勰也是从"文、意、物"三者的关系来探讨作家的艺术构思的，《神思篇》甚至援引和阐发了陆机《文赋》中的许多观点。但是，由于陆机是从一般的"文、意、物"的关系上探讨艺术构思的，而刘勰紧紧抓住了想象构思中最基本的细胞——"意象"并对艺术想象活动中"意象"的产生，生成过程及特点有着深刻的理解，因而把创作论中"文、意、物"的传统命题推进了一大步。

刘勰认为，创作开始，之所以会出现"神思方运，万涂竞萌，规矩虚位，刻镂无形"的状态，是因为作家想象的飞驰，还没有落实到确定的"意象"与文辞上，待到作家深入构思，"寂然凝虑""悄焉动容""思接千载""视通万里"，作家对客观万物的神形感受，也就随之深入，完整的"意象"也就逐渐确立、鲜明，意与物也就逐渐融合为一体。在物与意的融合过程中，作者"吟咏之间，吐纳珠玉之声，眉睫之前，卷舒风云之色"，辞与意，辞与物的融合也就伴随而行，帮助作家准确地固定"意象""刻镂形象"，而逐渐达到"文""意""物"的统一。从整个创作过程看，作家能不能"意"与"物"融合而形成准确鲜明的"意象"以及作家能不能运用文辞将"意象"完美地表现出来，也就成了创作中的关键。如果能够"意"与"物"融合形成完整鲜明的"意象"并能通过文辞将它准确地表现出来，"文、意、物"也就达到统一；如果作家构思中不能"意"与"物"交融形成完整鲜明的"意象"，或不能运用文辞很好地将意象表现出来，则必然出现"意不称物，文不逮意"。因此，刘勰从创作过程出发，在陆机的基础上，提出了"意授于思，言授于意，密则无际，疏则千里"的命题。刘勰的结论显然比陆机的命题深入了一步。其一，陆机写《文赋》时，刚把"文、意、物"的命题从哲学领域引入文学领域，还是从一般意义上，从"文、意、物"三者的关系来探讨创作活动，还比较空泛，比较模糊。刘勰没有满足一般地从"文、意、物"的关系来探讨创作构思，而是在"文、意、物"的关系之中，更深入地揭示出"意象"的形成过程，"意象"与"神思"的关系，"意象"与文辞的关系；显然更具体，更深入，更接近创作实际。其二，陆机根据自己的创作经验，只承认"文""意""物"矛盾的一面，刘勰却认识到，这三者既有矛盾的一面，又有统一的一面。陆机由于强调三者矛盾的一面，他的创作论多少显得无可奈何，束手无策，而刘勰比较注重三者统一的一面，他的创作论更具有可知性和主动精神。仅这一点，在中国文论史上也放射出难以湮灭的光彩。

四

刘勰根据"意象"的生成机制，将"志气"和"辞令"看作"神思"的"关键"和"枢机"，从而提出了"秉心养术"的措施。

刘勰比较注重"文、意、物"统一的一面。怎样才能使三者统一呢？刘勰进而指出："神居胸臆，而志气统其关键，物沿耳目，而辞令管其枢机。枢机方通，则物无隐貌，关键将塞，则神有遁心。"

刘勰讲的"志气"，指人的情志，即人的思想感情。刘勰认为，"神用象通，情变所孕"，作家想象活动的通畅与"意象"的形成是离不开作家的思想感情的，离开了作家的思想感情，作家的想象就不能飞腾，完整的意象也就不能形成。因此，他说，"神居胸臆，而志气统其关键""关键将塞，则神有遁心"。

刘勰所说的"辞令"，即文学语言。"语言是思想的直接现实"（马克思《德意志意识形态》）任何思想都不能脱离语言而存在，不但艺术想象要藉语言才能进行，作家构思好了，还要通过语言将"意象"表现出来，即所谓"意授予思，言授于意"。作家创作中，能不能把构思完美地表达出来，主要取决于作家运用语言的能力。所以，刘勰说："物沿耳目，而辞令管其枢机。枢机方通，则物无隐貌"。

刘勰把"志气"和"辞令"看作"神思"的"关键"和"枢机"。他认为，要想文思不竭，想象畅通，做到意称物，文逮意，首先要作到"关键"不塞，"枢机"畅通。为了达到"关键"不塞，"枢机"畅通，他进而提出了"秉心养术"的措施，要求作家"陶钧文思，贵在虚静，疏瀹五藏，澡雪精神。积学以储宝，酌理以富才，研阅以穷照，驯致以绎辞"，并把这些看作进行想象活动的先决条件，从而使得作家创作构思这一看不见摸不着的精神活动，不仅有形可见，有迹可寻，而且也有理可喻，有术可依，挣脱了神秘难知的羁绊，跻入了自由理性的王国。

以上，我们依照《神思篇》内在的逻辑联系，进行了简要的辨析。如果这些内在的逻辑层次不是我们强加给刘勰的话，那么，我们可以说，刘勰所说的"意象"，确实是他得以打开艺术构思的殿门深入艺术构思堂奥的一片金光闪闪的钥匙，刘勰依仗着这片金钥匙，已粗略地将艺术构思的堂殿逛了一遍。刘勰手中的这片金钥匙以及由这片金钥匙而获得的珠宝，构成了他的"意象"之说；而他的"意象"说不仅是《神思篇》的精华，而且是文艺女神项脖上一串金光闪烁的项链。

（原载《怀化师专学报（哲社版）》1986 年第 2 期）

这是我毕业留校后写的，当时我抓住听课时的疑惑，反复比较陆机《文赋》和刘勰《神思篇》，抓住刘勰《神思篇》"意象"这个关键词，重新梳理了刘勰的艺术想象论，着重指出了刘勰"意象说"的意义。从今天看，这篇论文自然还有许多不足之处，如开头一段，就可以写得更简洁一点，但就选题来说还是有启发的。

（二）运用新理论、新方法观察传统命题

当今世界，一些新兴的学科、理论、方法不断涌现，文理各科的相互渗透也很普遍。如果运用新的理论、新的方法，或借用其他学科的理论、方法来研究本专业一些传统命题，发现新义，也可以找到论文选题。如林兴宅《论阿 Q 性格系统》一文，运用系统论的方法解剖阿 Q 性格，使人耳目一新。他把阿 Q 性格作为一个有机系统来看待，考察系统内部阿 Q 各种性格因素的联系以及它们构成整体的结构和层面；同时，又把阿 Q 形象放在社会大系统中考察阿 Q 形象在不同的时间、空间和读者群中产生的不同审美效应和审美意义。这样，运用系统理论和方法，阿Q形象的全部复杂性得到了重新阐释。再如，运用控制论来研究新闻报道，运用弗洛伊德的精神分析方法来研究作家创作，运用模糊学的理论来研究文学语言，都是一些成功的例子。

我留校任教后，上课常常涉及到到"意境"这个概念。"意境"究竟是什么？有人说意境是"情景交融"，有人说意境是"典型"，有人说意境是一种"氛围"，有人说意境是"超以象外"，等等。我曾请教过我院杨安伦教授，他说，他写了一篇文章，读他的文章就知道了。我读他的文章，依然茫然。就反复去读王国维的《人间词话》，后来运用系统论写了一篇意境的系统分析。

"所感之境""所写之境""所得之境"
——意境的系统分析

陈果安

在《人间词话》中，王国维将意境分为"常人之境"与"诗人之境"，将"诗人之境"分为诗人"所感之境"与诗人"所写之境"。在具体分析中又将"读者所得之境"区别于"诗人所写之境"。这种区别是值得注意的。在艺术活动中，意境确实显示了不同层次和形态，考察意境的不同层次及其联系，有助于我们把握意境的特定审美特征。

一

考察"常人之境"不是本文的任务，让我们先从诗人"所感之境"说起。什么是诗人所感之境？我认为，在客观景物或强烈感情的刺激下，诗人主观与外在客观猝然碰合的那一刹那——情与景会，意与象通，一个模糊的意境便形成了，这便是诗人所感之境。这个说法一直引起人们的怀疑，因为任何艺术形象都是主观与客观的统一，情与景的融合，它并不能揭示意境这一特定审美范畴的特征。我认为，将这一界说限定在"诗人所感"这一特定的层次上，是合符创作实际的。

司空图在《与李生论诗书》中，曾颇为得意地提到自己的一些诗句，并指出他的那些诗句，大都是"直致所得"。所谓"直致所得"，即作家的思想感情与特定的客观外物相碰撞、相交流、相融合，而形成诗和诗的意境。

古人关于意境方面的论述，无不强调"情"与"景""意"与"象"的契合。托名王昌龄的《诗格》曾指出，那些富于意境的诗篇大都是"心偶照境，率然而生"的。皎然在《诗式》中也曾强调："神会而得"。王夫之在《古诗选》中曾强调："天壤之景物，作者之心目，如是灵心巧手，磕着即凑。"谢榛在《四溟诗话》中曾指出："景乃诗之媒，情乃诗之胚，合而为诗。"他们所强调的，都是作者主观情感与客观景物在有意无意之间的一种契合。如果没有这种主客观的碰撞、遇合，哪怕是终朝点缀，昼夜呻吟，也无法创造优美的意境。可见，这种主客观的猝然遇合，便是诗人"所感之境"。

诗人"所感之境"有什么特点呢？

诗人"所感之境"最基本的特点是情景交融。作者的思想感情渗透于客观外物，客观外物渗透着作者的主观感情，情与景合，意与象通。"鸡声茅店月，人迹板桥霜"，这是温庭筠《早行》中的名句，看起来，仿佛是纯粹外物的罗列，但这物象实际上都经过了作者浓郁情思的熔铸，并被作者思想感情的链条衔接起来，如果外物没有浸透着游子深切的羁愁，就不可能构成诗的意境。

诗人"所感之境"的第二个特点，便是它的直觉性。情与景合，思与境偕，是诗人获得意境的基本条件。而在现实生活中，"兴"是情景结合的主要途径。诗人在生活中发现意境，捕捉意境，并非终朝点缀、昼夜呻吟的结果，往往是在有意无意之间，将行未行之际，心灵与外物的猝然遇合。"'青青河畔草'与'绵绵思远道'何以相因依，相含吐？神理凑合时，自然拾得。"(王夫之《姜斋诗话》)青青河畔草是目中之景诗人即景会心，感到青草的"绵绵"，自然引发对远行者"绵绵"的思念。目中之景与心中之情在"绵绵"这一点上获得交流，融会，诗人感受到了这一点，便是诗人"所感之境"。这里虽然不排除建立在长期生活实践和文化涵养基础之上的内省智慧和理性积淀，但表现方式具有偶然感发的特点，是知觉和快感反映形式下的直觉。严格地说，诗人所感之境还不能算是高度审美意义上的意境，就整个艺术活动来说，它还只是意境的雏形，有待于诗人的充盈、深化、开拓、创造。

与直觉性相关的是诗人所感之境的短暂性："夫境界之呈于吾心而见于物者，皆须臾之物。"(王国维《人间词话》)"天籁之发，因于俄顷""才着手便煞，一放手又飘忽去"(王夫之《古诗选评》《姜斋诗话》)"当其触目兴怀，情来神会，如兔起鹘落，稍纵则逝矣，有先一刻后一刻不能之妙。"(王士禛《带经堂诗话》)宋潘大临写诗，刚写"满城风雨近重阳"一句，催租人忽至，诗人所感之境遭到破坏，整首诗便没能完成。

二

诗人在生活中发现了意境，捕捉了意境，经过加工、提炼，形诸笔端，写成文字，这便是"所写之境"。诗人创造意境，无疑是以"所感之境"为基础的，在艺术活动中，尽管作者有时兴会神到，不假思索，依兴而就。但绝大部分诗篇需要经过艰苦的构思，"在意境上下力"(王国维《人间词话》)；诗人必须经过至难至险的艺术构思，充分发掘，丰富"所感之境"，才能创造出"所写之境"。从"所感之境"到"所写之境"，存在一个加工，提炼的过程。

从表现内容来说，作者总是力图写出真景物、真感情。"能写真景物，真感情者，悄之有境界，否则谓之无境界"(王国维《人间词话》)。

何谓"真景物"？"真景物"者，就是要求作者不但要准确地把握客观事物的"形"，而且要努力反映出客观事物的"神"。"'红杏枝头春意闹'，著一'闹'字境界全出。'云破月来花弄影'，若一'弄'字境界全出。"(王国维《人间词话》)这两句诗之所以创造出优美的意境，便在于作者准确、生动地表现了客观事物的神韵。

在意境创造中，古人是特别强调神似的。古人认为："凡作诗，不宜逼真。"(《四溟诗话》)"纤细过度，反更失真。"(《古画品录》)"诗之真趣，又在意、似之间，认真则又死矣。"求真，求实，"易于穷尽，难于感发。"(《诗镜总龟》)。"虚做则无穷"(《岘佣说诗》)。司空图曾提出一个著名的观点，既要"直致所得"，又要"离形得似"，即不要为外物所拘，要略形貌而取神骨。如果极貌写物，存形略神，虽曲尽毫芥，也会了无生气。这些论述，是比较准确地反映了意境创造的规律的。

何谓"真感情"？"真感情"即真情实感。既非无病呻吟，又非矫揉造作。

古代所说的"真感情"，是离不开正统儒学的规范的，这自然包含着浓厚的封建意识，但也可以看出，古人所说的"真感情"，并不是纯自然主义的抒发，而是强调理性的渗透、过滤，强调高度审美情趣的观照。皎然指出："夫诗人之思初发，取境偏高，则一首举体便高。"(《诗式》)李渔指出："欲句之惊人，先求理之服众。"(《窥词管见》)何绍基指出："梅衬歌行兼学少陵、香山，然杜、白之作，愈唱愈高，而梅村愈唱愈低，徒觉辞烦而不杀，以无真理真识真气也。"(《与汪菊士论诗》)周济则进一步指出："感慨所寄，不过盛衰；或绸缪未雨，或叹息厝薪，或已溺已饥，或独清独醒——随其人之学问境地，莫不有由衷之言，见事多，识理透，可为后人论世之资。"(《介存斋论词杂著》)一个作家，总是在他对象种社会生活有了一定感触，或悲或喜，或爱或憎，才开始创作的。然而，作家最初感到的东西，往往是表面的，模糊的、杂乱的，只有经过理性的渗透与烛照，才能对感情的东西有明确的认识，使自己主观情感赋予更彻底的普遍性和更必然的融贯性。

古人强调理的渗透与净化，但又强调情理的相互融洽与因依，强调情理结合，以情出之。宋人重理轻情，陈子龙与人论诗说："宋人不知诗而强为诗，其为诗也，言理不言情，终宋之无诗。"严羽在《沧浪诗话》中也指出："本朝人尚理而病于兴""盖一唱三叹之音，有所歉焉。"形、神相因，以神为主；情、理相因，以情为主；形、神、情、理相互融洽，构成一幅生动的图画，这是意境创作的基本条件，也是诗人"所写之境"最基本的特征。

"所写之境"另一个特征是蕴藉含蓄。王国维评姜夔说："古今词人，格调之高无如白石，惜不在意境上用力，故觉无言外之味，弦外之响。"《人间词话》)因为无言外之味、弦外之响便判定他"不在意境上用力"，可见蕴藉含蓄是意境的一个重要特征。

所谓蕴藉，是指意境在深度的开拓后所获得的新质：它不再是直观的、直觉的把握，而是经过了理性的开拓与过滤，获得了更为深厚的内涵："万取一收"(司空图)，"精义内涵"(许印芳)，"含虚而蓄实"(何绍基)，"其旨遥深"(王国维)。

所谓含蓄，是指它在时空上的扩展开拓，经过作者的加工，提炼，意境不但"精义内涵"，而且表达含蓄，能做到"句中有余味，篇中有余意"(《白石遗人诗说》)，"诗已尽而味方永。"(《诚斋诗话》)

它的蕴藉不是一般意义上的蕴藉，在这个层次上，意境的内部结构获得了深刻醇厚的思想感情知广阔充实的生活内容，具有多层的涵义，多层的意旨，多层的情趣，"含不尽之意"，见"文外重旨。"

它的含蓄也不是一般意义上的含蓄，它不但要求意境能包容深厚的思想内容，而且要求它的形式具有多层的诱发性，暗示性，能潜藏、引发"象外之象""景外之景""言外之义"。

"精义内含，淡语亦浓；宝光外溢、朴语亦华。既臻斯境，韵外之致，可得而言。"(许印劳《〈与李生论诗书〉跋》)为了做到蕴藉含蓄，诗人在创造意境时，特别注意选择富于包孕的生活形象。"君家住何处？妾住在横圹。停船暂借问，或恐是同乡。"这首小诗，王夫之称它"墨气四射，四表无穷，无字处皆其意也。"(《姜斋诗话》)诗人截取的仅仅是现实生活中最简单、最平凡的问答，而作品展现给我们的，却是一个寓于生活内容的生活画面：我们仿佛看到，一个风和日丽的春天，在碧波万顷的长江之上，两条小船正停泊在江心，只见一条船的船头站着一位女子，她正在向另一条船上的男子问话，这位女子为什么要停船呢？她为什么要问一位素不相识的男子家住哪里呢？她为什么要做自我介绍呢？她为什么要和对方攀"同乡"呢？这一切显示了什么样的社会内容和思想情感呢？作者没有说，但确确实实通过一段问话表现出来了。诗人创造意境就是这样"取万于一""以一见万"的。如果没有耐人思之难尽的内涵，就不可能创造出优美的意境。

除了努力营建可直观的、包孕丰富的对象，作者还努力营建间接的、通过联想、想象才能体验到的审美对象——"象外之象""景外之景""弦外之味""韵外之致"。作者常常在直接审美对象之中巧妙地规范出一定的范围、方向、路线，努力在形象之外表现出另一幅更加鲜明的图画，把自己的思想感情更深更远地表现出来。如王之涣的"白日依山尽，黄河入海流。欲穷千里目，更上一层楼。"作品展示的，是一幅登楼远眺图，作者在图画中又巧妙地借助登临的心理，暗示、引导出一幅更壮丽、更广阔的远眺图来；作品内在结构的多层次性，构成了意境高度的审美空间，作者遥深的情思便通过多重形象表现出来，这便是古人所说的"超以象外，得其环中"。

　　另外，作者又通过含蓄的表达来增加意境内在结构的多层次。如王之涣的《凉州词》："黄河远上白云间，一片孤城万仞山。羌笛何须怨杨柳，春风不度玉门关。"诗描写了这样的情景：征人渡过黄河，来到关外。往前看，山高城小，一片荒寒；往后看，黄河远在天边，家乡更远了。于是有人用羌笛吹出了哀怨的思乡曲——《折杨柳枝》。诗的后两句写得特别含蓄："杨柳'本是乐曲名称的节缩，又暗暗关合杨柳树的含义；"春风"本指自然界的风，又暗指皇恩。诗人正是通过含蓄的表达，表现出情思的逐层推进：《折杨柳枝》——凉州的杨柳——玉门关外无杨柳——玉门关外无春风——玉门关外无君恩，一旦把"君恩"这层意思加入作品，诗的思想光芒立刻显露出来，构成了苍凉凄怨而又雄浑壮丽的境界。

　　"所写之境"的第三个特点是"不隔"，所谓"不隔"，主要指形象的生动性、鲜明性，"语语都在目前，便是不隔。"（王国维《人间词话》）

　　从以上的分析可以看到，进入"所写之境"，理性的活力不再是潜在的，积淀式的"过去完成式"了，而是明朗朗的"正在进行式"。审美感受不再是感性外观上的直接摄取了，而是凭借理性的烛照深入内核。"所写之境"由感性的单质走向了多质，由感性的相对狭小走向了广阔。

三

　　再说读者"所得之境"。

　　意境作为独特的艺术，是明显区别于一般艺术形象的。一般艺术形象，指的主要是单个的、具体的形象。而意境，它虽然离不开单个具体的形象，但它着眼的往往是一种情绪，一种情感，一种氛围，一幅整体图画。它着眼的是一个整体工程，一个具有审美意义的整体空间。

　　意境的"空间特征"在欣赏阶段表现得最为明显，最为突出，它表现为一个开放性的空间，一个富于弹性的，动转流走的空间。

　　读者欣赏意境，首先是"复活性"或"复呈性"欣赏：读者接触作品，努力调动自己的思想、感情、知识、阅历、经验，通过自己的想象，将物化的文字转化为鲜明、生动的生活画图。《诗经》里有一首《芣苢》的诗，原文是这样的："采采芣苢，薄言采之。采采芣苢，薄言有之。采采芣苢，薄言掇之。采采芣苢，薄言捋之。采采芣苢，薄言袺之。采采芣苢，薄言撷之"。清人方玉润在《诗经原始》中曾谈过他的欣赏体会："读者试平心静气，涵咏此诗，恍听田家妇女，三三五五，予平原绣野，风和日丽中，群歌互答，余音袅袅，若远若近，忽断忽续，不知其情之何以移，而神之何以旷，则此诗可不必细绎而自得其妙焉。"很明显，方在欣赏时，首先是通过自己的想象，去复活诗歌所呈现的画面。

　　"复活性"阅读是欣赏的第一步，也是最基础的一步，如果读者不懂得复活诗歌所表现的生活画面，是谈不上欣赏意境的。但仅仅停留在复活性阅读上又是不够的。如仅仅停留在复活性阅读上，就不能充分领略意境的美学力量，充分获得美的感受。中国古代的意境说，总是把意境的最后生成放在欣赏阶段。如果读者停留在"复呈"上，意境的营建实质上也就没有最后完成。因此，读者在"复活"的基础上，要自觉地集欣赏者与创造者于一身，以创造性的欣赏参与意境的创作。如王维的"渭城朝雨浥轻尘，客舍青青柳色新。劝君更进一杯酒，西出阳关无故人。"诗作描绘的只是送别的场面和他对朋友远使边塞的无限关心，但它暗中也规范、引导了一幅黄沙滚滚，愁云惨淡，远行边塞，举目无亲的图画。这第二画面作者并没有描绘出来，有待于读者欣赏时通过创造性的想象，由隐而显，由少而多，由虚而实地创造出来。如果读者不能透过送别的画面领略远行边塞的荒凉情境，读者就没有很好欣赏这首诗的意境。也可以说，这首诗在整个艺术活动中并没有充分完成。所以古人特别强调"象外之象""景外之景""味外之致""弦外之响"，强调味在"咸酸之外""辩于味而后可以言诗"。有时候，读者甚至可以超越原诗的意境，创造出崭新的意境来。如王国维，他在欣赏中把晏殊、柳永、辛弃疾的词来形容古今成大事业大学问者必经的三种境界，他虽然以晏、柳、辛的原词为基点，但作了极大的改造和创造性的发挥。

"所得之境"另一个特点是它的个别差异性。欣赏中，诗人"所写之境"如一个宝光四溢的内核，规范、制约、引导着读者的想象，但"作者用一致之思，读者各以其情自得。"（王夫之《姜斋诗话》）由于读者经历、思想、学识、文学素养、审美情趣、审美经验的不同，各人在头脑中呈现的意境常常是不同的，各人在意境内在结构的深入层次上也常常是不同的，因此，谈到"所得之境"，批评家常常觉得各得于心，其妙处不可言说，把它形容得扑朔迷离，不可捉摸。严羽就声称："其妙处透彻玲珑，不可凑泊，如空谷之音，相中之色，水中之月，镜中之象，言有尽而意无穷。"（《沧浪诗话》）以前，我们总是指责这些说法故意说得神秘，带有主观唯心成分，现在看来，它倒是比较形象地描述了"所得之境"的特征。

综上所述，可以看到，"所感之境"→"所写之境"→"所得之境"，构成了整个意境系统。在这个系统中，"所感之境"是主要子系统，没有它就没有整个系统，但它是感性的、单义的、自然形态的，具有审美的直觉性，有待于作者的开拓、廓大、加工，提炼。"所写之境"以"所感之境"为基础，但它经过了高度审美情趣的过滤和理性智慧的烛照，它的质由单质向多质发展，它的空间向深远阔大发展，具有很大的引导性、暗示性，是一个蕴藉含蓄，富于张力的艺术空间。"所得之境"是意境生成的最高阶段，它充分显示了意境这一特定艺术形象的审美力度。在意境生成的最后程序中，它表现为一个富于弹性的动态空间，意境系统的生成，是以叠加的形式完成的，它们依次以前者为内核，从"所感之境"到"所写之境"，可以看到意境生成的典型化过程，从"所写之境"到"所得之境"，可以看到意境不同于一般艺术形象的审美特征。意境作为一个系统，它是由"所感之境""所写之境""所得之境"三个子系统构成，我们谈意境，不能片面地抓住某一个子系统而不及其余。

（原载《湖南师范大学社会科学学报》1991 年 7 月第 4 期）

我研究意境，觉得各种说法都有理，但说的都不全面。王国维将意境分为"常人之境"与"诗人之境"；将"诗人之境"分为诗人"所感之境"与诗人"所写之境"；将"读者所得之境"区别于"诗人所写之境"，很符合实际，但人们往往忽略了这一段论述。当时我没法把这些观点综合起来，后来读了系统论，把意境看作一个系统，感到一切都顺理成章了。这篇文章发表后，人大复印资料全文复印，《新华文摘》也作了摘要。解释意境这个范畴可聊备一格。

（三）从学术"热点"入手

在某些时候，常常会出现一些学术"热点"，大家比较关注，讨论十分热烈。这些"热点"或是具有很强现实意义，或涉及学科基本理论建设。关心这些"热点"，也比较容易找到选题。下面这篇文章是我应赵炎秋教授的邀请而写的。当时网络文学是热点，赵老师想主持一个笔谈，约我写一篇文章。我查看了一些资料，写了下面这篇文章。

网络文学的电子主体性、文学新样式与诗性自律

陈果安

网络文学的兴起，为我们提出了一个全新的课题，我想就网络原创文学谈三个方面的问题。

一

网络文学一个最大的特点便是它的开放性，这里没有传统媒体的编辑守门把关，来者不拒，老少咸宜，并且，写手们尽可以匿名登录，以一个虚拟的名字恣意神游。正是凭着这种开放性和虚拟性，网络写手们得以自由地创作、自由地发泄，没有任何顾忌。毫无疑问，这一高度自由的电子虚拟空间给了写手们一个表现自我、发现自我、发泄自我的最好空间，他们在这里可以尽情地拾起或重塑被日常生活和社会角色所压抑、限制了的一部分自我，从这一层意义上看网络文学确实张扬了人的一部分主体性。但是，我们必须考虑，这只是一部分而不是全部，只是一种可能而不意味着确定。

我很难同意 Mark Taror 和 Eaarine 在《媒体哲学》一书中的观点，他们在该书"飘游的主体"这一部分的首页，曾这样表述他们对电子主体性的认识：

在电子空间中我能易如反掌地改变我的自我。在我知其无尽的形象嬉戏中，身份变成无限可塑。一致性不再是个优点，而是个缺点。完整性成了局限。万物飘飞，与之周旋的第一个人也不再是一个人。

在我看来，他们把赛伯空间看作新型主体栖身的乌托邦，把身份无限可塑看作新型主体的基本特征，这观点是大可商榷的。

随心所欲地变换身份以体验不同的角色，其实并非电子虚拟空间所特有，在传统文学的创作中，作家们也需要在内心演绎各种人物，老舍先生就曾这样描述他的创作："我是一人班，独自扮演出许多人物，手舞足蹈，忽男忽女……我总是一面出着声儿，念念有词，一面落笔。"（老舍《出口成章》）但是，电子空间的虚拟和传统文学的创作还是有区别的。在传统文学中，作者的体验指向现实人生，他们或是通过挖掘自己人性中各种复杂的成分去扮演笔下的人物，或是通过体察现实中的人物以写活笔下的人物。莫泊桑说："无论在一个国王、一个凶手、一个小偷或一个正直的人的身上，在一个娼妓、一个女修士、一个少女或一个菜市女商人的身上，我们所表明的，终究是我们自己。"他强调的是对自己的挖掘。我国明末清初著名小说评点家金圣叹认为，作者"亲动心而为淫妇，亲动心而为偷儿"，乃是作家"十年格物而一朝物格"的结果，他强调的是对现实生活的观察。但无论是哪种，他们都把表现的重心指向了现实生活。在网络文学的创作中，虽然也不乏人沿着传统的路子重在客观再现，但更多的人是抒写自我、本我、真我的"心情故事"，通过一个虚拟的名字在半真半假、亦幻亦真的电子空间中宣泄着被日常生活所

压抑了的个性与郁闷；或是通过扮演去体验自己在现实生活中无法实现的社会角色，以求得虚拟世界某种象征性满足。

不能不说虚拟的电子空间为现实主体的心灵开拓了一片乐土，但由此也带来了几个值得注意的问题：（1）角色的虚拟是否能看作新型主体的基本特征？（2）一切恣意的宣泄是否就意味着主体性的张扬？（3）由此可以进一步思考的是，我们如何来理解网络原创文学的主体性？

在我看来，主体、主体性属实践论范畴，它的内涵，只能从人与自然、人与社会、人与自身的关系中去理解。说具体一点，它直接表现为人认识客观世界改造客观世界的能动性，表现为与人自身身份相关的意志自由，表现为人对自身的反思和追求。如果脱离人的社会实践、把一个虚拟的世界置于现实世界之上去谈人的主体性，这无疑是一种本末倒置；将现实世界与电子虚拟世界完全割裂开来显然是不对的。

电子虚拟空间，从最外在的方面，为我们解脱日常生活和社会角色的种种约束提供了一个可以栖憩的乐园，但这种解脱或慰藉，既可能张扬或释放被日常生活和社会角色所压抑了的主体性，也可能在无形之中消解或淡漠了我们的主体性。在网络文学的创作中，也就存在着这两种倾向。夺得网易第一次网络文学大奖的邢育森说："说实在的，在没有上网之前，我生命中的很多东西都被压抑在社会角色和日常生活之中。是网络，是在网上的交流，让我感受了自己本身一些很纯粹的东西，解脱释放了出来成了我生命的主体。"但也有写手公开宣布，他的写作就是"为了满足自己的表现欲而写，为写而写，为了练打字而写，为了骗取美眉的欢心而写，当然，最可心儿的，是为了在网上度过的美丽而绵长的夜晚而写。"更有甚者，是我们在网上所看到的，是大量的淫秽凶杀之作，这与我们谈的主体性完全无涉。如果说有关系，那也只能看作主体性的一种失落。有些理论家提出，我们不能期望网络作家有什么"使命感"和"责任感"，这种理论前置实际上是很武断的，一方面，它轻描淡写地抹去了对主体性应有的关注，另一方面，它也太小视了网络作家的主体能动性，把网络文学的写作完全看作一种纯粹的本能式的抒发，放弃了对网络文学创作应有的引导，显然是不对的。

网络文学要获得长足的发展，必须重视和强调它的主体性。如果我们把问题讨论得更深入一点，还可以进一步思考网络作家的主体性问题。网络写作是相对传统文学而言的，不可否认，它与传统文学有着许多共同之处，但它也有特殊性。由于写作载体不同，写作方式不同，传播方式不同，网络文学的创作，理应与传统文学有所区别。网络写手们对网络手段的认识和创造性运用，这才是网络写手主体性的特殊之处。

二

在中国，真正依托于网络的文学创作还没有出现，人们基本上是利用电脑写传统样式的作品。作为第一届网易网络文学大赛的评委张抗抗曾发表观感说："网络文学与传统文学本身的区别不是很明显，这与我预测的不同。我觉得网络文学应该是随意轻松的、个人化的，在阅读作品时，有一些东西改变了我的看法。有很多作品都不是很个人化的，依然是跟社会生活、精神痛苦、在现实生活中的际遇有着密切的关系。"上海作家陈村也认为，网上网下的作品，"说得绝对一些，他们本来就是一个东西。不用很久，以往发表在传统出版物上的作品就会转移到网上。"这说明，目前的网络文学创作并没有找到真正的自己。正因为如此，所以有人质疑说，她一直不明白为什么要给文学加上一个"网络"的前缀；文学就是文学，既然从来没有人把印在纸上的作品称作"纸张文学"，又哪来的"网络文学"？

但也有人持比较乐观的态度，《羊城晚报》有关网络文学的一项调查表明，有51.47%的人认为，网络文学是一次从媒介到内容的彻底革命，它将对文学的发展产生不可低估的影响，以至震撼和动摇传统文学的根基。

网络文学是否会撼动传统文学的根基，我们暂且不论，但对传统文学的变革，肯定是无可怀疑的。因为从人类写作发展史来看，写作载体与传播媒体的改变，对写作产生的影响是非常巨大的。现代印刷术曾直接推动报章文体的兴起，进入网络时代，是否意味着在传统文学的基础上将孕育和产生一种新型的文学样式呢？我认为，从内容上看，网络文学将会以更为开放更为个人化的视角去表现现实生活；从形式上看，它将融合各种媒体之长自创一种独立的新型文体。

已有不少的专家指出，如果将20世纪50年代末利用随机程序写诗作为电子文学的起点，近半个多世纪以来人们在"全息诗""超文本""互动性"等方面的探索，已为新样式的出现呈现了令人心动的迹象，虽然我们还不敢说未来的网络文学其样式就一定会这样，但我们可以相信，未来的网络文学不一定会全部用文字来写，除了文字，它还可能用加上二维或三维的、静止或动态的画面；它还可能配上种种形式的音响，加上嗅觉、味觉、触觉、运动觉等效果，加上虚拟现实的种种技术，加上互动式的超文本结构；在这样的新型的文本里，文字已不是传情达意的唯一因素；即便是使用文字，也还可以运用颜色、体积、透明程度、形式变化、词语的相对位置、字体的大小隐显变化等创造种种意想不到的效果；利用多种表达符号的并列、对立、矛盾、错位以创造更为丰富的内涵……当然，这种种变革，并不意味着对传统的简单否定，传统的语言文字，将在这种全新的整合中进一步丰富自己的运作方式。

我认为网络文学要真正发展出起来，还需要更多的人来重视文学新形式的探讨，而这，很大程度又依托于网络技术的掌握。

三

网络文学的发展前景如何？这是我们所关心的又一个问题。

比起源远流长的传统文学，网络文学取得的一些成绩几乎是微不足道的。就目前来看，网络文学从内容到形式都还没有找到自己，它还只是一个嗷嗷待哺的婴儿。

网络文学锯掉了传统文学过于森严的门槛，写手们随意戴上一个面具就能参加盛大的"化妆舞会"，创作水平参差不齐是很正常的。谈网络文学的发展，不能仅仅依据现有的作品，还应以发展的眼光来看。

有一种"主导受众下移"说，持这种观点的人认为，就目前的情况看，成年人和作家们参与网络文学创作的人很少，他们或是未能娴熟地掌握计算机技术，或是不屑于参加这类打打闹闹的自由化写作，网络写手大多是年轻人。年轻人对新生事物敏感，他们对日新月异的计算机技术也比成年人更有优势，但由于他们在生活阅历、审美经验、文化素养诸多方面都比较稚嫩，涂鸦之作势所难免。因而有人断言，"网上创作近于涂鸦""它与传统文学的价值相差太远""网络文学近乎习作"。我认为，这类断言太注重当前了，网上创作不是年轻人的专利，随着电脑技术的普及，一定会有更多的人参入到网络文学的写作中来；即便是年轻人，他们也会逐步成熟起来。

我认为，影响网络文学发展的不是所谓"主导受众下移"，而是创作中所表现出来的"游戏心态"、急于让主流话语承认的"功利心态"及"另类心态"。

　　游戏和娱乐的态度拒绝了文坛名利的诱惑，真实于个体的感受，但它在无形之中也拒绝了严肃、深度、节制与艺术追求，这就使网络文学的题材过于狭窄，作者的生活体验过于单一，甚至出现了大量的文字垃圾；急于得到主流话语认可，甚至盲目奢望网络文学成为一种主流文学，又使网络文学的创作表现出一种急功近利的浮躁心态，它在博得主流话语认可的同时，无形之中也就忽视了网络文学本身的特点；急急地标榜网络文学是一种"另类"，并把自己与传统文学对立起来，这是一种极端的作法，它并不利于网络文学的健康发展。其实，从网络创作的传媒特点来看，由于控制系统的不存在，代表不同思想观念的文化形态都可能在网络中生存，网络文学应该在一种多元化的文化结构中求得发展，用不着去标榜"主流"或"另类"。

　　由于网络写作的开放性，各种写作水平、各种写作动机的作者大有人在，很多人是抱着试一试、玩一玩、乐一乐、潇洒走一回的态度一试身手，这是很正常的。有人据此断定，网络文学也就是"文学卡拉OK""文化快餐"，不能指望它创作出真正意义上的文学作品来，这观点也值得商榷。

　　不能否认，网络写作确实具有娱乐性质，但是否就意味着它永远是"一次性的消费品"？是否意味着它永远也难以修成正果？看一看传统文学，其实也有大量的泥沙和涂鸦之作充斥着稿纸和版面，但这并没有影响传统文学构筑起辉煌的历史。网络文学创作具有民间性，它的作品在流通之中被不断地加工，随时都可能有浏览者加以评述、修改、补充，这种变动不具，使我们想起中国历史上的"说话"和"讲史"。网络文学是否在电子空间重演历史的辉煌？这也很难说。大浪淘沙，泥沙俱下，好的东西被保留下来，差的坏的东西被淘汰，这是人类社会发展的规律，对网络文学创作同样适应。但是，仅凭点击和访问的次数，不能说明作品的优劣；只凭个人感觉良好，也不能说明问题。网络作者必须认识到，文学毕竟是文学，仅仅是"写"，仅仅停留于自娱自乐、自话自说，还不能构成文学。文学有其自身的规律和特点，网络写作给了我们最为自由的创作空间，在这个空间不存在任何的控制系统，但孜孜于创作，诗性原则仍将是我们最大的权威，诗性自律是促使网络文学发展的一个很重要的方面。

　　我所讲的诗性自律包括两个方面，一是来自理论的关注与引导，一是写作者自身的诗性意识。加强理论对网络文学的关注和引导，应该是我们的共识。据有关资料统计，1999年，我国网民人数继美、日、英、德等国之后跻身世界八强；从发展的速度来看，美国《时代》杂志预言，到2005年，中国将成为仅次于美国的世界第二大网络市场。虽然上网并不一定就得从事网络文学的创作，但网上写作已成为人们文化生活的一大景观，作为文化工作者，我们没有理由对此置之不理置若罔闻。对于写作者来说，如果承认网络文学还是一个尚待探讨的新生事物，如果承认互动是网络写作的一个基本特征，那么也用不着捂住耳朵拒绝来自理论方面的声音。但就目前的状况来看，理论批评的阙如是相当严重的，虽然也有作家、批评家、网络写手断断续续写过一些评论文字，但对于风风火火的网络写作来说无异于杯水车薪。网络写手对诗性的漠视，也当前一个相当普遍的现象。网络作者大多年轻，真正出自文学科班的少，他们许多是来自理工、计算机专业的人员，又多以业余的心态去写作。他们既无暇也无心去关注传统文学的理论，也很少关注文学自身的特点，这使他们的文本创作带来了强烈的个性化的特征，无形之中，也对作品的文学性带来了硬伤。游戏毕竟不是文学，纯粹的宣泄也不是艺术。完全无视作品的文学性，是不可能有真正的文学作品的。

网络文学对于文学特征和文学价值的蔑视，其实并非它的优点而是它的局限。但有的批评家却给予了太多的不适当的肯定，认为这是对传统文学的一次革命，对传统文学观念的一次解构，体现了人类对文学的一次全新的理解。如果从文化的角度立论，这固然不失为一种事实判断和现象描述，如果将它移之于网络文学的创作，则是对文学的一种消解。文学就是文学，虽然网络文学有别于传统文学，但它终究还是文学。如果脱离人类几千年的文学实践去谈文学创作，网络文学终究将会成为一株永远也无法长大的小草。因此，对于网络文学的创作来说，加强写手们的文学意识和文学修养，加强网络写作的诗性自律，并不是一个十分保守的话题。

（原载《湖南师范大学社会科学学报》2001 年第 5 期）

这篇文章，我抓住"电子主体性""文学新样式"与"诗性自律"这三个点，谈了自己的认识。发表后，人大复印资料全文作了复印，有些学校还将它列为现当代文学的参考文献。据我体会，参加热点讨论就像是"自话自说"，只要你对某个问题有自己的感受和认识，写出来就行。进入高年级，大家应学会关心学术动态，注意学术"热点"，每星期都抽时间去翻翻最新的期刊，通过浏览掌握你所关心的某个专业的发展方向，培养自己的"学术敏感"。如果遇到某些学术热点，自己有话可说，把自己的认识写出来就行了。

（四）从自己的实践经验出发

从实践经验出发也是找题的好方法。如，我留校后一直从事写作教学和写作研究，并在相当长的一段时间内主持湖南省的高考作文评卷，我对考生的作文比较熟悉，对高考作文不限文体的作法有不同认识，便就这个问题写了一篇小文章。

高考作文要适当限制文体

陈果安

我认为，高考作文，应该对文体作适当的限制。这句话，主要是针对高考作文"不限文体"而言。

强调高考作文要"淡化"文体，大概十来年了，真正对文体实行"大开放"，应该从 1999 年算起，自那年采用话题作文形式以来，高考作文对文体几乎再没作什么限制了，各种体裁都可用，"淡化文体"可谓得到最为彻底的落实。

为什么要"淡化文体"？翻检建国以来的高考题，作文几乎一直都是限文体的：它或是要求写一篇议论文；或是要求写一篇议论文或记叙文，都强调基本文体的写作。为什么到了上世纪 90 年代中后期以后，要"不限文体""淡化文体"呢？

虽然人们常把"淡化文体"挂在口头，但它的内涵并没人认真阐释过。我揣摩，提出"淡化文体"这一主张，其理由大概有以下三点吧：其一，强调写作的主体性，考生只要有真情实感，无论采用什么形式写出来都行，不必受形式的约束。其二，是针对议论文、记叙文、说明文这类教学训练文体而言的。大家知道，议论文、记叙文、说明文这类文体，纯粹是一种教学文体，只是学生在学校里写，学生走出学校之后谁也不会去写什么议论文、记叙文、说明文了。由于这类文体脱离实际，留下了"为训练而训练"的弊病，有损学生写作的积极性。其三，不限文体，可以给考生较大的写作空间，有利于发挥学生写作个性与水平，写出好文章来。

上述理由，应该说是很充分的，主观意图也是好的。但实际情形又是怎样的呢？

我从 1982 年开始，几乎每年都参加了高考作文评卷，特别是近十年来，一直主持湖南省的高考作文评卷工作。就我所掌握的情况来看，自"不限文体"以来，考生的作文非但没有出现我们所期待的那种令人欣喜的现象，反倒叫人担忧。仅以这两年的考生作文为例吧。湖南省2004年38万考生，2005年42万考生。我在评卷中竟没有发现一篇中规中矩的议论文或记叙文。考生的文章，主要集中在以下四类：一是采用夹叙夹议的方式，写的近似"随笔"的文章。这类文章，常常以一段漂亮的排比句开头，然后是联系屈原、陶渊明、李白等作些阐发，最后是结合自己实际作个结尾。二是采用记叙或抒情的手法所写的记叙文。这类文章，无论选材立意、结构表达，都比较简陋。从试卷看，很多考生仅仅是凭着初中那点底子在那里敷衍成文。三是一些"投机"的文章。这类文章，800字左右的篇幅，拟了四五个小标题，在每个小标题之下写上一两句话后，又接着另一个小标题写。这类文章根本看不出考生布局谋篇的能力，看到的只是他造句的能力。四是一些"四不像"的文章，非驴非马，文体驳杂。

为什么"不限文体"，考生采用的文体竟是如此的贫乏，驾驭文体的能力是如此的脆弱？我怀疑自己掌握的情况不够全面，询问一些评卷教师，他们的看法也和我一样。

预期的目的与现实的情形大相径庭，问题出在哪里？是我们预期的目的出了问题，还是我们的教学出了问题。我带着这一疑问走访了一些学校，发现有些学校、有些老师，因高考作文"不限文体"，竟不对学生进行基本文体的训练了。有些学校，学生一进校，就让他们写"随笔"，从高一一直写到高三，学生文体知识的贫乏和驾驭文体能力的不强，也就不足为怪了。

毋庸讳言，高考"指挥棒"的作用是极强的。既然高考作文"不限文体"，教师抓住一种文体来教，学生抓住一种文体来练，这也是可以理解的。但作为命题者来说，如果自己良好的意愿不能在现实中得到落实，甚至出现了负面影响，是不是也可以调整自己的一些思路呢？

我要说的，当然不止这一点。如果说自"不限文体"以来，直接间接导致了基本文体写作训练的缺失，导致了学生驾驭文体能力的不强，这还算比较表层的问题的话，那么还有更深层的一些问题值得我们思考。

我认为问题之一，"淡化文体"的作文导向，还导致了我们培养学生基本表达能力方面的目标偏离。

前面我说到，所谓"淡化文体"，很大程度上是针对记叙文、议论文、说明文这类教学文体而言的。议论文、说明文这类教学文体，是"五四"前后从西方引进的，最早见诸梁启超、叶圣陶、夏丏尊等先生所编的课本。他们依据文章的表达方式，将文章分为描写文、记叙文、抒情文、议论文、说明文五类。后来由于"记叙""描写""抒情"这些表达方式是经常综合在一起运用的，"记叙文""描写文""抒情文"也难分得泾渭分明，再加上一些应用文，往往是多种表达方式综合运用，难以把它归入某一类。有人又将"记叙文""描写文""抒情文"合并为一类，并加上一类"应用文"。

很长一段时间，中小学的语文教学基本上就是按这个分类进行。

毋庸讳言，这个分类是有着明显局限的：

（1）"议论文""说明文""记叙文"这些文体概念，是根据教学需要、训练需要提出来的，是一种教学文体。训练文体，目的是为了帮助学生掌握写作表达的基本技能。除了在学校里、课堂上，一个人走出课堂，很少会去写纯粹的"记叙文""议论文"，教学中难免"为训练而训练"，脱离写作实际。

（2）在教学中。为了使学生掌握各种表达技巧，教师们不得不从日常运用体裁中选一些记叙性较强、议论性较强、说明性较强的文章以作范文。如，将一般的消息、通讯、散文、小说、戏剧都列为记叙文一类。这样一来，就模糊了日常运用文体的基本特征，模糊了这些体裁在写作上的巨大差别，造成其逻辑上的混乱，也就势所难免。

（3）将"应用文"作为一类，与"议论文""说明文"并列。事实上，它们相互包容，"议论文""说明文"也是一种应用文。

（4）这种分类，无法解决文章写作过程中多种表达方式综合运用的矛盾。

正是由于这些局限，所以有人主张，尊重学生的写作动机，"淡化"这类文体的教学。像高考作文，出一个话题，文体不限，就是这一主张的体现。

不过，任何事物都有两面性，我们在注重这类文体局限的同时，对其有利的一面，未尝不可作些研究。在我看来，小学要完成的是基础教育，中学要完成的是中等教育，试图将日常运用文体全部塞进中小学，实际上未必行得通；尽管记叙文、议论文这类教学文体有它种种的不足。但它毕竟抓住了最基本的表达能力。试想，我们踏入社会之后，写得最多的，不就是记叙、议论、说明这一类的文章吗？高考作文如果一味地不限文体，势必导致基础文体训练的缺失，导致学生基本表达能力培养上目标的偏离。

与上面紧密相关的，更为严重的，是"淡化文体"还可能导致学生思维能力培养的严重缺失，这可是影响几代人的事。

大家知道，高中学生大多处于 16－18 岁的年龄阶段。从教育学、心理学的角度看，这正是培养他们抽象思维、逻辑思维、理性思维最好的年龄阶段；从语文教学来看，议论文的写作无疑是对学生抽象思维、逻辑思维、理性思维能力最好的训练。但这个年龄阶段的学生，最喜欢的是什么呢？他们最喜欢的还是那些生动有趣的事物，具体形象的事物，如果高考作文淡化文体，不限文体，任由他们选择，他们选择的是议论文，还是那些文学性的散文、诗歌、小说呢？

与上面问题紧密相关的，是"不限文体"还导致了中学语文学习中重文学、轻思想理性——"重文轻理"的倾向。纵观湖南省这几年的高考作文，写得较好的，是一些文学色彩较重的散文包括随笔，像前些年那样写得较好、较规范的议论文，几乎不见了；即便有考生写议论文，也看不到逻辑谨严的论证，只是一些零零散散的"杂感"。像前些年写得较规范、较好的记叙文也不见了，看到的只是一些零零散散的"片断"。针对这一现象，有识之士指出："新教材及许多阅读材料都增加了中外文学篇目，课外经典阅读更是以文学经典唱主角，许多语文教师都是'文学热'时期的大学生，综合作用下，语文教学的文学偏向甚至偏执产生了。而理智地看。语文是思想和文化交流、传承的媒介，特别是在信息时代，它需要的是跨学科的视域而非单一的视域，即文化的而非文学的。反映在作文方面，突出的写作能力绝不是情感表现和语言自身美的方面，而是表现在对社会文化信息的反馈、思考能力以及相应的思想方式方面。"而高考作文不限文体，缺乏必要的导向，极容易形成语文学习和语文教学上的"文学偏执"。

基于以上的理由，我赞成高考作文要对文体进行必要的限制，退一步讲，"限文体"与"不限文体"，应交互地运用。

（原载《湖南教育》2006 年第 1 期）

这篇文章是应编辑之约写的，由于篇幅限制没有展开，但依然表达了我自己的见解。本科生一般不重视从实践经验中找题，认为自己没什么经验。其实，我们是有一些经验的，只是没有挖掘而已。如，大家考入大学之前都经历了文言文、诗词、科技文、散文的阅读训练，都经历了议论文、记叙文的作文训练，这些训练好不好？你有什么困惑？你有哪些成功的体验？这就是经验。进入大学之后，经过系统的专业知识训练后，如果回顾以前所受的训练，我们就会发现，哪些训练是符合教学规律的，哪些训练是违背教学规律的，我们应该怎么做？从这类经验出发，也就不难找到论文的选题。

以上谈了选题的四种方法，这四种方法都是从发现问题开始的。所以说，选题的方法说到底就是寻找问题的方法。

二、问题意识的培养

问题是思维的起点。人类的思维总是在提出问题和解决问题的过程中发展的。任何思维都带有问题性，没有问题便没有思维。写论文更是如此。宋代学者朱熹谈到阅读时说："读书无疑者须教有疑，有疑者却要无疑。"大科学家爱因斯坦说："提出问题，往往比解决一个问题更重要，因为解决问题也许仅仅是一个数学上或实验上的技能而已，而提出新的问题，新的可能性，从新的角度去看旧的问题，却需要创造性的想象力，而且标志着科学的真正进步。"有了问题，才能真正进入研究过程。

能否发现问题与一个人的知识有关。一般说来，没有坚实的专业知识就很难发现有关专业中的问题。如我们对经济学不熟悉，就很难提出经济学方面的问题。我们对现代企业管理不熟悉，就很难就现代企业管理提出某个问题，有时即使提出了某个问题，也很幼稚、肤浅。

能否发现问题还与我们对已有科研成果的了解有关。如，我们读《红楼梦》，多多少少都会有自己的感受与认识，如果对以往的科研成果不熟悉，这些感受与认识就存放在自己心里了。如果对以往的科研成果熟悉，就容易发现：前人某一个说法并不符合作品的实际；前人的某一说法还可以作些补充；作品某个方面应该研究而前人忽视了，这就容易找到选题。我在"论文写作的专业基础"一节曾谈到，大家阅读作品时最好是选几本经典作比较深入的研读。譬如，读《红楼梦》，读完之后可打开"中文期刊全文资料库"泛泛浏览一下已有科研成果，选其中一些论文读一读。这是读书的好方法，一边读书，一边了解一些科研成果，我们的学习就有了深度。

能否发现问题还与我们的求知欲望有关。求知欲望强，我们就会关心现实生活中的每一事物，越关心每一个事物，就越有可能发现问题。如果对任何事物都不以为然，漠不关心，就难以发现问题。苹果掉到地上，这是每个人都看得到的，一般人也就放过去了，牛顿却紧紧抓住它发现了万有引力定律。水汽冲开了壶盖，这也是我们常见的，瓦特却受它启发发明了蒸汽机。事实上，我们平时在阅读、听课过程中是有许多疑义的。弄不懂，或似懂非懂，如果不深究，这些问题一闪就过去了；如果有强烈的求知欲望，加以探究，就构成了问题。

能否发现问题与一个人的批判精神有关。批判精神强的同学，往往不满足于对事物的通常解释，他们看到一个事物或一种现象，不管是初次接触还是司空见惯，总喜欢问一个"为什么"，总喜欢刨根究底，进一步追问事物的内部原因和本质，总喜欢对通常的解释提出某种疑问。这种人具有创造精神，常常能在司空见惯的事物中发现问题，能在别人不易发现问题的地方发现问题。如，有两位同学，曾就《红楼梦》请教一位老师。有个同学说，他想就《红楼梦》的诗词写一篇论文，问老师行不行。老师回答说，《红楼梦》里的诗词大多符合人物的性格，这是它的成功之处，如果放到中国古代诗歌发展的历史中来考察，谈不上有很高成就。

这位同学听老师这么一说，就放弃论文写作的打算了，而另一位同学受老师这番话的启发，认为学术界有一段时间对《红楼梦》里的诗词评价太高了，它的诗词只是小说情节构成的一个有机部分，既不能用诗歌创作的标准把《红楼梦》里的诗词贬得很低，也不宜过高地评价这些诗词，结果他抓住这个问题，深入研究，写出了一篇不错的论文。

学习中我们要善于发现某些通说不完备或难以自圆其说。所谓通说，是古今中外前人已发表的并为大多数人认可的理论见解或研究结果、结论，它比较"通行"，特别是有关基本问题的通说，往往反映在专业的教科书里。这些通行的说法既是前人劳动的成果，也是人类智慧的结晶，我们应该认真学习。但"通行"的并不见得都是对的。因为人们对真理、对规律的认识，都只能是"相对的"，不可能一次穷尽，他只可能达到他当时所能达到的水平。随着时代的发展，随着人类认知能力、认知水平的提高，这些通说的不足之处甚至错误之处便会慢慢地显露出来。在学习中如果发现某一通说还不够完备，甚至错误，深入研究下去，就可能获得突破，提出更丰富、更完整、更充实的见解。如我们学《诗经》，一般教科书都认为，《诗经》是现实主义的。果真如此吗？我们追问一下，就会发现，《诗经》中也有不少浪漫主义诗意。如果深入研究下去就可能找到论文的题目。又如，我们在专业学习中对某一个问题发生兴趣，想深入了解一下，一翻有关的专业书却发现语焉不详——没有具体深入的阐述。为什么没有阐述呢？这样疑义也就产生了。如我们读王国维的《人间词话》，王国维多次提到"意境""境界"这两个重要概念，这两个概念是怎么一回事？一翻书，人们对"意境"阐述很多，对"境界"却"语焉不详"。像这种情况，深入追问也极容易找到论文题目。

大学四年我们主要从事专业基础知识的学习。在学习过程中，慢慢地也会形成我们对某些专业问题的看法。如，听老师讲课，老师常常要引述他人的学术观点或讲述自己的学术观点，有些观点你可能接受，有些观点你不一定接受。你如果不同意他的观点，深入研究，也可能形成论文的选题。如上文艺理论课，老师常常谈到"内容决定形式"这个命题。写作中真的是"内容决定形式"吗？同样一个题材既可以写消息又可以写通讯，当你决定写消息，就不得不依据消息这种体裁形式去"决定内容"。又如，同一个题材既可以写短篇小说又可以写微型小说，当你决定写短篇小说，你就不得不把矛盾展开，当你决定写微型小说，你就不能把过程铺得太长、太细，必须去营建微型小说的"矛盾错位"。体裁这种"形式"不像一件衣服，可以由"内容"随意地穿上、脱下，作为一种内隐的形式，它早就蕴含在作者的头脑之中并决定着内容的增删取舍。你倘若有这方面的写作体会，就会意识到"内容决定形式"这种说法还不够全面，还不能充分概括写作实际。那么，深入探讨下去，也许就找到了论文的选题。

在专业学习中还常常能发现某些专业书籍出现提法不一、引用的材料相互矛盾。有时，甚至在同一本书中也可能出现这样的情况。是著述者立论的角度不同？还是研究中的疏漏、错误所致？看到这些前后不一或互相矛盾的现象，如果涉及到对某一个学术问题的看法，深入研究下去也能找到论文选题。

能否发现问题还与一个人的科研意识有关。科研意识强的人，往往能将自己的认识、体会、困惑，上升到科学研究的层面来思考。科研意识不强的人，就可能错失许多机会。如，有位老师对我说，她上写作课，在她那一带很有名，原因是，有一天，一位年轻的妈妈带着她的孩子来求教，请她辅导孩子作文。她和孩子谈过之后，发现孩子不愿动笔，主要是心理障碍，于是她尽其所能地做了孩子的思想工作，并因势利导地辅导他写了一篇作文。当年轻妈妈读了自己孩子写的作文后，感动得泪流满面。她说，她孩子从来不肯写作文，即使逼他写也没超过 100 字。她从来没想到自己孩子还可以写得这么好。这件事传开之后，她那一方找她辅导作文的人络绎不绝，她一天到晚都忙不过来。她和我说这些事时挺得意，但并未想到科研上去。我就和她说，这是一个好课题啊。你想想，每年上课，一个班总有几个不喜欢作文的学生，这些学生往往心理上有障碍。你如果查查心理学和心理咨询一类的书籍，不难对这些障碍作出分类。如果你每年针对一些典型进行有针对性的训练，并建立档案，当初他的作文怎样，克服心理障碍之后怎样，合编起来就是很有意义的专著；如果你对各种心理障碍作深入研究，就可以写成系列论文。她听了之后感叹说，我怎么没想到呢。

生活中出现了某种新情况、新现象，我们以前很少接触。该怎样去评价它呢？有关的专业书上又找不到现成的答案。这时深入探讨也容易产生论文的题目。如，"意识流"小说最初在文坛上出现的时候，我们很少见过，它是好还是不好呢？它对文学创作将带来什么样的影响呢？这就是问题。抓住这个问题探讨，就可能是论文的选题。又如，余秋雨的"文化散文"最初在刊物上发表时我们可能感到比较"陌生"，因为一般的游记，或是记叙风物，或是抒发感情、"托物言志"，像余秋雨那样寓文化思考于山水游记之中我们见得比较少。该怎样评价余秋雨的"文化散文"的写作呢？这又是一个问题，深入下去就可能找到论文的选题。

总之，我们在学习中要做个有心人，才可能找到研究对象。如果你实在找不到题目，可以上中文期刊全文数据库，查阅你感兴趣的专业，看人家研究了哪些问题，从中寻找自己有话可写的题目；如果发现有些题目自己也可以谈出一些看法，再看看人家谈得怎么样，如发现人家谈得还不够透彻，可作新的补充和发挥，就可用来作自己论文的选题。

三、确定对象的原则

（一）价值性原则

所谓价值性原则，就是判断选题是否具有学术价值，值不值得进一步研究。学术性是学术论文之本。选题具有学术性，是论文具有学术性的基础。如果选题没有学术性，写出的论文也就不成为学术论文。

怎样判断选题的学术性、学术价值呢？

首先是要看选题在本学科体系中的地位。

每个学科，都有自己特定的研究对象、研究方法、理论体系、研究历史。每个学科研究的问题，有宏观的、有微观的、有重要的、有一般性的、有限于本学科之内的、有跨学科的、有实践性的、有理论性的，都有促进本学科发展的作用。所谓有学术价值的选题，首先必须是学术性的问题，具有发展学术的价值。其次，就要看它在本学科中的地位。如，研究文学，文学史上的一些重要作家，无疑具有大的学术价值，你如果抓住一些三流、四流的作家去研究，意义就不大。

其次要了解本学科的研究历史和现状，特别是要考虑选题范围内的现状与历史。了解本学科的研究历史，可以知道本学科在过去已经进行了哪些研究，有什么成果。了解本学科的研究现状，能知道现阶段的研究达到了什么程度，以及哪些问题尚未得到解决，本学科发展的新问题、新动向是什么？如果不了解这些，选题就有盲目性，或重复了别人的研究，或拣了一个没有多大意思的题目做文章，费力不讨好。

选题对于现实生活的意义也应在我们的考虑之内。毫无疑问，一般性的工作问题、思想问题、生活问题，不能取代学术研究。但各种学术问题，无论社会科学还是自然科学，都与现实生活有着直接或间接的联系。有些与现实生活联系十分密切的学科，在选题时考虑它对于现实生活的意义是十分必要的。有一些选题，它们在理论上虽然不能有很大的创新，但对于搞好我们的工作,加快社会发展的步伐,有着重要意义,它的价值同样不应该低估。例如新闻写作的一些选题:"新闻失实试探""论'周末版'""论'扩版'潮""论新闻记者的'记忆术'""论采访氛围""论消息标题的制作技巧""21世纪报道文体新发展""连续报道与系列报道比较""论现场短新闻""论电视新闻的故事""论报纸专栏设计""论新闻由头""论作文教学""论阅读教学",等等。这些选题在理论上未必能提出很多新的见解,但对现实工作无疑有着积极的意义,仍应视为有学术价值。

(二)可行性原则

考虑课题的可行性主要是看自己能不能在规定的时间内完成。能否顺利完成论文的写作通常取决于以下几个因素:(1)课题的大小难易程度;(2)个人的研究能力、学识水平;(3)必要的资料来源;(4)比较充裕的时间。

选题的难易与选题的大小有密切联系:一般说来,课题大难度也就大,课题小难度也就小;但二者毕竟有区别,因为课题的难易涉及到两个方面的因素:一是课题本身的难易;一是研究者本身所感到的难易,同样一个选题,有的人觉得容易,有的人会感到很难。

选题要大小适中。太难的题目,有关专家穷年累月研究也不能解决,贸然去写当然不行;如果选题太容易,解决它根本用不着花气力下功夫,也不好。难易的把握就好像到树上去摘桃子,跳起来摘不到,借助梯子、竹竿也摘不到,不好。如果一伸手就摘到了,甚或桃子就在你的嘴边,只等你张口,也不好。选题要选那些需要花些力气,跳起来能摘到的"桃子"。

我有个研究生,刚入校时,根据她的情况,我嘱咐她研究散文。她写毕业论文,最初想写"散文本体论"——说实话,这个题目对她来说实在太难了。后来她改为"散文本质论"——我问她,本体论与本质论究竟有什么区别?她答不上来。后又改为"现当代散文本质特征论",专门研究现当代对散文本质特征的探讨并在此基础上提出自己的认识,结果写出了一篇相当不错的论文。所以,我们在选题时,一定要懂得对选题作限制。

中文系的在校学生,院系图书馆、资料室的图书资料比较丰富,一般情况下资料来源也不成问题。但在一些特殊情况下,如一些考察性选题、调查性选题要作实地考察,一些自考生身处比较偏远的地区,收集资料有一定困难,选题时就要考虑资料来源的问题,看自己是否能获得必需的资料。如获取资料很困难就应适当调整自己的选题。

能否得到专业老师的指导通常也应在考虑之列。我们通过大学四年的学习,虽然掌握了一定的专业理论知识,但怎样运用专业理论知识解决实际问题还缺少经验,从选题到课题展开到行文执笔都会遇到种种的困惑和疑难。在这种情况下,有没有专业老师指导是不一样的。有经验的专业老师,他们对本学科有着深入广泛的了解,有着丰富的科研经验,他们知道什么是本学科中亟待解决的问题,有哪些空白应当填补,有哪些通说可以纠正,有哪些前说需要补充,有哪些问题可以创造性地发展。他们一两个小时的谈话往往凝聚着他们多年来的研究心得;他们一两句的点拨往往能解决我们研究中的许多困惑,使我们少走许多弯路。我们在论文写作中,一方面不要依赖指导老师,论文写作的各个环节都要自己去做;另一方面又要尊重和珍惜老师,在老师的指导下展开自己的研究。

(三)可持续性原则

选课题还要着眼于今后的发展,以发展的眼光选题,看是否有利于自己今后的发展。所谓"发展",主要是课题本身的"发展":即课题能作横向的扩展,能形成一系列的后续研究,能成为一个有发展前途的更大的课题。这种兼顾后续研究的课题一旦选准,以后一个课题接一个课题地研究下去，形成一个课题链，就可以一步一个台阶地深入科学殿堂，把研究者带入一个发展方向明确、前景十分明朗的科学研究之路。

第四节　研究角度的选择

找到研究对象之后，接下来便是确立自己的研究角度。

在论文的写作中，研究角度是一个非常重要的问题。研究角度选得好，研究起来顺手，也容易出成果。角度选得不准，研究起来费力而不讨好。虽然研究角度属研究方法范畴，但考虑到它的特殊性，我们辟专节作一些介绍。

一、研究角度的含义

所谓研究角度，也就是我们研究、探讨客观事物的视点、视角。

客观事物摆在我们面前，该怎样去研究它？这就有一个视点问题。例如，一座山摆在我们面前，该采取什么样的视点？是平视？是俯视？还是仰视？视点不同，这座山呈现在我们视野中的风貌也就不同，我们对它的认识也会带来差异。不同的视点引导出不同的视域；视点加视域也就构成了我们所讲的研究视角，亦即研究角度。

研究视角通常可分为物理视角和心理视角。

物理意义上的视角直观地在物理时空中呈现出来。如，我们观察一座山——可从正面观察，也可从侧面观察；可以走近观察，也可以拉开距离观察；可平行观察，也可以选择俯视或仰视。这些角度的选择体现在空间位置上。至于是早上观察？还是晚上观察？是春天观察？还是冬天观察？是晴天观察？还是雨天观察？这些角度的选择直观地体现在时间上。

心理视角则主要是一种意识行为，它并不直接呈现于外部的物质世界，而是研究者的一种心理操作。同样以山为例，我们从内在的、心理的方面去选择视角，可以作宏观的整体的研究，可以作微观的局部的研究，也可以选择某一方面（如从旅游观光或是文化的、历史的、地理的、经济的、生态环境的角度）进行研究。这些研究角度的选择主要是一种意识行为，属研究者内心的操作。

一般说来，物理视角和心理视角是紧密联系在一起的。如，任何一个空间视点的选择，不能不涉及研究者的意识，而任何一个心理视角的选择，也不能与物理视角全然无关。但是，在现实生活中，由于研究目的的不同，研究对象的区别，这两类视角的运用就会有所侧重。如，一位摄影家，他更多地会讲究物理视角的选用，而一位研究者，他要研究一部小说，没有必要拿起一本小说来正面看反面看，他更讲究内在视角亦即心理视角的运用。我们这里讲研究角度，主要讲的就是这样一种视角。

研究任何一种事物都必须有研究视角。因为任何一个客观对象，从它的外部来看，是一个混沌、整一的对象；就它内部来看，则是由多种要素、多个层面、多种联系、多种性质构成的统一体。我们要把握它的特征，研究它的本质和规律，不可能停留在整一、混沌的直观上，必须取其一端，从某一个或几个方面入手。因此，在研究中，确定自己的研究视角，既是必要的又是必需的。

选择研究的角度，实际上也就是选择研究的突破口。

研究固然需要面的铺开，但它更需要点的突破。面对一个客观对象，我们固然可以选择很多角度，但由于前人研究的程度和自身研究条件的限制，常常会有一般化的角度和更利于出研究成果的角度。如果把精力集中在容易突破的方面，无疑有利于我们的研究。

研究角度的选择实际上也是一种"理论预报"。比方说，你确定从精神分析的角度来研究鲁迅的人格形成，你研究的范围和研究的成果就预置好了，它将不同于社会学的或文化学的角度。

研究角度的确定实质上也暗含了你有所发现的逻辑机制。你确定了某一研究角度，这一角度就会照亮你研究的对象，有关的材料便会在这个角度的照亮下聚集拢来。你会通过这一特定的角度把相关资料串连起来，找到它们之间的内在联系，找到它们的本质方面和非本质方面，找到它们的基本规律和特殊规律，从而形成你的判断。

任何一个研究角度都可以说是研究者主动设定的，它是研究者的一种"主动出击"。但任何一个研究角度的选定都有它的客观制约性。这种制约性首先来自研究客体。我们知道，任何一个对象，它都是由多个方面构成的复杂系统，它存在着若干要素、若干层面、若干联系、若干特点。这也就为研究者选择多种角度提供了可能；但这种可能并不意味着研究者可以置研究对象而不顾，简单、随意、主观地来选择研究角度。比方说，法院张贴的"布告"是用来宣判罪犯的，通常不具有审美价值，如果你执意要从审美的角度来研究现行的"布告"，就不伦不类而难以成立。

研究角度的确定除了要受制于研究对象的规定性，同时它还受制于研究者的理论思维水平。研究角度并不是一个简单的视角问题，任何一个研究角度的确定，都需要相应理论的支撑。例如，我们如果试图从系统论的角度来研究意境的生成，就必须具有系统论方面的理论；我们如果试图从精神分析的角度来研究《红楼梦》，就必须掌握精神分析学说；我们如果试图从文化的角度来解读鲁迅，就需要文化学的知识。研究角度是研究者主体意识介入到研究对象的一种途径，它的确立既要考虑客观对象的内在规定，又要考虑研究者自身的理论储备，它实际上建立在主客体的相知相遇上，是主客体相激相荡的产物。

二、怎样选择角度

角度选择，是对研究对象以及已有成果全盘检索并加以比较的结果。

选择角度，其实从选题的时候就开始了。如果选题提出的问题比较具体，如"论孔孟人格思想的差异""论孔子的人生价值观""论《诗经》中'比'、'兴'手法的异同""'迷狂说'与'妙悟说'的比较"——这类选题提出的问题比较具体，其实就暗含了作者的研究角度。如果选题只是笼统地标示出自己研究的对象，如"孔子研究""孟子研究""沈从文研究""鲁迅研究"——这类选题比较泛，作者从思想上并没明确自己的研究角度；但随着研究的展开，同样需要确定研究角度。

选择研究角度通常要从比较入手，通过比较，选择那些最有价值、最有利研究的角度。具体地说，研究一开始就要尽快地掌握本课题已有的科研成果，看看前人的研究已经达到什么样的程度。我们在前面曾提到过，写论文，不论你是否决定写"述评"，始终都存在着一个"述评思维"。我们必须了解已有的科研成果，了解学术界对这个问题有哪些看法，存在着哪些分歧，存在着哪些薄弱环节，以决定自己的取舍。

我们凭什么来整理、分析、评价别人的研究成果？这就要靠我们自己对研究对象的了解。我们对研究对象本身了解甚少，就根本无法评述别人的研究成果。因此，真正的"述评思维"建立在两个方面：(1)必须对研究对象有一个比较全面的了解，并且有一定的深度与广度；(2)必须广泛地搜集有关的文献资料，并在思想上进行梳理，然后再在此基础上作出自己的评价。在这个评价的过程中，我们一方面要根据自己对对象的了解，看一看这个问题有哪些方面值得研究，它的本质特征应该是怎么样的；另一方面，则要全面检索他人的研究成果，看看他人的研究是怎么样的？在这样的比较中我们才能发现一些问题。如：

　　　　这个问题应该研究而前人没有研究；
　　　　这个问题很有意义而前人研究得不够；
　　　　这个问题前人并没有阐释清楚；
　　　　这个问题前人的论述是错的；
　　　　这个问题前人作的多是一些局部的、微观的研究，缺乏宏观的、整体的把握；
　　　　完全可以用新的理论、新的方法来解决悬而未决的问题；
　　　　我在某一方面可以谈出一些新的看法以补充旧说的不完备；
　　　　……

　　在这种比较中，我们确定从某个或某几个方面入手，也就是选择研究角度。

　　下面介绍一些寻找角度的一些方法。

　　（一）在"填补"与"补充"之间选择

　　一般将课题分为"填补空白的课题""补充前说的课题"。

　　"填补空白的课题"是指应该研究而前人没有研究的课题。事物的发展总是不平衡的，科学的发展也存在着不平衡性。这种不平衡性或出于事物发展本身的阶段性，或出于人们对其认识的阶段性，或出于客观需要带来的研究力量投入的不平衡性，或出于研究布局所带来的疏忽，就出现了学科研究上的短缺、空白。这些"空白"一是表现在学科与学科之间：在某个时期，由于侧重某些学科的建设而忽视了另外一些学科的研究；或是一些刚刚萌芽的学科一时还未受到重视，或虽受到重视而投入力量不够，或虽然投入了力量还未取得成效，这样就出现了学科上的空白、短缺。二是一个学科范围之内也存在着发展的不平衡：在一定时期内可能某些问题的研究受到重视，而对另一些项目则很少涉及，于是就出现了需要填补的空白。三是学科内部类与部类之间课题与课题之间也常常存在着被忽视的空白区或力所未及的空白区。凡是这些短缺、空白区的选题都属"填补空白的选题"。

　　"补充前说的课题"是指那些前人已经作过研究并取得一定成果的课题。前人作过研究并取得了一定成果，并不意味着不能去研究。科学的发展是无止境的，因为人类对客观事物的认识在一定历史条件下只能达到其可能性的程度。殖着社会的发展，随着人们认识的深化，科学理论必然也会有新发展。在前人的基础上起步，或是指出前人认识存在着某些偏颇、漏洞、错误，或是为前说提供新的材料、新的论证，从而使人们对某一问题的认识更趋全面、更趋合理、更趋深入、更具现实意义，凡这一类选题都可视为"补充前说的课题"。

　　选"填补空白的课题"还是选"补充前说的课题"，要根据具体情况来定。如果发现这个问题应该研究而前人没有研究，这就是"填补空白的课题"；如果发现这个问题很有意义而前人研究得不够，前人对这个问题并没有阐释清楚，前人对这个问题的论述是错的，我在某方面可以谈出一些新的看法，这就是"补充前说的课题"。

　　所谓"填补空白的课题"和"补充前说的课题"，并不是刻意为之的，它与我们发现的问题相关，试以我写的一篇论文为例：

中国古代文论中的文气说

陈果安

古人论文以"气"，这种文气说既不简单地等同于文章的气势，也不简单地等同于作者的禀性、才气，它有丰富而具体的内涵，是散文领域里一个与诗歌的意境说平行的美学范畴。

一

在中国古代文论中，第一个赋予"气"以美学意义的是曹丕，他把"气"与"文"联系起来，提出了"文以气为主"。以"气"论"文"，可以说是建安时代重视作者个性特征的时代精神在文学理论上的一种具体表现，也可以说是对建安文学创作经验的总结。曹丕在《典论·论文》中说："气之清浊有体，不能力强而致""虽在父兄，不能以移子弟。"同时又说："至于引气不齐，则巧拙有素。"从他这些话中可以看出，他所说的"气"，主要指的是作家一种天赋的气质、个性。

在曹丕之前，孟子提出了著名的"知言养气说"。他提倡一种"充塞于天地之间"的"至大至刚"之气。孟子所说的"气"，也是一种精神气质，但这种精神气质却不是先天的，而是"集义所生"，是一种经过道德修养培养出来的，具有政治道德内容的精神气质。孟子言"气"，虽然不是为文而说，但在文气说的形成发展过程中同样产生了巨大的影响。

以后的苏辙提出了"为文养气说"，他继承了孟子"集义"的养气说，认为要加强作者的道德修养；同时他又认为，"百氏之书虽无所不读，然皆古人之陈迹，不足以激发志气"，要求像司马迁一样，周览四海名山大川，交游赵燕英雄豪俊，以陶冶自己的情性气质，获得文章中的一股"奇气"。他所说的"奇气"，是通过学习交游而培养出来，表现在文章中的，为一种不寻常的气质个性。此外黄宗羲《谢皋羽年谱游录注序》认为，文章是"天地之元气"，这冲"元气"，平时"和声顺气""无所见奇"，但在"厄运危时，则鼓荡而出，拥勇郁遏，岔愤激讦。"因此，他认为"文章之盛，莫盛于亡宋之日。"可见，他所说的"元气"，乃是指一种时代的情绪，他所说的"拥勇郁遏，岔愤激讦"的"元气"，乃是在民族矛盾十分激烈的情况下爆发的一种强烈的爱国情绪。也可以说，是在一定社会条件下产生的，具有一定社会意义与社会内容的精神个性。又如廖燕的"愤气说"，他认为天地间有一种"愤气""天地未辟，此气尝蕴于中，迨蕴蓄既久，一旦奋迅而发，似非寻常小器足以当之，必极天下岳峙潮回海涵地负之观，而后得尽其怪奇焉"。如果做文章，就要表现出这种"愤气"（《刘五原诗集序》）。他并且认为，"凡事做到慷慨淋漓激宕尽情处，便是天地间第一篇绝妙文字。"（《山居杂谈》）廖燕的"愤气说"，使人想起司马迁的"发愤著书说"和李贽的"童心说"。廖燕也生于国破家亡之际，具有强烈的民族情感和绝意仕进的高风亮节，他强调掣雷走电，淋漓激宕的"愤气说"，也传达出具有一定社会内容和社会意义的精神、个性。

从以上的简述中可以看出，古人所说的"气"，就作者主观来说，主要指的是作家的精神、气质、个性。既包括通过学习和交游而培养的个性、气质，也包括先天的禀性与才气。既包括经过道德修养出来的气节、情操，也包括在一定社会条件下产生的精神个性。

二

我们现在要讨论的是，作家主观的"气"表现于文章而形成的"文气"，究竟有什么内涵。

文气首先表现为行文的气势。

单纯说"气"，比较抽象，落实到"势"，就比较具体了。因此古人说："论气不论势，不备。"（刘夫㭊《论文偶记》）曹丕论气，从主观说，说的是"虽在父兄，不能以移子弟"的体气；就文章说，则是说的行文的气势。他所说的"徐幹时有齐气"，讲的是语气的舒缓。他所说的"公幹有逸气"，讲的则是语气的奔放（见郭绍虞《中国文学批评史》）。与曹丕同时的刘桢，论"气"也是与"势"联系起来的，刘勰在《定势》篇引了他的"文之体指实强弱，使其辞已尽而势有余，天下一人耳，不可得也"之后，接着便评论道："公幹所谈，颇亦兼气。"可见刘桢是把"气"与"势"联系在一起谈的。以后，韩愈的"气盛言宜"说，魏了翁的"辞根于气"说，方孝孺的"气畅辞达"说，都是落实到行文的气势上的。

文气还表现为一种内在的逻辑力量，我们可以孟子的《鱼我所欲也章》为例：文章不长，纯是说理，层层设喻，步步深入，一气灌注，"如决江河，而莫之能御。"我们只要细细的体会一下，就能体会到，这里的"文气"，主要的就表现为一种内在的逻辑力量。孟子论"气"，一开始就与"集义"联系起来，认为"气"是在理义的基础上培养出来的，离开了理义，自然就谈不上气。孟子以后，关于气与道、气与理的关系的讨论，是最广泛的。如刘勰《檄移》说："事昭而理辩，气盛而辞断"；柳冕《与杨中丞论文书》说："文不及道则气衰"；梁肃《补阙李君前集序》说："道能兼气"；李翱《答朱载言书》说："理辩则气直"；吕南公《与汪秘校论文书》说："道以充气"；魏禧《论世堂文集序》说："理不实则气馁"；方孝孺《与舒君》说："道者，气之君；气者，文之师也。道明则气昌，气昌则辞达。"等等。他们大都认为，道明则气昌，气昌则辞达；或者理实则气充，气充则辞盛。王柏在《题碧霞山人王公文集后》甚至说："夫道者形而上者也，气者形而下者也，形而上者不可见，必有形而下者为体焉，故气亦道也。"把"气"等同于"道"，自然是这位理学家的偏见，但文气表现为一种内在的逻辑力量，并非附会之词。

文气还表现为一种内在的情感力量，同样也可以创作说明，如韩愈的《祭十二郎文》，作者以琐屑叙事写呜咽哽塞之感，于凄切沉痛之中有着一种浩荡流转的文气，因而古人说："情至之语，气贯其中。"（祁彪《远山堂剧品》）这说明作者的思想感情与气质特点，实际上是紧密联系在一起的。一定的思想感情，要表现出一定的气质、个性；一定的气质、个性，也要表现为一定的思想感情。因此，刘勰在《文心雕龙》里就提出："情与气谐，辞共体并。"后来的皎然则干脆说："风情耿耿曰气。"（《诗式》）

文气还表现为一种自然的音律。

最早提出"气"与音律的关系的是沈约。他在《宋书·谢灵运传论》中认为，芜杂的音律会妨碍文气的条贯，提出了"芜音累气"的概念。接着，刘勰在《章句》中提出了"改韵从调""节文辞气"的论述。韩愈在《答李翊书》中则进一步具体为"言之短长与声之高下"。接下来，刘大㭊在《论文偶记》中又作了进一步的发挥："盖音节者，神气之迹也。"又说："积字成句，积句成章，积章成篇，合而读之，音节见矣；歌而咏之，神气出矣。"于音节求神气，是桐城派论文的一个特点，这种论述，虽然侧重形式，但对文气说的发展却是有贡献的。

文气还表现为一种海奔泉涌般的文思。

"气"并不等于"才"，但是，作家的精神、气质、个性要表现为文字，体现于文中，却无疑地要依赖作者的才思。刘勰在《时序》中谈到建安文学"梗概而多气"的原因时，就认为，除了作者的"志深"和"世积乱离，风衰俗怨"外，还与作者的"笔长"有关。所以，古人谈到"才"与"气"的关系时，总是"才""气"并提，认为"才卑则气弱"（吕南公《与王梦锡书》），"才多而养之，可以鼓天下之气。"（柳冕《答杨中丞论文书》）古人在具体评论作家或作品时，则认为"文气"也表现为一种泉涌浪奔般的才思，如魏禧《论世堂文集序》说：

世之言气，则惟以浩瀚蓬勃，出而不穷，动而不止者当之，于是而苏轼氏乃以气特闻。子瞻之自言曰："吾文如万斛泉涌，不择地皆可出，在平地一日千里无难，乃其与山石曲折，随物赋形，而不自知也。行乎其所当行，止乎其所不得不止。"而乃以气特闻。

从魏禧这段话可以看出，把浩瀚蓬勃的才思看作文气，是相当普遍的认识。

三

文气作为一个美学范畴，是一个完整的概念，在长期的创作和批评实践中，人们对它提出了不同的美学要求和解释。

（1）气盛。"文章最要气盛"（刘大櫆《论文偶记》），所谓"气盛"，大概包括三个方面的意思：一是要有真实的内在感受与强烈的创作情绪，"当其元气所鼓动，情绪所发，亦间其不能自主之时……此一时也虽对以爵禄不肯移，其以斧钺不肯止"（魏禧《答计甫草书》）；二是要坚持、信守和突出自己的个性特点，"缀虑裁篇，务盈守气"（恽敬《答来卿书》）；三是"不可力强而至"（曹丕《典论·论文》），须"平日养气极壮，临风沛然而下，不袭气而合注之。"（恽敬《答来卿书》）总的来说，就是要求作者把自己的精神、气质、个性鲜明而又自然地表现出来，形成一种充沛的文气。

（2）气脉。吴子良《序赞窗集续集》云：文"有气脉"。方植之《答傅求论古文书》也说："古今之文不同，同者气脉也。"什么叫做气脉？按照我们的理解，气脉指的就是作者"气在文章中行走的一种内在的脉络、形迹"就像王夫之《古诗评选》中所说的，它"行于荣卫之中，不见其条理，而自不相失。"

气脉的要求首先是条贯，所谓"总而持之，条而贯之"（叶燮《原诗》），以作家的精神、气质、个性来统领全文，"湮畅百变而常若一气"（唐顺之《董中峰侍郎文集序》），"屡迁光景，莫不有浩气鼓荡其机"（沈德潜《说诗晬语》）。

气脉的第二个要求就是在"气"的条贯的前提下，"气势"要富于变化，"于一气行走之时，时时提起"（刘大櫆《论文偶记》）。

关于气脉要条贯和富于变化的要求，李德裕在他的《文章论》中曾有过一段很好的说明，他认为："气不可以不贯，不贯则虽有英词丽藻，如编珠缀玉，不得为全璞之宝"；"势不可以不息，不息则流宕而忘返，亦犹丝竹繁奏，必有希声窈眇，听之者悦闻，如川流迅激，必有回洑逶迤，观之者不厌。"他所说的"气不可以不贯"，就是要求作家以自己的气质、精神、个性统领全文；他所说的"势不可以不息"，就是从审美的观点出发，要求作者在行文的过程中，气势要富于变化，要做到波澜叠起。可见，气脉的提出，实际上就是要求作者把自己的精神、气质、个性怎样体现于文章。

（3）气格。裴度《寄李翱书》："故文之异，在气格之高下，思致之深浅，不在其磔裂章句，隳废声韵。"谢榛《四溟诗话》："诗文以气格为主，繁简勿论。"他们都以气格论诗文。

什么是气格呢？刘熙载认为："气有清浊厚薄，格有高低雅俗，诗家泛言气格未是。"

(刘熙载《艺概》)可见，气格包括"气"与"格"两个方面的内容。

体气说论气，气有刚柔清浊，因而强调的是"刚"，是"清"，所谓"文以气为主，非天下之刚者莫能之。"(王十朋《蔡端明文集序》)养气说论"气"，气有邪正强弱，强调的是"正"，是"强"。所谓"秀才不脱俗，谓之头巾气。和尚作诗不脱俗，谓之饺馅气。咏闺阁过于华艳，谓之脂粉气。"(李东阳《麓堂诗话》)"苟道不明，气虽壮，亦邪气而已，虚气而已。"(王柏《题碧霞山人王公文集后》)

"格有品格之格，体格之格"(薛雪《一瓢诗话》)，古人谈气格，谈的多是品格之格，如潘德舆说："词气富健矣，格不清高，可作而不可示人。"(《养一斋诗话》)薛雪说："品高虽被绿蓑青笠，如立万仞之峰，俯视一切；品低即拖绅捂笏，趋走红尘。"(《一瓢诗话》)可见气格主要是对文气的一种质的鉴别和要求。

在谈到气格时，还要提及的是，古人虽然提倡一种"至大至刚"之气，提倡一种雄浑之气，提倡一种"疏荡"的奇气，但也并不把文气局限于磅礴奔放，他们同时也认为："气有大小，不能一致"(钱泳《履园潭诗》)，"其气盛者，其文畅以醇，其气舒者，其文疏以达"(邵长衡《与魏叔子谈文书》)，"不必壮言慷慨乃称势也。"(《河岳英灵集序》)

(4)气调。颜之推《颜氏家训》说："文章当以理致为心胸，气调为筋骨，事义为皮肤，华丽为冠冕。"

气调就是作者把自己的精神、气质、个性，表现为文章中的一种风度、风韵(或风格)。气有清浊刚柔，阳刚之气就表现为阳刚之美，阴柔之气就表现为阴柔之美，不同的精神、气质、个性在文章中就表现为不同的风度、风韵(或风格)。苏轼英气多而和气少，所以"其文涣然如水之质，漫衍浩荡。"(释德洪《跋东坡忧池录》)欧阳修和气多而英气少，其文则"纡余委各""而容与闲易"(苏洵《上欧阳内翰第一山野》)，他们都断然为一家之文。古人强调。以气调为筋骨。就是要求作者在文章中自觉地将自己的精神、气质、个性表现为一种风度．风韵(或风格)。

在谈到"气调"时，我们还要提到另一个概念，即"气骨"(有时又称"骨气")。"气骨"就是"风骨"，刘勰《风骨》讲的是风，又常常称气，以气代风。范文澜注曰："本篇以风为名，而篇中多言气……盖气指其未动，风指其已动。"(《文心雕龙注》)古人讲"气调"时，常常提到"气骨""言气骨则建安为传"，以此来反对六朝的靡靡之音，提倡一种刚健爽朗的风格。

(5)气韵。陈善《扪虱新话》；"文章以气韵为主，气韵不足，虽有词藻，要非佳作也。"

气韵这个概念，在魏晋之际主要用来品评人物，指的是人的一种精神面貌。后来用来评画，主要指的是传神。以气韵论文，始于李廌，他在《答赵士舞德茂宣义论宏词书》中说：

"充其体于立意之始，从其志于造语之际，生之于心，应之于言，心在和平则温厚尔雅，心在安敬则矜庄咸重，大焉可使如雷霆之奋，鼓舞万物，小焉可使如脉络之行，出入无间者，气也。如金石之有声，而玉之声清越；如草木之有华，而兰之臭芬香；如鸡鹜之间有鹤，清而不群；如犬羊之间有麟，仁而不猛；如登培塿之丘以观崇山峻岭之秀色，涉潢污之泽以观寒溪澄泽之清流；如朱弦之余音，太羹之遗味者，韵也。"

很明显，他所说的气，指的是从志造语的辞气。他所说的韵，除了音韵之外，还要求有韵外之韵——即诗歌的韵味，能给人以品味的余音和美感。

（6）气机。汤显祖《朱懋忠制义序》说："通天地之化者在气机，夺天地之化者亦在气机，化之所至，气必至焉，气之所至，机必至焉。"这就是说，要想通天地之化，必须抓住灵感。

把作家的气质、个性和创作时的灵感结合起来一起谈，这是一件非常有意思的事。法国伟大的艺术家罗丹曾经说过："有性格的作品才是美的。"而古希腊的哲人德谟克利特却认为，"一个诗人以热情并在神圣的灵感下所作的一切诗句，当然是美的。"他们一个强调个性，一个强调灵感，而事实上，作家能够很好地表现出自己的个性，却常常是从获得灵感开始的，就像彭时在《文章辨体序》中说的："天地以精英之气赋予人，而人钟是气也，养之全，充之盛，至于彪炳宏肆而不可遏，往往因感而发。"古人强调气机，就是强调作家在坚持和突出自己，拘精神、气质、个性的同时，还要善于抓住灵感，并且认为，只有这样，才能写出最好的文章来。气机的提出，无疑是对创造文气的一种经验总结和更高要求。

就以上所述，我们可以看到：如就单介而言，文气说可以说只是只言片语的，零散的，不成体系的；但从总体来看，它又是一个完整的，具有丰富内涵的美学概念，它虽然对风格有重要影响，但并不等同于风格。

大家知道，曹丕论气，一开始就是诗文并论的。后来论述诗歌的创作，也常常提及"气"，如上面提到的"气骨"，就是谈论得比较广泛的。但是，总的说来，关予诗歌的论述，主要还是比兴、兴会、情景、虚实、象外象、味外味等，即所谓"文要养气，诗要洗心。"（钱泳《履园谭诗》）以严羽论诗为例，他在《沧浪诗话》中曾六次提到"气象"，但他论述的主要方面还在"兴趣"，对于"气象"始终没有阐述。在诗论中，逐渐发展和成熟起来的，主要是诗歌中的"意境说"，而"文气说"在韩愈等古文家以及桐城派作家的不断努力下，终于日臻成熟，说"文气"是散文领域所特有的，完整的，一个与诗歌中的"意境"并行的重要的美学范畴。这一点，只要回顾一下中国文学的发展史，是不难接受的。

散文的"文气"与诗歌的"意境"相比较，是有着自己鲜明的特点。意境说强调的是作者主观的情感，要求作者将主观的感情与作品中所描绘的客观物境融合起来，形成一个具体强大审美力量的境界；文气说则强调作者的精神、气质、个性，要求作者把精神、气质、个性与作品的内容形式以及作者创作时由感情、肌肉、心灵一系列运动所产生的内在节奏完美地统一起来，形成一种具有审美力量的具体可感的文气。文气和意境一样，并不是什么虚无缥缈的东西，而是客观存在的，完整的，显而易见的，只要读者细心体会，是完全可以感受得了的。

"意境"和"文气"给人的美感也是截然不同的：意境主要是通过作品的整体工程，并借助读者的联想、想象，去体会"言外之味，弦外之响"，从而获得美感，而文气则是依靠读者的感受，并借助读者感受时形成的内模仿，达到一种深刻，独特的美感。

在散文的创作实践和批评实践中产生的著名的文气说，像意境说一样，是具有鲜明的民族特色的。它不但具有一种独特的审美力量，而且还有力地反对了六朝的靡靡之音，有力地反对了抄袭模拟，促进了作家风格的形成，对中国散文的发展起了很积极的作用。近年来，人们对"意境"的探讨是比较多了，对"文气"的价值却没有给予应有的重视，特别是当代散文的行列中，文气充沛的散文更是寥寥，散文领域内这一特有的美学范畴，实在是亟待我们去认识，探讨和提倡的。

（原载《江汉论坛》1984 年第 4 期）

这是我留校后写的一篇论文,当时我与马积高先生带的研究生住在一起。由于他们是研究古代文学的,言谈之间常提到"文气"这个概念。我联想到李泽厚先生所写的《意境杂谈》,认为"文气"是与"意境"并列的一个重要的审美范畴,就问他们"文气"是什么。他们讲不清楚,我就找文献资料。但文献并没有专题论文。我就自己研究。记得当时我查了好多资料,凡是能找到的资料都翻了一遍。我一门心思只想搞清楚:文气指的是什么?它在写作主体方面表现为什么?它写到文章中去表现为什么?读者感受到的是什么?读者是怎么获得美感的?古人对它曾提出什么要求?我把这些理顺后写了这篇文章。我把文章投到《江汉论坛》,不到一个月就收到了采用通知。文章发表后,1984年的《中国古代文学年鉴》收了目,后来黄霖先生主编的《20世纪中国古代文学研究史(散文卷)》还特别提到,我这篇文章是比较早注意研究文气的。

据我体会,"填补空白的课题"属前人未碰过的新课题,一般情况下资料难找,有较大的难度。"补充前说的课题"是前人已作过研究的一些"老课题",一般情况下难度小一些,资料容易找一些。但事物总是一分为二的。"老课题"虽然容易找资料并有科研成果可供借鉴,但这些方面的研究人才济济,研究成果比较成熟,反而不易突破;"填补空白的课题"有一定难度,但研究中较少受到一些定见的束缚,只要执著追求、刻苦探索,反而容易取得成果。事实上,一些大学本科生在作论文时,选择"填补空白的课题"也取得了令人瞩目的成绩。但对于大多数同学来说,选"补充前说的课题"恐怕更符合实际一些。因为大多数同学作论文是初涉科研,在前人已有的基础上起步,更容易入门一些。事实上,选择这一类题目,只要能在前人的基础上提出一些新的东西,能丰富、补充前说,或纠正某些错误的通说,同样是一篇不错的论文。

(二)在"宏观"和"微观"之间选择

如果我们对已有成果全盘检索并加以比较,发现这个问题前人作的多是一些局部的、微观的研究,缺乏宏观的、整体的把握,或相反,就有了这种选择。如,我在研究金圣叹小说理论时,学术界对其小说理论缺乏整体的、宏观的研究,就写了一篇《论金圣叹的小说理论体系》的文章:

论金圣叹的小说理论体系

陈果安

摘　要　金圣叹创立了科学的小说理论。他提出的小说文体论、小说创作论、小说阅读论,其理论建树达到了相当的广度和深度;他运用对比研究和社会学、美学、心理学、结构主义和叙事学批评,体现了理论思维的系统性。金具有高度的抽象概括能力,具有高超的审美能力和创立体系的意识,而且《水浒》文本也提供了创立体系的内在联系。他的小说理论不仅代表了中国古代叙事理论的最高成就,而且也远远超出了西方当时的水平。

关键词　金圣叹　小说理论　体系

金圣叹是否建立了科学的小说理论体系?这一直是学术界争论的问题,本文试就此作出探讨。

金是否建立了科学的小说理论体系,首先需要关注的是他的理论成果,他理论成果所达到的深度、广度和内在联系。金在评点中提出了哪些理论呢?

（一）小说文体论

金借助《水浒》评点，对小说文体本身作了深入思考。

1. 对小说文体作了科学界定

中国小说经历了六朝笔记、唐宋传奇、宋元活本、明代章回，取得赫赫成果。但长期以来，由于小说不能取得正宗的文学地位，人们往往将其与历史著作混为一谈。金评《水浒》，首先将它与历史著作明确区别开来："《史记》是以文运事，《水浒》是因文生事。以文运事，是先有事生成如此，却要算计出一篇文字来……因文生事即不然，只是顺着笔性去，削高补低都由我。"（《读法》）因而他肯定了小说的虚构性："一百八人，七十卷书，都无实事"（第13回夹），"一部书皆才子文心捏造而出"（第35回夹）。金进而指出，小说写的是"未必然之文"，但应该是"必定然之事"（第20回夹），"文所本无，事所必有"（第34回夹）。他反对小说写"鬼神怪异之事"，认为作者应"澄怀格物""写出千古炯鉴"，这就把小说与那些胡编滥造区别开来。金还提出了"惟文是务"的观点，认为史家叙事，"止于叙事而止，文非其所务也。若文人之事，固当不止于叙事而已，必且心以为经，手以为纬，踌躇变化，务撰而成绝世奇文焉。"（第28回回评）他认为小说的这一特点是史书所没有的，忽视这一特点，就不如去读宋子京的《新唐书》。金这些认识，实际上为"稗史"注入了近乎现代小说观念的基本内容：小说以虚构为基本手段，通过生动曲折的故事情节去反映社会生活，它具有历史著作所没有的艺术感染力。

2. 肯定了小说的社会作用

强调小说的认识价值和劝勉惩戒功能是中国古代小说理论的传统。金在评点中进一步强调了小说的批判讽刺功能。他在第1回回评中，就把小说看作"庶人议政"的一种形式："从来庶人之议皆史也，庶人则何敢议也？庶人不敢议也。庶人不敢议而又议，何也？天下有道然后庶人不议也。今则庶人议也。"第18回回评又说："此回前半幅借阮氏口痛骂官吏，后半幅借林冲口痛骂秀才，其言愤激，殊伤雅道，然怨毒著书，史迁不免，于稗官又奚责焉？"金强调小说的批判讽刺功能，并没有忘记小说之为小说。他认为："稗史"既不易读，也不易作（第49回夹），作者内要"经营于惨淡"，外要"矜式于珠玉"（《序一》），"若干年布想，若干年储材，又复若干年经营点窜，而后得脱于稿"（楔子回评）。金并对小说给读考的多方面的美感作了非常精彩的描述①

3. 剖析研究了小说的基本构成要素

金深刻剖析了小说的人物、情节、环境、节奏、语言等构成要素。金评《水浒》，自觉把"性格"作为衡量小说艺术的一个重要标准，并对"性格"的内涵作了深入探讨。他认为，典型性格是个性与共性、主观性与客观性、规定性与复杂性、可变性和不变性的统一，具有深刻的审美认识价值，要刻划典型性格，离不开典型环境的描写。他的典型论远远超出了当时西方小说理论所达到的水平②。金研究小说情节，是从事物间的因果关系入手的。他以"因缘生法"来概括情节的因果性，指出小说情节是一系列因果相连的事件。他认为，情节虽然是依据因果虚构推导的，但必须反映生活的必然性，接受生活逻辑的检验与支配，他同时还揭示了情节美的构成，情节与性格的关系。他对情节的研究，也超出了福斯特在《小说面面观》中对情节的研究③。金对环境描写也有精彩的论述。他讲的环境，包括自然环境和社会环境。他非常重视自然景物生活场所的描写，《水浒》第23回武大为武松安排房间，"铺下一张床，里面放一条桌子，安两个杌子，一个火炉"，金批道："此非只是应用物什也。若只是应用物什，便总写一句一应物什齐整，自不必说矣。今偏要逐项细开，便要读者认得武二房里如此铺设，后来便好看他行立坐起，色色亲见也。"金认为，小说的景物描写，应与小说的人物情节构成一个有机整体，他称道宋江"别了刘唐，乘着月色满街"的描写，浔阳楼有关景物的描写，李逵遇李鬼时的景物描写，闹华州的景物描写，雪天擒索超的景物描写，都强调了景物与人物、情节的关系。他分析《水浒》的人物、情节时，还将其放在一定的社会环境中加以考察。如第2回回评，他论及史进的典型意义，第51回回评论及高俅、高廉、殷直阁所构成的盘根错节的关系网，都揭示了小说所描写的社会环境④。金对小说的细节描写也给予了特别的关注，他认为细节描写是构成小说艺术感染力的一个重要方面，具有非凡的表现力。评点中，他提出了"大处写不尽，却向细处描点出来"（第68回夹）、"细妙入神"（第37回夹）、"善小必为"（第43回夹）、"分寸都出"（第41回夹）、"叙事微而用笔著"（第60回夹）、"拽之通体俱动"（《读法》）等命题，形成了系统的细节理论⑤。金认为，叙事节奏是构成小说艺术的又一重要因素。评点中，他不仅细致地描述了叙事节奏所形成的美感，同时还揭示了叙事节奏的客观依据和心理生理依据，从情节和叙述两个方面总结了叙事节奏的基本技巧⑥。

金对小说语言的研究也非常值得称道，中国古代诗文创作，非常讲究语言的运用，但对小说语言特别是白话小说的语言运用缺乏系统的研究，金评《水浒》不仅把"字法""句法"提到决定小说艺术成就的高度，而且对小说语言的形象性、白话的运用、语言的形式美作了系统的探讨，这些探讨在白话小说由集体创作转向个人创作的阶段具有重要意义⑦。除此之外，他的研究还涉及到我们至今仍研究不够的许多方面，如他系统研究了小说的非常情节因素⑧，论及了小说次要人物的塑造⑨。

（二）小说创作论

金圣叹对小说创作规律及其技巧的研究，也精彩纷呈：

1. 提出了"格物致知"的创作原则

金在《序三》中，把"格物致知"看作小说创作的一条基本规律和原则，他说："施耐庵以一心所运，而一百八人各自入妙者，无他，十年格物而一朝物格，斯以一笔而写百千万人，固不以为难也……格物之法，以忠恕为门……忠恕，量万物之斗斛也。因缘生法，裁世界之刀尺也。施耐庵左手握如是之斗斛，右手持如是刀尺，而仅乃叙一百八人之性情、气质、声口者，是犹小试其端也。"在随文评点中，他多次强调了"格物"的重要性。

2. 提出了"文成于难"的严肃命题

金认为，小说创作需要"锦心绣口"，小说创作有神来之笔，但就整个小说创作来说，要明"慎重与苟且之辨"，敢于"铤而走险""故走难路"。应"鼓舞其菁华""笔欲下而仍阁，纸欲舒而仍卷，墨欲磨而仍停，而吾之才尽，而吾之髯断，而吾之目瞤，而吾之腹痛，而鬼神来助，而风云忽通。而后奇则真奇，变则真变，妙则真妙，神则真神"。他认为，"依世人之所谓才，则是文成于易者，才子也；依古人之所谓才，则必文成于难者，才子也。依文成于易之说，则是迅疾挥扫，神气扬扬者，才子也。依文成于难之说，则必心绝气尽，面犹死人者，才子也……若夫施耐庵之书，而亦必至于心尽气绝，面犹死人，而后其才前后缭绕，始得成书，夫而后知古人作书，真非苟且也者。"（第48回回评、《序一》)金提出的"文成于难"，既符合小说创作的实际，对提高小说创作的质量也有着重要意义。

3. 研究了小说创作中的艺术想象

提到想象论，人们免不了要想到陆机、刘勰。但陆、刘主要着眼于诗文创作，既未总结史传文学的创作经验，也未涉及小说创作实际。金在评点中论及了小说创作中的艺术想象，论及了艺术想象的虚构性、真实性、审美性、社会性、创造性、性格逻辑与因果逻辑、角色体验，他不仅弥补了陆、刘想象论的不足，其深刻论述对今天的小说创作仍具指导意义⑩。

4. 论述了小说的艺术技巧

金评《水浒》，对小说技巧倾注了极大热情。他希望通过自己的评点，使子弟"晓得许多文法"。在人物塑造方面，他提出了人有其性情、气质、形状、声口(《序三》)，同而不同有辩、一样人还他一样说话、背面敷粉(《读法》)、染叶衬花(第60回夹)、相准对写(第4回回评)、衬染(第63回夹)、写骇杀人之事，用极近人之笔(第22回回评)、写禅杖，不必写到定是赢(第5回回评)、偏写李逵作乖觉语，而其呆愈显(第37回回评)。在情节构思方面，他提出了事为文料(第28回回评)、挪辗(第54回回评)、正犯、略犯、够擒故纵(《读法》)、曲折翻腾(第2回回评)、层层生奇节节追险(第36回回评)、亲动心(第55回回评)、勺水兴波(第43回回评)、鸾胶续弦(《读法》)、舒气杀势(第3回夹)等。在结构方面，他提出了弄引、獭尾、草蛇灰线、横云断岭(《读法》)。在叙事方法上，他提出了有节次，有间架，有方法，有波折(第9回夹)，明暗相映(第67回夹)，三段文字凡作三样笔法(第41回夹)，倒插、夹叙、极省、极不省、锦针刺泥、大落墨(《读法》)、忽然一闪(第8回夹)、闲笔波及(第6回回评)、急事缓写(第39回回评)、叙事微用笔著(第60回评)等方法。金谈技法，既结合着作品的具体内容，又结合着作者的审美理想和整体构思，并强调作者的创造性，很有自己的特点⑪。

5. 研究了小说的行文表达

关于行文表达，陆机、刘勰强调过辞难达意的方面。金则强调了辞能达意的方面。他认为，表达有三种境界："心之所至，手亦至焉者。文章之圣境也；心之所不至，手亦至焉者。文章之神境也；心之所不至，手亦不至焉，文章之化境也"(《序一》)，并对三种境界作了深入的阐发，其见解非常精到⑫。

(二)小说阅读论

小说阅读论是金圣叹小说理论又一个重要的方面。他评点《水浒》目的之一就在于通过自己的评点让子弟"懂得读一切书之法"。他的阅读论主要包括：

1. 明确了正确的小说阅读

金反对用读历史著作的方法来读小说，也反对那种粗疏的、肤浅的、纯消遣式的阅读。他要求的小说阅读是高质量、高水平的审美阅读。他通过自己的评点，阐述了小说人物、情节、字法、句法、章法、部法以及人物刻画、情节叙述、场景描写等给人的深刻美感。他以自己切身的体验，再现了一个活生生的，有血有肉的小说审美阅读过程，为读者揭示了一个广阔的、崭新的审美天地。

2. 揭示了小说阅读的心理机制

金对小说阅读审美心理的描述，使他从阅读行为的外部特征走入内在的心理机制，他提出了"不忍看破寓言"(第49回回评)，"想见其为人"(第25回回评)，"吓杀人，乐杀人，奇杀人，妙杀人"(第61回夹)，"看书要有眼力""目光与心力"(第3回回评)，"贪游名山者须耐仄路"(第43回回评)等深刻命题。

3. 标示了正确的阅读方法

金在《读第五才子书法》中肯定了《水浒》的艺术性，引导读者去欣赏作品的人物、情节、结构、语言及高超的技巧。在随文评点中，又标示了许多具体的方法。如，他强调小说阅读"要细细看去"，不能将书整页整页地"混帐过去"。他强调读者要开启五官，展开想象，再现小说所描写的生活画面。他要求读者要在前后联系比较中去理解小说的构思。他要求读者通过审美探究去获得深刻的美感等。

4. 提供了新的教育观

金的小说阅读论属于他整个阅读系统。他的六部"才子书"的评点。涵括了中国文学最基本的体裁，实际上是他向年轻人推荐的接受文化教育的基础书目。《序三》中，他曾联系切身体会，坦言《大学》《中庸》《论语》《孟子》的使人"惝如"，称道《水浒》使人受益。他又指出，《离骚》虽好，但对学童来说苦于生字太多；《庄子》《史记》虽然易解，但年轻人"胆未坚刚，终亦不能常读"，而《水浒》则简易直捷。他为基础文化教育设计的方案是，先让学童读《水浒》，让他掌握读一切书的方法，然后读其他五部"才子书"，再让他们自由地选读天下的一切书。这个读书方案所体现的教育观，价值取向，是明显不同于传统士子所受的课业教育的，这就使他的阅读论具有重要的文化意义。

二

科学的结论基于科学的方法，而人们谈起金圣叹，总是批评他"以选家评文的眼光"，将《水浒》"凌迟碎砍"。

勿庸讳言，金评《水浒》的确借用了"选家评文"的某些力法和术语，其中也不乏牵强附会之处。但从整体看，他的批评方法是科学而自成体系的。

（一）把握事物特点，金自觉运用了对比研究

对比是人们认识客观事物的基本方法。在思想上，将不同对象或同一对象的个别部分、个别方面、个别特征加以对比，以确定它们的相同点、相异点及它们的关系，可以达到准确把握事物的目的。金评点中自觉运用了对比研究。《序三》，他曾将《水浒》与《大学》《中庸》《论语》《孟子》《庄子》《离骚》《史记》等作了比较。《读法》中，他将《水浒》与《三国演义》《西游记》作了比较。在随文评点中，他在人物塑造、情节组织、结构安排、语言运用等方面作了不同程度的比较，如他分析《水浒》写人粗鲁处便有许多写法，分析武松打虎与李逵杀虎的不同之处，都非常精到。这些不同层次、不同方面的对比，使他始终能抓住《水浒》的艺术特点，从而揭示小说创作的规律。

（二）分析评价《水浒》，金运用了美学批评和社会学批评

在绝大多数情况下，金评《水浒》是从艺术入手的。他说："别一部书，看过一遍即休，独有《水浒传》，只是看不厌，无非为他把一百八个人性格都写出来。"（《读法》）他运用"性格"这个重要审美范畴去品评、衡量小说艺术，并对《水浒》人物塑造的成败得失作了全面论述。金研究《水浒》情节结构、语言、艺术技巧，着重阐述的也是审美创造的规律与技巧。金强调艺术性，并没有忽视社会学批评。他认为"稗史"是庶人议政的一种形式，是现实生活的一种反映，"当亦肪于讽刺之旨"（第16回夹），"写出千古炯鉴"（第32回夹）。评点中，他肯定了《水浒》对于现实生活的反映，肯定了《水浒》的批判性。

（三）探究小说读写规律，金运用了心理学方法

金评《水浒》心理批评的色彩非常浓。他认为，《水浒》一传是施耐庵"若干年布想，若干年储材，又复若干年经营点窜，而后得脱于稿，袭然成为一书的"，要读懂《水浒》，

领会《水浒》的妙处，就必须懂得作者的良苦用心。为此，他常常以"子期"自许，去揣测、悬忖作者的构思。金有着极高的欣赏能力，评点中又毫不回避自己的心理感受，这就使他得以深入到阅读心理中去。他的艺术想象论及对阅读心理机制的论述，是非常精彩的心理学批评。

（四）研究《水浒》文本，金运用了结论主义批评的方法

金评《水浒》，要读者把眼光放长，认为"把眼光放得长""便知其二千余纸，只是一篇文字。中间许多事体，便是文字起承转合之法"。（《读法》）在肯定《水浒》有机、整一的叙事形式下，他从三个方面解析了《水浒》的文本结构：从历时性层面，他指出《水浒》这"一篇文字"是由"列传"组成，"列传"又是由次一级和更次一级的叙事单位"事迹"和"事体"构成；从共时性层面，他从《水浒》抽象概括出一些基本的"题目"，指出它们是按映照、形激、关锁三条原则组织起来的；从意义层面，他揭示《水浒》有事义、语义、寓义等不同层面。他这类评点还算不上真正现代意义的结构主义批评，但确实具有结构主义批评的意味，他提供了解析与重构的批评模式，把他看作中国结构主义批评的一个先行者也未尝不可。

（五）分析《水浒》的思想内容艺术技巧，金颇具系统思维

金分析《水浒》的思想内容艺术技巧，极具有机、整体的观念。如开篇第1回他分析人物的出场："一部大书七十回，将写一百八人也，乃开书未写一百八人而先写高俅者，盖不写高俅便写一百八人，则是乱自下生也。不写一百八人先写高俅，则是乱自上作也。乱自下生，不可训也，作者之所必避也。乱自上作，不可长也，作者之所深惧也。一部大书七十回而开书先写高俅，有以也。"又如他对武秒有关故事情节的分析：武松一出场，他就将武松与杨志、林冲、鲁达作了对比分析；随着打虎情节的展开，他从中又寻觅出有关哨棒的18次描写；由打虎转入遇嫂，他又联系对比了两个情节单元不同的美学风格；由遇嫂而转入杀嫂，他又前后联系比较了作者的勤叙"叔叔"和"帘子"；武松刺配沧州途中遇见孙二娘，他又将这一段情节与打虎、遇嫂、杀嫂的情节作了对比；在沧州结识施恩，他又称道作者"于为兄报仇后，已隔去无数文字，尚自隐隐吊动"；一直到李逵杀虎，石秀杀潘巧云，他仍将武松的有关情节作了比较。这种着眼全局，前后联系的分析方法，是非常能体现思维的系统性的。金总结《水浒》的文法时说："有草蛇灰线法。如景阳冈勤叙许多'哨棒'字，紫石街连写若干'帘子'字等是也。骤看之，有如无物；及至细寻，其中便有一条线索，拽之通体俱动。"（《读法》）他说的是技法，同时也表现出他的研究方法，金的许多评点，就是通过小说的内在联系去拽动小说艺术之躯的。

除了上述方法，金还运用叙事学的方法。如，他将一部"二千余纸"的《水浒》看作"一篇文字"，就与现代叙事学把小说看作一个展开的"长句子"很相似。同时，他还研究了叙述与本事之间的区别，总结了叙述处理时空的一些基本技巧，研究了《水浒》的叙述视角和节奏。他的评点，体现了许多叙事学思想。

三

我们还有必要论及一下金何以能创立他的小说理论体系。

中国古代小说和小说理论，完全是在民族文化土壤里发展成长起来的。欧洲小说发源于骑士传奇，十二三世纪的诗体骑士文学，被认为是小说的雏形。而中国古代小说受神话、寓言、史传文学的影响，早在公元4世纪，六朝笔记小说便以其独特的品格从地理、历史、哲学等母体中脱颖而出。到了7世纪，唐传奇打破了纪实的框框，发展成世

界上最早的散文体小说，比《十日谈》早了近七百年。到 10 世纪，宋代的话本小说便开始直接描写普通市民的生活。14 世纪，大约相当于《坎特伯雷故事集》的时候，中国就出现了第一部长篇小说《三国演义》。16 世纪中叶后，稍晚于《巨人传》，第一部完全由文人创作的长篇《金瓶梅》也开始诞生。18 世纪的《红楼梦》，则把小说创作推向顶峰，而欧洲现实主义创作到 19 世纪才逐渐完成。中国古代小说虽然长期没有获得正宗的文学地位，但它确实成了人们文化生活的一个内容。随着文人对小说的品评，中国古代小说理论也逐步发展起来。中国古代小说理论的载体主要是序跋和评点，其表现形式显得零散，但毕竟有一个思想积累的过程。像李贽、叶昼等人的评点，就曾给金以有益启示，这些都是金创立小说理论体系的基础。就金本人来说，它也有独特的优势。

（一）高超的审美能力

读金的评点，不能不佩服他高超的审美能力。他对《水浒》人物、情节、结构、语言、技巧的分析欣赏，都远远超出了前人和他的同辈人。如《水浒》第 25 回回评他对辑达、林冲、杨志、柴进、阮小七、李逵、吴用、花荣、卢俊义、石秀、宋江、武松等性格特点的精妙辨析，那就是一般文人无法企及的。又如他将《水浒》71 回以后删去，留下一个"指向顶点"的开放性结构，这在一般文人是连想也不敢想的。

中国文人对诗文一般都有着非常敏锐、精细的审美触觉，但对小说、戏文的欣赏就显得粗疏、迟钝，甚至迂腐。金在小说、戏文的品评上远远超出一般文人，这要追溯到他独特的人生理想和人生道路。金生于万历后期，历泰昌、天启、崇祯而入清。他一生下来，便感受着哀飒悲凉躁扰不宁的氛围。其间，八股取士的弊病已充分暴露，李卓吾为代表的"异端"思想家又给他巨大影响。金少负才情而自视甚高，但他并不想通过正规的科举去获取功名，而是对当时的政治、文化中心持一种疏远而非脱离的"边缘心态"，这种"边缘心志"的具体表征就是疏离当局政治，强调个人价值，强调在寻常中品味隽永，强调纵情任性和感官快乐[13]。这种有别于正统文人的价值取向，使他不必像一般文人那样矻矻于举业之中，而得以纵情于诗书之林。金一生涉猎旁杂，学问丰赡，但最钟情的还是文学。他所标举的六部"才子书"及推崇的董解元的《西厢记诸宫调》，几乎涵括了中国古代文学的基本体裁。他"无晨无夜不在怀抱"地吟诵，使他感受到文学作品特有的艺术魅力。他从文学作品中获得他的人生乐趣，体征到他的人生价值，很自然地也就把六部"才子书"的评点当作他身心以许的"名山事业"，金对小说艺术的理解和感悟，是建立在他广泛的文学阅读上的。就我们今天所读到的文字看，他对《庄子》《史记》《离骚》《杜诗》的欣赏品评并没有表现超出一般文人的特别高明之处，但这样的朝夕吟诵与比较阅读确实使他较为准确地把握了小说、戏文的特点，使他在小说、戏文的品评上放出夺目的光彩。

（二）高度的抽象概括能力

一个小说理论体系的建立不仅需要高超审美鉴赏力，更需要理性思维。金在评点中表现出高度的抽象概括能力。如，把"二千余纸"的一部《水浒》看作"一篇文字"，从生动曲折的故事情节中抽象出一些相同相似的"题目"，就表现了他极好的抽象概括能力。金还善于思辨，如他提出的"写急事用缓笔""写骇杀人事用极近人之笔""闲笔不闲"等都极富辩证色彩。金的思辨能力，得力于他的佛学、易学、儒学修养，他曾精研佛学、《周易》《庄子》，著有《易钞引》《通宗易论》《圣人二案》《语录纂》《随手通》等学术著作。这些理论修养不仅使他具有很好的理性思维，同时也为他的评点提供了理论依据，如他提出的"格物致知""因缘生法"，都留下了理论借鉴的痕迹。

（三）创立体系的意识

金是有"体系意识"的。《水浒》的评点是他整个评书系列的一部，而他的"才子书"系列又是他长期准备，精心建构的，并非一时的"心血来潮"。他选择《水浒》来评点，目的非常明确。他要通过《水浒》的评点，探讨文章读写的基本规律和方法。他反复强调："《水浒传》之文精严，读之即得读一切书之法瞧。"（《序三》）在评点形式上，金也注意到了系统性。《水浒》之首，他冠以三篇"序言"和一篇"读法"以纵论全书；在每回之前设有回评以明确重点；在随文评点中又有夹批眉批以细加阐释或联类引申。从这一形式本身也可见出他创立体系的努力。

（四）《水浒》文本的促成

《水浒》文本提供了体系所需的内在逻辑。金选择《水浒》评点，是经过精心挑选的。他认为《三国》人物事体说话太多了，笔下拖不动蓬不转""《西游》又太无脚地了，只是逐段捏捏撮撮"，而《水浒》"章有章法，句有句法，字有字法""看得《水浒传》出时，他书便如破竹"。（《读法》）金对《水浒》的文本是十分尊重的，他反复声明："非吾有读《水浒》之法，若《水浒》固自为读一切书之法。"（《序三》）但他对《水浒》的尊重，并非一般治学上的尊重，而是执著于一个完整、精美的艺术文本。金关心的不是《水浒》的版本源流，不是《水浒》的本事，不是《水浒》作者的生平家世，也无意于对《水浒》作一般的笺注疏解。他需要借助的是一个完美精严的小说文本，以阐发小说的读写规律。为此，他修改了《水浒》的文字，调整了《水浒》的结构。他在《第六才子书读法》中曾有一段夫子自道："圣叹批《西厢记》，是圣叹文字，不是《西厢记》文字。"进而又说："天下万世绵绣才子读圣叹所批《西厢记》，是天下万世才子文字，不是圣叹文字。《西厢记》不是姓王字实甫此一人所造，但自平心敛气读去，便是我适来自造，亲见其一字一句，都是我心里恰恰正欲如此写，《西厢记》便如此写。"金着意探讨小说读写的基本法则，而《水浒》文本本身又提供了小说读写的方方面面。所以，他的理论观点成就：具有小说文本本身所提供的内在联系。

金创立了科学、系统的小说理论，他的小说理论代表了中国古代叙事理论的最高成就。放在西方小说理论史中考察，当时也没有人能望其项背。只是他的小说理论是以评点的形式表达的，其表述又多形象性、感悟性的语言，这就为我们正确评价他的理论造成了困难。也正是如此，就值得我们进一步去研究、整理。

注释：

① 参见拙作《读解金圣叹小说理论的一把钥匙：金圣叹的小说阅读论》，待刊。

② 参见拙作《植根于民族文化的典型理论：金圣叹的性格说》，载《湖南师大学报》1992 年第 3 期。

③ 参见拙作《金圣叹的情节理论》，载《湖南城市学院学报》1993 年第 1 期。

④ 参见拙作《金圣叹论环境描写》《金圣叹论细节描写》，待刊。

⑤ 参见拙作《金圣叹论环境描写》《金圣叹论细节描写》，待刊。

⑥ 参见拙作《明清小说评点与叙事学研究中国文学研究》1998 年第 1 期。《金圣叹的叙事理论》，载《中国文学研究》1993 年第 2 期。《金圣叹论叙事节奏》，载《中国文学研究》1998 年第 4 期。

⑦ 参见拙作《金圣叹的小说语言论》，载《中国文学研究》1999 年第 1 期。

⑧参见拙作《金圣叹的闲笔论：中国叙事理论对非情节因素的系统认识》，载《湖南师大学报》1998 年第 5 期。

⑨参见拙作《金圣叹论次要人物的塑造》，待刊。

⑩参见拙作《金圣叹的艺术想象论》，载《中国文学研究》1991 年第 4 期。

⑪参见拙作《金圣叹的小说技法论》，载《湖南师大学报》1993 年第 1 期。

⑫参见拙作《金圣叹的"圣境""神境""化境"说》，或《河南师范大学学报（哲学社会科学版）》1993 年第 1 期。

⑬陈洪：《金圣叹传论》，天津人民出版社，1996 年版，第 93 页。

（原载《湖南师范大学社会科学学报》1999 年第 1 期）

论文第一部分，简单勾勒了金圣叹的小说理论；第二部分，论述了他创立体系的主观因素；第三部分，论述他创立体系的客观条件。由于篇幅限制，第一部分未能展开，只好采用加注的方式补充。

人们谈论文写作，通常强调角度要小，不要把面铺得太开，不要试图方方面面全都要研究透，要把课题缩小一点以求点的突破和创新，这是对的。角度大，不说是完全不能写，但就一般而言，还是把角度定得小点好。因为角度小，研究容易深入。口子开得太大，我们的能力、水平把握不了，往往会流于空泛。

（三）引入比较对象

我们选择某一研究对象之后，有时会找不到创新的角度，这时可引入比较对象。譬如，我一个研究生，上完美学后，老师指定她们写一篇论庄子自然美思想的小论文。她找我诉苦说，关于庄子自然美思想的论述，找来找去，就是那些话，根本写不出新意来，怎么办呀。我告诉她说，世界上任何一个事物，如果孤立地看它，不一定能准确把握事物的特点，如果你把它和其他事物联系起来进行比较，就比较容易把握它的特点与意义了。写庄子的自然美思想，你写不出新意，不妨比较一下儒、释、道三家的自然美思想。如果你做不来，就比较一下庄子和孔子的自然美思想，分析他们的异同，分析他们对后世的影响。她说，这些人家已经写过了。我说，你不查文献资料怎么知道。她去查，真的没有这方面的研究，写了一篇《儒家与道家自然美文艺思想之比较》，挺不错的，还在刊物上公开发表了。

（四）运用独特视角

我们知道，客观事物往往是由多种因素、多个方面构成的复杂系统，它往往存在着若干层面、若干要素、若干联系、若干特点，如果换一个角度、换一个方面去研究，往往能揭示事物新的特点、规律，有助于我们对事物的认识。如我院一些老师，研究宗教与文学的关系；研究道家与文学的关系；研究佛教与文学的关系；从女权主义的角度研究文学，都很有特点的，取得较大成就。

任何一个研究角度都是研究者主动设定的，它是研究者的一种"主动出击"。研究角度的选择实际上也是一种"理论预报"，它受制于你的理论水平的。

20 世纪被称为是"批评的时代"，文学批评在这个时代获得了空前的繁荣，各种文艺理论层出不穷，新的批评方法不断宣告诞生，选择新的研究角度，应多关注一些新的批评方法。譬如说，学了阐释学，就可以去研究孔子的阐释学思想；学了接受美学和读者反映批评，就可以去研究《论语》中的接受美学思想，等等。

据我体会，多接触一些 20 世纪西方文学理论，对开拓我们研究视野是大有好处的。

　　20 世纪西方文学理论的哲学背景是嬗变中的西方现代哲学。西方现代哲学的基本特点是，将熟悉的东西陌生化，将清楚的东西模糊化，排斥形而上学，怀疑世界秩序和人的存在意义是由普遍本质来安排的，反对唯一中心、纯粹理性、终极真理、单一视角、唯一正确解释、一元方法论等有限思维观念，向一切人类迄今为止被认为确定无疑的东西挑战，志在摧毁传统、封闭、简单、僵化的思维方式，强调在对话的基础上去发现差异，还事物以复杂多元的本来面目。

　　对文学理论产生重大影响的是肇自分析哲学的语言学转向现象学哲学的加括号，科学哲学的猜想与反驳。意识与世界的关系被语言与世界的关系所取代。胡塞尔的现象学，把没有进入意识的存在与历史暂时悬置起来，认为没有什么不在意向中出场的所谓独立存在。海德格尔认为，理解从根本上来说是历史的，理解的历史性又与语言性相关。他们的理论给阐释学、接受美学，读者反应批评以巨大启发。

　　现代物理学催发了以波普为代表的科学哲学。他认为，一切科学理论都只是猜测与假想，随时随地会被证伪，科学的特征在于批判思维。

　　20 世纪西方文论的总体特征是语言学转向，从深刻的片面走向对话与综合，理论的批评化和批评的理论化。其基本观点是：（1）对文艺特征的理解——自足性和自指性——文学乃是一种自足的语言；（2）文学研究的对象和范围是使文学作品成为文学作品的东西——在辨析过程中捕获一种关系，而不是传统文学分析、离析出来的某种一成不变的成分；（3）对本文与语境关系的不同侧重；（4）对文学作品意义的不同追索；（5）注重文学创作的无意识心理；（6）注重文学作品的制作方式、传播方式、接受方式和感受方式；（7）文学发展史的自律与他律。

　　20 世纪西方文学理论传入中国后，由三联书店出版的学术文库和多家出版社出版的美学译文丛书构筑了当代文论发展的语境；之后便是方法热、文化热的兴起；研究的整体趋势是传统理论的新阐释、文化批评和古代文论的现代化。

　　合理吸收和采用 20 世纪西方文学理论，可以使传统命题见出许多新意。需要注意的是，方法多种多样，纷繁不一。各式各样的方法构成了一个系统，种种方法分别处于这个系统不同的层面上。不同层面的方法担负着不同功能，各方法之间并不是互相排斥而是互补的。研究过程中，不同层次上的方法，如哲学方法、逻辑学方法、横断学科的方法、本学科的方法，虽然它们所处的层次不同，所担负的功能不同，但在认识的过程中，它们是互补的——在一个课题的研究中，各个层次上的方法都是不可或缺的。与此同时，每个层次上的方法也是互补的。如文学批评的每一种方法都有自己的长处，也有自己的局限。在某一特定的范围，从某一特定的角度，它们可能对文学作品作出精辟的分析；但在另外的范围，在另外的角度，则可能对文学现象无能为力。如，传统的社会学批评比较注重文学和社会生活的联系，主张从文学与社会生活的联系中来考察文学现象，它为真正准确、深入地理解文学作品的思想内容提供了重要的方法，但它对文学文本的研究就不及形式主义批评那样精细。英美新批评一反传统社会学批评，强调对于文本的研究，并对如何进行文本批评提出了许多有价值的见解，但它割断作品与时代、作家、读者的联系，主张孤立地研究文学作品，又表现出极大的局限性。这也就提醒我们，当我们运用某一具体的批评方法时，既不能简单否定运用其他方法的可能性和合理性，又要对自己所采用的方法的局限性有明确、清醒的认识，以便在更高的、综合的层面上思考问题。

　　互补是一种客观的本质现象。恩格斯就说过，不能把归纳与演绎、分析与综合的方法互相对立,而要互相补充。在科学上提出"互补性原理"的,是丹麦物理学家波尔(1885 - 1962),他在 1937 年访问我国时,就对我国阴阳互补的学说很感兴趣,太极图被他用来作为互补性的象征。他指出:"互补"一词的意义是:一些经典概念的任何确定应用,将排除另一些经典概念的同时应用,而这另一些经典概念在另一种条件下却是阐明现象所同样不可缺少的。"波尔后来还把互补原理推广到生命现象的研究中,认为机械论方法与生命力论方法是互补的,他甚至认为人生本身也是互补的,思想与感情是互补的。

介绍 20 世纪西方文学理论不是本课程的任务,我的意见:大家在平时学习中最好是认真读好经典原著,参阅国内的一些介绍,再认真学习一些经典的批评文本(包括西方的和国内的),然后尝试着去运用,才能为我所用。现将一些基本书目附录于下,供大家参考。

概述性著作,可找朱立元的《当代西方文艺理论》;张首映《西方 20 世纪文论史》;张隆溪《20 世纪文论述评》等;各个批评理论,可研读以下的著作:

A、结构主义和解构主义文论

1.《普通语言学教程》,索绪尔,商务印书馆 1982 年。

2.《俄国形式主义文论选》,[俄]什克洛夫斯基,三联书店 1989 年。

3.《结构主义和符号学》,[英]霍克斯,上海译文出版社 1987 年。

4.《结构主义诗学》,[美]乔纳森·卡勒,北京:中国社会科学出版社 1991 年。

5.《论解构》,[美]乔纳森·卡勒,中国社会科学出版社 1998 年。

6.《德里达——解构之维》,陆扬,华中师范大学出版社 1996 年。

7.《诗歌与哲学是近邻—结构—解构诗论》,郑敏,北京大学出版社 1999 年。

8.《结构主义以来:从列维—斯特劳斯到德里达》,[英]约翰·斯特罗克编,辽宁人民出版社 1998 年。

B、阐释学文论

1.《真理与方法》,[德]迦达默尔,上海译文出版社 1999 年。

2.《审美经验与文学解释学》,[德]汉斯·罗伯特·耀斯,上海译文出版社 1997 年。

3.《解释学与人文科学》,[法]保罗·利科尔,河北人民出版社 1987 年。

4.《解释的有效性》,[美]赫施,三联书店 1991 年。

5.《诠释与过度诠释》,[意]艾柯等著,三联书店 1997 年。

6.《批评的循环——文史哲解释学》,[美]霍埃,辽宁人民出版社 1987 年。

7.《理解的命运——解释学初论》,殷鼎,三联书店 1988 年。

8.《诠释学——它的历史和当代发展》,洪汉鼎,人民出版社 2001 年。

C、接受美学和读者反应批评

1.《接受美学与接受理论》,[德]姚斯,辽宁人民出版社 1987 年。

2.《接受美学译文集》,刘小枫选编,三联书店 1989 年。

3.《对文学的艺术作品的认识》,[波兰]英加登,中国文联出版公司,1988 年。

4.《阅读活动——审美反应理论》,[德]伊瑟尔,中国社会科学出版社 1991 年。

5.《读者反应批评:理论与实践》,[美]斯坦利·费什,中国社会科学出版社 1998 年。

6.《读者反应批评》,外国文艺理论资料丛书编委会,文化艺术出版社 1989 年。

D、精神分析文论

1.《弗洛伊德论美文选》,[奥]弗洛伊德,知识出版社 1987 年.

2.《弗洛伊德后期著作选》,[奥]弗洛伊德,上海译文出版社 1986 年。

3.《弗洛伊德心理学与西方文学》,[美]霍尔等,湖南文艺出版社 1986 年。

E、神话——原型批评

1.《批评的剖析》,[加拿大]诺思罗普·弗莱,百花文艺出版社 1998 年。

2.《伟大的代码——圣经与文学》,[加拿大]诺思罗普·弗莱,北京大学出版社 1998 年。

3.《神话——原型批评》,叶舒宪编选,西安:陕西师范大学出版社 1986 年。

F、巴赫金文论

1.《巴赫金文集》(1—4 卷),[苏]巴赫金,河北教育出版社 1998 年。

2.(巴赫金、对话理论及其他),[法]托多罗夫,百花文艺出版社 2001 年,

3.《对话的喧声:巴赫金的文化转型理论》,刘康,中国人民大学出版社 1995 年。

G、西方马克思主义文论

1.《卢卡契文学论文集》,[匈]卢卡契,中国社会科学出版社 1980 年。

2.《西方马克思主义美学论文选》,陆梅林选编,漓江出版社 1988 年。

3.《语言的牢笼马克思主义与形式》,[美]詹姆逊,百花洲文艺出版社 1995 年。

4.《新马克思主义:从卢卡契、科尔旅到法兰克福学》,陈振明,厦门大学出版社 1992 年

H、后现代主义文论

1.《后现代主义与文化理论》,[美]杰姆逊,陕西师范大学出版社 1986 年。

2.《走向后现代主义》,[荷]佛克马等编,北京大学出版社 1991 年;

3.《后现代主义文化和美学》,王岳川等编,北京大学出版社 1992 年.

4.《后现代状态——关于知识的报告》,[法]让——弗朗索瓦·利奥塔尔,三联书店 1997 年

5.《后现代主义文化研究》,王岳川,北京大学出版社 1992 年。

I. 新历史主义批评与文化诗学

1.《新历史主义与文学批评》,张京媛主编,北京大学出版社 1993 年。

2.《文艺学和新历史主义》,《世界文论》编委会,社会科学文献出版社 1993 年。

3.《走向后现代与后殖民》,徐贲,中国社会科学出版社 1996 年。

4.《文化模式》[美]鲁思,本尼迪克特,浙江人民出版社 1987 年。

5.《文化与进化》,[美]托马斯·哈定等,杭州:浙江人民出版社 1997 年。

J、女性主义文学批评

1.《当代女性主义文学批评》,张京媛主编,北京大学出版社 1992 年。

2.《女权主义文学理论》,[英]玛丽·伊格尔顿编,湖南文艺出版社 1989 年。

3.《社会性别研究选译》王政等主编,三联书店 1998 年。

4.《女性与阅读期待》,王绯,陕西人民教育出版社 1991 年。

5.《女性主义批评与文学诠释》,陈晓兰,敦煌文艺出版社 1999 年。

H、叙事学理论

1. 巴尔特:《叙事作品结构分析导论》;

2. 托多洛夫:《十日谈语法》;

3. 热奈特:《叙事话语》;

4. 马丁:《当代叙事学》;

5. 布斯:《小说修辞学》;

6. 罗钢:《叙事学导论》;

7. 赵衡毅:《苦恼的叙事者》;

8. 申丹:《叙述学与小说文体学研究》;

9. 张寅德:《叙述学研究》;

10. 杨义:《中国叙事学》《中国小说史论》;

11. 蒲安迪:《中国叙事学》。

科研要善于发现理论思维盲点,加强求异思维,试看王希杰的文章《笑话的非笑话性和非笑话的笑话化》(原载《语文导报》1986 年第 2 期):

面对着一位登门求教,一再请我赐给他一些论文题目的青年人,一向以为题目多得很,到处皆是、任何人一辈子也做不完的我,便一口气说了几十个题目,如:

论真话和谎话的区别

论笑话和非笑话的界限

论吹牛拍马的本质、起源和发展

论鸡毛蒜皮和非鸡毛蒜皮的区别

论鸡毛蒜皮和学术研究的关系

论吹毛求疵在科学中的地位

论想入非非在文学创作中的作用

论好逸恶劳在学术研究中的价值

论异想天开和人类的进步。

并以《论笑话和非笑话的界限》为例,同他大谈一番方法和方法论原则。

请问笑话是什么?如何定义?权威的《现代汉语词典》1260 页中说:

[笑话]xiàohua(儿)能引人发笑的谈话或故事;供人当作笑料的事情。

这就是大可非议的。引人发笑的谈话或故事就是笑话么?不见得。据说,外国一家大剧院失火了,一个小丑走到前台通知观众:"现在剧院失火了,请观众火速离开剧场!"全场哄堂大笑。他这番话难道是一个笑话么?有时说的人当笑话来说,以为听众一定发笑,但听众偏偏不发笑,也不认为是一个笑话;有时说的人一本正经,以为是科学、学问,如日本一位学者在专著中用中国人好吃笋来证明中国人好色,因为笋像男根。鲁迅把这看成一个笑话。发笑不发笑,这取决于多方面的因素,同一个人的出身、经历、阶级地位、文化教养、兴趣爱好等大有关系,一个笑话能叫十亿人、三十亿人同时发笑也是很难的吧?听众中有百分之多少的人发笑就可以称之为一个笑话呢?

再说,笑话固然有笑话性,但也具有非笑话性,非笑话固然有非笑话性,但也有可能笑话化,笑话和非笑话是对立的,但又可以互相转化。

……

原文是一篇杂文,未免嬉笑怒骂皆成文章,但作者运思过程却是相当清晰的:作者因青年的登门求教一口气联想到几十个题目；又从《论笑话和非笑话的界限》这个题目迅速联想到笑话的定义，与笑话定义不相符的事实，非笑话的笑话化……由于作者运用了求异思维，也就在人们习以为常、不以为然的地方发现了新义，这也就为角度选择提供了多种可能。

三、角度选择的要求

谈研究角度，人们通常强调角度要新、要小。

所谓"小"，是就切入点而言的，切入点集中到某一点，不作全面的铺开，是谓"小"。

所谓"新"，是相对他人而言的，他人从来没有用过或用得少的角度，是谓"新"。

选择比较新的角度往往容易提出自己的新见解。如，专家们谈到鲁迅的短篇小说《祝福》，大多从社会学的角度立论，认为小说通过祥林嫂的命运和遭遇，反映了封建社会政权、夫权、神权、族权对劳动妇女的迫害。这样的概括有其合理的一面，但未见得与整个小说的内容全部吻合。例如"政权迫害"，政权迫害的形式与特点是政权机关的强制，而鲁四老爷对祥林嫂的迫害主要是思想文化观念的迫害。又如"夫权迫害"，小说对祥林嫂的第一个丈夫没有展开描写，所谓"夫权迫害"无从稽考，她的第二个丈夫贺老六死后，祥林嫂一直是怀念的，并且希望死后一家人能在地狱见面，并无"夫权迫害"可言。再看"神权迫害"，神权迫害的特征应该是强制，可祥林嫂捐门槛并无人强制，她的罪名是封建文化体系强加的，并非宗教权力强加的，这与西方中世纪宗教对哥白尼、布鲁诺的迫害截然不同，说"神权迫害"也有不妥之处。至于"族权迫害"，小说中确实有这方面的描写，但它并非是作者表现的中心，也不是祥林嫂悲剧命运的决定因素。作品集中表现的应该是以封建礼教为核心的封建文化对人的精神与肉体的可怕的吞噬。你如果通过分析、比较，认为仅仅从社会学的角度还不足以揭示《祝福》的全部思想内涵，必须加以文化学的阐释，而文化学的角度又是别人注意得不够的，那么，你选择这个角度来研究，也就容易形成新的见解。

但是需要注意的是，角度的"大"与"小""旧"与"新"，不能作机械、片面的理解。任何"小"的角度，都是建立在对事物的宏观观照基础之上的，如果没有宏观的观照，我们就根本无法选择那些有利于突破的"小"角度；而且，任何一个"小"的角度只有纳于宏观观照的范围中才会有意义。角度的"新"与"旧"同样如此。选择一个比较新颖的角度但提不出新的见解，一个新颖的角度也会变得平庸。选择了一个一般的角度，但在研究中却能新见叠出，一个一般化的角度也会变得不同凡响。事实上，一些基础理论的选题，人们常写常新。因为这些基础理论的选题，本身就有比较高的学术价值，有着深厚的学术成果积累，在此基础上深入同样可以获得成果。

对于初学者来说，排除一般角度，选择能写出新意的角度，是一个比较普遍性的问题。如，指导自考论文时，常常会遇到这类选题：

论如何提高学生的写作能力

一、引导学生多观察社会生活；

二、引导学生多阅读课外书籍；

三、鼓励学生多写日记周记；

四、做好写前辅导开拓学生思路；

五、老师多作下水作文进行沟通；

六、采取激励机制培养学生兴趣；

七、个别辅导与集体辅导结合；

八、精批细改坚持篇篇面谈……

一篇一万字的论文，面面俱到样样都写，势必泛泛而谈没有一点新意。其实，你哪方面确有自己的体会和认识，选择某点深入研究下去就行了。譬如说观察。心理学家说，我们看到的"是我们倾向于看到的东西，是看到了我们已经知道的东西"，你是怎样将这个原理运用到观察指导中去的？你是怎样将词语学习与观察指导结合的？你是怎样将传统绘画训练中的"背临"运用到观察中去的？抓住一点，深入研究，才容易写出新意。

本科生选题，也应该这样考虑。如，有一篇论李贽小说美学思想论文，其章节如下：

引言

第一章李贽小说美学思想产生的历史文化背景

1.1 晚明"趋俗"风尚的形成

1.2 晚明个性解放思潮

1.3 文化学术背景

第二章李贽的小说文体观

2.1 关于小说文体的观念

2.2 对小说本质的思考

2.2.1 小说是现实生活的反映

2.2.2 小说是真实情感的流露

第三章李贽的小说艺术创作思想

3.1 小说创作的心理动力：愤

3.2"天下至文"的源泉：童心

第四章小说的美学追求

4.1 小说的审美标准：趣真妙奇

4.1.1 趣

4.1.2 真

4.1.3 妙

4.1.4 奇

4.2 小说的审美理想：化工肖物

结语　李贽小说美学思想的意义及影响

熟悉李贽小说美学思想的同学可能知道，这篇文章对李贽小说美学思想的综述是很全面的，但论文提出什么新的见解呢？看不出。遇到这种情形最好是更换角度。

根据选题的外延，人们通常将选题分为"大题"和"小题"。大的课题属宏观方面的问题，它涉及的面广，研究的头绪多，要解决它，需要时间和充分的准备。大的课题不是说不能写，像叶子铭先生的《论茅盾四十年的文学道路》，车尔尼雪夫斯基的《艺术与现实的审美关系》，就是他们当年读大学时的毕业论文。但对绝大多数同学来说，选题不宜太大，篇幅不宜拉得太长。课题太大，时间、精力、能力有限，有时候，资料还没有来得及收齐就要匆忙投入写作，写出的论文势必浮泛肤浅。

初学论文写作，由于没经验，有些同学往往把论文的题目定得很大。如，有的同学喜欢读李白的诗，就拿"李白诗歌创作论"作题目；有的同学喜欢读鲁迅的杂文，就要写"论鲁迅的杂文"——这样的题目对大学生来说实在是太大了，不要说作深入的研究，短期内把鲁迅、李白的作品读一遍也不容易。遇到这种情况就要适当地缩小选题，把一个大的课题分成若干个小一点的题目，从中选择适合我们作的题目；如果这样做之后觉得题目仍然偏大，可进一步缩小，直至适当为止。例如：

　　　　某个作家研究→某部作品的研究→作品中某个人物形象的研究
　　　　神话研究→中国神话研究→《楚辞·天问篇》的神话研究
　　　　《左传》研究→《左传》语法研究→《左传》虚词研究→《左传》"所"字研究

　　如此层层限制，限制到自己能力所及并能取得最佳成果的程度为止。这样选出来的题目，好把握，能突出自己的见解，有利于研究的展开。如有位同学最初想写"三曹创作论"，后来觉得太大了，无能为力，改为"论曹丕的诗歌创作"，后来觉得这个题目仍然大，改为"论曹丕对诗歌形式的贡献"，就写出了一篇相当不错的论文。

　　写论文要靠点的突破，深度的开掘，研究的题目大，涉及的范围广，容易泛泛而谈，有经验的学者一般都强调写小题目。所谓小题目，就是研究时，不面面俱到、全面铺开，只研究某一个具体的问题，或问题的某个方面。例如，"研究《红楼梦》的人物形象"是一个比较大的选题，涉及到方方面面，相对于这个题目，"研究王熙凤"就具体多了，如果觉得这个题目仍然很大，还可以缩小一点，只研究王熙凤这个人物性格的某一方面，如研究王熙凤的"辣"，研究王熙凤的个性化语言，研究王熙凤悲剧命运的意义等。

　　强调写小题目，并不是无原则地小。选择小题目，首先应考虑小题目所包含的学术价值，如果小到毫无学术价值可言，那就不可取了。例如，有的同学写论文，专论"演讲词开头的几种方式"，这题目是够小的了，可这题目实在没有什么学术价值可言，就不宜作论文选题。

　　选小题目，应考虑选题本身所可能包含的"分量"，选择那些有利于展开的题目。写论文一般要求写1万字左右，有些小题目无法展开，寥寥地写上一两千字就完，这样的选题同样不适宜写论文。有些同学选题太小，无法展开，写作时只好拼命塞例证充篇幅，是不可取的。

　　选小题目要善于通过小题目作出大文章来。所谓通过小题目作大文章，就是通过某一点的研究写出广度，写出深度，写出分量来。

　　通过"小题目写大文章"，一般应把研究对象置于广阔的背景上，通过纵向的联系和横向的对比，通过多角度多层次的分析，来揭示事物的本质特点及其发展规律。题目的"口子"开得小，开掘一定要深。王力先生在《谈谈写论文》一文中曾举了一篇《"所"字别义》的论文作例子说，"所"字的一种意义，别人没有注意，没有讲到，但该文的作者注意到了，他从现代北方话一直追溯到宋代，甚至追溯到先秦，旁征博引，多方求证，写得很深入，这就是"小题目作大文章"。像这一类方法，是值得初学者学习的。

　　有时候，我们选题一开始定得很小，小到还不足以写成一篇论文，这时候，还要懂得适当扩大自己的选题。例如，余秋雨的文化散文最初发表时，我们读他的《道士塔》，觉得耳目一新，很想写一篇论文。显然，仅仅就《道士塔》写一篇论文还有一定的难度，这时，就应适当扩大自己的选题，由一篇而及数篇，由个别而及一般，才能写出一定的学术价值来。

　　选题的大与小，人们谈得很多。一般情况下，选题小，容易掌握，但也不必一味地去追求小选题。如果觉得自己条件具备，也可以写一些大一点的题目。一切应根据自己的情况而定。

四、怎样运用研究角度

谈研究角度，多侧重于"切入点"。所谓角度要小、要新，"口子"要开得小，都是从这层意义上说的。其实，研究角度并非"切入点"的同义语，在一篇论文中，"切入点"可能只有一个，由"切入点"深入其研究角度则可能多种多样。这就有点像游地下宫殿，由一个细小的、独特的入口进入，游览者完全可以把目光投向四面八方，有时甚至要心游洞外才能领略地下宫殿的全部风光和奥秘。例如，林兴宅运用系统方法研究阿 Q 的性格，他选了一个独特的"入口"，但他由此而入，对阿 Q 性格的考察则是多方位多角度的：他先后考察了阿 Q 性格系统的自然质、功能质、系统质；而每一个层次上的考察又涉及到哲学的、政治的、社会学的、伦理学的、历史的、心理的视角，他正是通过多角度的透视来把握阿 Q 性格系统的本质的。从这个例子，我们可以体会到研究中多角度思考问题的奥秘。

为什么说"切入点"是单向、单一的呢？这是因为，我们研究任何一个事物，都必须从某一个方面入手，否则研究就无法深入。正因为"切入点"是单向度的，所以，当我们选择了某一"切入点"时就应该意识到，这一"切入点"所带来的利弊。从有利的方面看，我们从某一独特的角度深入有可能在某一点上获得突破，从而对对象某一方面作出全新的、深刻的揭示。从弊的方面来说，我们必须意识到，任何一个"切入点"都只能把我们的认识投向事物的某一个方面，都只可能揭示事物某一方面的特点与规律。我们既不能简单地否定运用其他研究视角的可能性，也不能无限度地夸大自己研究的意义，而应作出客观的、实事求是的评价。例如，我们从接受批评的角度来研究阿 Q 这个人物形象，就不能简单地否认了其他角度的研究。

为什么说由一个"切入点"深入我们的研究角度应该是多维、多向的呢？这也是研究对象所决定的。我们由一个"切入点"进入，把自己的研究视线投向事物的某一方面——但事物这一方面的内涵、特点同样是丰富复杂的，我们如果不能多角度地思考问题，就难以揭示事物这一方面的丰富性，难以从更深的底蕴上去把握事物的这一方面。如，我们打算从道德批评的角度去研究某一文学主题，在研究中就不能就事论事地作一些简单的道德评判，必须追溯这一文学主题的发生、发展及其演变的历史，必须揭示这一主题所蕴含的道德精神和内在矛盾，必须分析这些道德精神和内在矛盾之所以产生的社会、文化原因，必须分析这些主题在艺术表现上的成败得失，揭示这一主题在反思、重塑人类道德精神的历史意义和现实意义，等等。如果我们不能多角度、多层次地思考问题，我们的研究就很难深入。所以我们说，在研究中，"切入点"往往是单向的，而随着研究的展开，研究角度又是多向的。在研究中，我们既要选择好"入口"，同时又要懂得多角度、全方位地思考问题。

第五节　研究思路的预设

确定研究方向、研究对象、研究角度后，接下来就要考虑研究思路了。不过，这个研究思路是初步的，大致的。

前面谈到选择研究的角度，实际上就是选择研究的突破口。为什么我们要选择它作突破口呢？因为我们意识到，这个问题值得研究，前人的研究不够——这时，问题也就产生了——既然我们找到了问题，接下来就要思考从哪些方面来解决这个问题——这也就是我们说的研究思路。由于每个人每篇论文提出的问题不同，解决问题的思路也就不同，不能一概而论，下面联系我自己写的一篇论文来谈这个问题。

试论象征散文的写作规律

陈果安

象征是散文最常使用的手法之一，不少象征散文的名篇，历久弥新，深为广大读者所喜爱。但是，最近却似乎受到了一些冷遇，不但读者渐有微词，即便是作家们自己，也渐有不满。如作家韩石山在一篇谈散文创作的文章中，就曾指出："杨朔的几个名篇，大都是这样的：去看海市蜃楼，没有看见，却在长山岛上看到了新建的渔村——《海市》；去泰山看日出，没有看见，却看见了人民公社这轮朝日从齐鲁大地升起——《泰山极顶》；去看香山红叶，没有看见，却看见一位越老越红的老向导——《香山红叶》；《雪浪花》《荔枝蜜》也大抵如此。"因而，他赞成"以实取胜"（《文学报》1982 年 12 月 16 日）。

他对杨朔散文的见解，自然比较精辟；他提出的"写实"的主张，也确实搔到了一部分象征散文的痒处。本文仅就像征散文的总体构思谈谈看法，探讨一些象征散文的写作规律。

一

我们探讨象征散文的写作，首先要接触的，就是象征体。因为，象征的目的虽然不在象征体，但它描写的重点却在象征体，象征的意义只有通过生动形象的象征体才能表现出来；如果离开了象征体，就无异于营建空中楼阁。

那么，象征散文的创作，对象征体有些什么要求呢？

我们认为，象征散文的第一个要求，就是要写出象征体与被象征体相联系的本质特征，要求象征体所具备的内在本质的某些方面能够表现出被象征体的某些本质。就像我们所熟悉的，以红梅的傲雪凌霜，象征革命者的坚贞不屈；以藕莲的出污泥不染，象征情操的纯洁不污；以春蚕到死丝方尽，象征革命者的死而后已。这些象征体的本质的某些方面无不与被象征的事物的某些本质方面有着密切的联系。这一要求是最基本的，也是最重要的。象征的意义常常在于以一种看得见的具体的东西去表现一种看不见的抽象的东西，以一种特定的形象去表现某种普遍的意义，或具有某种普遍意义的事物。如果没有写出象征体与被象征体相近或相似的某些本质特征。象征就常常不能成立。因此，现实生活中，认真发现和深刻认识作为象征体的具体事物的本质特征，发现它与被象征体某些方面的必然联系，常常成为作品命意、构思的凝聚点。杨朔的《雪浪花》正是作者敏捷地发现了大海中的浪花与人海中的浪花在改变江山面貌方面有某些神似之处，才创造了老渔民富于诗意的形象。

写出象征体与被象征体之间相近或相似的某些本质特点，是最基本的，最重要的。但是仅仅达到这一点还远远不够，象征散文还要求写出属于象征体本身的，独自而完整的特点来。如果仅仅着眼于象征体的本质的某些方面而丧失了象征体"独特的个性"，象征体实际上就成了某种概念的图解。黑格尔在论述人物的塑造时曾说过一段著名的话。他说："每个人都是一个整体，本身就是一个世界，每个人都是一个完满的、有生气的人，而不是某种孤立特征的寓言式的抽象品。"（《美学》第 1 卷第 292 页）黑格尔这里讲的是人，但对于象征散文的写作同样是适应的。作为象征散文，如果写青松，只强调它的四季常青；写梅花，只强调它的傲雪凌霜；写牛，只强调它吃的是草，给人的却是奶，象征体就被抽象为"某种孤立特征的寓言式的抽象品"，它实际上就不是作为一个具体的形象而存位，而变成了一种简单的抽象物。用某种简单的抽象物去象征另一种抽象物，必然流于概念化而丧失了文章应有的艺术特质，就像火柴盒上"注意安全"的图案一样，虽然它表现出一定的意义但它没有自己"独特的个性"，并不能成为艺术作品。而象征散文的写作最容易犯这样的毛病。

成功的象征散文不但写出了象征体与被象征体之间相联系的某些本质方面，同时也写出了象征体完整独特的个性。鲁迅先生《好的故事》，全篇通过朦胧中一个美丽，幽雅，有趣的"故事"的产生与幻灭，象征理想与现实的尖锐矛盾。它这样描绘了这个美好的"故事"：

> 我仿佛记得曾坐小船经过山阴道，两岸边的乌桕、新禾、野花、鸡狗、丛树和枯树，茅屋、塔、伽蓝，农夫和村妇、村女，晒着的衣裳，和尚、蓑笠、天、云、竹……都倒影在澄碧的小河中，随着每一打桨，各各夹带了闪烁的日光，和水里的萍藻游鱼，一同荡漾。诸影诸物，无不解散，而且动摇，扩大，互相融和，刚一融和，却又退缩，复近于原形。边缘都参差如夏云头，镶着日光，发出水银色焰。
>
> ……
>
> 河边枯柳下的几株瘦削的一丈红，该是村女种的吧！大红花和斑红花，都在水里浮动，忽而碎散，拉长了，缕缕的胭脂水，然而没有晕。茅屋，狗，塔，村女，云……也都浮动着，大红花一朵一朵全被拉长了，这时是泼刺奔迸的红锦带。带织入狗中，狗织入云中，白云织入村女中……

山阴道上的景物，向来为人们所称道，中国就有如行山阴道上，美不胜收的说法。这里，鲁迅先生既没有抽象地讲述"故事"的美丽，幽雅，有趣；也没有一般地描绘山阴道上的景色以象征"故事"的美丽，幽雅，有趣。而是从沿着山阴道乘船前进的独特角度出发，抒写自己童年时代在故乡时独特的生活实感：他把山阴道上的景物融汇在倒影之中，忽而动摇扩大，忽而融和复原，既表现了家乡独有的特色，又织进自己澄澈的情感与美丽的想象，形成一个异常优美的，情景交融的意境。既象征作者的美好理想，又具有水乡山阴道景物所独有的美。我们想想，如果文章没有这些具体的、生动的、属于事物本身的描写，那该多么枯燥、干瘪。一个作家，如果忽视了对象征体作"出色的个性描写"，无疑地，也就取消了象征散文的生命。

生活是异常丰富的，象征体也是千姿百态的。象征散文要开出绚丽多彩的花朵，还要求作家们深入生活，去发现和描绘属于作者自己的、新颖独特的象征体来。

散文中的象征体，既可以是景物，如我们所熟悉的那样，用种子象征希望，用梅花象征坚贞，用滚滚的车轮象征时代的脚步，用燃烧的蜡烛象征自我牺牲，用十五的月亮象征亲人团聚，用潺潺的流水象征不断的情思，用奔腾的黄河象征中华民族，用万里长城象征古老的文明，也可以是具体的事件，如茅盾的《沙滩上的脚迹》，通过"他"在黄昏的沙滩上行走的历程，象征着革命人民在寻求光明的斗争中坚韧不拔地前进，刘白羽的《长江三日》借长江三日的旅程，以表现中国革命航船所走过的艰难曲折的历程及其揭示的真理。它既可以是美丽的神话和传说，用海市蜃楼象征海岛人民的建设，用灵芝姑娘象征心灵手巧的白衣战士，也可以是非现实的虚构，如鲁迅先生的《死火》，所写的就是非现实的情节。

　　　　作者在写作象征散文时，要面向广阔的现实生活，去采撷各不相同的美丽的花朵，去发现和描绘千姿百态的象征体。如果把题材局限在某一种狭小的、陈陈相因的圈子里，象征散文就难免于苍白和萎缩。

二

　　　　讨论象征散文的写作，还要接触怎样打破程式化的问题。象征是用某一事物来说明另一事物，它常常是借一个看得见的可感知的形象去表现一种抽象的精神或看不见的事物。它常常表现为言在此而意在彼。它具有一种必然的，毫不含糊的固定流向性。一定要从象征体流向被象征体。这就产生了矛盾：就作者的创作来说，从象征体到被象征体是一个不可违背的运算公式，他必须遵照这一规定去写作；但是就读者来说，阅读欣赏并不是一个消极接受的被动过程，作品虽然规定了欣赏者感觉、想象、体验、理解等认识活动的基本趋向和范围，但欣赏者决不是单纯地被动地接受，而是始终活跃着自己的主观能动性，他们要求作品留有思索回味的余地，而不能接受千篇一律的程式化的东西，也不能接受看了头就知道尾的作品。固此，象征散文的写作既要求作者遵循象征的基本规律，又要求作者在具体创作中坚决突破从象征体到被象征体的艺术公式，不使读者产生程式化的感觉。

　　　　成功的象征散文，总是从不同的环节打破了象征手法极易产生的某些程式。如鲁迅先生《好的故事》，作品先写道："我在朦胧中，看见一个好的故事，这故事很美丽，幽雅，有趣。"接着，就以两段极优美的文字描写沿着山阴道乘船前进的情景。作者以这两段极优美的风景象征"好的故事"，又以"好的故事"的产生与幻灭象征理想与现实的矛盾。作者首先提出被象征体（它同时又是一个象征体），然后再写象征体，形成一种连环象征结构，便恰到好处地打破了从象征体到被象征体的程式。

　　　　又如鲁迅先生的《雪》，描绘了暖国的雨、江南的雪，北方的雪三个形象。暖国的雨，从来没有变过冰冷坚硬灿烂的雪花；南方的雪，滋润美艳极了，隐约着青春的消息，是极壮健的处子的皮肤，但容易在连续的晴天下消融；北方的雪，则永远如粉、如沙，决不粘连，在晴天之下，旋风忽来，便蓬勃地奋飞，如包藏火焰的大雾，在日光中灿灿地生光，旋转而且升腾。它们究竟象征着什么呢？作者没有明白地指出来，只是在文章的结尾，有意无意似答非答地写道：

　　　　　　在无边的旷野下，在凛冽的天宇下，闪闪旋转升腾着的是雨的精魂……

　　　　　　是的，那是孤独的雪，是死掉的雨，是雨的精魂。

　　　　严峻而又悲壮！冰冷坚硬下包藏着火焰，蓬勃奋飞而又决不粘连，这北方的雪，这死掉的雨，不是象征着一个坚强而又有点孤独的战士吗？那么，滋润易融的南方的雪，是不是象征着美艳而又有点脆弱的青年呢？作者给予象征体一定的规定性和引导性，让读者在掩卷沉思中去休会，并不特别地指出，像这样只写出象征体而不写出被象征体的巧妙构思同样打破了从象征体到被象征体的程式。

　　　　鲁迅先生的《秋夜》，也是打破程式的佳作。作者在描写夜空，枣树，小粉红花，小青甲虫时，一开始就采取了拟人的手法：奇怪而高的天空，闪闪地眽着几十个星星的眼，冷眼，仿佛要离开人间而去，口角上露着微笑，将繁霜洒在园里的野花草上，细小的粉红花，在冷的夜气中，瑟缩地做梦；枣树，默默地，铁似地直刺着奇怪而高的夜空，一意要制他的死命……作者写的是景，象征的是人，将景与人统一起来，使笔下的形象既是客观的景，又是社会中的人。这种把象征体与被象征体融合在一起的写法，也极好地打破了从象征体到被象征体的程式。

杨朔的《香山红叶》写的是作者去看红叶，但是愈老愈红的红叶却始终没有出现，全篇主要是对老向导的描写，这也成功地打破了象征手法的一般公式：作者不是重点写象征体，而是全力写被象征体。

可见，竭力打破从象征体到被象征体的程式诚然是象征散文写作中的一个难点，但只要作者在创作中千方百计地突破程式，做到既在情理之中又在意料之外，即既通过某一特定的具体形象去表现与之相似或相近的概念、思想感情，又在具体构思中独辟蹊径，从各个环节去打破象征手法的一般公式和自自己创作中沿袭下来的类型化程式，便能使读者耳目一新。

三

我们探讨象征散文的写作规律，还要探讨引导象征"流向"的条件。因为象征虽具有一种必然的固定流向性，一定要从象征体流向被象征体，但这种"流向"并不是无条件的。

实现象征的"流向"条件有二：一是象征体必须具有与被象征体本质的某些方面相联系的本质特点，它暗中决定着"流向"的大致范围和趋势，赋予象征一定的内在规定。但是，仅有这个条件是不够的，因为这种内在规定常常是暗藏的，令人难以捉摸和识别的。仅有这种内在规定性，读者常常不知所云，不能实现象征的"流向"。因此，它还需要作者借助一定的中间因素，或藏或显，或明或暗地将象征体引渡到被象征体上去。

国外有人把这种引渡性的中间因素解释为"理性的联系、联想、约定俗成，或者偶然性的而非故意的相似"（转引自《湖南师院学报》)1981 年第 4 期《论象征》)，这个概括是比较正确的。

所谓约定俗成，即一个民族，或一个地区的人们，在长期的社会生活中共同赋予某一事物以固定的象征意义，只要一提到这一事物，大家都懂得事物的象征意义，并不需要特别的说明，诸如红色象征着热烈，青松象征着高洁，刻舟求剑象征着教条主义，逆水行舟象征着不进则退，等等。

所谓理性的联系、联想，指的是心理上的因素。在象征散文中，联想、想象，正是最常使用的引渡因素。一般说来，象征体的象征意义往往是作者在现实生活中独特的发现和感受。小小蜜蜂象征辛勤劳动的农民，绚丽的茶花象征欣欣向荣的祖国，秋天的夜空象征反动势力，秋夜的枣树象征坚强不屈而又有点孤独的战士……作者在现实生活中感受到了，捕捉到了，便借助奇妙的合情合理的想象和联想，在象征体与被象征体之间架起一座神奇的桥梁。

所谓偶然性的而非故意的相似，指的是象征体与被象征体之间虽然没有什么必然的联系，但在一定的而非故意的情境下构成的象征关系。它常常在一定的生活环境中，依据一定的时间、地点、人物、事件，表现得极其三富，极其复杂。例如，同是纷纷的雨丝，在悲痛、忧愁、幸福、愉快等时候，在久旱、多雨、旅行、劳作等具体环境下，就常常表现出不同的象征意义。

可见，引渡象征流向的中间因素是异常丰富，变化莫测的。

象征流向的引渡，首要的是自然。引渡如果不自然，常常会在象征体与被象征体之间留下空隙，使人感到牵强附会；如果引渡得自然，象征体与被象征体之间则能达到比较完美的统一。如，《我们爱韶山的红杜鹃》这篇散文，作者以乡亲们送的红杜鹃作象征体贯穿全篇以寄托自己深远的情意与感情，由于作者直抒胸臆，不事雕琢，象征体与被象征体便达到了水乳交融般的统一。

引渡象征流向的第二个要求是含蓄。象征虽然是以具体的事物表现比较抽象的更具普遍性的事物，但它并不是要求作者将被象征的事物直接地，明明白白地讲出来，而是要求通过对具体事物的描写，自然而然，水到渠成地予以表现，以便读者通过眼前的具体事物去把握和掌握更深刻更普遍更廓大的内容。因此，作者常常把"引渡"暗藏在篇中让读者自己去寻找，去捕捉那些深藏着的，某种超越这一具体形象本身固有意义之外的"弦外之响"，从而增加欣赏的兴趣并得到美的享受。一般说来，作品中的具体形象的某些本质方面暗中规定了象征的大致趋向和范围，而作者没轩的"引渡"则像一根若有若无，若即若离的"神针"指示着象征的趋向和范围。

在结束本文时，让我们再回到文章的开头，简单地谈谈当代象征散文创作的不足。

我觉得，当代象征散文的创作从题材的选择来说似乎重在以"景"以"物"作象征体，取材的范围比较狭窄；从单篇散文来看，全篇常常选取某一种物体作象征体，很少有群体的象征，在内容和构图上都显得比较单一甚至单薄；就文章对象征体的描写来说，创作中都比较注重表现象征体与被象征体的本质上的某些联系，而不太注意对象征体作"卓越的个性刻划"，由于缺乏对象征体本身作整体的、属于它自己的描写，象征体常常被抽象为某种本质的图解，给人以概念化的印象；就突破程式来说更是当代象征散文创作中的一个薄弱环节，"一物一人一理"的三段式结构几乎成了一种新的八股；就象征流向的引渡来说，常常局限在联想上，往往失之含蓄自然。

（原载《湖南师范大学社会科学学报》1984 年第 4 期）

我写这篇论文主要缘自教学需要。当时我教散文，杨朔式散文正受到大众批评。这类散文究竟应该怎样写，是我在课堂上必须回答学生的。写象征散文，必须从象征体流向被象征体，这一流向就暗含了"程式化"的可能性。怎样才能打破这种"程式"？这就是我的问题。当时我确定的思路是：（1）从象征体、被象征体、引导这三个点及它们之间的关系去找规律；（2）重点研究鲁迅的《野草》，从优秀文本去找规律。由于我当时刚刚毕业，论文写得很粗糙，但思路还是清晰的。我的体会是，选择好角度之后，一定要初步定下自己的研究思路。尽管这思路会随着研究的深入而有所调整，但比盲目摸索要好得多。

思想上预设了一个问题，要解决它就要采取相应的思路，如果思路错了，就不容易解决这个问题。如有这样一篇论文：《清末民初自由思潮与文学思潮》，其章节安排如下：

上篇：自由思潮

引言

第一章 清末民初自由思潮的涵义

1.1 自由的涵义

1.2 自由的两个层面

第二章 清末民初自由思潮的影响因素

2.1 清末民初自由思潮产生的历史条件

2.2 清末民初自由思潮的两个源头

2.3 各种思潮不谋而合、此呼彼应

第三章 清末民初自由思潮的基本内容及发展

3.1 政治自由

3.2 个人自由

下篇：自由文学思想

引言

第四章 梁启超的"新小说"理论

4.1 新小说理论的必要性

4.2 新小说理论的探讨与创作

4.2 新小说的类型

4.4 小结

第五章 胡适的自由文学思想

5.1 平民文学

5.2 "八不主义"

第六章 王国维的解脱美学

6.1 解脱说产生的缘由

6.2 解脱说的美学内涵

6.3 解脱说引发的美学困惑与叩问

第七章 文体的创新

7.1 自由与文体创新

7.2 文体创新的体现

结语

参考文献

从这篇论安排的章节看，上编对清末民初自由主义思潮作了综合研究；下编是个案研究。下篇所列梁启超、王国维、胡适，梁、王二位，实有些勉强，还不如将自由主义文学思潮概括出几个特点，采用举例的方法要好些。论文出现这方面的毛病，就是预设思路时，思路不对而没及时调整。

考虑研究思路，应加强自己的辐射思维，把思路打开。辐射思维不是单向度的线性思维而是多向度的立体思维，它把思路指向事物的方方面面，具有广泛的思维领域。如果真正把思路打开了，就会有效展开自己的研究思路。譬如有这样一个选题："论曹丕与曹植的友情世界"。提到曹丕和曹植的关系，我们会想到曹植的七步诗，其实除了"相煎何太急"的一面，他们之间应该还有一定的友谊，研究他们的友谊也还是有意义的。他们的友谊表现在哪些方面呢？是他们幼小时候的友情？还是他们之间的亲情？是他们之间的君臣之情？还是他们之间的文字之情？把思路拓展，就容易找到自己的思路。又如，有这样一个选题："论歌词写作的艺术"，这个题目肯定是太大了，从我们感受出发，可以把这个题目限制为"80年代与90年代流行歌曲歌词写作艺术比较"，接下来就可以就80年代90年代早期、中期、后期的歌词进行对比，找出它们之间的异同，揭示其对今天的启示。

第六节　选题论证与开题

确定研究思路后，接下来就要开题了。开题之前，应自己进行选题论证。

一、选题论证

所谓选题论证，也就是在思想上把自己的选题提出来，明确考察它的学术价值和可行性，通过论证，使之确立，以便尽快进入下一步研究。

在写作实践中，选题论证一般是围绕两个方面进行的：一是看选题有没有学术价值，有多大学术价值，值不值得进一步研究；一是看选题的难易程度，看在已有条件下，在规定的时间内，能否按时完成任务。这也就是我们平时所说的价值性原则和可行性原则。这个工作一般需要老师指导帮助，但写作者应积极主动参与，不能消极被动等待老师"裁判"。

（一）学术价值的论证

所谓学术价值的论证，就是判断选题是否具有学术价值，值不值得进一步研究。学术性是学术论文之本，选题具有学术性是论文具有学术性的基础，如果选题没有学术性，写出的论文也就不成为学术论文。

怎样判断选题的学术价值呢？

一是要看选题在本学科体系中的地位。每个学科，都有自己特定的研究对象、研究方法、理论体系、研究历史。每个学科研究的问题，有宏观的、有微观的、有重要的、有一般性的、有限于本学科之内的、有跨学科的、有实践性的、有理论性的，都有促进本学科发展的作用。

所谓有学术价值的选题，首先必须是学术性的问题，具有发展学术的价值。其次，就要看它在本学科中的地位，如，研究文学，文学史上一些重要作家无疑具有大的学术意义，如果抓住三流、四流的作家去研究，意义就不大。

二是看选题对于现实生活的意义。选题对于现实生活的意义，通常也应在我们的考虑之内。毫无疑问，一般性的工作问题、思想问题、生活问题不能取代学术问题的研究，但各种学术问题，无论社会科学还是自然科学，都与现实生活有着直接或间接的联系。有一些选题，它们在理论上虽然不能有很大创新，但对于搞好我们的工作，加快社会发展的步伐有着重要的意义，它的价值同样不应该低估。

三是要估计自己对这一选题能提出多少创造性的见解。选题本身所蕴含的学术价值是学术论文具有学术性的基础。选题没有学术价值，无论怎么写也写不成学术论文。但学术论文的价值最终要取决于作者的研究，要看研究者在前人基础上提出了多少创造性的见解，是否提供了新的发现。有些选题虽好，本身具有较大研究价值，但依据我们目前的能力、学识，还提不出新的发现、新的见解，这样的选题不能视为具有学术价值。如，有这样一个选题："从新诗的发展看现代诗歌的创作规律"，这个题目自然具有研究价值，但我们能否谈出一些独特的认识与见解来，那就很难说了。如果谈不出，勉强去写，就很难写出有价值的论文来。又如，有些选题别人研究已经很充分了，你一时不可能提出新的东西来，贸然去写，也不适合。像"论探春"之类的题目，每届毕业论文中都可以看到，写来写去，不过是重复别人的研究，这是不可取的。

确立选题，要把一般性的人云亦云的内容推到"幕后"，突出地强调自己可能写出新意的部分，特别是遇到别人写过的选题，更是如此。如，你对新时期某位女作家在创作中所表现出来的女性心理症结感兴趣，打算写一篇论文，一查文献目录，人家已写过了，而且写得很好。如果你不想更换自己的选题又要避免重复别人的研究，就可以把论题适当扩大，由某个作家而总论新时期女性文学的心理症结，或是拿新时期女性文学和"五四"女性文学作比较。又如，学秘书专业的同学常常选了这样的题目："论公文的特征"。按理说，这样的题目是不宜作论文的。为什么呢？因为现行的公文是国务院办公厅所规定的，它的种种特点也就蕴含在国务院办公厅有关文件的规定之中。人们谈公文的特点，不外乎是公文具有法定的权威性、法定的作者、明确的实用目的、特定的格式等，很难写出新意。如果你执意想写这个题目，就要避免人云亦云，在某个方面写出新意和深度。如，你可以专论公文的权威性、公文的格式或公文的语言。你如果从某一点作纵深的历史考察和翔实的资料论证，同样可以写出一些新意来。确定论文的选题，应把独创性放在首要的位置。提不出新意就应视为不成立。

（二）可行性论证

确定了选题的学术性，明确了课题值得研究，接下来就要考虑课题的可行性，看自己能不能在规定的时间内完成。能否顺利完成论文的写作通常取决于以下几个因素：（1）个人的研究能力、学识水平；（2）课题的大小难易程度；（3）必要的资料来源；（4）比较充裕的时间。选题的难易与选题的大小有紧密联系：一般说来，课题大，难度也就大，课题小，难度也就小；但二者毕竟有区别。因为课题的难易涉及到两个方面的因素：一是课题本身的难易；一是研究者本身所感到的难易，同样一个选题，有的人觉得容易，有的人会感到很难。

选题要大小适中，难易适中。太难的题目，有关专家穷年累月地研究也不能解决，贸然去写当然不行；如果选题太容易，解决它根本不用花气力下功夫，也不好。难易的把握就好像到树上去摘桃子，跳起来摘不到，借助梯子、竹竿也摘不到，不好。如果一伸手就摘到了，甚或桃子就在你的嘴边，只等你张口，也不好。选题要选那些需要花些力气跳起来能摘到的"桃子"。

中文系在校学生，院系图书馆、资料室的图书资料都比较丰富，一般情况下资料来源不成问题，但在一些特殊情况下，如一些考察性选题、调查性选题要作实地考察，一些自考生身处比较偏远的地区，搜集资料有一定困难，选题时就要考虑资料来源的问题，看自己是否能获得必需的资料。如获取资料很困难，就应适当调整自己选题。

下面试看一个同学的选题：

韵文与中国白话小说的叙事艺术浅探

一、选题的意义

小说当中使用诗词等韵文是中国古典小说的一个鲜明的民族特色。尤其是在白话通俗小说当中，诗词曲赋等韵文的出现已成为通俗小说一个重要的外部程式特征。中国古典通俗小说中的韵文，尤其特地为小说而创作的韵文已成了小说叙事的一个有机组成部分，深刻地影响了小说的叙事艺术。长久以来，对中国白话通俗小说叙事艺术的研究始终是学界关注的重点问题。但对韵文与白话通俗小说叙事艺术的关系的研究倾注的精力较少，可挖掘的空间较大。

对于韵文融入中国白话通俗小说叙事，宋代罗烨就注意到了这个现象，明代胡应麟《少室山房笔丛》和袁无涯刻本《忠义水浒传发凡》中都提及水浒中的诗词韵文，李贽《西游记评》、金圣叹贯华堂本《第五才子书水浒》对小说中的诗词都发表过评论。曹雪芹在

《红楼梦》中对才子佳人小说当中的韵文也表述了自己的看法。脂评《红楼梦》就有许多对人物所吟咏诗词的评价，通俗白话小说引用韵文这一问题特征已被当时的小说评点者所注意。

小说的叙事结构是由诸多因素有机联系和相互作用的内在结构，韵文的加入既然已成了通俗白话小说的一个重要的外部特征，其在小说文本当中发挥的叙事功能是无法抹杀的。研究韵文与中国白话通俗小说叙事艺术的关系，探究这一中国白话通俗小说的民族特色，能更深入的理解中国小说叙事思想，探索中国古代叙事理论的特质。

二、国内外研究动态和自己的见解

对白话通俗小说当中的韵文有多部小说史研究的专著都有所提及。鲁迅在《中国小说史略》第十二篇《宋之话本》中，提及白话小说中"诗话""词话"一体，在《清之狭邪小说》中批评魏子安《花月痕》当中使用的诗词。郑振铎先生在《中国古典文学中的小说传统》一文中指出中国古代小说的特点有"有诗为证"或"有词为证"的形式。上世纪80年代以来，小说鉴赏一时成为热潮，出现了一些对小说当中诗词进行赏析的著作。1983年，台湾学者侯健在《中国小说比较研究》中指出，白话小说中的诗词对塑造小说人物，增强小说艺术效果有一定的作用。1987年，陈平原先生在《中国小说叙事模式的转变》中指出，"史传"与"诗骚"传统是支配中国叙事文学发展的两种主要文学精神，认为"诗骚"传统的表面特征是将人物诗词引入小说文本当中。夏忠清在《中国古典小说史论》中认为古典小说收入大量的诗词平定型的描写文，具有一种陈套的优雅，使得说书人用起现成的文言套语来，远比自己创造一种能精确描写风景、人物面貌的白话散文得心应手。石昌渝《中国小说源流论》认为韵文在话本小说当中的功用有五种：开宗明义点明小说主题；描述人物景色；描状事态和心态；评论事理；刚丁文势的顿挫和转接。浦安迪的《中国叙事学》。将诗词韵文插入故事描文叙述的写法当作奇书文体的一个修辞特征。

纵观各家之论，似乎对白话小说当中的韵文都有所关注与提及，但大多是从文学史的角度对其进行描述，或将其当作白话小说一个外部特征进行分析。这些研究成果为本课题的进一步研究奠定了基础。

尽管古典小说引诗入文的特点引起过不少研究者的注意，但总的说来，进入白话小说当中的韵文，并未得到应有的评价。或被讥为小说家卖才弄学的工具，或被哂为粗不足观。无庸讳言，尽管某些作者在小说中引入大量的诗词等韵文是出于炫才逞学的目的，小说文本也因此而显得冗长芜杂，不忍卒读，严重影响了接受者胃口，但也不必对小说当中的韵文全盘否定。

本文所讨论的对象是通俗白话小说当中的韵文。韵文，本指一切有韵的文体，其概念与散文相对。一般说来，韵文包括诗、词、曲、赋及颂、赞、铭诔、偈颂、民谣等。本文讨论的对象将以小说韵文中的诗、词、曲、赋为主。本文将尝试从叙事艺术的角度对小说中的韵文进行分析，从而探究韵文在白话小说中发挥的叙事功用。

三、课题的主要内容

1. 白话小说韵文的文化渊源

白话通俗小说当中插入韵文，有来自"诗言志"传统的推动，同时也有来自民间说唱艺术的影响。唐代出现以通俗诗歌演说故事的"词文"，如《季布骂词文》，宋代的小说话本多以诗词开篇，称"入话"文中常穿插诗词或片段的韵文对人物、场景作集中描绘，结尾往往以诗词收束全篇。讲史平话开篇以一首或长或短的七言诗作引，全书结束再以诗作结。这种格局与短篇话本相一致而为后世章回体小说所继承。

2. 韵文在白话通俗小说当中的主要使用程式：

出现在小说文本中篇首诗(词)、篇尾诗(词)，人物的出场诗，对人物进行评价的论赞诗，景物诗，从人物口中说出的诗、词、曲、赋等，表达朴素生活哲理和发表议论的套语(如：世间好物不坚牢，彩云易散琉璃脆)。

3. 韵文对白话通俗小说叙事的影响

A. 用韵文来点明寓意

中国小说孕育于史传文学之母体，在长期的发展过程中，同史传保持着难以割舍的血缘关系。史传本身具有经世致用、人文教化的特性。这对于小说创作观念的影响，就在于强调小说的"教化"作用。中国古典小说不仅仅是讲述一个故事，它更有高于故事层面的追求。不管是对世事的讽喻还是道德的劝惩，总是在故事中有所寓意。只是从此目的出发，中国古典小说叙述者常用韵文进行叙述干预，臧否人生世相，评断个中人物，抒发自己的看法，表达自己的议论，从而进一步点明故事寓意，达到"触里耳而振恒心"的目的。

文本分析：话本小说中寓示主题、对故事人物或事件进行评价的篇首诗、篇尾诗，以及用作道德证词的诗式评论。

B. 用韵文抒写情怀

中国小说的叙事性向来是与寓意性、抒情性密不可分的。在中国古典小说中，常用诗词来抒发叙述者(或编撰者)立言之本意，是其思想感情的直接流露。而用诗词抒写情怀，带来的是贯穿小说首尾的一种情愫。

文本分析：

抒发作者沉郁心情的《儒林外史》的篇首词、篇尾词。给小说带来一种历史的纵深感和笼罩全书的失落感的毛本《三国演义》的开篇词、篇尾诗。寄托作者感情的《红楼梦》前五回诗词《石头偈》《题石头偈》《好了歌》《好了歌解》。

抒发了虚拟人物的情怀。文本分析：《三国演义》第四十八回，曹操所吟的《短歌行》

C. 韵文与小说当中的预叙

当代西方叙事学将叙事时间分为"倒叙"和"预叙"。预叙是对未来事件的暗示或预期。即热奈特所谓"事先讲述或提及以后事件的一切叙述活动"。小说借韵文来对故事的发展作出预叙。

文本分析：

《红楼梦》借"判词"等预先披露大观园内众女子的命运和结局。将她们千红一哭，万艳同悲的命运展示给世人，起着预叙作用。

D. 韵文与小说情节叙述的呼应

除了"预叙"，诗词往往还是小说故事情节链条中的重要一环。它们在小说情节的发展，发挥着贯穿、呼应的作用。织入情节主线，诗词成为小说的血肉，成为在布局上不可增的大穿插，成为推动情节发展不可或缺的因素。

文本分析：《水浒全传》第七十一回《忠义堂石碣受天文梁山泊英雄排座次》中出现的宋江在菊花会上作的《满江红》词，所表达的招安四在梁山泊好汉内部引起争议，后十回的小说全是围绕这首词表现出来的招安思想展开的。及第三十九回宋江于酒楼所题《西江月》一词，成为宋江被关入死囚牢的引子。第六十一回吴用在卢俊义家墙上写的"芦花丛里一扁舟"一诗,成为卢最终上山的引子。

E. 韵文与小说中的人物心理描写

中国古典小说描写人物心理不是描写整个心理活动,进行静态的内心剖析,而是用较大灵活性和表现力的手法来勾画人物灵魂,形成了古典小说在人物刻画上独特的表达方式。

文本分析:《红楼梦》人物所吟咏的诗词,林黛玉所吟诗词体现出来的特点,林黛玉、薛宝钗同吟柳絮诗、海棠诗所体现出来的性格特点。才子佳人小说中人物吟咏诗词对性格的刻画。

F. 韵文与小说中环境描写

在中国古典小说中,与环境描写有关的韵文又可分为两种类型:一类韵文是用带着人物情感体验的主观视角来刻画环境,描写景物,不作孤立的(与人物活动、感受无关)客观再现式的景物描写。文本分析:《红楼梦》将诗词意境溶入小说的环境描写,如第五十八回宝玉病后去看黛玉一路上所见的景色,《水浒传》第一百十四回描写两湖景色的《浣溪沙》一词,成为张顺说:"……何曾见这一湖好水,便死在这里,也做个快活鬼!"的缘起。

另一类则是与其相反的"套语"式韵文。中国古典小说往叙述过科中,一遇到景色、人物外貌、打斗场面等,便会转向韵文。这类描述景色的韵文是通用的书面语式,不带有人物的个性色彩,且多为借用唐宋诗词中的常见意象。从接受角度说,套语式的韵文,能迅速使接受者进入熟悉而亲切的叙述情境之中。场景化、模式化的韵文描写下,使小说的许多细节描写付诸阙如,造成阅读雷同之感。

文本分析:《两游记》中景物描写韵文,《水浒全传》中景物描写韵文。

四、参考文献

(略)

应该说这个同学选题很认真的,她查阅了大量资料,明确了自己研究对象(古代小说中的韵文)、研究角度(韵文的叙事功能),并对论文基本框架作了初步构想(研究思路)。但仔细推敲,她要研究的是古代小说中韵文的文化渊源、应用程式、叙事功能,很多学者都研究过了,如林辰、钟离权先生所著的《古代小说与诗词》,就归纳出十大功能,概括起来,不外"抒写胸臆""衬托人物性格""预言故事发展""制造故事的氛围""暗示小说主题"等。周进芳的《诗词韵文在古典小说中的多维叙事功能》运用叙事学理论,分别从叙事策略、叙事方式、叙事结构、叙事频率和叙事语法等方面,探究了诗词韵语在古典小说中的叙事功能。前人研究过了,我们一时又提不出新的见解,这样的选题,就应及时调整。历届选题,陈旧的多,新颖的少,这点同学尤须注意。

二、开题报告

本科生在开始毕业论文写作之前,都要作开题报告,这是保证论文写作质量一个极重要的环节。

(一)开题报告的撰写

开题报告怎么写,各学校规定不一,大体内容包括:

1. 说明本选题的理论、实际意义；
2. 综述国内外有关本选题的研究成果与动态；
3. 简述自己预期的突破创新；
4. 研究思路和论文主要内容；
5. 研究方法；
6. 完成期限和采取的主要措施；
7. 主要参考资料。

这几个部分，并不一定项项都得齐全，可根据具体情况变通，如果学校有要求，则应按学校规定行文。试看下面一个同学写的开题报告：

开题报告：试论唐诗的羽化之境

2003 级基地班杨柳 B44030121

一、选题的意义

本选题试图在广泛吸取前人研究成果的基础上，以游仙诗、步虚词、道教真人诗这些深层浸淫着道家道教思想的诗歌为点，抓住其"羽化之境"这一关键，从道家道教与唐代诗人生活方式、精神意志、艺术审美追求的影响以及道家道教对唐诗创作的影响来剖析道家道教与唐诗的关系。

二、有关本选题的研究成果及动态

道教影响了一代唐诗。20 世纪 90 年代以来，学术界逐渐重视了这点，关于道教与唐诗的研究逐渐在数量上大量增加，在研究视角和研究手段上也有了拓展和变化。

（一）90 年代继续道教对唐诗的影响研究，研究面有所扩大，也有所深入。钟来因在李商隐与道教关系方面的研究，发表有一系列论文，《李商隐玉阳之恋补正》（中州学刊1998.4）等对李商隐在玉阳山学道的情形以及其间与女冠的恋爱悲剧进行了考索。黄世中则从泛论李商隐其人其诗与道家关系扩大到整个唐代诗人和诗风的研究，如《论中晚唐文人恋情诗中的仙道情韵》（第十届中国唐代文学年会论文 2000）等。孙昌武在 20 世纪结束时出版了一部探讨道教与唐代文学关系的专论《唐代道教与文学》（人民文学出版社，2000）。

（二）从以前的影响研究移到对道士、女冠诗人和游仙诗之类作品的研究。黄世中近年来在道教与唐诗的关系研究上颇有心得，有专著《唐诗与道教》（漓江出版社，1996）。葛兆光在上世纪 90 年代专注于道藏的研究，论文《道教与唐代诗歌的语言》（《清华大学学报》1995.4）则是他"十年来读道藏"的心得之一。作者认为"古奥华丽的语言，丰富神奇的想象，深沉强烈的生命意识和追求自由幸福的愿望，这就是道教给予唐诗的影响"。蒋寅的《吴筠：道士诗人与道教诗》（《宁波大学学报》1994.2）对这位盛唐道士的生平、诗歌创作及艺术风格进行了考论。李乃龙的《唐代游仙诲若干特质》（《陕西师大学报》1998.3）、《道教上清派与晚唐游仙诗》（陕西师大学报）1999，4）是两篇关于唐代游仙诗的专论。

（三）从道教典籍和道教活动等本体研究开始起步。葛景春的专著《李白与唐代文化》和郁贤皓的专著《天上谪仙人的秘密——李白考论集》，对领受《道箓》后李白的心态和所从事的道教活动进行了考论和分析。汪泛舟《敦煌道教诗歌补论》（《敦煌研究》

1998.4）首次对杂陈于敦煌道经和斋醮仪式中的道教诗歌的内容、特色、形式和途径进行整理和分析。

（四）研究面有所拓展，在个案研究的同时开始注意道教与唐代文学的某个时段、某种体裁、某种表达方式、某种思想倾向之间的关系。葛兆光在上世纪 80 年代初就发表有论文《道教与唐诗》（《文学遗产》1985.4），在这方面起步较早，上世纪 90 年代初又有专著《道教与中国文化》（上海人民出版社 1990）问世。作者从自然、社会和人三者关系这个广阔的背景出发，来探讨道教在中国文化中的地位、作用和自身的演变规律。其"中编"主要谈唐宋时代的文化嬗变与道教的关系。

自上世纪 90 年代以来，道教与唐诗研究取得了一定成绩，较之前有了丰富和拓展，但总的来说，开展得还不够广泛和深入。除了少数几本专著外，多是用单篇论文的方式，或是对某一作家的思想中的道家倾向，或是对其部分作品的老庄成分进行关系研究。涵盖面还不够广，整体的把握也还不够。对道家诗人及女冠诗的研究刚刚开始；对唐代游仙诗、炼丹诗、送宫人入道诗、葵花诗、仙道类小说的研究有的刚起步，有的还未触及；对道藏、道曲的研究和从中梳理出唐诗、唐代诗人行踪，也未见有成果问世；至于一些道教活动和道教仪式对社会包括对作家生活、创作和心灵的影响，不同的道教流派对诗人及诗人群落的不同诗风形成的影响研究，更是很少触及。

关于道教与唐诗艺术境界的关系更是上世纪 90 年代相关研究中较为薄弱的一块，少数研究者只是以个案研究的方式抓住几位大诗人，如李白等来进行分析，而唐诗受道教影响而来的羽化之境远不只在这些诗人的诗中得到体现。

三、本人研究心得

（一）唐诗与道教结下了不解之缘。唐代统治者奉道教为国教以自高其门第，道家道教长生不死的修养之旨和清净无为的治国之思更让其受帝王推崇的程度提升，他们通过立道观、崇道士、修道籍等方式学道扬道，客观上使道教地位空前上升，发展为全民性宗教。唐代诗人们更自觉从道家道教思想中寻求自我价值的实现，隐逸林泉、闭门修道，追求羽化登仙般的逍遥和仙风道骨的韵致，追求对时间空间和社会束缚的超越，在此过程中，他们的生活方式、思想观念、审美追求等都受到道家道教思想的深层影响，其诗歌创作不可避免地带上了道家道教的深厚印迹。

（二）唐代游仙诗、步虚词、道教真人诗发展了道教文化。游仙诗在唐代达到鼎盛阶段，反映着诗人现实的生命欲求，即保养和张大人的自身力量，追求超越的实现。步虚词具有更浓厚的宗教意味，是诗人艺术玄想的表现，成为唐代朝堂和民间皆受欢迎的诗歌。唐代的道教真人则以自身优秀的道教文化修养和杰出的诗才创造了许多既富于道教文化深厚底蕴，又颇具文采的道教真人诗。游仙诗、步虚词、道教真人诗的丰富创作与广泛流传使其与道教典籍一起，成为道教文化的重要载体与传播媒介。

（三）羽化之境具有丰富内蕴，提升了一代唐诗美的境界。游仙诗、步虚词、道教真人诗以奇美华丽的语言，想象奇特的构思，诗人主体情怀，即人格独立和精神自由的蕴涵创造了唐诗的羽化之境，这种羽化之境有别有天地的仙境系统一。诗人美化与净化其中的人、物、情、思，集结世间真、美、善、乐，将其组构成完美的仙境系统，也有空灵飘逸的自然境界——人间仙境：云雾缭绕、林木葱郁、清泉细流、鸟语鸣啭、曲径通幽、惠风仁芳。两种境界也因其浪漫主义的风神，超越审美的韵致，主体人格魅力的突显，提升了一代唐诗美的境界，对唐代其他诗歌，如山水田园诗境界的营造也颇具意义。

（四）唐代道家道教诗人作出了重要贡献。道家道教诗人是唐代志气高远，理想博大，思想开拓，人格炳立，性格豪迈，精神超越，身心和谐的诗人的典型代表，他们以自身的文学和美学追求以及理想与生命价值追求成就了"羽化"之唐诗。清代辛文房《唐才子传》首次对这些诗人进行了总体研究，"如方外高格，逃名散人，上汉仙侣，幽闺绮思，虽多微考实，故别总论之"，论曰："……至唐累朝，雅道大振，古风再作，率皆崇衰像教，驻念津梁，龙象相望，金碧交映。虽寂寥之山河，实威仪之渊薮。宠光优渥，无逾此时。故有颠顿文场之人，憔悴江海之客，往往裂冠裳，拔赠缴，杳然高迈，云集萧斋，一食自甘，方袍便足，灵台澄皎，无事相干，三余有简牍之期，六时分吟讽之隙……"在传记中肯定道家道教诗人的创作与其创作的价值，不仅从作者主观出发褒扬了这些诗人，提升了他们的地位，客观上也表明随着时代的发展，思想的愈益开放与包容，为后人学习与研究唐代道家道教诗人与道家道教诗提供了凭证，树立了典范。

四、完成期限和采取的主要措施

（略）

五、参考书目与论文

（略）

从这篇开题报告来看，这个同学的准备比较充分，基础也很好。但她研究的思路不是很清晰。她要研究的是"唐诗的羽化之境"。她所说的"羽化之境"究竟指什么？这个"羽化之境"是怎么达到的？它的标志是什么？它的影响和意义是什么？这是她应该深入研究的，但从她的开题看，她对这些问题不是很清晰。

再看下一篇：

学年论文开题报

学号：2005020606

论文题目：从《兰亭诗》"散怀"的内容及途径看东晋文人的生存状态

一、选题的目的及意义

东晋穆帝永和九年（公元 353 年）三月三日，王羲之和当时的名士谢安、孙绰等人在会稽郡山阴县的兰亭集会，这次集会以"曲水流觞"为机缘创作了大量诗歌，统称为《兰亭诗》。王羲之为《兰亭诗》所做的序《兰亭集序》已经成为千古传诵的名篇，但《兰亭诗》却少有人问津。作为一组主旨大致相同的大型诗群，《兰亭诗》在文化发展史上有着特殊的意义。本文通过兰亭诗人创作的时代背景、外在机缘以及内在心理机制的分析，旨在探究东晋中期士大夫这一特殊社会群体的文化心态及生存状态。

二、概述国内外研究成果

国内目前关于《兰亭诗》已经有一定数量的研究论文，但大多数是从书法的角度鉴定其真伪，真正从文学或文化的角度研究，具有一定理论水平的论文或著作不多。这些研究论文有从《兰亭诗》的思想底蕴入手的，例如《华侨大学学报（哲学社会科学版）》2005第 1 期论文《〈兰亭诗〉〈序〉的思想底蕴及文学价值》认为东晋中叶，道释玄儒种种理念交织，《兰亭诗》的出现反映悄然发生的诗格嬗变与新型时代心理之凝成，即山水之美的发现与入诗和新兴生死观的成熟。此外，还有从诗歌本身的"情"与"理"关系出发，认为《兰亭诗》没有背离抒情诗的传统，在哲理背后抒发了诗人们对生命流逝的哀叹以及对理想人格境界的向往之情。

总的来说，这些论文拓宽了《兰亭诗》的研究领域，从成诗的外在机缘到内在的心理机制，从诗歌的思想底蕴到外在的诗体特征都有所涉及。对于《兰亭诗》的定位问题，研究者都倾向于将它作为玄言诗向山水诗过渡的一种特殊的诗体，启功先生将其看作是玄言诗的重要代表，并认为是玄言诗发展的高峰。两种观点没有根本地对立，在兰亭诗人眼中，自然山水是"道"或"玄理"的体现，通过对自然山水的欣赏和描绘同样也是对玄理的表达。

三、研究的角度及基本思路

以"知人论世"的方法，通过探究《兰亭诗》产生的时代大背景，包括政治、文化、哲学等意识形态方面的特殊性，深入了解《兰亭诗》"散怀"的复杂矛盾内容，以及"散怀"的多种途径，从而进一步探索创作主体的个性价值。《兰亭诗》实际上折射出东晋中期士大夫的生存状态，以及他们在这种生存状态中建构的独特的人格模式。兰亭诗人无法摆脱的生存焦虑以及各种试图消解焦虑的努力和方式都是本文的研究目的。

兰亭诗人通过推理，探寻宇宙万物的奥秘，对宇宙的认识其实也是对于人自身生命的认识，宇宙浩瀚无边，人却渺小卑微；宇宙万物的运转永无停际，人的生命却十分短暂，人不能控制自己生命的长度，这种深深的遗憾带给人的是一种生存悲剧感，这种生存悲剧感便是兰亭诗人"散怀"的内容之一。

兰亭诗人大多属东晋士族阶层，社会地位较高，且在门阀政治这样一种特殊政治体制中，几大世族掌握国家权力，是主要的政治力量，为了保持这样一种稳定的政治局面，他们必须去施行儒家相对合理的社会原则和政治原则。而在玄风盛行的东晋，老庄之学成为时代精神的主流，个性张扬，个体自由也成为人们的追求目标。儒道两家之间有着不可调和的矛盾，它们的碰撞势必造成这些士大夫难以言喻的人格分裂之痛。这是兰亭诗人"散怀"的内容之二。

东晋与北方政权划江而治，从外部看，政治格局相对稳定，但是东晋内部的政治斗争从未停止过，官场纷争不断，尔虞我诈，勾心斗角。身处其中不免要受到种种迫害。为寻求社会的肯定，失掉的却是最宝贵的自由，社会价值与个体自由的矛盾是兰亭诗人"散怀"的内容之三。

从德行方面来讲，在相对稳定的东晋，作为维护封建政权的中坚力量，兰亭诗人实际上是恪守儒家"仁""德"基本精神，以"礼法"治国的。另一方面，人的生命意识的觉醒在这一时期进入了一个新的阶段，明显地表现出对个体存在价值的自觉，这种个体生命意识的张扬与儒家伦理道德规范是相悖的。这便是兰亭诗人"散怀"的内容之四。

兰亭诗人"散怀"的方式是多种多样的，本文归纳为五点。首先，在领悟玄理的过程中获得解脱；其次，在对山水自然的审美欣赏中忘却自我；再次，在亲情、友情找寻精神安慰；第四，在艺术创作中消解生存焦虑；最后，在游宴山水的过程中体味自由。

这五种方式都是士大夫们努力消解自己生存焦虑的途径，体现了对生命永恒和意志自由的向往。

四、参考文献

《庄子集释》(清)郭庆藩撰；王孝鱼点校

《晋书》(唐)房玄龄等撰

《十七史商榷》(清)王鸣盛著.

《美学散步》宗白华著

《中国美学思想史》敏泽著

这篇开题报告，思路比上篇清晰。

写开题报告，是梳理自己前期研究一个重要的过程，也是及早发现问题一个有力的措施。写论文，最怕的就是第一步走错，第一步走错了后面可能步步皆错，写来写去不过是一堆废纸。所以，写开题报告，须认真对待。

(二)向老师报告自己的选题

开题报告由三个或三个以上的专业老师组成，报告必须按规定的程序进行。学生必须向老师简要报告自己的选题，接受老师的提问。

通过大学四年的学习，我们虽然掌握了一定的专业理论知识，但怎样运用专业理论知识解决实际问题，还缺少经验；从选题到课题展开到行文执笔，都会遇到种种的困惑和疑难。在这种情况下，有没有专业老师指导是大不一样的。有经验的专业老师，他们对本学科有着深入广泛的了解，有着丰富的科研经验，他们知道什么是本学科中亟待解决的问题，有哪些空白应当填补，有哪些通说可以纠正，有哪些前说需要补充，有哪些问题可以创造性地发展。他们一两个小时的谈话，往往凝聚着他们多年来的研究心得；他们一两句话的点拨，往往能解决我们研究中的许多困惑，使我们少走许多弯路。我们在论文写作中，一方面不要依赖指导老师，另一方面又要尊重和珍惜老师的指导，在老师的指导下展开自己的研究。

开题报告会上，老师会检查我们掌握资料的情况，进一步论证选题的学术价值和可行性，看我们是否能写出新意，并开启我们的思路。

接受老师的提问和指点后，应调整选题，然后进入下一步的研究。

【思考与训练】

1. 试述选题的基本含义。

2. 试述确立研究方向的原则。

3. 试述确立研究对象的方法。

4. 试述确立研究对象的原则。

5. 简述研究角度的含义。

6. 简述选择角度的方法。

7. 怎样理解"大"和"小"的选题？

8. 怎样理解"填补空白"和"补充前说"的课题？

9. 怎样确立自己的研究思路？

10. 如何作"学术价值的论证"？

11. 如何作"可行性论证"？

12. 进入本章，应学会选题，为即将到来的毕业论文写一份开题报告。

第二章　论文的资料搜集

选题获得通过后，就要搜集资料，开始研究了。

写论文必须充分占有资料，没资料就写不成论文。

有人对学士、硕士、博士论文的写作做过统计：一般情况下，本科论文应综合 50～100 篇文献，硕士论文应综合 100～150 篇文献，博士论文应综合 150～200 篇文献。这个统计对我们有启发，但还只是"量"的说明，事实上，大一点的选题，参阅文献要多，小点的选题，参阅文献要少一些。查阅文献的量，要根据选题的大小而定。另外，资料是否充分，还要看搜集了哪些资料，是怎样搜集的，不单纯是一个量的问题。

何其芳曾指出："我们做研究工作，不应当只是重复前人的结论，而要努力发现新的问题，解决新的问题。问题的发现和解决线索也总是存在于材料之中的。我们占有了相当数量的材料，才可能知道在我们的研究题目的范围内有哪些问题前人还没有解决，才可能发现甚至前人不曾提出过的问题。我们又围绕这些问题占有了更大数量的材料，然后才可能看清问题的关键在哪里，才可能找到问题的正确答案。"任何想做一点研究的人，都应认真扎实做好资料工作。

第一节　资料搜集的范围

选好题后，要研究解决这个课题，应搜集哪些资料？一般说来应包括以下几个方面：

（1）研究课题所需要的原始材料。如，我们研究古代某一位作家，不能只读后人撰写的传记和著作，还必须研读他本人的作品、日记、书信，他的亲友和当时其他人的记述，史书的记载以及其他有关档案资料。只有立足于第一手原始资料，扎扎实实地把它钻研透，科研成果才会真正属于自己，研究才会获得较高水平。

（2）有关课题现有的研究成果，包括出版过哪些专著，发表过哪些论文等，只有查检出来，才能站在前人或他人的肩膀上起步，促使我们作进一步的深入的思考。如，我们要研究《三国演义》的主题，人们曾提出过"歌颂理想英雄"说、"赞美智慧"说、"天下归一"说、"讴歌封建贤才"说、"悲剧"说、"仁政"说、"追慕圣君贤相鱼水相谐"说、"用兵之道"说等种种观点；要研究鲁迅小说《狂人日记》的创作方法，人们曾先后提出过"自然主义"说、"现实主义"说、"现实主义与浪漫主义"说、"浪漫主义"说、"象征主义"说、"意识流"说、"现实主义与象征主义"说——我们如果不了解已有的科研成果，研究起来就会很盲目。

（3）有关课题研究基本理论的文献。如，我们如果试图从文化的角度来研究语言现象，就有必要找重要的文化学的著作来研读；如果试图用精神分析的方法来研究某一部作品，就可能要找精神分析学说的重要著作来研究；如果试图用结构主义的方法来研究某部作品，就可能要找结构主义的重要著作来研读；如果试图从价值论的角度来研究典型问题，就可能要找价值论方面的重要著作来研读。

（4）与课题有关的相关学科的科研成果。了解相关学科的科研成果，能帮助我们思考一些问题。例如，我们要研究萨特的文学创作，如果了解一下哲学界对萨特哲学思想的研究，对论文写作就很有帮助。

大学生写论文，研究对象比较明确，许多研究资料前人已整理出来了，一般用不着到浩如烟海的文献资料中去把几近湮没的第一手资料"打捞"出来。但如何做到范围适度、重点突出、宽窄深浅得当还是需要费一点斟酌的。

下面，我们以试图作一篇《论李白的绝句创作艺术》来说明这个问题。该搜集哪些资料呢？其基本思路是：

（1）作者的作品；
（2）作者的创作道路与生平；
（3）作者创作的背景材料；
（4）可资对比对照的材料；
（5）作者创作对后世的影响；
（6）作品问世后人们对它的评价和研究；
（7）研究过程中所要涉及的理论材料。

抓住重点精心研读原作，通过背景材料深入理解原作，分析各家之说以资借鉴，运用先进的理论重新观照，选择好突破口重点深入，运用创造性思维分析研究，然后在研究中积极提炼创造性见解，这是论文写作的基本思路。要研究李白绝句创作艺术，我们自然要花大力气研究他的绝句；但是，要准确地理解其绝句的思想价值、艺术价值以及它在李白整个创作中的地位和意义，就不能不研究他的其他作品；要掌握他的其他作品，就不能不了解作者的创作道路、生平及创作背景；要正确评价他的绝句艺术，就不能不考虑可资对比对照的资料，如，将他的绝句和他的律诗作对比，将他的绝句与他同时代诗人绝句作对比，将他的绝句与之前之后的绝句创作作对比……在研究过程中如果完全忽视这些对象性材料，是不可取的，但是，如果平均用力也很不恰当。在研究中，必须根据自己的学识和时间安排，根据研究的前期准备，做到资料搜集重点突出、范围适度、宽窄深浅得当。

首先，我们必须要找的有关研究对象的第一手材料。古代作家作品，要注意版本，如《水浒传》有简本和繁本两个体系，其繁本又有120回本、100回本、70回本，研究以哪个版本为主，需要明确。古人作品，往往还有集注、笺注，选择时应注意选择权威的版本。如，唐人所编李白集子，现在没有流传下来，北宋有《李太白文集》30卷刻于苏州，世称"苏本"。后又有据苏本翻刻的"蜀本"。康熙年间，缪曰芑据以翻刻，世称"缪本"。较早的集注本，是《分类补注李太白集》，南宋杨齐集注，元代萧士赟在杨的基础上作了很大删节增补，《四库提要》认为它"大致详赡，足次检阅。"清王琦的《李太白诗集》，又在杨齐贤、萧士赟以及明胡孝辕《李诗通》的基础上作了更大努力，订正了许多讹误，并附李白年谱、唐宋以来诸家对李白的评论、纪事，后中华书局作了标点，改名为《李太白全集》出版。今人瞿蜕园、朱金城的《李白集校注》，则是迄今为止李白集注释中最详备的本子。进入新时期以后，又有新的进展，我们在对象的选择上，就要有基本的了解。读古人的作品，如阅读上有困难，可参今人的一些选本，不过也应找比较权威的选本。如果研究的是现当代的作家作品，应注意初版和修订版的区别。如果研究的是外国的作家作品，应选择比较好的译本。

其次为了更好地理解作品，我们还必须了解作者生平与创作道路，了解作者所处时代，

了解作者所处时代，了解作者生平与创作道路，可选读作家评传一类著作。文学史一些重要的作家，后人一般对其生平和创作道路都有研究，因时代背景不同，五四以来，会表现出不同的时代特点，可有选择地阅读了解。如，关于李白的生平和创作道路，南京大学中文系教授周勋初近来就出版了一本《李白评传》（南京大学出版社 2005 年 4 月），全书目录如下：

第一章　时代背景
一、政治态度的宽容和四海一家的胸怀
二、南北学风的融合与多种文化的交流
三、良好的社会环境与昂扬的精神状态
第二章　李白的家庭
一、李白的出生地
二、李白的世系
三、李家往返西域路线
四、李白的父亲
五、李白的姓名字号
六、李白的妹妹
七、李白的儿子
八、李白女儿
九、李白为胡人说辨证
第三章　李白的行踪
一、迁居昌隆
二、蜀中行踪
三、吴楚漫游
四、酒隐安陆
五、二入长安
六、梁园之恋
七、随从永王
八、长流夜郎
九、寂寞余哀
第四章　李白的思想
一、李白与道家
二、李白与纵横家
三、李白与儒家的背违
四、历史的积淀
第五章　李白的创作
一、李白与汉魏六朝文学的摹拟之风
二、李白与赋
三、李白与乐府诗
四、李白的古风组诗
五、李白与五方古诗

通过评传的阅读，我们对李白的生平、创作就有了一个基本了解。不过，学术界对作家生平与创作道路，往往会有不同意见，了解作家生平与创作道路时，要有所甄别、取舍。如，新时期以来，学术界对李白的生平就存在许多争议。试看郭勉愈的《新时期李白生平研究综述》：

新时期李白生平研究综述

一、出生地问题

李阳冰《草堂集序》、范传正《唐左拾遗翰林学士李公新墓碑并序》两文叙述李白出生都在"逃归于蜀""潜逃广汉"之后，所以历代都认为李白生于蜀中。但李白在肃宗至德二年写的《为宋中臣自荐表》中却说："臣伏见前翰林供奉李白年五十有七。"至德二年57岁，其生年应当是武后长安元年，至神龙初迁蜀时李白已5岁，显然不可能生于蜀中。清代王琦编《李太白年谱》时发现了这个矛盾，提出疑问："神龙改元，李白已数岁，岂'神龙'之年号乃'神功'之讹亦或太白之生年在未家广汉之前欤？"

本世纪二三十年代学术界展开过对李白出生地的大讨论。

1971年人民文学出版社出版郭沫若的《李白与杜甫》，认为李白"出生于中亚细亚的碎叶城"，其位置在今哈萨克境内的托克马克。郭沫若的观点得到众多学者的响应。

进入80年代，学界展开了对李白出生地的大讨论。将各家所持的论点按地域划分，可分为以下四种。

首先是"蜀中说"。《四川大学学报》1981年第4期发表郑畅《李白究竟出生在哪里》，文章认为李白于神龙元年出生于绵州昌明县青莲乡。王少志《李白的故乡——江油》（《新疆日报》1982年5月8日）、蒋志《李白生于江油补正》（《古典文学论丛》1982年第10期）均认为李白生于蜀中。蒋志的《再谈李白生于四川江油》（《宁夏教育学院学报》1995年第4期）一文亦认为对蜀中说不能轻易否定。裴斐《评李白出生碎叶说兼及其籍贯问题》（《江汉论坛》1984年第11期）也持蜀中说。他后来又写了《"神龙年号为神功之讹"补正》（《中国李白研究》1991年集）一文，认为即使像"神功"这样只存在了三个月的年号也可以称"初"和"始"，李白生于蜀地确定无疑。

其次是"条支说"。刘友竹《李白的出生地是条支》(《社会科学研究》1982年第2期)和康怀远《对〈李白出生地是条支〉的一点补充》(《社会科学研究》1982年第3期)认为唐代条支的地望在今阿富汗中都一代，其治所就是昔之鹤悉那，今之加兹尼，在唐代时属安西大都护府管辖。

第三是"焉耆碎叶说"。李从军《李白出生地考异》(《李白考异录》，齐鲁书社1986年版)谓李白出生于"焉耆碎叶"，即今新疆境内博思腾湖畔的焉耆自治县和库车一带。王耀华《关于李白出生地史料的辨析》(《中国李白研究》1991年集)也认为李白的故乡应是安西的焉耆碎叶。

四是"长安说"。刘开扬《李白在蜀中的生活和诗歌创作》(《文学遗产》1982年第4期)认为李白《上安州裴长史书》中称"奔流咸秦，因官寓家"的"咸秦"指长安，由此推论李白生于长安。

进入90年代，关于李白出生地的讨论仍在继续，且探讨的角度有所拓展。周勋初《李白及其家人名字寓意之推断》(《中国李白研究》1990年集)一文认为李白父子三代的名字全都暗示了李白一家来自西域，并寓其本姓"李"；又从李白为死去的朋友吴指南实行"刿骨葬法"(又称二次检骨葬)一事出发，认为这与他接受突厥文化或蛮族文化的影响有关。王伯奇《李白的籍贯探讨》(《中国李白研究》1994年集)从籍贯的概念入手进行讨论，结论是只有山东才是李白的籍贯。

综合以上众说可知，关于李白出生地的争论主要集中在"蜀中说"与"西域说"两种观点上。不论是哪一种说法，所依据的基本史料不外乎以下几种：李白《上安州裴长史书》，李白《与韩荆州书》，李阳冰《草堂集序》，魏万《李翰林集序》，刘全白《唐故翰林学士李君墓碣记》，范传正《唐左拾遗翰林学士李公新墓碑并序》，刘昫《旧唐书·文苑传》(下)，宋祁《新唐书·文艺传》。虽然基本材料相同，结论却差异甚大。为此，李家烈《李白的家世与生籍考辨》(上)(《四川师院学报》1997年第4期)一文从李白生平史料的存世状况出发，认为基本材料的诸多不实之处动摇了它们的权威性，因此，在未发现新见史料的前提下不宜急于创立新说，立足于对已有的史料进行重新检讨和反思才是谨慎和理智的做法。

二、家世问题

第一种说法为李白是李暠之后。王文才《李白家世探微》(《四川师院学报》1979年第4期)、耿元瑞《李白家世问题郭说辨疑》(《江汉论坛》1984年第5期)两篇文章持这一说法。王步高《李白是达摩的子孙吗》(《衡阳师专学报》1986年第1期)亦认为李白和李世民都系凉武昭王九世孙。

第二种说法是李白为李贤、李穆之后。兰州大学张书城在其《李白家世之谜》(《光明日报》1984年10月14日)一文中认为李白是西汉李广、李陵、北周李贤、隋朝李穆一系的后裔。本文作者另有《拓跋魏系李陵之后说考辨——附揭李白本家金陵之谜底》(《祁连学刊》1990年第2期)、《李白家与许氏家似曾相识》(《李白研究》1990年第2期)两篇文章亦持同一观点，并在《中国李白研究》(1990年集)上发表《说李白"本姓李，其先陇西诚纪人"》一文，对李白先祖的家世演变进行了完整的勾勒。

第三种说法为李白是李抗之后。刘伯涵《李白先世新探》(《中国李白研究》1990年集)一文持此说。作者认为李白应出生于陇西李氏的一般平民家庭。

　　第四种说法为李白是太子李建成之后。徐本立《李白为李渊五世孙考》(《中国李白研究》1990 年集)一文认为李白应为凉武昭王十二世孙、太祖李虎七世孙、高祖李渊五世孙、太子建成玄孙。

　　第五种说法为李白是李瑗之后。徐本立在写了《李白为李渊五世孙考》(《中国李白研究》1990 年集)后,很快又发表了《李白为李渊五世孙考补正》(《中国李白研究》1991 年集)对前文进行补正,认为李白也可能是李瑗的后代。

　　第六种说法为李白是李轨之后。周维衍《关于李白先世的问题》(《学术月刊》1985 年第 6 期)持这一观点,认为李白是隋末割据河西、入唐后与李渊抗衡失败被诛的凉王李轨的第四代或第五代孙。

　　第七种说法为李白是李伦之后。胥树人的《李白和他的诗歌》(上海古籍出版社 1984 年版)认为李白是陇西李氏丹阳房始祖李伦之后。

　　除汉人说以外还有混血儿说。范伟的《关于李白民族的研究》(《求实选刊》1986 年第 3 期)认为李白是汉之苗裔、胡之身躯的中原和北地的混血儿。

　　除以上观点外,研究者们还从其他方面对李白家世问题进行了探讨。张书城《李白先世流放焉耆碎叶》(人大复印报刊资料《中国古代近代文学研究》1987 年第 3 期)一文重点考查了隋朝在西域是否开辟过贬谪地。杨镰《李白身世的一个问题》(《唐代文学论丛》1986 年第 7 辑)一文认为"咸秦"一词应指以长安为中心的关中地区。

　　从以上归纳可以看出,在对李白家世的讨论中宗室说占的比重较大。而异族说的主要依据是:《宗室世系表》中没有记载李白的家世;李白本人没有成为天宝元年宗正寺隶入李氏子孙的诏赦对象;在李白自己的作品中对唐宗室的称呼非常混乱;李白的容貌像异族;李白懂外国语。非宗室的汉人说的支持者往往赞同异族说的前两个论据而否定后三个依据。实际上这三种说法之间有一定的关联性:第二种说法是对第一种说法的全面否定;第三种说法又部分地否定了第二种说法。家世问题又与出生地问题之间有着紧密的联系:持宗室说者一部分赞同西域说一部分赞同蜀中说,而非宗室的汉人说的支持者和异族说的支持者则一般赞同西域说。

三、入长安的时次问题

　　一千多年来,人们一般认为李白仅在天宝初年到过长安一次。王琦《李太白年谱》以及詹锳《李白诗文系年》都认为李白在关中写的诗篇是天宝初年的作品。

　　稗山在 1962 年《中华文史论丛》第二辑发表《李白两入长安辨》,提出李白在开元年间也曾到过长安,并描述了李白的行程,而且估计李白第一次入京时间约在开元二十六年夏至二十八年春之间。但此说提出后很长时间未得到学界响应。1971 年郭沫若在《李白与杜甫·李白的家世索引》中肯定了稗山的"两入长安"说,并认为第一次入长安的时间在开元十八年。

　　1978 年以后,郁贤浩陆续发表《李白与陈埚交游新证》(《南京师院学报》1978 年第 1 期)、《李白两入长安及有关交游考辨》(同上第 4 期)、《李白初入长安事迹探索》(《社会科学战线》编《中国古典文学研究论丛》第 1 辑)等文,肯定了稗山的两入长安说以及郭沫若的开元十八年第一次入长安说。此后不少学者撰文对开元年间入长安说予以补充,包括谢思炜《李白初入长安若干作品考索》(《西北大学学报》1983 年第 3 期)、薛天纬《李白初入长安事迹之我见》(《唐代文学论丛》总第 5 期)等文章。

　　国内外学术界基本赞成"两入长安说",但在李白第一次入长安的时间问题上意见不统一。稗山提出开元二十六年说；郭沫若认为是开元十八年；郭石山《关于李白两入长安问题》(《吉林大学学报》1982 年第 2 期)认为应在开元二十五年；李从军《李白第一次入长安考异》(《吉林大学学报》1983 年第 1 期)认为在开元十九年底或二十年初；王辉斌《李白"苦雨诗"再考订》(《中国李白研究》1992/1993 年集)认为在开元二十一年。

对李白一入长安后出京的具体时间和路线的分歧也很大。郁贤皓认为在开元二十年春夏之交，路线为泛黄河，经开封、宋城、洛阳，于开元十九秋至安陆。李从军《李白归蜀考》(《社会科学战线》1985 年第 4 期)认为在开元二十一年春取道蜀川，经三峡还安陆。王辉斌《李白与元丹丘交游考辨》(《金门大学学报》1986 年第 5 期)认为时间是开元二十一年秋，路线是经洛阳、嵩山还安陆。

还有一些学者撰文反对"两入长安"的观点，力图维护传统的天宝初年入京说，如章诚望《谈李白两入长安问题——对稗山先生有关论文的商榷》(人大复印报刊资料《中国古代近代文学研究》1980 年第 3 期)、刘广英《李白初入长安若干作品考索商榷》(《人文杂志》1984 年第 4 期)等。

"两入说"出现后不久又有学者提出了"三入长安说"。胥树人《李白和他的诗歌》一书认为李白在天宝十一二年北游幽州后又曾到过一次长安。李从军在《中华文史论丛》第 2 期发表《李白三入长安考》，认为李白在天宝十一二年间第三次到长安并有汾坊之游。安旗《李白三入长安别考》(《人文杂志》1984 年第 4 期)认为李白第三次入长安是在天宝十二年春幽燕之行归来。郑文《李白三入长安之我见》(人大复印报刊资料《中国古代近代文学研究》1992 年第 3 期)一文同意安旗《李白三入长安别考》的意见。

"三入长安说"提出后很快遭到一些学者的反对。《中华文史论丛》1984 年第 1 期发表郁贤皓《李白三入长安质疑》，认为李白自幽燕之行到宣州之游之间根本不可能有三入长安、游历汾坊的时间。

对于李白第二次入长安的时间也有一些学者撰文进行讨论。谢力《李白开元末入京考》(《李白学刊》1988 年第 1 期)一文认为李白第二次入长安的时间在开元二十八年秋，至开元二十九年秋出京。杨栩生《李白开元末入京说辨疑》(《中国李白研究》1992/1993 年集)则认为天宝末年入京说难以成立。许嘉甫、许玮《李白二入长安始末》(《祁连学刊》1996 年第 3 期)一文同意李白开元末入长安说，但时间应是开元二十七年九月中旬。

对于李白入长安这一问题还有学者提出了比较新颖的看法。葛景春《李白初入京洛考》(《铁道师院学报》1997 年第 2 期)认为李白开元间第一次入京不应是西京长安而应是东京洛阳。郁贤皓《再谈李白两入长安及其作品系年》(《文学研究》第 5 辑)一文是对 1978 年作者发表在《南京师院学报》上的《李白两入长安及有关交游考辨》一文所受到的各种责难的答复，同时也可以看作是对近 20 年来李白入长安问题的一个总结。郁文通过排比原始文献与新见墓志，对李白入长安问题作出了中肯的分析。作者于文末倡导用王国维的"二重证据法"来对李白进行研究，认为只有依靠新资料的发现才能做好李白及其入长安时次问题的研究。

四、交游问题

李白集中所涉及的交游对象，据不完全统计约有四百人之多，弄清楚这些交游者的生平以及李白与他们的交往关系，无疑有助于李白作品系年及其思想等方面的研究，因此新时期以来学者们一直将李白的交游问题作为研究重点。

李白与杜甫的会合是中国诗歌史上的盛事，对于李杜的交游，多数学者认为：李杜一生三次见面，初识是在天宝三年三月，地点洛阳；第二次是天宝三年秋日，地点梁宋；第三次是天宝四年夏或秋，地点为齐州或兖州。

进入新时期，耿元瑞《关于李杜交游的几个问题》（《文学遗产增刊》总第13期）首先对李杜初识的时间与地点提出怀疑。郁贤皓《李杜交游新考》（《草堂》1983年第1期）在耿文的基础上认为李杜初次会面地点不在洛阳而在梁宋之间；"齐州之会"是"又一次诗坛两曜与众星相聚的盛会"。但刘友竹在《李白与李邕关系考》（《中国李白研究》1990年集）中认为文学史上所谓的"齐州盛会"并不存在。康怀远《李杜长安相见试证》（《阅读与写作》1987年第12期）认为李白与杜甫于天宝末年在长安又见过一次面。王辉斌《李杜初识时地探索》（《四川大学学报》1987年第1期）认为李白天宝三年春赐金还山后即于夏秋之际在梁园与杜甫初次见面。

李白与"卫尉张卿"的交游问题也是新时期以来研究的一个重点。首先是郁贤皓在1978年以后陆续发表的《李白与张垍交游新证》（《南京师院学报》1978年第1期）、《李白两入长安及有关交游考辨》（《南京师院学报》1978年第4期）等文，论证李白诗中的"卫尉张卿"即张说之子张垍。王辉斌《李白"苦雨诗"再考订》（《中国李白研究》1992/1993年集）也通过对张介然、张价、张垍等人仕宦经历的考证，指出此诗中"卫尉张卿"应是张垍。李清渊《李白〈赠卫尉张卿〉诗别考》（《文学遗产》1992年第6期）认为张卿身份难以确定。其后，郁贤皓又写了《李白与玉真公主过从新探》（《文学遗产》1994年第1期）一文，文章进一步考证出玉真公主的若干生平事迹。

李诗中的"崔侍御"也是学者们研究的一个热点。李从军《〈李白诗中崔侍御考辨〉质疑》（《文史哲》1984年第6期）一文认为李白诗中的"崔侍御"既不是崔宗之也不是崔成甫，而是另有其人。倪培翔《也谈李白诗中的崔侍御》（《唐代文学研究》第1辑）一文支持此观点。

关于李白和孟浩然的交游，靖华《李白与孟浩然交游考异》（《荆门大学学报》1987年第2期）认为李白与孟浩然一生中曾相会四次。

关于李白与李邕的交游，刘友竹《李白与李邕关系考》（《中国李白研究》1990年集）认为天宝三四年李白并未与杜甫一起北上会见李邕；李白于开元七八年间在渝州谒见李邕时遭冷遇，使两人关系一度蒙上阴影。

李白与贺公的交游，钟振振《关于李白任城县厅壁记之本事与系年》（《文学遗产》1988年第2期）考证出"任城县令贺公"乃贺知章之从祖弟贺知止，并将此记系于天宝八年。李清渊《李白与贺公交游新说补订》（《中国李白研究》1994年集）指出李白此文应作于天宝十年春。

关于任城六父，许嘉甫《李白任城六父征略》（《济宁师专学报》1995年第1期）认为任城六父即赵郡李氏东祖房李熔第四子修。

关于李白与苏颋的交往，陈钧《李白谒见苏颋年代考辨》（《中国李白研究》1990年集）认为李白谒见苏颋的时间应是开元九年春。

一些文章还对李白交游的其他方面进行了考察。郁贤皓在《李白暮年若干交游考索》（人大复印报刊资料《中国古代近代文学研究》1980年第10期）一文中认为李白暮年结交的一些人多与颜真卿有关系，并考察了韦冰、殷佐明、殷淑等人的生平，又在《李白交游杂考》（《唐代文学论丛》总第3辑）一文中对赵悦、斐图南等人的生平进行了考证。许嘉甫《李杜交游考录三题》（《中国李白研究》1990年集）考证了卢弈、卢鸿、杨山人的某些生平事迹。

从以上梳理可以看出，新时期以来对李白交游的研究取得了较大的成绩，其中郁贤皓对"卫尉张卿"及李集中数十人的身份与生平的考索，王辉斌对李白与杜甫、苏颋、元丹丘等人的交游进行的考察在不同程度上促进了李白生平研究工作的进展，刘友竹、葛景春、李清渊等人的研究也都在学术界产生了一定的反响。

五、生卒年问题

李白的生卒年研究者们历来是根据李白《为宋中丞自荐表》、李阳冰《草堂集序》、李华《李君墓志》等材料推知的，即生于武则天长安元年，卒于代宗宝应元年，享年 62 岁。

新时期以来，随着对李白研究的深入，其生卒年问题亦出现了种种新说。最先否认李白卒于宝应元年的是李从军的《李白卒年辨》(《吉林大学学报》1983 年第 5 期)，文章提出卒于唐代宗广德二年之说。

康怀远《李白生于神龙元年新证》(《江汉论坛》1985 年第 4 期)认为李白的卒年为大历元年，生年应为神龙元年。阎琦《李白卒年刍议》(《西北大学学报》1985 年第 3 期)一文认为李白卒年应是广德元年，享年 63 岁。杨栩生《李白卒于宝应元年解说》(《李白学刊》第 2 辑)、吴宗铭《对李白卒于宝应元年质疑的质疑》(《李白研究》1990 年第 1 期)依然持传统说法，认为李白卒于宝应元年，享年 62 岁。

对李白卒年的研究和对出生地及家世的研究情况一样，都是建立在基本材料的基础上。王辉斌《李白卒年新说辨析》(《漳州师院学报》1990 年第 2 期)针对近年来国内研究者就李白卒年提出的广德元年、广德二年、大历元年、大历二年四种新说从五个方面进行了考辨，可以说是对近年来这一方面研究的一个总结。作者认为，新说所依据的材料都无法证明其中任何一种之成立，在未发现新材料的情况下还是以卒于宝应元年为是。

六、行踪问题

李白出川以后的行踪一直是李白研究中的热点问题。按照关注的重点不同，可以将问题划分为以下几个方面：

首先是李白出川的时间问题。宋人薛仲邕首倡"开元十年"说，王琦《李太白年谱》认为系于开元十三年。新时期以来学者们依从王说的比较多，但也有人对前人的说法提出质疑。郁贤皓《李白丛考·李白出蜀年代考》以及《李白出蜀前后事迹考辨》(《苏州大学学报》1982 年第 2 期)认为李白出蜀年代应是开元十二年秋。陈钧《李白出蜀年代考》(《人文杂志》1990 年第 2 期)认为，李白出蜀年代应在开元十年。毕宝魁《李白诗中巴东考》(《文学遗产》1990 年第 3 期)认为李白出蜀时间为开元十三年。刘友竹《李白初次出峡时间及其后短期游踪别考》(《成都大学学报》1992 年第 2 期)就李白开元十七年前的游踪进行了考证，认为李白初次出峡后，下荆门，至江陵，于冬末春初见司马承祯，并南穷苍梧，开元十三年秋在金陵，第二年游剡中，开元十五年返安陆与许氏结婚。

其次是他在安史之乱时的行踪问题。长期以来人们认为天宝十四载冬安禄山叛乱时李白正在宣州一带游历，因此将李白《奔亡道中》五首与《南奔书怀》一起系于至德二载。郭沫若《李白与杜甫》认为此二诗写于天宝十四年冬季安禄山叛乱时。郁贤皓《李白洛阳行踪新探索》(《南京师大学报》1986 年第 3 期)一文认为这组诗说明了李白携宗夫人由梁园经洛阳沦陷区向西过函谷关奔逃的经历，并对李白在安史之乱初起时的行踪作了清晰勾勒。

第三是李白长流夜郎问题。对这一问题历史上主要有两种结论，即"未至说"与"确至说"。首倡未至说者为北宋曾巩的《李太白文集后序》。王琦《李太白年谱》,詹锳《李白诗文系年》,安旗、薛天纬《李白年谱》,郭沫若《李白与杜甫》,李从军《李白考异录》,郁贤皓《李白丛考》等专著都采用这一说法。清人程恩泽《程侍郎遗集》、黎庶昌《拙尊园丛稿》等提出"确至说",但未得到响应。进入 80 年代,研究者们围绕这两种观点进行了长期讨论。邱耐久《李白确至夜郎考辨》(《学术论坛》1982 年第 2 期)认为李白曾流放至夜郎。王定璋发表《李白确至夜郎考辨质疑》(《学术论坛》1983 年第 5 期)认为李白未曾到达夜郎。林东海《巫山巴东夜郎》一文认为李诗《流夜郎半道承恩放还》诗中"半道"一词应理解为"贬期的中间"而不应理解为"半路",因此李白确实到过夜郎。进入 90 年代,《李白研究》第 2 期同时发表了张才良的《李白长流夜郎的法律分析》和陶锡良的《从唐律析李白流夜郎》。张文从唐代律令出发,认为李白得到的判决为唐律中最严厉的"加役流",时间为三年;李白长流夜郎的首程地为舒州怀宁长风沙,首程时间为乾元元年六月;李白到达了夜郎。陶文也认为李白此行确至夜郎,但认为李白赦放的时间为乾元二年五六月间,而且《自汉阳病酒寄王明府》中"今年赦放巫山阳"之"巫山"指的是夜郎流放地的一座小巫山。张春生《也谈李白流放夜郎与唐律适用》(《扬州师范学院学报》1994 年第 4 期)亦从唐代法律出发,认为李白判流时间在乾元元年三月,五月上道服刑,十一月到达夜郎贬所,次年五六月间遇赦获释;并勾勒了李白流放所走的路线。王辉斌《李白长流夜郎新考》(《中国李白研究》1991 年集)认为李白巫山遇赦是不存在的。不久王辉斌又发表《李白长流夜郎的历史真实考述》(《传统文化》1991 年第 4 期),文章对李白流放期间所作的 20 首诗歌进行了重新系年,并对李白流放的真实状况进行了全面讨论。至此,"确至说"得以确立。

第四,李白在巴东的行踪也是研究者们论述比较集中的问题。刘友竹《李白三到渝州》(《重庆晚报》1988 年 7 月 29 日)认为李白三到渝州的时间分别是开元八年、开元十二年秋、乾元二年三月。许嘉甫、许玮的《李白三下渝州考异》(《成都大学学报》1997 年第 1 期)结论与刘文相同。许嘉甫还作有《李白四渡峡江考异》(《成都大学学报》1998 年第 2 期),文章对李白四次出峡的时间和路线作了大致的描述。

除以上这些论述比较集中的问题外,还有不少文章对李白行踪的其他方面进行了考察。

竺岳斌《李白东涉溟海行踪考》(《唐代文学研究》1988 年第 2 期)认为李白"东涉溟海"之"溟海"乃今之剡中盆地。刘友竹《李白遇赦前后行踪考异》(《成都大学学报》1988 年第 4 期)认为:李白曾被流放到过今天重庆市一带。王辉斌《李白初游安陆时间考》(《荆门大学学报》1990 年第 4 期)认为李白开元十四年秋自维扬到江夏后第一次游安陆,接着在随州结识胡紫阳,然后至襄阳,从李浩处求得经济援助,旋即远客汝海,途中结识王昌龄、元丹丘,第二年春天"近还郓城"。

毛水清《李白炼丹地点考》(《中国李白研究》1991 年集)对李白一生中曾经炼丹和打算炼丹的地点进行了逐一考证。

李白究竟几游苍梧,学术界历来对此有不同的回答。刘友竹《关于李白两游苍梧问题的补正和辨析》(《李白研究》1990 年第 2 期)认为李白开元十二年及乾元二年两游苍梧。许嘉甫、许玮《李白三游苍梧考异》(《零陵师专学报》1997 年第 1 期)认为李白一生三次游苍梧的时间分别是开元十三年五六月间、天宝十年八月和乾元二年八月。

从以上梳理可以看出近年来对李白行踪的研究成绩十分突出,其中长流夜郎、东下溟海、南穷苍梧等问题都取得了新的进展，并发表了一些前人所未发表的新见。

<h2 style="text-align:center">七、对研究现状的总结</h2>

新时期对李白出生地、家世及卒年的研究虽然新说迭出，但往往各执己见，缺少真正具有说服力的观点。传统说法的地位虽然受到冲击，但并没有从根本上动摇。

在对李白行踪的研究中，李白开元年间到过长安这一发现是本世纪李白研究中取得的最重大的成果。由于有了这一发现，人们对李白的许多重要诗篇有了新的认识和理解。新时期对李白入长安问题的研究主要是巩固"两入长安"说，有一些学者提出了三入长安的新说。到目前为止，在研究者们的共同努力下，李白入长安的总体面貌已较为完整清晰地呈现出来，多数诗歌的系年也已基本确定。在李白行踪的研究中，另一项令学术界瞩目的成果是李白长流到达夜郎这一观点的确立。

对李白交游的研究也取得了很大进展。到目前为止，李集中百分之八十五的人物的生平已经基本清楚。其中比较有代表性的是郁贤皓对"卫尉张卿""崔侍御"等人所做的考证。对于"卫尉张卿"到底是张垍还是玉真公主的丈夫尚不能最终确定，今后若能依靠新史料的发现来确定"卫尉张卿"到底是谁，学术价值自不待言。但从另一角度看，即使尚未准确考证出"卫尉张卿"也并不影响人们正确理解李白一入长安的遭遇与心情，也不影响人们把握李白这一时期诗歌创作的基本特征。

新时期对李白生平的研究工作当中也存在着一些问题。

首先是有些研究者违背了考证的基本原则。例如在对李白家世问题的研究中，一些研究者围绕李白之家和李唐王室或远或近的宗亲关系，对李白家世作种种考察，其中不少文章的共同之处是以唐初之事代替范《碑》、李《序》及《新唐书·李白传》中的记述，否定李《序》、范《碑》的可信性。这种处理方法是考据的大忌。寻找李白的出生地、家世、卒年这类客观性很强的问题的答案，应该以原始史料为依据，如果研究者不能对李《序》、范《碑》加以证伪，却又否认其内容的可信性，这就等于给李白家世问题打上了死结。当然，原始材料本身具有的模糊性和多义性导致了研究者理解上的不同，原始材料在记载上的矛盾之处和文字上的错讹也加剧了分辨的困难。总之，在发现新材料之前，仅依靠现有材料就急于做出结论显然是不智之举。

其次是有些研究者只从诗歌本身出发来进行分析，缺少对史实的征引和必要的考证。传统考证是从史料出发的逻辑推理方法，这种方法的优越性是能够坐实作家的行止出处和作品的作时作地，其局限性在于往往因史料短缺而无法稽考。仅仅从诗歌本身出发进行分析也不足取，原因是许多作品是用抒情的手法写成，其中并未涉及具体的历史人物和事件。因此，仅仅通过内容分析，难以对作品的写作背景及作家的事迹作出合乎实际的判断。合理的方法应该是既重视作品内容的分析，又借助史料考证，两种方法交互使用，才能有效地推动研究向纵深发展。

（原载《江汉论坛》2000 年第 1 期）

真是"不看不知道，一看吓一跳"，关于李白生平竟有这么多的争议。我们研究李白绝句艺术，虽用不着考证他的生平，但对这些争议还是应有一个基本的了解，如涉及到对作品的理解，应注明从那一说。

再下来，就是了解已有的科研成果。李白是我国历史上最伟大的诗人。对李白的研究，从唐代就已开始，他同时代的人，已对其诗作出评价。贺知章称其为"谪仙人"。殷璠评《蜀道难》等篇"可谓奇之又奇"。杜甫评李白诗："笔落惊风雨，诗成泣鬼神"。中唐元稹为了抬高杜甫开始批判李白，白居易认为，李白的乐府歌行还和杜甫可以相比，其他诗连杜甫的藩篱都够不上，更不用说登堂入室了，原因是"索其风雅，十无一焉"，但对其才华未予否认。白居易《与元九书》云："李之作，才矣奇矣，人不逮矣。"元稹在为杜甫作的墓志铭中也说："李白亦以奇文取称，时人谓之李杜。"持公允评价的是韩愈："李杜文章在，光焰万丈长"。

宋人多对李白诗批判态度，王安石"白识见污下，十首九说妇人与酒。"宋人评太白之语，以苏辙最为偏颇："李白诗好事喜名，不知义理所在也。语游侠，则白书杀人不以为非，此岂其诚能也。唐诗人李、杜称首，今其诗皆在，杜甫有好义之心，白不及也。"之所以有此失衡，源于宋人政治上多忧患，而子美之诗，较太白确多更贴近时世、反映现实，此亦反映出盛唐晚期与宋朝之乱世予以文人更深切之政治忧患。苏辙谓"杜甫有好义之心"，苏轼谓杜甫"一饭未尝忘君"，无不以杜诗中深厚的忧君忧民忧国之心而倾倒。严羽《沧浪诗话》评李杜可谓公允："李杜二公正不当优劣，太白有一二妙处子美不能道；子美有一二妙处太白不能作；子美不能为太白之飘逸；太白不能为子美之沉郁。"

元明清三代批判李白的较少，赞颂李白的人较多。比如明代的杨慎偏爱李白，清代的屈大均也对李白大加赞赏。值得一提的是，人们从风格、体裁、技巧等方面对李白进行评价，如王世贞说李白"以气为主，以自然为宗"，李白擅长写五七言绝、七言歌行，而杜甫善于写五律、七律。

进入 20 世纪以来人们开始客观评价李白的诗。1932 年崔宪家的《浪漫主义诗人李白》认为李白唐中古时期的独一无二的浪漫主义诗人。胡适的《白话文学史》认为，李白乐府诗是"集大成"。建国以来，据不完全统计，共出版各类专著 130 余部，发表论文 2300 余篇。还成立了全国李白研究会，先后出刊了《李白学刊》《中国李白研究》；先后出版了《李白集校注》《李白全集编年注释》《李白全集校注汇释集评》等。

专著有詹锳的《李白诗文系年》《李白诗论丛》、王运熙的《李白研究》、安旗的《李白年谱》、裴斐的《李白十论》、杨义的《李杜诗学》等。此外，中华书局曾选择其一部分有代表性的论文于 20 世纪 60 年代编成《李白研究论文集》出版；中国李白网论文检索库收有论文 1732 篇。

了解研究成果，最好是从一些综述入手，王辉斌先生所著《李白求是录》（江西人民出版社 2004 年出版），下编收有 8 篇"李白研究综述"，宏微结合，纵横互关，可视为 20 世纪的第一部"当代李白研究简史"，从这类综述入手，既可了解全貌又可深入某个专题。

以上举的是一个比较大的课题，实际上，在校大学生很难胜任这样一个选题，再举一个小一点的选题，如"论《红楼梦》的肖像描写艺术"。这个选题开的口子是够小的了，但如何确定自己的对象性材料同样需要思考。如，我们研究《红楼梦》的肖像描写艺术，总不能置《红楼梦》的人物、情节、艺术成就而不顾，总得认真研究《红楼梦》；随着研读的深入，我们可能形成以下的一些研究的思路，如：

（1）论《红楼梦》肖像描写与人物性格、命运的关系；

（2）论《红楼梦》前 80 回与后 40 回肖像描写的异同；

（3）论《红楼梦》肖像描写的审美取向与中国人物画的关系；

（4）论《红楼梦》肖像描写与中国传统戏剧（如行当、脸谱等）之关系；

（5）论《红楼梦》肖像描写与传统相法的关系（中国传统文人很多都会"看相"的）；

（6）论《红楼梦》肖像描写与话本小说肖像描写的异同；

（7）论《红楼梦》肖像描写的民族特色

……

随着研究思路的展开，我们就会发现，在研究过程中，我们是需要及时调整和补充对象性材料的。我一个研究生，写毕业论文，最初打算从创作论、主体论、批评论、风格论几个方面去写刘熙载的散文理论。我对她说，这些角度已经有人写了，不如抓住别人没写而你自己有所发现的问题去写。她听了之后，改从"物我摇荡""先意法而后气象""天下散文善莫能飞""约之一言扩之则千万言"等几个点去研究刘熙载的散文理论，调整角度后，她又补充研读了许多参考文献，写成了一篇不错的毕业论文。

第二节 资料搜集的工具

做论文，最理想的是平时有一定的资料积累，但这种要求对大学本科生来说恐怕有些不现实。如果平时没有搜集有关的材料，写论文的时候就要加倍地注意资料的搜集。搜集资料应根据自己选定的题目进行，凡是与课题相关的资料，只要有可能，就应尽可能搜集到。

资料到哪里去找？通常要查检"目录""索引""文摘""等工具书。如，我们准备研究现代汉语助词"了"，对前人的研究还不太了解，就要查找《中国语言学论文索引》（商务印书馆1983年版），在该书甲编，我们会找到1922～1937年曾发表过有关"了"的六篇论文，查乙编，又可以知道解放后所发表过的相关论文。我们想研究《红楼梦》，查孙楷第先生的《中国小说书目》（作家出版社1958年版），就可以知道《红楼梦》有哪些版本、续书以及清人评价《红楼梦》的著作，查一粟编的《红楼梦书录》，就可了解1954年以前出版的有关《红楼梦》的900余种著作。这类工具书，用起来很方便，是我们所必需掌握的。

一、传统检索工具

传统手工检索，主要是以"目录""索引""文摘"等为工具，现将这些工具书介绍如下：

（一）目录

目录又称书目，它是标示图书或其他出版物外表特征的系统化检索工具。它一般以一册图书、一期期刊或一份资料为著录单元，记录文献的名称、作者、卷次、版本、学术源流、收藏情况等。书目详分图书门类，介绍图书版本，鉴别优劣异同，总记历代图书，介绍学术源流，辅佐阅读研究，对读书治学非常有用。常用书目有以下四种：

1. 现代综合性书目

这是查考现代图书的书目，比较著名的有《（生活）全国总书目》（上海生活书店1935年出版）、《抗日战争时期出版图书书目》（第一辑、第二辑，重庆市图书馆编，1957年印）、《全国出版物总目录》（开明书店编辑，1935年出版）、《中国近代现代丛书目录》（上海图书馆1979年编印）以及《外文图书总目录》和《全国西文新书联合通报》等。

《外文图书总目录》和《全国西文新书联合通报》是专门报道外文图书的目录，是提供外文资料的重要检索工具。在中文书目中，其中特别值得重视的是至今仍在定期出版的《全国新书目》和《全国总书目》，它们是由国家出版局版本图书馆编辑出版的。前者为月刊，报道迅速及时，便于了解最新信息；后者为前者的累积本，按年出版，资料完整，便于检索和保存。这两种书目，是根据全国各出版单位缴送的出版物样本编成的，它除了收录我国出版单位公开发行的图书外，也收录了一部分内部发行的图书，基本反映了我国图书出版的概况，是检索图书的主要检索工具。

2. 报刊目录

这是专门介绍各类期刊和报纸的目录。其中比较有影响的有《上海市报刊图书馆中文期刊目录》《全国中文期刊联合目录》《"五四"时期期刊介绍》《中国现代文学期刊目录》（初稿）、《东方杂志总目》《1919～1927 年全国杂志简目》《1946 年各解放区出版的报纸》《1833～1949 年全国中文期刊联合目录增订本》《民国初期的重要报刊》《晚清文艺报刊述略》、《晚清以来文学期刊目录简编》。收录近期报刊的报刊目录很多，也比较容易找，如吉林省图书馆学会编辑出版的《国内期刊简介》，收录了我国 1981 年以来公开发行的期刊 15000 种。除了国家统一编印出版的目录外，各图书馆一般都有自己的馆藏报刊目录，有的公开出版，有的不公开出版。

3. 专题性目录

这是为了便于专业研究，按照一定的专题，把有关出版物收录在一起的目录，如《中国通俗小说书目》《晚清戏曲小说书目》《曲海总目提要》《曲海总目提要补编》《宋代歌舞剧曲录要》《元代杂剧全目》《明代杂剧全目》《明代传奇全目》《书画书录解题》《1949～1979 年翻译出版外国古典文学著作目录》《鲁迅研究资料目录》。利用专题目录，能节省查阅资料的时间，又能集中发现大批适用资料的线索。搜集科研资料要充分利用有关的专题目录。

4. 有关古籍及其版本的书目

中国具有悠久的文化传统，拥有浩如烟海的古籍。前人曾留下了许多珍贵的书目。后人为继承文化传统，又做了大量工作，整理补正古籍，编写了各种书目。这类目录种类多，数量大，是与古籍打交道的研究人员经常使用的检索工具。如清永瑢、纪昀主编的《四库全书总目》，收书 3461 种和存书目 6793 种，基本上包括了乾隆以前中国古代的重要著作，是一部系统的书目工具书。在编《总目》时另编有《四库全书简明目录》作为《总目》的缩本。清邵懿辰撰、邵章续录的《修订四库简明目录标注》是一部版本目录，它以《四库全书简明目录》为基础，在各书之下分注不同版本，又补充了一些《简目》未收的书和不同版本，是一部查古籍版本的工具书。孙殿起编的《贩书偶记》，相当于《四库全书总目》的续编，凡见于《总目》者概不收录，所录必是卷数、版本不同者。《中国丛书综录》，上海图书馆编，全书共分 3 册，收录有我国 41 个主要图书馆所藏丛书 1797 种，汇集古籍 38891 部。《中国历代年谱总录》，杨殿珣编，共收年谱 3051 种，反映上古至 1978 年谱主 1829 人，是查找年谱文献的重要工具书。

（二）索引

索引是一种揭示文献外表特征或内部特征的检索工具，它通常以单篇文章为著录单元，又称引得或通检。和"目录"相比，索引能更细致地把文献的篇目或内容摘记排列出来，便于查找散见于书籍、报刊的各种资料。查找到与课题相关的论文，通常是查索引。常用的索引有以下几种：

1. 有关马列经典著作的索引

如《〈马克思恩格斯全集〉主题索引》，中国人民大学图书馆编，共分 1872 个大题，万余个小题，查阅马克思恩格斯著作中有关问题极为方便。《〈毛泽东选集〉索引》（1～4 卷），全书分为中共党史、党的建设、哲学、政治经济学、历史及附录六部分,按主题内容排列,内部发行。要了解毛泽东对某一个问题的论述,可查此书。

2. 有关古籍的索引

如《十三经索引》《尔雅引得》《尚书通检》《周易引得》《礼记引得》《春秋经传引得》《论语引得》《孟子引得》《庄子引得》《荀子引得》《墨子引得》《韩非子索引》《说苑引得》《论衡通检》《方言笺注通检》《诗经索引》《楚辞索引》《全汉三国晋南北朝诗作者引得》《全上古三代秦汉三国六朝文篇名目录及作者索引》《文选篇目及著者索引》《全唐诗文作者引得合编》《全唐文篇名目录及作者索引》《唐宋诗名索引》《万首唐人绝句索引》《杜诗引得》《李白诗歌索引》《李贺诗引得》《花间集索引》《中国旧诗佳句韵编》《汉诗大观索引》《元人文集篇目分类索引》《清代文集篇目分类引得》《历代赋汇著者篇名索引》《全宋词作者索引》《全金元作者索引》《二十四史纪传人名索引》《史记人名索引》《唐五代人物传记资料综合引得》《四十七种宋代传记综合引得》《宋人传记索引》《辽金元传记三十种综合引得》《元人传记资料索引》《八十九种明代传记综合引得》《三十三种清代传记综合引得》《清代碑传文通检》《宋元明清四朝学案索引》《唐诗纪事著者引得》《宋诗纪事著者引得》《元诗纪事著者引得》《古今人物别名索引》《史记及注释综合引得》《汉书及补注综合引得》《后汉书及注释综合引得》《三国志及裴注综合引得》《国语索引》《战国策通检》等。有关古籍的索引主要用于查找书籍中的资料。

3. 专题性索引

这是为了方便科研,按照一定专题编成的索引。我们常用到的索引有:

(1)语言学方面,有《中国语言学论文索引》(1900～1963)甲、乙编,科学出版社1965年、1978年出版,甲编收1900～1949年间的论文,乙编收1950～1963年间的论文。《中国语言学论文索引》乙编增订本,由商务印书馆1983年出版,收1950～1980年的论文。《语文教学篇目索引》(1950～1980),中国语文编辑部编,上海教育出版社1981年出版。《汉语方言报刊资料篇目索引》,复旦大学中文系资料室编,分概况、方言调查、各地方言、古方言、文艺作品中方言研究及其他等五个部分,1959年出版。此外,《中国语文》杂志部分期号载在《国内期刊语言学论文篇目索引》。

(2)美学方面,北京大学出版社1982年出版的《美学向导》有三种索引:《我国现代美学论文要目》(1918～1949.9)、《我国当代美学论文要目》(1949～1981.6)、《美学译文要目》(1949～1981.6)。此外有《全国报刊美学论文索引》,孙力平编,江西大学中文系资料室1983年印行。

(3)文艺理论方面,有《文艺理论资料目录索引》,山东师范学院1961年编印;《文艺典型问题研究资料索引》(1949～1980),上海戏剧学院图书馆资料组编,1981年印行;《现代散文研究论文目录索引》(建国后部分)(1983年);《当代文学新人作品及其研究资料目录》(1949.10～1960);《中外小说写作技法文献索引》(1914～1982);《文学论文索引》(1936年),收1905～1935年间220种报刊所载论文4000篇;《(1937～1949)主要文学期刊目录索引》(1962);《文学遗产索引》(1954.3～1966.6)等。

(4)中国古代文学方面,有《中国古典文学研究论文索引》(1949～1966.6);《中国古典文学研究论文索引》(1966.7～1979.12);《中国古典文学研究论文索引》(1949～1980);《中国古代文学资料目录索引》(1949～1979);《中国古典文学研究论文索引》(1905～1979)。专门性研究方面有《〈文心雕龙〉研究分类索引》(1910～1982.6);《陶渊明黄庭坚研究资料索引》(1913～1984);《唐诗研究专著、论文目录索引》(1949～1981);《〈水浒〉研究论著目录索引》（1903～1981）；《蒲松龄和〈聊斋志异〉研究论文索引》（1929～1982）；《明清小说论丛》第三辑刊载的《近年来明末清初小说及小说理论研究论文篇目索引初稿》（1975～1984）；《〈红楼梦〉研究论文资料索引》（1974～1982）；《〈红楼梦〉研究资料目录索引》（1976.10～1982.11）；《红楼梦研究集刊》第 1、2、3、5、8 辑所载的《报刊文章篇目索引》和第 6 辑所载的《台湾报刊〈红楼梦〉论文篇目索引》（1950～1980）等。

（5）中国现当代文学方面，有《中国现代文学作家作品评论资料索引》（1962 年出版）；《中国现代作家研究资料索引》（1949～1960.5）；《中国现代作家研究资料编目》（1980 年印行，收至 1978 年底的资料）；《中国现代当代文学研究论文索引》（1949～1982）；《鲁迅研究资料索引》（1919～1966.5）；《鲁迅研究资料索引》（1975～1983）；《鲁迅研究资料篇目索引》（1949.10～1974.12）；《郭沫若译著及研究资料》（1979 年印行）。

（6）外国文学方面，有《外国文学论文索引》（收"五四"时期至 1978 年以前的论文篇目）；《我国报刊登载的外国文学作品和评论文章目录索引》（1978～1980.6）；《外国文学研究资料索引》（1982）等。

4. 报刊综合索引

这种索引以一定范围内的报刊为收录对象，用一定的排列方法把报刊中的文献篇目系统地揭示出来。早期的如《最近杂志要目索引》《期刊索引》《中国近代期刊篇目汇录》《近代期刊篇目》《新华日报索引》（1938～1947）；近期的如《全国报刊索引》，上海图书馆编辑出版，月刊分"哲学、社会科学版"和"自然科学技术版"两种，报道我国 2700 多种主要报纸、期刊上发表的论文篇名；《内部期刊篇名索引》，中国科技情报所编辑，月刊，收录内部期刊上的论文；《内部期刊篇名索引》，湖北省科技情报所编印，年刊，收录内部期刊达 2000 多种，为检索我国内部刊物篇名的重要工具。许多中央和地方报纸，编纂有索引逐年出版，如《人民日报索引》《光明日报索引》、《文汇报索引》等。各种期刊一般都在每年最后一期附有全年文章索引。

（三）文摘

文摘是文献内容的摘要，它将大量分散的文献资料加以搜集、整理、分类、摘录，以反映文献的主要内容或外表特征。我们平时用到的有《新华文摘》《现代外国哲学社会科学文摘》《全国高等院校文科论文摘要》《大学文科毕业论文摘要》《中国语言文学资料信息》等。

目录、索引、文摘是广泛运用的检索工具，近年来又出现了一种新的综合性检索工具，它将目录、检索、文摘合而为一，并刊登一些重要的论文，有时间或报道一些重要的学术活动、研究动态，这类新型的综合性检索工具备受读者欢迎，逐步成为文献检索的重要工具。如中国人民大学书报资料中心编印的《复印报刊资料》（1986 年改名为《复印报刊资料选汇》），就是这样一种新型的综合性检索工具。它是人大报刊资料中心根据全国 1700 多种重要报刊、汇编、论文集，按照不同专题剪辑影印发行的。自发行以来，影响很大，已成为我们重要的检索工具书。我们初学论文写作，如果感到前面所述的目录、索引、文摘难以掌握，可从人大的《复印资料》入手，现将与我们论文写作相关的专题类号类名介绍如下：

A_1　马克思、恩格斯、列宁、斯大林著作、生平、事业研究

A_2　毛泽东著作、生平、事业研究

B_1　哲学原理

B_2　自然辩证法

B_3　　逻辑

B_4　　心理学

B_5　　中国哲学史

B_6　　外国哲学与哲学史

B_7　　美学

G_0　　文化研究

G_1　　教育学

G_6　　新闻学

G_{31}　中学语文教学

H_1　　语言文字学

J_1　　文艺理论

J_2　　中国古代、近代文学研究

J_3　　中国现代、当代文学研究

J_4　　外国文学研究

J_8　　电影、电视研究（原名电影研究）

J_{21}　《红楼梦》研究

J_{31}　鲁迅研究

J_{32}　郭沫若研究（原有）

J_{33}　茅盾研究（原有）

J_{51}　戏剧研究

J_{52}　戏曲研究

Z_1　　出版工作、图书评介（原名图书评介）

　　此外，近20年来各出版社还先后出版了中国古代、近代、现代、当代以及外国一些重要作家、重要作品研究资料专集数百种，为我们研究提供了极大的方便。

二、现代检索工具

　　随着现代科学技术的发展，文献检索、资料信息搜集的手段、方式与途径日趋多元化。除了传统手工检索外，还可以用计算机，通过各种电子出版物如光盘（CD－ROM），期刊网络版，相关网站与电子图书馆等进行文献检索。与传统方式相比，现代方式具有快捷、方便、信息量大、检索功能强、资料较为完备等特点。自20世纪90年代以来，随着计算机的不断普及，各种电子出版物开始进入各类图书馆和家庭，有许多大型丛书、多卷本工具书或报刊合订本已陆续制作成光盘，如《四库全书》《古今图书集成》《中国古典经典系列》《中国大百科全书》《中国出版年鉴》《读书》、各种古籍的全文数据库（如1992年12月出版的《国学宝典》）等，它们具有极大容量，许多制作工艺较好的光盘还具备了完备而强大的检索功能，极大方便了我们的文献检索。期刊网络版是在网络迅速发展与网络点击数飞速提高的情势下，传统文字期刊向网络延伸的结果，如《二十一世纪》（香港）、《北京文学》《南京评论》等，就有其网络版。值得注意的是，一些大型网站，也设有网络期刊；有些传统文字期刊或参与网站建设，或以特定的网站为依托，以此来扩大自身的影响，如《东方》《视界》《天涯》等。期刊网络版能够迅速地发布各种信息，公布期刊目录，具有较大的信息量。近年来，各种专业性的"搜索网站"开始建设，如北京大学的"天网搜索"；一些大型网站也在不断地增设、强化自身的搜索功能，它们具有强大的信息与资料检索功能，为我们进行相关研究和信息资料的检索提供了极大的便利。

计算机检索可分为脱机检索、联机检索和联网检索。

脱机检索指用户把要求告知计算机操作人员，由操作人员把检索结果通知用户；

联机检索指通过线路，把各个终端设备与中心文献档案库连接起来，随时在终端上检索；

联网检索指通过线路或通讯卫星，将众多的计算机检索系统及其终端设备连接起来，形成网络。这种网络有的跨部门、跨地区，有的甚至跨国。检索者可以从网络的任何一个终端检索到全网络内任何一个系统的文献，充分发挥文献资源共享的作用，极大地提高文献的利用效率。

对于中文专业的学生来说，查论文可上网查"中文期刊全文信息库"和"人大重印资料信息库"；查论著可查"超星图书馆"。

"文献检索"是读书治学的基本功，科研能力的一大表征。1984 年，教育部还下发《关于高等学校开设〈文献检索与利用〉课的意见》，要求各高校都开设了"文献检索"课。传统文献学以目录、版本、校雠为研究重点，重视古典文献的整理、考证、编纂；现代文献学则把不断涌现的新文献的搜集、整理、传播、利用作为研究重点，重视文献工作的标准化、自动化，与信息科学、计算机技术息息相关。毕业论文写作中，我们应运用"文献检索"的知识与方法，对自己研究论题的相关文献进行检索。

谈到上网检索这里想附带说一个问题。随着现代科学技术的发展，文献检索、资料信息搜集越来越便利，大家对网络越来越依赖了，往往忽视了对传统检索的训练。这个问题大家要引起注意。一些基本功，是忽视不得的。另外，现在从网上下载资料越来越方便，海量的信息包围着我们，往往使我们不知所措，为信息所左右，这就特别要加强我们甄别、使用信息的能力。如果简单地从网上下载几篇文章，简单地粘贴成一篇"论文"，那就失去了论文写作的基本涵义。

三、常用工具书

在论文写作中，我们常常会遇到一些具体问题，如遇到某个词语，我们不解其义，遇到某个年代，我们无法确切判断，遇到某个重要概念，我们不甚明了，遇到某个材料，我们不知道它的出处，等等。遇到这一类问题，就要查有关的工具书。在文献检索中，这一类问题，称事实课题。事实课题的提问比较具体、明确，它必须求得一个明确的答案。事实课题又可分出许多类型，如：(1)文字类，包括文字的形、音、义等方面；(2)词语类，包括词语的义项、读法、用法、写法；(3)语句类，包括马列经典著作中的语句出处，古今文献中的名句、警句、诗文出处等；(4)器物类，包括某种器物的图形、名目、作用及起源；(5)史事类，包括历史上的大事和专科史事，如"公元 1664 年李自成何时退出京城"；(6)时间类，包括中历的纪年纪月纪日的名称和中外历法年月日的换算；(7)地理类，包括古今地名及其地理位置，如"秦代长沙郡相当于今何地"；(8)人物类，包括人物姓名、字号、室名、别名、行第、生平、官职等；(9)典制类，包括典章制度的名称和历史沿革等；(10)书目类，包括某书为何人所著，何地出版，有什么版本以及开本、篇幅、价格等；(11)文章类，包括某文的作者和出处以及某人在某时有什么文章发表等。由于这些问题属研究过程的具体问题，我们称之为辅佐性材料的查找。辅佐性材料的查找，要查工具书。

工具书有两类，一类是用于文献检索的工具书，也就是我们前面讲的目录、索引、文摘；一类是提供各种知识供人们在学习、研究中作参考用的，其中主要包括字典、词典、百科全书、类书、政书、年鉴、手册、年表、历表、图录等。下面简要介绍查找辅佐性材料的一些途径：

（一）利用百科全书、年鉴、手册、辞典等查当代科学进展、当前学术动态、学术争鸣、资料及学科名词术语

查当代科学发展水平，如某一学科的研究对象是什么，有哪些分支学科，其研究进展如何，要查解这类问题，主要是利用最新版的百科全书、年鉴、手册和各种最新专著。

百科全书规模巨大，卷帙浩繁，包罗万象，是一切知识门类的概述性著作。百科全书各条目都是由各学科领域的专家学者，以至大思想家、大科学家完成的，这些条目的内容，是他们研究的成果，每个条目都可以说是一篇完整的论著。百科全书每隔十年左右要修改一次，旨在反映当代的先进水平。百科全书面向全人类、全社会宣传人类已经获得的各方面的认识（知识），无论是大学生，还是没有进过大学的各级水平的读者，都可以利用百科全书求取知识。同时百科全书还有供读者检索文献和查考知识源流的作用，大部分条目注意了历史源流并附有参考书目，征引资料也有说明。自 20 世纪 70 年代以来，我国自编和编译出版了多部百科全书。《中国大百科全书》，中国大百科全书编辑委员会编，中国大百科全书出版社自 1980 年陆续出版。其中《中国文学卷》（Ⅰ、Ⅱ），《外国文学卷》《戏曲·曲艺卷》等，是我们常用到的。《简明不列颠百科全书》（10 卷），中国大百科全书出版社和美国不列颠百科全书公司联合据《不列颠百科全书》的《百科简编》编译，1985 年至 1986 年出版。第 1 至 9 卷为正文及附录，第 10 卷为索引，共收条目 71000 个，按汉语拼音字母顺序排列，有插图约 5000幅，内容涉及社会科学、自然科学、工程技术、文学艺术以及世界各国各科人物、历史、机关、团体及地理各个方面。全书侧重西方文化、科学成就，中译本对原书作了调整，增加了有关中国的条目，这些条目由我国学者重写，约占 20%，这样，对我国读者也比较适用。

由于百科全书不可能每年修订，为弥补不足，不少百科全书出版社每年出版年鉴一卷，如《不列颠百科全书》《美国百科全书》《国际百科全书》等每年都出年鉴一册作为补编。由中国大百科全书出版社出版的《中国百科年鉴》也是《中国大百科全书》的伴随产物。但年鉴并不全是为补充百科全书而编，它是一种独立的特殊类型的工具书，是一种知识密集、信息密集、人才密集型的权威性、资料性工具书。说它"知识密集"，是因为它要反映各个科学领域的部分现有知识和各种新知识；说它"信息密集"，是因为它不但要反映知识，还要反映各行各业及科学界的活动、进展、成果、统计数字以及有关一年的新书、新论文等情报；说它"人才密集"，是因为它要反映国内政治人物以及经济、外交、哲学、社会科学及自然科学、技术科学、各行各业领域的重要人物（包括新秀）的情况。年鉴的重要文章，均由名人和学者们撰稿，取材于政府公报的文件、重要报刊所载报道及其他有关资料，是一年资料的集中浓缩，故称为"密集"型工具书。年鉴有综述或述评式栏目，内容是对年度科研进展水平、动向及行业建设的全面概述和总结；年鉴有动态报道栏目和一年大事记栏目，其内容是反映年度的学术活动或其他活动、规划、成果问世、名家情况等；年鉴有统计资料及插图栏目，这些统计数字和新闻图表是对年度发展情况、成就情况的最好报道；年鉴还有文献报道，即书目、索引栏目，这些书目和索引所反映的著作和论文都是年度研究的重要成果。

试看《中国文学研究年鉴·1984》中关于鲁迅杂文研究的述评，就可以知道年鉴在这一方

面的作用：

鲁迅杂文研究的转机

鲁迅研究这门学科的日趋自觉和成熟，不仅表现在学术界对其本质的认识深化上，而且体现在：一些对鲁迅研究全局发展有重要意义，而以往又属于薄弱环节的研究课题，逐渐引起了重视，并取得了较好的研究成果。这一点，在鲁迅杂文研究方面表现最为显著。

鲁迅杂文，不仅在鲁迅全部著作中占据首要的地位，而且在中国近现代思想史、文学史上也有其不可磨灭和不容抹杀的巨大价值。可以这样说，不研究鲁迅，就几乎无法书写中国近现代思想、文学发展的历史；而不研究鲁迅杂文，作为一门完整学科的鲁迅研究就难以真正确立。令人遗憾的是，以往的时间里，鲁迅杂文研究并未取得与其重要地位相适应的充分发展。一般说来，杂文研究是较多地消融于鲁迅思想研究并为之所取代了。诚然，研究鲁迅思想不可能不涉及他那浩繁而深邃的杂文；问题在于鲁迅杂文独立的思想、艺术价值，应该有相对独立的专门研究。而这一工作，却发展缓慢。截至1983年初，有关鲁迅思想研究的专著有近二十部，小说研究专著有八部，薄薄的一册《野草》，其研究专著也有八部；而鲁迅杂文研究方面还仅有巴人在四十余年前所写的《论鲁迅的杂文》这一本专著。当然，单篇的论文曾有过不少，其中也有一些写得较有深度。对于这样一种状况，广大研究者都心存忧虑，强烈呼吁采取措施改变这种状况。

在鲁迅研究发展的历史上，1983年也许将会以杂文研究出现重大转机而被后人不断郑重提起和加以评述。阎庆生《鲁迅杂文的艺术特质》，成为继巴人《论鲁迅的杂文》后的又一部鲁迅杂文研究专著，一批有一定深度和分量的杂文研究论文也相继发表。从前较为沉寂冷落的鲁迅杂文研究领域，现在已崭露了迎头赶上的发展兆头和势头。

综观1983年的鲁迅杂文研究，可以看到这样几个特点：（1）有关鲁迅杂文艺术特性的研究，吸引了众多研究者的注意力。围绕鲁迅杂文评价问题的争论和研究，在鲁迅生前就已展开。尽管这种争论涉及的方面很多，但其中较为集中的焦点则又是鲁迅杂文算不算艺术的问题。褒贬毁誉，几乎都与斯相关。正因为这样，现阶段鲁迅杂文研究中首要的课题就是解决鲁迅杂文性质的归属问题。阎庆生《鲁迅杂文的艺术特质》一书，着重从思维方式上，论证了鲁迅杂文的艺术特质。著者认为，鲁迅杂文是介于一般评论文与纯文学之间，兼具二者特点的"杂"文学。在思维方式上，它是逻辑思维与形象思维有机的结合；其艺术特质表现为形象化情感化的说理。《特质》一书的突出特点，不在于它结论的新颖，而在于它论证的精细和周全。同样是论述鲁迅杂文的艺术特性，甘竞存《略论鲁迅杂文的情理趣》、许怀中《论鲁迅杂感文学中的情感态度》、王献永《论鲁迅杂文的整体艺术》等文章，则又选择了与阎著不同的角度。甘文从情、理、趣三大艺术要素的完美融合上，论证鲁迅杂文的艺术特征及其审美价值；许文则认为使鲁迅杂感文学成为高尚文学楼台的两大支柱，是它所塑造的庞大"社会相"类型和所具备的独特性情感态度；王文以宏观研究方法和系统的观点，把鲁迅丰富多彩的杂文看做一个整体，进而探索鲁迅杂文的整体结构艺术。

不管上述同志在对鲁迅杂文艺术特性的认识上彼此存在着怎样的差异，也不论这些意见最终有多少能得到学术界的肯定，但他们注意从鲁迅杂文内在的审美价值分析问题的方法，较之那种只着眼于单纯艺术形式和技巧的研究方式，无疑是一个大的进步。

（2）多向开掘，形式灵活。1983 年的鲁迅杂文研究，在面的铺展和研究形式上，也较以前有了新的变化。吴中杰《鲁迅杂文中的心理分析》着重说明鲁迅的杂文所以深刻有力，与他善于在杂文中进行精神、心理分析有密切关系；陈庆英《试论鲁迅杂文的功力》从思想、学识、艺术修养等方面，探讨了鲁迅杂文取得成功的因素；程中原《〈自由谈〉的革新与鲁迅杂感的发展》、许祖华《〈二心集〉在鲁迅思想发展和艺术创作上的意义》、刘中树《论〈伪自由书〉》、叶启增《鲁迅"随感录"的特色及其开创意义》等，采取分集或分段研究的形式，对鲁迅杂文的思想、艺术特点及其发展过程，作了有意义的细致分析；张梦阳《论六十年来鲁迅杂文研究的症结》从鲁迅杂文研究史的角度，总结了这一领域研究工作的一些经验教训。除此之外，还有为数众多的鲁迅杂文单篇作品的分析文章。限于篇幅，难以备述。

总之，1983 年是鲁迅杂文研究出现良好转机的一年。不过，我们在为此感到振奋的同时，也清醒地知道这一领域的研究工作，还有很多方面需待广大研究者继续不断地努力开掘和探索。

这是赵存茂写的《鲁迅研究述评》中的一节（文中省去了原文的注），读这样的文字，我们不难发现，年鉴在提供科研信息方面的重要作用。

手册起源于古代的"随身宝""万事不求人""牛马经"等。近现代手册发展迅速，类型比较复杂，有书目、字典、词典、年鉴、指南、便览和统计方面各种性质的手册。指南、年鉴、便览性质的手册，往往反映当代科学水平和收录大量科研资料，可供我们查阅。如林骧华等主编的《文艺新学科新方法手册》，由上海文艺出版社 1987 年出版。系统、简要地评介了文学艺术和美学领域内的新兴学科（包括基础学科、应用学科、边缘学科、分支学科）以及可资参考借鉴的新的研究方法、批评方法、创作流派，比较全面地反映了当代文艺学、美学领域学术研究的新成果、新态势，具有较高的科学性、知识性、资料性和实用性。北京大学出版社 1982 年出版的《美学向导》，该书实为手册，载有许多综述性的专文，如《现代中国美学研究》《我国当代美学讨论综述》《马克思恩格斯著作中的美学问题》《中国古代美学思想家举要》《西方美学史撷华》等，还附有大量美学论著目录、索引。

查各学科的专业名词术语，除用百科全书和《辞海》20 个分册本以外，主要应查阅有关学科词典或手册。这类辞书近年来越编越多，涉及日益广泛，内容日益深入，今后还有进一步发展的趋势。中文专业的学生应熟悉本专业及相关专业的一些辞书。如：

哲学有《哲学大辞典》《中国哲学史辞典》《新编简明哲学辞典》《美学辞典》《简明美学辞典》《心理学辞典》《逻辑学辞典》《伦理学辞典》《宗教辞典》《佛学大辞典》《实用佛学辞典》《一切经音义》《续一切经音义》等。

历史有《简明中外历史辞典》《中国历史大辞典》《中国近代史辞典》《春秋左传词典》《世界历史辞典》等。

汉语言文学有《文学词典》《文学术语辞典》《中国古典文学大辞典》《简明中国古典文学辞典》《诗经辞典》《红楼梦辞典》《唐诗鉴赏辞典》《唐宋词鉴赏辞典》《中国神话传说辞典》《苏联文学词典》《当代法国文学词典》《语言与语言学辞典》《语言学名词解释》等。

艺术有《电影辞典》《中国戏曲艺术词典》《戏曲辞语汇释》等。

文化教育有《新闻学简明辞典》《写作大辞典》《文章体裁辞典》等。

（二）利用类书查诗文、典故、古事物的源起等资料

在研究过程中，有时涉及到诗文的出处、典故的含义及古事物的源起等，通常要运用到类书等参考性工具书。

类书是按类别或韵部汇集古书中的史实典故、名物制度、丽词骈句、诗赋文章的资料性工具书。有人认为类书是我国古代百科全书，其实，类书是我国特有的一种工具书，与百科全书貌似而实异。貌似是因为二者规模巨大，百科俱备，内容极其丰富，实异是二者毕竟有所不同。首先，二者的编纂目的不同，百科全书注重当代，为读者提供正确的代表时代先进水平的科学知识，类书则着眼于古代，为读者提供古籍中有关各种事物的诗文资料；其次，二者的编纂方法不同，百科全书是由作者们先收集资料然后撰写条目而编成，各条目有鲜明的观点，类书则由编者们从古书中按类或按韵直接摘录资料汇编而成，基本上不加入自己的观点；另外，二者的作用性质不同，百科全书的科学性、教育性很强，可供人们查阅，了解科学发展的水平，有关事物的正确观点及部分参考文献，类书的资料性、汇编性很强，属资料汇编。历史上出现过的类书有六七百种，现尚存有 200 多种。类书有综合性的和专题性的两大类，查古代专题资料，可以先看看是否有专题性类书，然后再考虑利用综合性类书。

查历代君臣事迹、掌故资料，可用《册府元龟》《皇朝类苑》《玉海》《群书类编故事》《智囊》等。

查事物起源，可用宋高承编，明李果修订的《事物纪原》，清纳兰永寿编的《事物纪原补》，明董斯张编的《广博物志》，清汪汲编的《事物原会》，清魏崧编的《壹是纪始》，清陈元龙编的《格致镜原》，清厉荃编、关槐增补的《事物异名录》等，这些书专收古书中有关各种事物的起源、名称等方面的资料。

查时令史实典故，可用宋陈元靓编的《岁时广记》，明冯应京编的《月令广义》，清秦嘉谟编的《月令粹编》。

查姓氏、称谓、异号，可用明凌迪知编的《万姓统谱》，清梁章钜撰的《称谓录》，清史梦兰编的《异号类编》。

查历代诗文，可用《太平广记》《文苑英华》《佩文韵府》《骈字类编》《子史精华》等。

以上讲的是专题性类书，如专题性类书不备，可利用综合性类书。历史上综合性类书很多，最重要的要算《北堂书钞》《艺文类聚》《初学记》《白孔六帖》《山堂考索》《太平御览》《永乐大典》（残）、《唐类函》《古今图书集成》等。

综合性类书百科齐备，规模宏大，按部类或按韵字摘录汇集了古书中大量的诗文资料，同时每条资料差不多都注明了出处，对于搜集各科各类专题资料很有价值，可以根据专题研究的具体课题同时查找多部类书中的相关类目。

（三）利用政书、类书查古代典章制度

在有关古籍中，常常涉及古代典章制度，如礼制、兵制、乐制、职官制等，有关这些制度的沿革、职掌，可查政书和类书。由于类书上面已作介绍，下面专门介绍政书。

政书的滥觞，可上溯至周礼，该书以谈周代职官制度为主，已具有政书的某些特征。我国第一部体裁完备的政书是唐代史学家刘知几的儿子刘秩所编的《政典》，该书按《周礼》六官所职分门编写，共 35 卷，后来唐代杜佑扩充为规模巨大的《通典》，再后来，宋郑樵编了《通志》，元马端临编的《文献通考》，清代对这些大型政书又作了续编，使之成了《九通》《十通》。另外，从唐至清，还编有会要、会典等断代性政书和有关职官的专书。

政书取材以史书为主，记载的是典章制度的历史沿革变迁，其写法与类书不同。类书是

辑录资料，政书则是融合贯通史料，由作者重新编写或加入按语，政书有通史性政书和断代性政书之分。

查历代典章制度，可用《十通》。《十通》是由 10 部政书组成的，10 部政书是：(1)唐杜佑的《通典》，清乾隆三十二年官修的《续通典》和《清朝通典》，以上三书并称"三通典"；(2)宋郑樵的《通志》，清乾隆三十二年的《续通志》和《清朝通志》，以上三书并称为"三通志"；(3)元马端临的《文献通考》，清乾隆三十二年编的《续文献通考》和《清朝文献通考》，并称"三通考"；(4)清末刘锦藻编的《清朝续文献通考》，该书与"三通考"并称为"四通考"。

查断代典章制度，可利用断代性政书，如《春秋会要》《七国考》《秦会要》《西汉会要》《东汉会要》等。几乎各代都有相应的会要或会典，可与《十通》配合使用。

查历代职官，可利用职官方面的专书，如清乾隆时官修的《历代职官表》，清黄本骥据《历代职官表》删编的《历代职官表》等，查古代的典章制度，除了利用政书、类书外，还可利用辞书和史学书籍。

(四)利用表谱、图录查时间、事件

表谱是汇集某一方面或某一专题的有关材料，采用表格形式进行编排的一种工具书，主要包括历表、纪年表、史事年表、专门性表谱。历表是供查考和换算不同历法的年、月、日的，如《两千年中西历对照表》《二十史朔闰表》《中西回史日历》。纪年表是供查考和换算不同纪年法年代的，如《中国历史年代简表》《中国历史纪年表》。史事年表是供查找历史大事的，如《中国大事年表》《中外历史年表》。专门性表谱是供查找某一人物、事物的专门性史事资料表谱，如《历代人物年里碑传综表》等。图录是汇集某一方面事物，用图像绘录加以分类编排的工具书，涉及人物图、文物图、历史图、地图等。

第三节　查找的步骤与方法

查找文献资料是一项实践性很强的活动，其步骤和方法是：

一、明确检索的范围

查找文献资料要明确检索的专业范围和时间范围。

专业范围指自己所要查找的资料属哪个专业。

时间范围是指自己所需的材料是近几个月的，近几年的，还是若干年乃至穷尽自有文献记载以来的全部文献，这要根据课题研究的需要来决定。

二、选择检索工具

检索工具种类繁多，有书目，有索引，有文摘；有专题性的，有综合性的。这些检索工具相辅相成又各有侧重，应根据课题研究的需要和实际情况来选择检索工具。如，要了解本课题研究出版过哪些重要著作，通常要找书目。要了解本课题发表过哪些重要论文，应找索引和文摘。查找文献，通常是先找专题性的检索工具，如果在专题性的检索工具中找不到，就要考虑综合性的检索工具。另外，选择检索工具时还可根据自己的条件，选择自己所熟悉的、常用的检索工具。一般说来，只要掌握了几种常用的检索工具就能满足查找文献的常规要求。

采用计算机检索也要确定检索的工具、信息网站。因为许多信息库正在建设之中，还不完备，要懂得采用其他检索工具作适当的补充。

三、确定检索的途径

文献是有外表和内容两方面的不同特征的：外表特征指文献的书名（篇名）、著作者姓名、文献序号、文种、发表年月、出版地点等；内部特征指文献内容所属的学科或分支、探讨对象所属主题、文献中提到的关键词等。各种检索工具就是根据文献的不同特征组织的。根据不同的检索途径，可以从不同角度查找到所需要的文献资料。查找文献的途径主要有：（1）分类途径：按文献所属的学科及其分支的类目进行分类检索；（2）主题途径：按文献的主题词（关键词）来进行检索；（3）书名途径：通过书名目录或篇名索引查找；（4）著者途径：即根据著作者的姓名来查找。上网查找资料，输入关键词还应注意翻译上的异同，如"叙事学"，有的文章又作"叙述学"；"叙事视角"又作"叙事角度""叙述角度"，我们要考虑这些因素。

四、检索文献资料的方法

在文献检索的长期实践中，人们摸索出许多有效的方法，这些方法归纳起来主要有以下三种：

（一）常用法

常用法也称普通法或延伸法，是人们常用的一般的检索方法。这一方法又可分为顺查法和倒查法。

1. 顺查法

按文献发表时间的顺序，由远及近追根寻源的检索方法。它特别适用于检索理论性和学术性的文献资料。开始时，检索的范围可能宽一些，然后再精选，这样不至于因漏检而返工。这种方法的优点是查得全面、系统、无遗漏，缺点是费时、费力、效率不很高。

2. 倒查法

它与顺查法相反，是按文献发表的时间顺序由近及远的检索方法，即根据课题研究需要先查当年的，再逐年往上查，直到查得所需文献资料为止。这种方法常在新课题或探讨老课题新发展时使用。近期文献不仅反映了最新情况，而且也会引用、论证、概述早期文献。因此，这种方法比顺查法收效高，但有可能遗漏有价值的文献资料。在检索实践中，也可以将顺查法和倒查法结合起来运用，如根据课题需要，划出一定的时间范围，先用顺查法检索，如查出的文献资料不够用，再倒查一段时间，直到资料充足为止。

（二）追溯法

追溯法也称跟踪法或跟踪追查法，即以著作者在著作中的注释和著作后所附的"参考文献"为线索，进行跟踪检索；在获得新的文献后，再依据此法继续追溯。这种查找方法就像滚雪球一样，在一次一次地连续追查下，不断扩大检索范围，直至满足课题需要为止。这种方法一般在缺乏其他检索工具的情况下，可以获得一些必要的文献资料。一些治学严谨、集大成学者的著作，其开列的"参考文献"和注释中所涉及的文献，往往是研究该专题的基本书目。

（三）综合法

综合法是追溯法和常用法的综合运用。对于检索者来说，利用综合法比较方便、可行，它能在一定程度上克服检索工具短缺带来的困难，尽可能连续查得所需要的资料。

以上介绍的是文献检索的一些常识，也是论文写作的基本功和基本步骤。对于初学者来说，花气力做好这个工作是非常有意义的。因为通过这些检索，可以使我们对某一个学科及其研究的对象、范围、方法有一个比较具体、直观的印象；同时，我们还可以从中学到科研的一些基本思路、基本方法。书中介绍了许多检索工具，初学者看了不免感到繁杂；况且，有些检索工具我们也不一定找得到。其实，这是就整体而言的，落实到某个专业、某个选题，需要查检的工具书并不多。如果在自己选题内有些检索工具书找不到，也不要紧，只要能查到最主要、最基本的工具书也就行了。如，实在找不到其他方面的工具书，就系统地翻一翻人大复印资料专题资料汇编，对初学者来说也是一个好的起始。只要入了门，随着日后学业的精进，自然而然就会对自己提出更高的要求，也会更加自觉地注意各种信息性材料的搜集。

第四节　资料搜集的要求

一、围绕选题，全面客观地占有资料

搜集资料要全面，资料不全，会影响论文质量，有时甚至会得出错误的结论。怎样才称得上"全面"呢？那就是围绕选题，将选题所涉及到的方方面面的材料搜集到。在搜集资料时，胸中要有一个"数"，知道搜集哪些方面的资料。当然，不同学科、不同选题所需要的资料是不同的。例如，写语言学和文学方面的论文就有不同的"套路"，写语言学的论文，重在语言材料的搜集；写作家作品研究方面的论文，要围绕作家、作品以及相关的背景材料来查找，写文学理论方面的论文，则要了解理论问题的前提，围绕自己的观点来搜尽有关的例证、论据，材料则不受某个作家作品的限制。但总的说来，要有一个全面系统的观念，不能漏掉某一方面的内容。如果一时还搞不清楚要掌握哪些方面的资料，可向指导老师或有关专业老师请教，制定一个搜集资料的纲目，以免疏忽遗漏。

搜集资料全面，还包含客观公正的含义。搜集材料不能预定框框，符合自己观点的材料就要，与自己观点相悖的就舍。不能只注意事物积极的好的方面，而忽略其消极的不好的方面。不能只注意事物的主导方面而忽略其一些次要的方面，也不能只强调事物的次要方面而忽略其主导方面。搜集资料必须尊重客观实际，不能不顾客观事实随意剪裁取舍。

二、围绕选题抓重点

中文专业的资料浩如烟海，倘若没有轻重主次之分，一头扎进资料里，就可能湮没在资料中出不来。研究任何一个课题，都有主要材料和次要材料，如果只在次要材料中打圈圈，那就是"捡起芝麻丢了西瓜"。

在所有材料中，我们研究的具体对象是最核心的材料。譬如写有关孔子的论文，关于孔子学说的原始资料，如《论语》和《左传》《国语》《礼记·檀弓》中有关孔子言行的记载，就必须采取竭泽而渔的方法，全面搜集并一一仔细研读。有些同学写论文，不认真研读第一手的原始资料，一头扎入他人的论述中去东抄西摘，这就是主次不分；有些同学，只读一两个选本就开始论文写作，同样是不严谨的。

搜集最核心的材料须精审细读。如果是近现代的材料，文字理解一般没有困难。如果是古代文献资料，有可能遇到一些障碍，可先读今人的注本，再参阅古人的注疏。如读《论语》，可先读杨伯峻的《论语译注》，该书参考古今各家的注解，择善而从，极为简明。在此基础上，再参读邢昺的《论语注疏》、朱熹的《论语集注》、刘宝楠的《论语正义》等。邢昺的《论

语注疏》，包括了从汉到北宋的《论语》注释。朱熹的《论语集注》，集宋人的注释，兼采古注。刘宝楠的《论语正义》，搜辑汉人旧说，加上近世诸家及宋人正确的解释，博采各家学说，选择较精，且对名物制度考证极为详密。搜集资料，首先应把最直接的材料读懂、读透。读注解本，可请教指导老师，或直接查阅有关的工具书，选择好的注解本。这类工具书很多，如中国青年出版社编辑出版的《中国古代文学名著题解》，对250多部作品的原著、选注本、今译本、汇编本都作了介绍，使用起来很方便。

除了研读原著，其他方面的资料也有一个主次轻重的问题。搜集专题资料，应先找专题资料汇编。查找作者生平事迹，可找年谱和传记。要了解创作的时代背景，可根据作者的年谱查历史年表和专科年表，如《解说科学文化史年表》《中国文学年表》《历代流传书画作品编年表》等。要了解有关科研成果，可先找综述文章，然后根据综述采取先近后远的办法去查阅有代表性的著述。我们强调认真研读原著等第一手的材料，并非说其他资料就可以忽视。有些同学写论文，不愿意读别人的研究文章，担心自己受别人的影响而提不出自己的观点，这种担心是不必要的。恩格斯曾说过，科学的发展是同前一代人遗留下来的知识量成正比的，我们只有在已有的基础上起步，才能真正把自己的研究导向深入。

三、在抓住主要资料的同时，尽可能拓展自己搜集的范围

只要时间允许，就应该尽可能多地查阅有关文献。根据文献检索工具去查找资料，好处是线索分明，能抓住基本资料，局限是有可能遗漏一些重要的和未被发现的资料。适当地扩大查阅资料的面就有可能发现一些重要的资料，带来认识和研究的突破。当代学者王运熙在谈到研究乐府诗的心得时就曾说到：

> 系统地阅读有关史书，获益很大。文学作品总是产生在一定历史环境中，又表现了一定的历史现象，因此，对它们产生时代的政治、经济、社会、文化各方面的情况，知道得愈全面，愈仔细，对作品的认识也就能更准确、更深入。我当时读了《晋书》《宋书》《南史》等史籍后，发现不少记载，表明六朝的贵族上层阶级人士，在日常生活中喜欢听《吴声》《西曲》这类通俗乐曲，爱用谐音双关的隐语进行酬对和嘲谑，这为我理解《吴声》《西曲》的历史背景和思想艺术特色，打开了一扇大门。数百首《吴声》《西曲》歌词，内容绝大部分是谈情说爱，在过去封建时代被认为是淫靡之词，不受学者们的重视。清代朱乾的《乐府正义》笺释乐府诗，比较注意探究历史背景与诗歌本事，对汉乐府古辞也提供了若干有价值的资料，但仍未注意到《吴声》《西曲》的有关史实。肖涤非先生的《汉魏六朝乐府文学史》（四十年代由中国文化服务社在重庆出版），首先对六朝乐府的历史背景予以重视，发掘了一些值得重视的史料。此书对我启发很大，我在这方面所做的一些工作，正是沿着它的路子继续走下去的。《吴声》《西曲》的不少曲调，如《子夜歌》《前汉歌》《丁督护歌》等，据《宋书·乐志》等记载，在产生时往往有本事和作者，其作者多为贵族文人。"五四"以后的一些文学史研究者，因现存歌词内容往往与这些记载不合，对所载的本事、作者常不予理会，甚至认为虚诞不可信。他们把《吴声》《西曲》歌词视为纯粹出自下层的民歌，同当时贵族文人的生活和创作没有多少联系。这是一种脱离历史具体条件的看法。我从正史和其他文献中搜集到不少材料，写了《吴声西曲考》一文，证明《宋书·乐志》等的记载还是可靠的。我国古代许多文学作品，特别是诗文，所记大抵是真人真事，与历史的关系最为密切。把文学和历史结合起来研究，以历史释文学，以文学证历史，可以相得益彰。清代学者研究杜甫、李商隐的诗，在这方面取得了很显著

的成绩。现代学者陈寅恪、岑仲勉，结合唐代历史和文学进行研究，也获得有价值的成果。我国古代文学和历史的遗产都非常丰富，这方面还有大量问题存在着，等待着我们去挖掘和探讨。

王先生所谈，对我们很有启发，新的资料的发现，对科研有着非常重要的意义。当然，获得新的资料并非一朝一夕之功，它需要作者把科研课题时时揣在心中，在平时学习、阅读中加倍注意，及待论文写作时，也应把思路放开。

前面我们曾提到，近20多年来，从古代到当代，从中国到外国，许多作家、作品、专题，都出了研究资料专集。写论文时，如果有一册专集资料在手，再通过文献检索作一些补充，也就占有了基本的资料。不过，在使用这些资料的同时，我们还要善于自己去挖掘、发现新的资料。我院颜雄教授就曾提到，他在指导学生写论文时，凡选择了作家研究的同学，他都要求他们先编出这个作家的生平和著述年表，以这种可靠的材料为依据，再作文章。他指出，近20年，学术界在资料汇编方面，已有了许多积累，仅就现当代文学研究来说，作家研究的专题资料就出了上百种，专集中都有作家的生平事迹年表，这为我们的研究提供了极大的方便。但是，我们又不能全部依赖这些资料，如果有可能，就要下苦功查查旧报刊，并做些调查访问，以补充这些专集资料，甚至纠正其中的某些错误。他的一位研究生研究成仿吾，就在《成仿吾研究资料》的引导和启发下，通过深入调查研究，发现一些问题，并在此基础上写出了一篇相当不错的论文。颜雄教授不仅要求学生这样做，他自己也是这样做的。如，他在翻译原苏联学者波兹德涅耶娃的著作《鲁迅评传》(该书由湖南教育出版社2000年6月出版)时，原著提到《语丝》曾刊载过鲁迅翻译的裴多菲和埃林·彼林的作品，颜教授认为这个说法有误，不惜把《语丝》全部翻阅了一遍，果然发现埃林·彼林的作品不是鲁迅翻译的，而是(王)鲁彦所译。像颜老师这种治学精神就非常值得我们学习。

除了要注意已有研究资料(即经他人整理、搜集的第二手、第三手材料)之不足，从中发现问题、发现线索，去搜集第一手的原始材料，还可适当地扩大阅读面，从中发现一些新材料。如，我们研究某个作家，除了注意作家的文集、回忆录、创作谈、有关的史书记载，还应逐渐学会查找方志、谱牒、笔记、日记、通信等文献。

方志，即地方志，一般包括一统志、省志、府志、州志、县志、山志、院志、乡镇志等。在方志中含有许多重要的情报资料，特别是对于地方政治、经济、科技、文教、地理、风土人情的研究很有意义。

谱牒是一种特殊文献。正像地方志是某一地的历史记录并且大多属内部印行一样，家谱是族系的记录，也不公开出版。我国有修方志的传统，也有修谱的传统。现在图书馆特别是档案馆可以查到各种谱牒。美国的犹他家谱学会收藏我国家谱甚多。该学会与我国台湾省的一些家谱学专家和谱系研究单位合作搜集家谱，至1985年底，共收集家谱10218种。该馆还藏有我国方志逾5600种。其中，四川、江苏、浙江、湖南、广东、福建、江西、安徽、河南、河北、山西、陕西等省的方志均在200种以上，据统计，至1974年，该学会的图书馆收藏我国家谱竟达3000多种(《中国历史研究动态》据1987年第4期，郭松义《犹他家谱学会和它所收藏的中国资料》一文)。

笔记和札记是作者对古代掌故、当代见闻或读书治学心得的记录。内容涉及国家大事、天文地理、风土人情、科学技术以及语言文字等。笔记、札记多半由后代出版，其中保存了大量的研究资料，颇有价值。例如宋代沈括的《梦溪笔谈》，记载了我国活字印刷术的发明等重要科技资料。元代陶宗仪的《南村辍耕录》，对当时的典章文物、戏曲等都有记载。明清学者很重视前人的笔记，他们自己也给我们留下了不少笔记。这些笔记的内容往往在正史和类书中难以查到，有的古代遗篇逸文也散见于笔记之中。因此，应注意查阅古人笔记。人们常用到笔记有：《匡谬正俗》（唐，颜师古著）、《梦溪笔谈》（宋，沈括著）、《东京梦华录》（宋，孟元老著）、《困学纪闻》（宋，王应麟著）、《老学庵笔记》（宋，陆游著）、《南村辍耕录》（元，陶宗仪著）、《戒菴老人漫笔》（明，李诩著）、《日知录》（清，顾炎武著）、《茶余客话》（清，阮葵生著）、《十驾斋养新录》（清，钱大昕著）、《读书杂志》（清，王念孙著）、《蛾述篇》（清，王鸣盛著）、《癸巳类稿》（清，俞正燮著）。

前人所写的日记是学术研究的又一重要的资料来源。

日记大多按年、月、日、气候一套程序记载作者之心得收获和所见所闻。这是后人了解作者所处时代的政治、经济、文化和科学技术情况的重要资料来源。例如清代杜凤治《望凫行馆日记稿》，孙宝瑄《忘山庐日记》，叶昌炽《缘督庐日记》，都存有大量政治史料；邓邦述《群碧楼庚戌巡行日记》，阙名的《得少佳趣日记稿》，有不少经济研究资料；宋代周必大，清代李慈铭、翁同龢等人的日记里广涉学术掌故；竺可桢作近五千年来中国气候变迁初步研究的报告，就曾引述《客杭日记》（郭界）和《砚北杂志》（陆友仁）中有关的气候记载。日记记的是作者亲身经历，耳听目睹，大多真实可靠，史料价值很高。清朝人有些日记也有涂改，值得留心。唐、宋、元、明、清各代日记甚多，除了上述日记以外，唐代还有李翱《来南录》，宋代有徐兢《使高丽录》、陆游日记，明代有袁中道、李日华日记，清代有谭献、袁昶、王闿运、杨恩寿等许多人的日记。清朝张集馨的《道咸宦海见闻录》前部分是年谱，后部分是日记。

另外，中外历史上都有许多公开的或私人的通信被保留下来。一般说来，名人学者的通信都保存下来了。这些通信，有的散见在他们的文集里，有的则专门编有通信集。例如《马克思恩格斯通信集》《列宁家书集》《胡适通信集》。通信是学术研究的又一重要资料来源。

四、注意材料的真实性

充分占有材料，还应注意材料的真实性。一大把资料抓在手里，良莠不辨，真伪不分，谈不上真正地占有资料。例如，有人以裴松之注证明刘备在三顾茅庐前就认识诸葛亮了，而置诸葛亮的《出师表》不顾，就是没有注意辨伪。搜集资料，得注意文献资料本身的价值，看它提供的材料是否真实可靠。有些文献资料，属于第二手、第三手资料，编汇者在编汇过程中，就出现了许多讹错，如果不加辨别地使用，就会以讹传讹造成论文的"硬伤"。例如，有专家就曾指出，研究宋史，要查《续资治通鉴长编》《建炎以来系年要录》《宋会要辑稿》《宋史》，不要引《宋史纪事本末》《续资治通鉴》《宋人轶事汇编》。《宋人轶事汇编》摘引了许多宋人笔记和其他资料，读起来方便，但摘引时有错误，一用就容易错；要用也须查对原文。另外，古代文献资料都是在特定的环境下写成的，或多或少都带有他们那个时代的局限，在使用这些材料时，就须加以辨析，谨慎使用。

确保资料的真实准确，通常还要注意版本的问题。古籍版本也很复杂。版本越老越具学术价值。版本学上有所谓写本、抄本、刻本、仿刻本、活字本、影写本、影刻本、监本、殿本、书棚本、宋本、金本、元本、明本、书帕本、经厂本、朱墨本、套印本、聚珍本、百衲本、巾箱本、善本、孤本、珍本、校本、定本、原本、副本、别本、异本、节本等。其中刻本有按朝代划分的，如宋刻本、元刻本等，以宋刻本为最佳；有按地方划分的，如蜀本（蜀刻本）、浙本等，蜀本最好。朱墨本指红、黑两色套印本。善本指经过精心校勘，错误较少的本子，亦泛指旧刻本、精抄本、手稿、旧拓碑帖等。孤本指惟一仅存的古籍。珍本指具有重要学术价值而珍贵罕见文献。

　　古籍版本的选择直接关系到研究成果。我们要选用善本和以善本为底本的影印本、重刻重印本。童思翼先生在《目录学和版本学的基本功不可少》一文中曾指出："古今典籍若恒河沙数，其间版本流传，版本异同，历代校勘注释，批校传抄，窜改禁毁，书籍存佚，公私收藏，研究动态等等，纷纷繁复有如万花筒，我们读书治史，何处问津？这就要借助目录学。"查古籍版本主要是利用版本目录，包括善本书目和善本提要。王重民撰写的《中国善本书提要》，全书收录善本古籍书名 4200 余条，包括宋、元、明的刻本，清代精刻本和"案书"等，均为作者在国内外一些著名大图书馆亲手著录，按经、史、子、集四部排列，每书著录书名、卷数、作者、收藏单位、朝代和版本等项，最后提要评论版本。中国古籍善本书目编委会编的《中国古籍善本书目》，反映了全国各图书馆、博物馆所藏古籍善本 60000 余种，共 13 万余部，全书分经、史、子、集、丛五部排列，并分批出版。一些特殊的课题，如校勘，须搜集不同的版本对比研究，这时就要利用版本目录。清莫友芝撰莫绳孙编的《邵亭知见传本书目》，清邵懿辰撰、邵章续录的《（增订）四库简明目录标注》等，可资利用。至于现代图书，如果该书一版再版，作者并作过修改，研究中也应注意版本的异同。现今的书，盗版的不少，其中讹错很多，研究中也要注意版本。

　　研读古籍，还有一个真伪的问题。这方面的工具书，有清姚际恒的《古今伪书考》、张心澂的《伪书通考》、梁启超的《古书真伪及其年代》，如需要，可以查考。

　　以上我们援引文献检索有关的科研成果，从四个方面简要介绍了查找辅佐性资料的一些门径，初学者第一次接触，可能感到繁琐。其实，对这些知识用不着死记硬背，我们在论文写作中如遇到有关问题，依据这些介绍去查找有关的工具书，慢慢也就得心应手了。

　　利用图书馆搜集文献资料是进行科学研究和写作论文的重要手段。图书馆是知识的宝库，每个科学工作者如果想"站在巨人的肩上"工作，就必须到图书馆不断地探索，从中获得资料，利用书刊中提供的前人的研究成果进行研究，才有可能在科学上做出新的贡献。搜集图书资料，首先应把目光投向图书馆、资料室，如果仅仅限于个人所有的几本书，或向私人借，这样弄来的一点资料很难满足论文写作的要求，也失去了训练自己充分利用图书馆的一个极好机会。

【思考与训练】

1. 简述查找资料的范围。

2. 何谓"目录"？何谓"索引"？何谓"文摘"？

3. 简述百科全书、年鉴、手册、类书、政书、表谱、图录的基本特点。

4. 简述查找文献资料的步骤。

5. 简述查找文献资料的方法。

6. 任找一本类书谈谈你的读后感。

7. 简述资料搜集的要求。

8. 怎样才算客观、全面占有资料？

9. 怎样围绕选题抓重点？

10. 怎样拓展搜集资料的范围？

11. 怎样确保材料的真实性？

12. 进入本章，应围绕选题，全面、系统地占有资料，并在搜集资料的过程中，熟悉常用的工具书，掌握查找资料的基本方法。

第三章　论文的研究过程

本章讲的"研究过程"，是指材料搜集之后，作者在一定世界观和方法论的指导下，按照科学研究的原则，通过对材料深入细致的研究，最后形成科研成果的过程。这个过程要遵循人们认识事物的基本规律，由现象到本质，由感性到理性，由个别到一般，最后达到对事物本质的认识和概括。

第一节　研究的原则

研究原则概括起来有以下三条：

一、严谨求实

科学研究，必须实事求是。它应该服从科学研究的宗旨，把一切结论建立在坚实的资料上。它不能剽窃他人的研究成果而占为己有，也不能封闭一隅狂妄自大而自矜创获。它必须在已有科研成果的基础上，通过自己的艰苦钻研，去获得研究成果，并给予自己的研究成果以适当的实事求是的评价。

科学研究必须是严谨的。它容不得半点马虎、半点粗疏、半点疑义，它的每一个观点，都必须通过严格的推敲；每条资料，都要经过严格的查对；每一道推理，都要经过反复的驳难。在整个研究过程中，作者必须严格遵守同一律、排中律、矛盾律，保证思维的严谨周密。作者研究的整个思路，最终应表现为一个无懈可击的逻辑体系，其中不存在任何懈怠、敷衍和投机取巧。

二、追究本质

科学研究必须追究事物的本质，它要站在一定的理论高度去分析、观照客观事物，揭示事物的本质和内在规律。在研究过程中，我们虽然免不了要从具体的、感性的事物出发，但随着研究的深入，就要逐步扬弃事物的感性特点，抽象、概括出事物的本质特征和规律性的联系。在研究过程中，我们必须在思想上区别事物的本质属性和非本质属性，舍弃其非本质属性，并将事物的一般的、共同的属性、特征结合起来，或把个别事物的本质属性、特征推广为同类事物的本质属性和特征。在研究过程中，我们既不能停留在一般现象的描述上，也不能停留在感性经验的层面上，必须将逐层深入的本质追问贯穿始终，这是科学研究的基本思路，也是科学研究的基本准则。

三、思想增值

"思想增值"所强调的，也就是前面一再强调的创造性原则。科学研究的本质和生命也就在于创造。它不能重复已有的科研成果，必须有自己的发明、发现。它要敢于开拓新的领域，创立新的方法，探索新的角度，增加新的知识，以完善传统的理论，推翻旧的假说，建立新的理论——用马克思的话来说，也就是要实现"思想增值"。因此，在整个研究过程中，我们必须发挥创造性思维，在论题、材料、研究方法、见解等四个方面努力创新，去实现"思想增值"。

第二节　资料的研读

中文专业的论文，很多时候是建立在资料研读之上的。抓住重点精心研读原作，通过背景材料深入理解原作，分析各家之说以资借鉴，运用先进的理论重新观照，选择好突破口重点深入，运用创造性思维分析研究，然后在研究中积极提炼创造性见解，这是论文写作的基本思路。搜集资料并不是把资料找来就完事，也不是要等资料搜集全再去研究它，搜集资料的过程也就是阅读、研究、整理资料的过程。一边查，一边读，一边想，才能把资料搜集工作做好。我们把它分开来讲，是有意强调这个过程。

一、怎样研读资料

研究资料，一是要注意不同的专业及其具体学科的特点，二是要善于创造性地思考问题，三是要分清主次。对一般性资料，可采取浏览的方式对资料作大致的了解。对于重要资料，则要精读细审，字字落在实处，万不可心浮气躁，马虎武断。

资料阅读是一种专业阅读，表现出明显的专业性。不同专业的资料阅读，着眼点不同，阅读方法也就有异。如，写语言学方面的论文，作者注意的中心是语言材料，如，文字、词汇、语法结构、修辞现象。而写文学方面的论文，更多的是注意作品的人物、情节、结构、手法、风格等。因此，研读资料应根据不同专业不同课题采用与之相关的方法。

中文专业学生写论文，比较特殊的阅读方法有校勘性阅读、考证性阅读。

校勘性阅读以校勘为目的。所谓校勘，即根据同一部书的不同版本和有关资料，比较其文字的异同，探求原文的真相，订正流行的讹误，求得对读物文句的正确理解。

校勘性阅读多半由笺注家、注释家、训诂学家、版本学家、文史家进行，是一种专业性很强的阅读。校勘性阅读常常采用"本校"和"旁校"的方法。所谓"本校"，即用同一作者的作品为材料，去勘求所考释文字的正误、异同，以推求文意。例如鲍照的《登大雷岸与妹书》中有"思尽波涛，悲满潭壑"一句，"思"字甚为难解，对照鲍照的另一篇作品《拟行路难》，其中有"愿君裁悲且减思，听我抵节行路难"之句，将这两句与上面两句比较，两者都是"悲""思"并举，"悲""思"二字在句中的地位也相同，从而可以推断这两个字是互文并举，都是悲伤愁苦的意思。

"旁校"不囿于一个作家、一个版本、一篇文章，作者往往尽可能地考引相关的、有价值的材料，去考释所要考释的文字的正误、异同、来源，以推求其意。如《史记·陈涉世家》中有这么一句："士亦不敢贯弓而报怨""贯"字何解？对照《汉书·陈胜传》，其中有"士不敢弯弓而报怨"句，可知"贯"乃"弯"之通假。考证性阅读以考证为目的。所谓考证，即研究文献或历史问题时，通过对事实的考核和例证的归纳，对某一问题作出结论。考证性阅读讲究的是事实确凿，例证丰富，"孤不成证"，常采用训诂、校勘等方法进行，是很专门的学问。

二、对象性材料的阅读

对象性材料指的是我们研究的对象。由于选题不同研究对象也就有别：有时，研究的是某部作品中的某个字，如"《左传》中所字的用法"；有时，研究的是某一类语言现象，如"现代汉语中的干亲现象"；有时，研究的是某部作品中的某个方面，如"《红楼梦》叙事角度"；有时，研究的是某一文学思潮……这类资料研读，以一定的课题为中心，本质上是一种专题性阅读。

专题性阅读具有选择性，它的目的非常明确，目标常常限制在一个不太大的范围内，作者在阅读中总是淘汰那些不需要的部分，只挑选那些有关的内容来读。

专题性阅读具有客观性，它必须依据课题的需要，尽可能全面、详尽、准确、客观地获得所需要的材料而不允许主观、任意地取舍。

专题性阅读具有综合性，它有时并不要求通读整本著作，但必须把不同著作中的相关部分联系起来，进行综合考察。

专题性阅读具有研究性，它必须透过现象看本质，通过分析、研究，揭示事物的关系及其内在联系，提出自己的见解、认识。因此，搜集资料的过程，也就是积极思考的过程，不能将资料搜集与分析研究割裂开来。如果割裂开来，一大堆资料摆在我们的面前，就很难理出一个头绪。

总的说来，阅读对象性材料，要采用精读方法，精读细审，字字落在实处，有时还要反复阅读，如我研究金圣叹小说评点，前后不下 10 次，每一次阅读，都会有发现。

三、文学作品的研读

中文专业的论文写作，很多同学作的是文学类论文，而对文学作品的研读，有其特殊性。因此，我们专门讲一讲文学作品的研读。

（一）文学研究的共同项

1. 研究各体文学，对其主旨、题材、结构、语言、创作方法、形象刻画、风格等都应达到相当的程度

主旨、题材、结构、语言、创作方法、人物塑造、风格特点是我们研究文学作品的"基本项"，无论研究哪类作品，我们对这些内容都应达到相当的水平。当然，我们写某一篇具体论文时，不一定涉及到这么多的"项目"。如，我们研究《红楼梦》，往往是从某一个方面切入，但无论从哪一方面切入，都涉及到对《红楼梦》整部作品的理解以及理解所能达到的深度。

2. 对各类作品的研究都涉及美学的和社会学的批评

研究文学作品，都要涉及美学的和社会学的批评。

作家根据美的规律创作作品，我们研究文学创作，也应该从审美的规律、艺术创作的规律和特点出发，去认识、感受作品。研究文学作品，不同于一般的文学欣赏，它要排除主观性与随意性，客观、公正、准确、完整地把握作品。

研读文学作品，首先应保持一种良好、宁静的心境。不带个人的情绪色彩，不执个人审美情趣上的偏见，通过认真的阅读，进入作品所描绘的艺术境界，敏锐地抓住自己独特、具体的审美感受——这个感受可能一开始就非常强烈、新颖，也有可能开始觉得平淡，慢慢地才觉得韵味无穷——但不管怎样，都应该抓住自己的感受，从整体上去把握作品总的思想倾向和艺术特点。除了身入其境的感受，同时还要能跳出来，对作品予以客观的审视，整理自己的感受。我们对文学作品的把握是灵活多样的，有时候，是直接对作品进行评论，看作品的艺术形象是否生动、鲜明、具有典型性，看作者的创作是否新颖、独特、具有独创性，看作者的创作是否符合审美创作的规律及人们的审美要求。有时候，则是从作者与文本、作品与

生活、作品与读者、内容与形式的关系入手来探究作者创作的成败得失。有时候，我们运用的是传统的美学批评。有时候，则可能运用一些新的批评方法，如叙事学的批评方法、结构主义的批评方法、文体学的批评方法、接受美学的批评方法、原型批评的方法，等等。但不管怎么样，我们都得遵循艺术创作的基本规律，重视作品的审美价值。

文学作品除了它的审美价值还有认识价值，研读文学作品，不能不考察它的思想内涵，不能忘了作品总的思想倾向，不能忘了审视作品是否真实、深刻地反映了社会生活，不能不考虑作家对他所描绘的现实关系、人物性格的理解及对他们的思想感情的评价，不能不考察作品对现实或历史的意义。很自然地，这就要运用到社会——历史的批评，从政治、经济、文化、伦理道德等角度对作品的进行分析、研究。正像历史的社会的批评不能代替美学的批评一样，美学的批评也不能代替历史的社会的批评。恩格斯就曾指出，美学的、历史的批评，是文学批评的"最高标准"，它充分体现了文学批评的客观规律性。在研究文学作品中，为了准确地把握作品的审美价值和思想认识价值，除了认真研读具体作品外，通常还采取"知人论世"的办法，广泛搜集有关的背景材料及可资参照的对比材料，以便从更深、更广、更高的角度实现对作品的整体把握。

3. 研究文学作品需要敏锐的审美感受和透彻的理性思维

研究文学，仅仅靠理智是无法真正把握作品的。别林斯基曾用很生动的语言强调说："除了不要相信德国人外，还不要相信两个人——米歇尔·巴枯宁和卡斯科夫。不要相信前者，因为自然没有赋予他美学情感，他是用脑子去感受艺术，而没有心灵的参与，而这，几乎比用脚去理解艺术还更坏。"[①]别林斯基在这里所说的"用脑子去感受"，是指单从理论原则出发，单从理智去看。他所说的"心灵的参与"，是指审美感觉和艺术感受。也就是说，理性思维没有与审美感受结合在一起的人，是不可能成为艺术作品的优秀批评家。

研究和评价文学作品需要很好的审美感受。因为作品的意境、神韵、形象、意蕴、风格等并不是通过文字直接表达出来的，它需要读者借助文字运用想象和联想去感受，去把握。如果没有审美感受能力，就不能感受灌注于整个作品之中的生气，就不能把握"活生生"的有血有肉的具体作品。与此同时，研究文学作品又不能止于感受，一切感性的东西，只有上升为理性的东西，才能达到对于对象本质的真正理解。分析文学现象，确定具体文学现象与美的理想典范之间的符合程度或冲突程度，从中总结出规律性的结论，它需要分析、判断、抽象、概括。因此，分析研究文学作品，必须将艺术感受与理性思维很好地结合起来，才能达到深刻把握作品的目的。怎样理解审美感受与理性概括的完美结合呢？我们试看下面的一篇文章：

速度的审美

——李白《早发白帝城》

朝辞白帝彩云间，

千里江陵一日还。

两岸猿声啼不住，

轻舟已过万重山。

这首诗对于信奉庸俗社会学的批评者来说是一个难题。它表现了哪个阶级的思想感

---

① 别林斯基论文学[M]. 上海：新文艺出版社. 1958：253.

情？政治上的微言大义是什么？实在很难说清楚。但它却实实在在具有永久生命力，千百年来为人们所喜爱，我们今天吟诵这首诗，仍然会被带进三峡那险要奇异的幻觉世界，仿佛经验到飞驰前进的速度感而达到一种难以名状的满足。一个外国评论家说过，读了这首诗，会产生一种类似晕船的感觉，我想这种感觉的产生也是想象中的速度感引起的。

凭着这种直观的感受，我们便可认定这首诗吸引人的地方是它对速度的审美，而且它是把读者带进惊险新奇的环境中进行速度的审美的。因此，它就不仅给人高速前进的愉悦，而且使人领略人类驾驭自然的伟力和不畏艰险的气魄。试想想，从白帝城到江陵的一千二百里水路，只用了一天的时间就到达，这在古代社会里，是多么惊人的速度。乘着一叶扁舟以如此高的速度航行在曲折险要的三峡河道中，这需要船夫多大的勇气和惊人的航行本领啊！这不是表现出人类驾驭自然的伟力和不畏艰险的气魄吗？有过三峡航行经验的人，当他吟唱"两岸猿声啼不住，轻舟已过万重山"诗句时，恐怕会叹为观止，从而领略到化险为夷的巨大欢愉。对于中国人来说，三峡意象早已具有大自然的艰难险阻的定型旨意了，他们能从李白的诗中感受到荡魂摄魄的力量。

诗的第一句"朝辞白帝彩云间"不仅是交代地点，而且写出诗人在一回头中仿佛中见到的景象。你看，清晨告别了白帝城，转眼之间，白帝城已成彩云萦绕间隐约可见的一幅美妙图画了。这是诗人乘舟离开白帝城的初发印象，开头就给人一种速度感。"千里江陵一日还"这一句直言其舟行之速，似有浅露之嫌，但它用了"千里"与"一日"这样具体量度的时空对照，能够激发读者对航行情景的想象。因此在一定程度上补足了它的字面形象的不足。诗到这里似乎已经写完了，如何继续写下去呢？这时，诗人笔锋突然一转，进入沿途所见所闻的补述，使人直接体验到速度感。"两岸猿声啼不住"，这是诗人听觉的感受。初看之下，它似乎是写三峡的景象，其实也是表现速度感，试想想，三峡航行，沿途青山绿水，境界迭出，风光无限，但诗人只写"猿声"的听觉感受，这就说明沿江景物一闪而过，已不可能留下视觉形象了，只有两岸山中的猿啼声不绝于耳，连成一片，似乎只是一声不间断的啼鸣，从这里可以看出，视觉模糊，已觉其快，而万重山中的猿啼连成一片，恍如一声，更感其速。心理学指出：速度太慢或太快的运动都是不可能凭借分析器直接感知的，诗人正是因为航行速度太快而只能凭听觉的连续来感知自己运动的速度。心理学还指出："听觉反映着作为刺激物的时间特点，如它的持续性，节奏性等。"谢切诺夫把听觉叫做时间测量器，把听觉记忆叫做时间记忆。"两岸猿声啼不住"正是用听觉作为运动时间的计量。总之，第三句诗表面是写诗人的听觉感受，实际上是借听觉来衬托舟行之速。第四句"轻舟已过万重山"是写轻舟的运动所引起的位移。而这"万重山"的大幅度的位移是在一声连续不绝的猿啼声的短暂时间内完成的，速度之快就可想而知了。在这里，猿啼声成了"轻舟已过万重山"的运动速度的参照线。这样表现运动是很独特的。一个"轻"字给人以轻盈的感觉，轻舟仿佛腾空而起，穿越于万重山中，使人产生一种飞行的幻觉。总之，全诗四句都是在表现速度感。第一句是通过诗人初发时的瞬间感受来表现，第二句是通过强烈的时空对比来表现，第三、四句则是通过听觉的连续和视觉中的位移来表现高度运动时的时间知觉和空间知觉，它们共同构成一幅勾魂摄魄的三峡舟行图。

《早发白帝城》所展示的速度在当时交通不发达的时代，已经超出人们的经验世界，而必须借助于想象力。能诉诸想象力的形象即具有美的素质，它表达人类对速度的一种向往，表现人类征服大自然的本质力量。

对速度的追求，这是人类企图超越时空限制，征服自然力的本心的表现，正是这种追求，促使人类在长期的科学实践中逐步获得时空活动自由性。

人们对速度的审美愉悦是根源于人类对"快"的感受的心理追求。时间的进行本无所谓快慢，但人的感觉却有快慢之别。时间划分了段落就觉得过得快些，同时感到爽快；混沌地移行就觉得慢些，同时感到沉闷。患失眠症的人觉得长夜漫漫；坐监狱的人度日如年，而生活繁忙而富变化的人就觉得光阴如箭。人类一方面追求寿命之长，另一方面又唯快是乐，有了快的感觉，才感到舒服。中国的造词原则是耐人寻味的，"快乐""欢快""快活""爽快""愉快"等词就说明"快"与"乐"相联，心理上产生了时间过得快的感觉，他的生活才是舒服惬意的。如果感到时间过得很慢，那就说明生活过得很沉闷。正是因为这个心理规律起了作用，所以人们从速度的审美中可以得到一种愉悦。

这是林兴宅写的一篇短文，算不上严格意义上的学术论文。我们之所以选这篇文章，是我们对李白《早发白帝城》都很熟，都有着自己种种的感受，更能体会到林兴宅对这首诗的独特感受。更为重要的是，我们可以看到作者怎样运用他的理性思维去分析、综合、抽象、概括他的审美感受。

（二）文学研究的不同项

不同的文学体裁，担负着不同的审美功能，研究时，应从文体特征入手，不能"错位"，如果用分析小说的方法来分析诗歌，用分析散文的方法分析小说，就难以得出正确的结论，甚至还会闹出笑话。

1. 研究小说，要着重分析小说的人物、情节、环境及叙事话语

人物形象是小说艺术的核心。小说的主题是通过人物塑造得以体现的，而情节与环境，则完全服从于人物性格塑造的需要。人物塑造是否成功，是衡量小说艺术成就的重要标准。因此，我们在写论文时，可选择某部作品中的典型形象作课题，或是将两部以上作品中的人物形象作对比研究；即使在分析某部具体作品时，也要重点分析其中重要人物的性格特征，分析人物性格所蕴含的典型意义、文化内涵，分析作者在人物刻画上的特点、得失以及人物形象所反映的社会生活，从而进一步分析归纳小说的主题。

情节是叙事类作品中按照某种联系（多为因果联系）而展开的一系列的生活事件，其中包含了许多生动、具体、典型的生活细节。小说情节是由多种人物关系矛盾冲突交织而成的。好的情节，往往表现了人物的性格、命运、遭际，反映出特定的社会生活内容。小说一般都有比较生动、完整的故事情节，否则就难以较好地塑造人物形象表现主题。我国古代小说非常讲究故事情节的完整性、生动性，一般都按开端、发展、高潮、结局来编织情节；现当代的一些小说，虽然借鉴了"意识流"等创作手法，时空交错重叠，但人物的意识流向和事件的因果关系还是完整统一的。情节是否生动、深刻地反映社会生活，成功地刻画人物形象，往往是我们研究的重点，有时候，我们还从小说情节中抽象概括出一些"情节模式"，以揭示其文化内涵。

小说环境包括社会环境和自然环境。前者指一定历史时期社会制度、政治结构、经济形态、文化状态、风俗礼仪及在此基础上所产生的时代氛围。后者指人物活动的具体场所，包括自然风景、活动空间、陈设设置等方面的描写。社会环境是由人们的社会活动和社会关系组成，它往往由小说的整体内容表现出来，并非取决于某一段描写。小说写作，要把人物、

事件放到特定的社会环境中加以描写刻画，同时又要通过人物、情节表现特定的社会环境内容。自然环境与社会环境既有联系，又有区别。成功的自然环境描写，自然能表现特定的社会环境，如果处理得不好，也就不一定能反映出社会环境的内容，而社会环境的描写，显然不止于自然环境的描写，但从作品实际看，二者常常是交融在一起的。研究小说，同样离不开对小说环境的分析、研究。因为人物是在一定环境中生存、活动的，事件总是在一定环境里发生、发展的，没有环境，也就无法真正深刻地写人、记事。小说对社会环境把握、反映的深刻程度，往往影响到小说的艺术成就。同时，小说对自然环境的描写不仅为人物活动提供了真实、具体的活动空间，而且，它还以浓郁的诗情画意、独特的地域色彩、鲜明的民族特色，传达出具有民俗学、文化学方面的审美意义和认识意义。

近些年，对小说叙事话语的研究，也引起了研究者广泛的关注。作为一种系统的理论，叙事学传入中国是上世纪80年代中期的事。叙事学所关注的是叙事作品的叙述人、叙述视角、叙述方式，可概称为叙事话语。研究者往往从叙事话语这个角度，来探讨小说创作的文化内蕴、成败得失，以此来写出很有影响的论文。

当然，小说还有长篇、中篇、短篇、微型小说之分，具体分析时，它们的侧重点又有所不同，这就需要我们自己去琢磨体会了。

2. 研究散文，要着重分析散文的立意、构思、意境等

散文有广义狭义之分。我国古代散文的概念是广义的，凡不押韵、不讲排偶的散行文章（包括文学文和实用文）都称之为散文。狭义的散文，是指与诗歌、小说、戏剧等相提并论的一种篇幅短小、题材广泛、形式灵活、反映真实生活的文学文体，但不含实用文。事实上，这个定义仍是比较宽泛的，现当代一些散文创作的大家，其文集中也收有一些"致用""实用"的文章。某些实用文，如果具有一定的文学品格，同样可以视为"散文"。

散文讲究"立意"我们研究散文，通常要通过作者的立意，去透视作者的情感世界，透析作者所关注、所拥抱的现实生活。一些寄寓性、象征性的散文，我们要去研究它的象征意义，如鲁迅的《野草》。

散文讲究构思。一些文艺散文，讲究诗的构思和意境，一些随笔散文，看似随手而成，实则匠心独运。研究散文，通常要注意作者构思上的特点，研究作者将平凡、细小的日常事物怎样上升到一种艺术境界。

散文作为一种负载人生体验况味的文体，由于作者的性格、气质、修养、审美趣味的不同，散文语言往往呈现出不同的感情色彩，往往负载并传达着作者的精神、人格。因此，我们在研究散文时，由"文"而及"人"，由"人"而及"文"，也是一种基本的思路。我们往往通过对"人"和"文"的双重切入，以观照和把握作者的散文创作。

研究散文，通常还要研究作者取材的范围，研究作者在同类题材上所具有的特色及所达到的深度和广度等。

3. 研究诗歌，要注意诗作的情感、意象、意境、风格等

诗是一切文学作品中最高度集中反映社会生活的文体，它一般不对事件作细致的铺叙，也不像小说那样刻画形象，而是通过新颖、独特的意象组合反映生活。所谓意象组合，就是用一个一个的意象，按照一定的美学原则把它们组合起来，形成一幅幅跳跃的画面，使它们产生对比、衬托、联想、暗示等作用，让读者从一系列的意象中去体会作者所要传达的情感、意蕴。研究诗歌，最基本的一点，也就是通过意象的解索，去把握诗作的内涵、意蕴。

诗最本质的特点是抒情，没有情感的渗透与熔铸，也就不称其为诗。分析诗歌的情感，

不仅要指出诗作抒发的是什么样的情感，情感所折射或反映出来的社会生活是什么，而且要分析这种情感是怎样抒发出来的，这就涉及到创作手法及其风格特点等方面的研究。

4. 戏剧文学的研究，要注意分析戏剧冲突、台词等

戏剧是一种以剧本为基础，通过演员的表演，运用舞蹈、音乐、美术等多种艺术手段来塑造人物形象、反映社会生活的综合性舞台艺术。戏剧文学指剧作家创作的提供舞台演出用的文学剧本。研究戏剧文学，除了分析其主题、人物形象，比较特殊的是分析它的戏剧冲突、台词及场景的切割、组合、转移等。

戏剧必须有强烈的戏剧冲突，"没有冲突就没有戏剧"戏剧冲突是在特定情境下由人物意志支配动作所表现出来的，具有一定社会意义的人物性格冲突。研究剧本，往往要通过戏剧冲突去把握人物行动的动机、思想依据，从而准确地把握人物的性格特点及剧作的主题思想。

戏剧是"动作的艺术"，没有动作也就没有戏剧。就剧本而言，戏剧的动作、戏剧的主旨、剧本的人物刻画情节进程都是通过台词来体现的。因此，研究戏剧创作艺术，又离不开对台词的研究。此外，戏剧文学的研究，还涉及到悲剧、喜剧、轻喜剧、滑稽剧、正剧、戏剧结构等方面的内容。

(三)研读文学作品的思维特点

1. 把握对象的双重方式

研究文学作品，要特别强调对于作品的真切理解与认识。如何去获得真切的理解与认识? 这与我们把握作品方式紧密相关。一般说来，我们把握作品的方式是双重的:一方面，我们必须把作品当作审美对象，以审美的方式去把握对象;另一方面，又必须把作品当作科学对象，以科学的方式去把握对象。

研究文学，仅仅靠理性思维是无法真正地走近作品的。文学作为一种特殊的意识形态，它以艺术的方式把握世界。作家以审美的眼光感受、观察现实世界，并且按照美的规律，运用艺术思维，通过具体可感的形象，将自己对于现实世界独特的审美感受传达出来，从而创作了文学作品。我们要科学地判断其思想价值和艺术价值，首先就必须以审美的方式深切地去感受这个作品。如果不能走入作家所创作的艺术世界，那么是无法把握作品的。

然而，我们研读作品的目的并不止于一般意义的审美，研读的本质是一种科学研究活动。一切感性的东西只有上升到科学理性高度才能真正把握对象的本质及其发展规律，才能分析文学现象，判断其思想价值和艺术价值，从而总结出规律性的结论。王国维的《人间词话》中说:"诗人对宇宙人生，须入乎其内，又须出乎其外。入乎其内，故能写之;出乎其外，故能观之。入乎其内，故有生气;出乎其外，故有高致。"俞平伯将之移于文学批评，他在《人间词话·序》中说:"作文艺批评，一在能体会，二在能超脱。必须身居其中，局中人知甘苦;又须身处局外，局外人有公论。"这一"出"一"入"，说的正是批评家把握对象的双重方式及其转换，对我们研读作品具有普遍指导意义。

2. 感性与理性的有机融合

与把握对象的双重方式密切相关的是感性与理性的有机融合。在文学评论的写作中，无论酝酿构思还是形诸表达，理性与感性都是充盈其中的。

写文学评论，必须基于作者对于作品的审美感受。从审美感受出发也就是从作品实际出发，没有真切具体的审美感受，就可能导致观念式、理念式的批评。在现实生活中我们可以看到，有些评论文章，作者从观念到观念，从概念到概念，根本没有自己的审美感受，说了半

天不切作品实际的话，显得面目可憎。但是，文学评论又不能停留在感性认识的层面上，单凭一些感性认识，是绝不能准确把握评论对象的。巴金曾说过："随便举一个例罢，谁都知道别林斯基是一个大批评家，许多作者都受过他的指导。但是他一生写过一篇印象式的读后感吗？没有一个批评家曾拿过印象来做批评的标准。批评一篇文学作品，不去理解它，不去分析它，不去拿一个尺度衡量它，单凭自己的政治立场，甚至单凭自己一时的印象，这绝对不是批评，这只是个人的读后感。事实上也许这个人根本就不懂得文学和艺术。"①别林斯基也曾说过："判断应该听命于理性，而不是听命于个别的人，人必须代表全人类的理性，而不是代表自己个人去进行判断。'我喜欢，我不喜欢'等说法，只有当涉及菜肴、醇酒、骏马、猎犬之类的东西时才可能有威信，在这种时候，这种说法甚至可能是有权威性的。可是，当涉及到历史、科学、艺术、道德等现象的时候，仅仅根据自己的感觉和意见任意妄为地、毫无根据地进行判断的所有一切的我，都会令人想起疯人院里不幸的病人……进行批评——这就是意味着要在局部现象中探寻和揭示现象所据以显现的普遍理性法则，并断定局部现象与理想典范之间的生动的、有机的相互关系的程度。"②可见，在文学评论中，理性非常重要，感性也必不可少。

值得注意的是，批评家对于作品的感情认识，在其丰富、细腻、深刻、自觉的程度上是要超出一般鉴赏者的水平的。一般的读者，他们的文学鉴赏往往带有消闲的性质，他们只是从自己的兴趣出发去选择作品，在阅读过程中，他们往往满足于作品所提供的故事框架，随着主人公的喜怒哀乐而在情感的激流中沉浮。他们喜欢将自己的生活经历与作品中的故事情节、人物命运作简单类比，凭自己的直观感受臧否作家作品。艺术修养高一点的读者，他们也许会对作品的美学意蕴、美学风格作一些流连忘返的体味，但也止于欣赏。而批评家的阅读，则是他整个批评活动的起点和基础。基于这样的要求，他的审美感受要丰富得多、细腻得多、敏锐得多、深刻得多，而且，对于不符合自己审美趣味的作品，如果社会需要，批评家也会加以细心地阅读。

在文学评论的写作中，感性与理性不是互相排斥的。在研究阶段，批评家要敏锐地抓住自己的感受、印象，并尽可能使之向理论的高度和深度延伸发展——他要在自己的直观感受之上对作家作品进行深刻的反思，他要在自己的生活经验之外还有意识的去了解与作家作品有关的社会背景、专门知识、哲学思潮、历史资料等，他要透过作品的表象去开掘其蕴藏的作家创作意图以及作品本身所蕴含的思想意义。他要将自己的感性认识上升到理性的高度——而这一切，都是作者直觉感受合乎逻辑的延伸发展。值得注意的是，作者完成理性认识之后，感性认识并不是被扬弃了的，它还将充盈到具体的评论文章中去，成为文章一个有机的构成部分。这也是文学评论写作的一个显著特点。

3. 当代意识与历史意识的相互渗透

当代意识指的是批评家自觉以其批评为当代文学发展服务的意识。任何时代的文学评论，都不能无视当代社会的现实要求，任何时代的文学评论，都不能不考虑解决当代文学创作和文学理论研究中存在的问题，以推动当代文学的发展。即算论及已成历史的文学作品，批评家也不能不考虑文学评论为当前文学创作服务的宗旨。对此，批评家韦勒克·沃伦曾指出："我们在批评历史的作品时，根本不可能不以一个20世纪人的姿态出现：我们不可能忘却

---

①　转引自：蔡赓生. 文学评论与鉴赏教程[M]. 武汉：武汉大学出版社. 1997：302.

②　别林斯基. 别林斯基论文学[M]. 上海：新文艺出版社. 1958.

我们自己的语言会引起的各种联想和我们新近培植起来的态度和往昔给予我们的影响。我们不会成荷马或乔叟时代的读者，也不可能充当古代雅典的狄俄尼索斯剧院或伦敦环境剧院的观众……用我们这个时代的观点去评判一件艺术品……是一般文学批评家的特权；一般的文学批评家都要根据今天的文学风格或文学运动的要求，来重新评估过去的作品。"

文学评论是洋溢着蓬勃的当代精神和清晰的当代意识的，无论它把目光投向已成历史的过去还是正在运动着的当前，它都不会忘记评论为当代文学服务的宗旨，都会阐述一个当代人对于文学的理解与理想，都会在自己意志的罗盘上预定和预测评论所给予当前的启示和影响。但是，文学评论又不能丧失它的历史感。我们评论古代的某一部作品，固然可以阐述一个当代人对于作品的理解，但无法把我们的意志强加给古人；我们评论当代的某一部作品，也无法割断它与历史的联系，即算我们试图用一种新的理论、新的方法来评价它时，也不能不考虑到新的理论、新的方法与传统理论、传统方法之间的联系。不能用一种历史发展的眼光来分析当前发生的文学现象，也就割断了文学发展的内在联系，漠视了文学发展的规律，这样的评论，是无科学性可言的。

文学评论的当代意识，主要体现在它的选题和论述上。批评家选择某一部作品、某一个作家、某一文学流派、某一文学社团、某一创作倾向、某一理论主张、某一评论实践来进行分析、评论，通常要考虑它的代表性，考虑它在现实中的影响——好的和不好的影响。批评家正是通过选择这些有代表性的文学现象而加以评论，以推动当代文学创作发展的。批评家要阐述的也将是一种符合时代要求的艺术精神和艺术法则。

文学评论的历史意识则建立在批评家广博的历史知识与自觉的历史分析意识上。一个批评家，如果他没有广博的文学知识、文学批评史的知识、文化史知识、哲学史知识以及其他历史知识，如果他没有自觉的历史分析的意识，他是无法将评论对象置于广阔的历史文化背景中来考察的。

四、文献资料的阅读

所有研究，都应完备地检索相关文献资料，对相关性研究有一种整体而清晰的了解。

了解选题的研究历史和现状，必须查阅大量文献资料，不能坐在家里靠手头的几本书或几本杂志。最有效的方法就是查文献目录、索引、文摘。一套完整的文献目录，能使我们掌握本学科全部研究成果的线索，并依据它来检索资料。对于初学者来说，可采取由近而远的方法，逐年往上查；可采取浏览的方法，着重注意与自己选题相关的内容。采用这样的方法，会大致了解本学科的研究历史，明白自己选题在学科研究中的地位、意义。

掌握最新的研究动向，要看最新的专业期刊。经常翻阅学术性期刊，慢慢地，就会对本学科的研究动向了如指掌。

做这些工作一般要花费比较多的时间，初学者往往不愿去做。其实，充分了解本学科研究的历史与现状，对于初学者是大有好处的，可以说，这是从事学科研究的入口处，只有通过这个入口处，才能深入本学科研究的科学殿堂。凡是愿意深入研究某一学科的同学，都不应放弃这一重要环节，扎扎实实地多下些工夫。

了解选题研究历史和现状，可先找述评一类的文章来研读。重要选题，一般都有阶段性的述评。如，叙事学研究，就有《近五年叙事学研究述评》《近十年叙事学研究述评》《近二十年来叙事学研究述评》。读这些述评，对研究概貌、研究成果就有一个基本了解。不过，需要注意的是，不可盲从，不能仅仅依靠一些述评，对一些有代表性的专著、论文，必须找来自己研读。只有通过自己研读，才能真正发现问题。研读中，要分析各阶段的特点，找到各阶段之间的内在联系。要找到研究的发展趋势和不足。研究中，要找到各阶段的代表作，分析对比各家之说。

如果没述评可找，则要在自己对科研成果全盘检索的基础上作综述了。作综述，要全面、系统掌握有关的文献资料，对某一领域、某一课题的研究进展了然于心，如果掌握的资料不全面，有重要遗漏，这种述评就缺乏科学性。要准确把握该研究领域内的科研成果和有代表性的学术见解，分析各种学术观点产生的背景，把握各种学术观点产生的内在关系和逻辑性。切忌不分轻重主次、流水账似的罗列各种学术观点。在转述、介绍别人的学术观点时要简洁、客观，选择最能体现别人学术观点的核心文字和基本观点进行介绍，不能断章取义，曲解别人的观点。作综述，还要站在学科前沿的高度来介绍、评价已有的科研成果。你认为某个学术观点好，价值何在？你认为某个学术观点不妥，不妥在什么地方？各种学术观点产生的背景及它们之间的内在关系是怎样的？问题的关键、分歧的焦点何在？解决问题的可能性在哪里？评价应公允、客观。作综述，虽然不必对自己观点作展开式的论证，但应在述的基础上恰到好处评述各种学术观点及其意义。

写论文不能无视他人的学术成果，这是最起码的要求。有些同学往往缺乏这方面的认识。这可能有多方面的原因：一是资料的匮乏；二是比较懒惰，懒得去查找；三是有意回避，怕影响到自己论文的创新性。这些都是不对的。我们学校作了一些硬性规定：在开题报告中，你必须综述国内外有关本选题的研究成果；在论文中，你必须用1500～2000字的篇幅综述文献；另外，还规定要翻译一篇与论文题目相关或相近的外文文献资料，译文汉字数为1500～2000字。

五、资料的记录

研读资料还涉及到资料的记录，如果没有记录，既不能保证资料的准确，也不能及时地梳理自己的思路，为下一步的研究和写作打好基础。

（一）记录的内容

在阅读文献资料的过程中，需要记录的东西很多，大体说来，要注意以下几点：

（1）确凿、典型、新颖的论据性材料，要认真摘录或摘要，以备阐述或论证观点时使用或参考；

（2）各家的论争性观点或作者与他人有争议的内容，应摘录。这种材料，可以启迪我们的思维，帮助我们全面、正确地分析问题；

（3）他人富有启发性的论点、见解、看法、意见，应完整、准确地摘录下来，以便自己酝酿观点时参考；

（4）阅读过程中引发的心得、感受、思想火花，应记录。这些思想可能是一闪即逝的、零乱的，但对创造性见解的形成很有帮助；

（5）在查阅资料时，遇到与自己的专业有关，估计以后可能会用到，但暂时用不到的资料，也应记录下来。如果觉得没有时间仔细阅读和摘录，也应该把书名（或篇名）、作者、出版单位、出版时间、资料主题等记录下来，做成索引以便以后使用。

（二）记录的方式

记录的方式，主要有摘录、索引、提纲、摘要、批注、札记、感言等。

（1）摘录。即直接抄录文献资料的论述、论点、典型材料、难得数据等。摘录要完整准确，符合原意，不能断章取义。摘录一般用卡片或活页纸，便于资料的调配使用。例如，研究一个有争论的问题，可以把各家各派对这个问题的不同看法摘记下来，做成卡片，再把这些卡片排列在一起，反复比较，从而发现问题，提出优于各家之说的新看法。进入具体写作阶段后，卡片更具有灵活性，准备选用哪些资料，可以通过卡片分类来处理。学者们都喜欢用卡片来摘抄资料，我国著名历史学家吴晗，就曾谈到过做卡片的好处。他说，他在清华大学历史系求学的时候，很爱读书，也常常做笔记，每当发现有价值的资料，就随时摘抄在本子上，后来，记得多了，发现有个问题，就是这种摘抄眉目不清，很紊乱，等到使用某个资料时，费了九牛二虎之力也找不到，很费时间，后来吸取教训，改用卡片，就方便多了。他日积月累，积累了几万张卡片，正是在这些珍贵卡片的基础上深入研究，他才提出了那些高超的学术见解，为历史学的发展作出了重大贡献。治学，应学会做资料卡片。现在复印很方便，很多同学搜集资料时不愿动笔，依赖复印，其实，卡片是复印所不能取代的。

（2）索引。作记录也可采用作索引的方法，只记文献资料的名称、作者、出版者、出版日期、卷号、页码等。如果手头有书，或资料暂时还用不着，可采用这方法。

（3）提纲。在阅读书籍或篇幅较长的论文时，对全文的总观点、每个部分和每个层次的观点以及说明观点的主要材料，可把它们依次排列出来，写一个能反映读物基本结构的提纲出来；也可以根据具体情况，做内容的提纲，如作品的情节提纲、人物提纲等。做提纲也是常采用的记录方法。

（4）摘要。读完文献，可根据需要，简要概括文献的内容，做摘要。摘要是作者在通晓原文的基础上，抓住原文重点，删除枝叶所写的一段完整的话。写摘要，要准确无误地概括文献的内容，抓住关键要点，不要加进自己的看法。

（5）批注。即在文献资料上作记号与批语。批注在我国古代十分盛行，古籍批注本几乎遍及经史子集各类图书，特别是明清小说的批注评点，内容非常广泛，从政治观点到美学价值，从写作技法到人物刻画，无不涉及，有的还借题发挥，表明对现实人生的看法。这种笔记形式的优点是边读边记，十分方便，对重要的著作做反复、深入、具体的研读时，可用批注。但批注只适宜自己的书籍，且资料的运用不太方便，有时还要对批注重新整理。

（6）札记。即将文献有关内容与自己认识心得集合在一起写的一种笔记形式。写札记的目的多种多样，有时是探讨、商榷、争论，有时是引申发挥，有时是解惑、释疑、批谬、辩理，有时是仲裁、评判。但札记不能离开阅读的内容信笔抒写，那样写写得再好也不是札记。写札记，必须把文献的内容、要点吃透，然后融进自己的学识、经验、体会，或同现实生活联系起来，写下有关心得。札记可以是一篇文章，也可以是一部著作。有时，好的札记本身就是很有价值的论著，如恩格斯的《自然辩证法》、列宁的《哲学笔记》就是札记。

（7）感言。采用比较灵活的方法，记述自己在材料搜集过程中的所感所惑，就是感言。感言的写法很自由，或赞同，或商榷，或批评，或补充，或引申，或质疑，或记自己的心得感受体会，或记自己遇到的疑惑、难点、问题，或三言两语，或敷衍成篇。感言对课题研究和论文写作具有重要的意义，比较系统的感受、质疑，可加工成为一篇论文。

除了以上的方法，购买有关的书籍，剪帖、复印有关的文章，也是积累材料的方法，但从整体上看，它们都不能代替记录。梁启超曾指出："大抵凡一个学者平日用功，总是有无数小册子、单纸片；读书看见一段资料，觉其有用者，即刻抄下。（短的记全文；长的摘要，记书名、卷数、页数）资料渐渐积得丰富，拿眼光来整理分析，它便成一篇名著。"初学学术论文的写作，从一开始就要养成笔录资料的习惯。

（三）记录的要求

记录的要求，概言之，就是要把材料的出处和内容记准。材料的出处，必须详细标示，以便日后查找和使用。资料的内容，如果是原文摘录，则要一字不差，连标点符号都不能错，如果是自己概括，则要符合原意，不能断章取义。

六、材料的整理

通过对材料的搜集、阅读和记录，积累了数量可观的资料。但这些资料尚处于零散的状态，还谈不上完全占有它，进一步的工作，就是对资料进行整理。整理资料的过程，实际上是对资料的再认识过程。通过整理，使资料条理化、系统化，可以加深对资料的理解与认识，从中发现缺漏，及时搜集补充。整理材料通常包括以下的内容：

（一）进一步核对事实

作者获得某一方面的材料后，当他确认这些材料重要并有可能写进文章时，应对这些材料作进一步的验证、核对，以保证材料的准确性和说服力。验证材料的方法很多，常用的有互证法、内证法、外证法。互证法是通过各种不同来源的材料相互印证以辨别真伪和发现缺漏的方法。不同渠道提供的材料，不同方法获得的材料，有时完全一致，有时会大相径庭，把它们放在一起，就有可能发现问题；内证法是通过对材料本身逻辑关系的鉴定来辨别材料真伪的方法。任何事物都有其自身逻辑，如果材料本身不符合逻辑，其中必然有不完整处或不真实处；外证法是根据作者的经验和作者所掌握的相类似的材料来验证材料的方法。根据经验发现材料不合情理，可大胆怀疑，追究真实的情况。

（二）补充缺欠材料

作者搜集材料后，往往会在思想上整体均衡一下材料，看看它们有没有重复之处，看看它们有没有薄弱之处，看还有没有重要的遗漏。如发现对某个方面某个环节的材料还不甚了然，须通过进一步的搜集补充缺欠的材料。

（三）材料分类

作者获得材料后，通常还会对材料做分类整理。

分类是在"比较"的基础上进行的。所谓"比较"，是在思想上把对象的个别部分、个别方面、个别特征加以对比，以确定它们的相同点、相异点及它们的关系。通过比较，按照事物的异同程度，对它们进行分门别类的处理，即"分类"分类是科学研究的入门，每门科学都是对研究对象进行分类以后再分别进行专门研究的。任何事物，总是处于一定的关系和联系之中，有种可属有类可分。分类不仅有助于人们认识所划分的事物的一般属性及相互间的关系，而且还可以启发人们发现新事物，对不同事物有明确认识。在一次分类中，必须坚持同一个标准，不得同时使用两个或两个以上的标准；同时，应按层次分类，不能越级划分；分类后的各事物，界限应清楚，不能交叉、混同。

在整理资料过程中，经常使用的分类方法有"阶段法""方面法""内质法""观点统领法""项目分类法"按事物发展的阶段来整理材料，即"阶段法"任何事物，都有一个发生发展的过程，按事物发展阶段来整理材料，清晰有序，能反映事物的发展。例如，我们研究某个作家的创作，通常就将其划分为几个不同的创作阶段；按一个问题的几个方面来分类整理材料即"方面法"如我们研究某部作品或某个作家的创作，通常要从题材、手法、人物、情节结构、主题等方面加以考察，按这些方面整理材料即"方面法"；所谓"内质法"，即按材料本身的属性来分类。如我们研究小说这种文体，把小说划分为以情节为主的小说，以人物性格刻画为主的小说，以人物内心图景展示为主的小说，以环境、氛围刻画为主的小说，以揭示社会问题为主的小说，等等，即按属性来分类；"观点统领法"是以一个观点为统领，把资料中所有与观点相类的论点、论据等资料组成一个系列，使资料条理化的方法；所谓"项目分类法"，即按资料的内容属性分项归纳，如把资料分为理论类、事实类、随想类等。资料整理阶段的分类，通常是初步的、大致的。精确的资料分类，一般要在研究阶段进行。

（四）概括

所谓概括，是指作者用比较扼要的语言，将事物的基本情况、基本过程概要地叙述出来。我们采集材料时，只要有可能，就要对事物的基本状态、发生发展情况作全面、具体、深入、细致的了解，但论文写作中，则不一定把这些材料全写进论文。如，我们评论一部作品，不会在论文中详细叙述它的故事情节，评论一个作家的创作，也不会详细叙述作者的生平，这就需要概括。对资料的概括，有时是在记录阶段就完成了，有时要待论文写作时才进行，有的时候，则是在资料整理阶段进行的。

（五）统计

统计是概括的另一种形式，它是对材料的数据性说明。写论文，有时要对事物作出数量分析，帮助我们抓住事物的主要方面、主要矛盾。毛泽东把数量分析叫做"胸中有数"，他曾指出："对情况和问题**一定要注意到它们的数量方面，要有基本的数量分析。任何质量都表现为一定数量，没有数量也就没有质量。我们**有许多同志至今不懂得注意事物的数量方面，不懂得注意基本的统计，主要的百分比，不懂得注意事物质量的数量界限，一切都是胸中无'数'，结果就不能不犯错误。"他说的是工作方法，但同样适用于论文写作。在写作实际中，有时候，我们进行了认真的数量分析；有时候，只是一个大致的估计；有时候，因为没有必要，就略过去了。但从整个思维过程来说，对事物做数量分析是很重要的，它可以帮助我们从整体上把握客观事物的本质。如涉及到数量分析，我们在资料整理阶段，就要做好统计工作，把有关的数据收集起来，并根据需要作统计、分析。

第三节　宏观观照与具体分析

对对象有一个比较全面、深入的了解；对前人研究成果有了深入的了解；将二者比较，就容易发现：

> 这个问题应该研究而前人没有研究；
> 这个问题很有意义而前人研究得不够；
> 这个问题前人并没有阐释清楚；
> 这个问题前人的论述是错的；
> 这个问题前人作的多是一些局部的、微观的研究，缺乏宏观的、整体的把握；
> 完全可以用新的理论、新的方法来解决悬而未决的问题；
> 我在某一方面可以谈出一些新的看法以补充旧说的不完备；
> ……

在这种比较之中，我们确定从其中某个方面入手，这时，就要将问题置于宏观背景下来考察。如，2000年4月25日，魏饴教授在《文艺报》发表了《悄然勃兴的休闲文学》一文，首次提出了"休闲文学"这一概念，阐发了休闲文学发展与勃兴的原因，论述了休闲文学的形态特征，表明了对休闲文学的基本态度。他指出，休闲文学的出现是社会主义市场经济体制全面启动后人类物质文明的进步迫使人们寻找并建构文学相对独立的空间的必然结果。他认为，所谓休闲文学，是以写休闲并以供读者休闲为旨趣的一类文学作品，"休闲文学"将与"号角文学"或"主旋律文学"并行，是"主旋律文学"有益的附曲。魏饴教授的文章引发了文艺界关于"休闲文学"的学术争鸣。著名文艺评论家张炯、童庆炳等就此在《文艺报》撰文发表了个人的见解。《新华文摘》(2000年第8期)和《人大复印报刊资料·文艺理论》(2000年第7期)分别以专栏形式转载了魏饴教授以及张炯、童庆炳等四名学者的文章。魏饴教授邀我参与讨论，我当时正忙，就请研究生写了几篇文章。我读了研究生的文章后，觉得他们没有讲到点子上去，就附了一封信，谈了我的认识。魏饴教授觉得我的信提出了一些新看法，把它作论文发表了：

也谈休闲文学

陈果安

摘 要 休闲文学是具有休闲功能的文学作品，它不同于主流文学，也不同于通俗文学。休闲文学不是现在才悄然勃兴的，它一直是文学的一个有机组成部分，在中国文学发展史中起着不可低估的作用。

关键词 休闲文学 主流文学 通俗文学

关于"休闲文学"，我认为是一个极有意义的命题。它的意义不仅有益于当前文化消费的研究与指导，更有益于对文学本身的认识：我们的一部文学史，其关注的主要对象是主流文学，对"休闲文学"、"通俗文学"的关注是极不够的。事实上，主流文学、通俗文学、休闲文学一直是交织在一起的，它们构成了丰富多彩的文学世界，并且相互影响，相互推进。

"休闲文学"的提出也许给我们的文学史研究提供了一个新的思路、新的视角，促使我们将主流文学、通俗文学、休闲文学综合起来，以考察人类的文学运动，从而从更深的层面揭示文学运动的规律——当然也更有利于当前文化消费策略的制定与实施。

我认为，要研究休闲文学，首先应科学地界定休闲文学。休闲文学不同于主流文学，也不同于通俗文学，如果我们不充分认识它的特点，这个命题的提出也就没有什么意义。

概括地说，休闲文学也就是具有休闲功能的文学作品。要达到共识，我们首先遇到的是"休闲"这个概念。我认为，"休闲"这个概念，是不同于我们平时所说的"消遣"的，这里积淀着我们民族独有的文化内涵。从民族文化发展的历史来看，休闲文学所追求的，更侧重于精神生活、精神世界，具有比较高雅的文化品格，它排除了比较低俗的感官刺激，也排除了世俗性的功利观，追求的是一种文化的宁静、淡泊、闲适、身心舒展，或者从根本上说，它所体现的是一种审美化的闲适人生(或人生闲适的审美化)。

中国的文人历来是注重著书立说的，而且把著书立说看得非常重，古来就有"三不朽""文章乃经国之大业，不朽之盛事"的信念，但文人毕竟是一个活生生的现实生活中的人，他在追求理想事业的同时，总得有自己休闲的时候。正如鲁迅所说，即便是一个战士，除了战斗，他也得吃饭、睡觉、男女性事，当然也就有他自己的休闲时刻。文人们的休闲方式很多，"琴棋书画"之类构成了他们修身养性的必修课，文学休闲自在其中。

由于中国文人高度的文学修养，当他们把文学当作一种休闲方式时，自然也就渗透了他们的审美追求。我们如果细细读一读金圣叹在评点《西厢记》时于卷七所写的 33 则"快事"，也许能更深切地感受到中国古代文人对"休闲文学"这样一种审美化的高品格的文化追求。

我认为，"文学休闲"和"休闲文学"构成了中国古代文人生活中相当重要的一个部分，研究这一部分，对于了解中国文化、中国文学的真实面貌具有相当重要的意义，但我并不认为"休闲文学"或"文学休闲"只是中国文人们的专利。如果我们平心静气地去研究一下中国文学史，便会发现，中国普通的平民百姓事实上是参与到"文学休闲"中来并且构成了文学消费的一个真实的层面的，他们也渴望提高普通生活的精神质量，将日常生活、休闲生活审美化。

要在"休闲文学"与"通俗文学"之间划出一个泾渭分明的界限实在太难，但凭我们的感受，还是能捕捉到它们的区别：通俗文学走的是从俗从众的通俗化路子，比较注重大众的审美需求和审美趣向，它采用的往往是大众喜闻乐见的艺术形式与手法；"休闲文学"从本质上是一种雅文化，侧重强调的是作者的个性精神追求，强调文化的品位与内涵，强调休闲生活的审美化。在这一点上，它明显区别于我们通常所说的武侠小说、言情小说、侦探小说和公案小说。

休闲文学的休闲功能只能在活动中实现，从"休闲功能"上来界定休闲文学，也就带来了必然的争论：在"作者"——"文本"——"受众"之间，一部很严肃的作品，读者可能怀着休闲的心态来阅读，而一部很休闲的作品，读者也可能郑重其事地去研读。因此，从读者的层面来界定"休闲文学"，显然难以成立，如果硬要由此立论，所讲的已不是"休闲文学"，而是"文学休闲"。魏饴教授试图从题材上来加以界说，我承认这种界说有一定道理，但也留下了"题材决定论"的简单化痕迹。我倒是赞同魏饴教授将题材与作者心态综合起来考虑：休闲文学之所以成为休闲文学，首先对作者来说，它是一种"休闲"方式，其次才带来题材处理上的特点及功能，即当作者暂时地搁置起他的使命感与功利心，借助文字来愉悦、松弛身心，进入一种文化的休闲状态时，才可能有"休闲文学"的产生。

魏饴教授的文章发表之后，立即引起众多名家的关注，大家纷纷撰文参与讨论。这些文章我都细心地研究过，他们的观点给我许多启迪，但他们都是从当前的文化消费现象立论，多少有美中不足之感。我觉得，要真正研究休闲文学，是不能缺少历史关注的，我们不能简单地说，休闲文学是现在才悄然勃兴的，也不能简单地说，休闲文学是对传统文学的一种挑战。

在我看来，休闲文学一直是文学的一个有机组成部分。诗歌我不敢说，小说、戏剧这类文学文体的产生多少就包含"休闲"的意味。像"小说"，鲁迅就说过，那是人们劳作之后坐下来休息的产品。文学自它诞生之日起，就担负了满足人们多方面审美需要的职能，除了"匕首""投枪""反映社会生活"，也可能用来"愉悦""消遣""休闲"，等等。

在中国文学发展的历史长河中，我觉得是不能低估休闲文学的地位和作用的。除了满足人们休闲的需要，提高普通人生活的文化品格和精神质量外，它对文学本身的发展也起到了相当大的作用。像刘义庆的《世说新语》，就是供文人们来"休闲"的；在唐代，文人们攻诗攻文之余，也曾写下过一些休闲作品，如元稹的《莺莺传》，陈鸿的《长恨歌传》；"词"作为宋代显赫一时的文学代表，在早期就被称作"诗余"，也是用来"休闲"的；

中国的第一部诗话，欧阳修的《六一诗话》，那也是休闲的产物；落实到某个文人的创作，像柳宗元的山水游记，王维的山水诗，也是他们休闲生活中的一个重要部分。中国古代文人创作那些休闲的文学，其情况是不同的。像白居易那样的现实主义大诗人，除了他的"新乐府"，也创作了大量的闲适诗，这大都反映了他精神生活的多个方面；像孟浩然布衣终身，那是情非得已只能寄情于山水；像陶渊明逃避官场寄情田园，那是精神人格的一种追求；像金圣叹，他有意疏远政治、疏远主流文化，纵情恣性，那是人生道路的一种选择。由于种种不同的原因，文人们有意无意、自由自主或被迫无奈地创作了大量休闲性的文学作品，构成了中国文学丰富多彩的世界。

对于休闲文学作品的价值，我们似乎不能简单地用"休闲"以蔽之。有些休闲作品，就作者创作的心境来说，无疑是一种"休闲"，但它以其不朽的艺术价值而介入到主流文化中去流传千古。陶渊明的田园诗，王维的山水诗就是这样。有的休闲作品，当下意义来说是"休闲"，其后世意义来说也是"休闲"，但仍不失其文学审美价值。有的休闲作品在当时可以说是很不合时宜的，但随着环境的变化，仍有可能成为珍贵的文化遗产，如"五四"时期鲁迅所痛斥的"闲适小品"，在今天就不失为一笔文化遗产。

鉴于休闲文学所呈现出来的种种复杂情况，我们必须深入研究，才能真正把握，如果割断休闲文学的历史联系，孤立地研究当前的休闲作品，是很难深入到休闲文学的肌体中去的。我觉得魏饴教授所提出的"休闲文学"，把长期被忽视的一个重要的文学现象提到了我们面前，这个命题的提出有助于我们了解中国文学的多个层面；有助于我们了解作家精神生活的多个方面；有助于我们通过主流文学、休闲文学、通俗文学的相互作用、相互关系，更深刻地揭示文学发生发展的内在规律；有助于我们对当前文学消费、文学创作的积极引导。基于这样的认识，我有时甚至突发奇想，真希望有人能写出《休闲文学创作概论》及《休闲文学发展史》之类的著作来，而且我相信，那将是很有意义的事情。

（原载《常德师范学院学报(社会科学版)2000年第11期》）

信发表后，人大复印资料作了全文复印，有些学校还把它作为现当代文学参考文献。

由于是个人通信，我写得比较随意，但考虑这个问题的思路还是很清晰的：我先把它放在中国文学发展史来考察，看它是不是今天才勃然兴起的；然后再讨论了它存在的意义及研究的思路。

就我体会，我们平时写论文，离不开这种考察。如，我读金圣叹对《水浒传》的评点，觉得他所提出的"心之所至，手亦至焉者，文章之圣境也；心之所不至，手亦至焉者，文章之神境也；心之所不至，手亦不至焉，文章之化境也"很有特点，就是把他的观点放到文论史上来考察的：

金圣叹的"圣境""神境""化境"说

陈果安

构思好了，还要表达。构思与表达并非完全一致的。有时，作者构思很好，写来的文章却很一般。有时，作者构思一般，写出来的文章却很好。关于前者，在中国古代批评史上，陆机、刘勰、苏轼曾作过出色的论述。关于后者，金圣叹在《水浒》评点中作了深入的探讨。金圣叹这方面的思想可惜一直没有引起人们的重视，这里试作粗浅论述。

一

金圣叹认为，任何成功的作品，都离不开作者艰苦的构思。他在《水浒·楔子》回评中曾写道："古人著书，每每若千年布想，若干年储材，又复若干年经营点窜，然后得脱于稿，衮然成一书也。"在四十一回，又指出："不阁笔，不卷纸，不停墨，未见其有穷奇尽变出妙入神之文也。笔欲下而仍阁，纸欲舒而仍卷，墨欲磨而仍停，而吾之才尽，而吾之髯断，而吾之目瞠，而吾之腹痛，而鬼神来助，而风云忽通，而后奇则真奇，变则真变，妙则真妙，神则真神也。"

那么，有了杰出的艺术构思，作者应该怎样表达呢？金圣叹认为，表达有三种境界："心之所至，手亦至焉者，文章之圣境也；心之所不至，手亦至焉者，文章之神境也；心之所不至，手亦不至焉。文章之化境也。"（《水浒传·序一》）

与刘勰的观点不同，刘勰认为："方其搦翰，气倍辞前；暨乎篇成。半折心始"（《文心雕龙·神思》），构思往往比表达要好。金圣叹却认为，将原有构思充分表达出来是完全可能的。

金圣叹认为，"心之所至．手亦至焉"，是表达的第一种境界。所谓"心之所至，手亦至焉"，即作者在表达阶级，能把原有构思完美地表现出来，"思路曲折，笔能副之。"（《水浒·第三回》夹批）

金圣叹认为，要将艺术构思完美地表现出来，关键是临文之际，作者要积极想象，深入体验，进入一个真实而又具体的创作情境中。在五十一回，他曾提出这样一个问题：施耐庵写豪杰像豪杰，写奸雄像奸雄，这是为什么呢？一般人认为，这是由于作者本人具有豪杰、奸雄的气质、特点，当他动笔时，能按照自己固有的豪杰、奸雄的特点来写。金圣叹认为这不能够解释施耐庵何以能写好偷儿、淫妇，于是提出了他著名的"亲动心"说：

　　若夫耐庵之非淫妇、偷儿，断断然也。今观其写淫妇居然淫妇，写偷儿居然偷儿，则又何也？噫噫！吾知之矣……惟耐庵于三寸之笔，一幅纸之间，实亲动心而为淫妇，亲动心而为偷儿。既已动心，则均矣，又安辨泚笔点墨之非入马通奸，泚笔点墨之之飞檐走壁耶？经曰：因缘和合，无法不有。

这段话是针对艺术构思说的，也是针对作家"临文之际"说的，是颇切合艺术创作实际的。调动自己的想象，真切地深入到自己所要表现的生活情境中去，无疑有助于作者的表达。

金圣叹反对率尔操觚，"镕然放笔"。他在具体评点中，特别赞赏作者用词的准确，态度的严谨。《水浒》第五回写鲁达来到瓦官寺，"看那山门时，上有一面旧朱红牌额，内有四个金字都昏了。"金圣叹批道："只用三个字，写废寺入神，抵无数墙摊壁倒语。又是他人极力写不出、想不来者。"六十一回写李固为害死卢俊义，先是告他谋反，把他陷入牢狱，后又去押牢节级蔡福处行贿。原作是蔡福听说有人找他，"来到楼上看时，却是主管李固。"金圣叹把"却"字改成"正"字，并批曰："俗本作'却是'。古本作'正是'。'却是'者出自意外之辞也，'正是'者不出所料之辞也。只一字便写尽叛奴之毒，公人之愤，古本之妙如此。"

强调安字琢句、苦心推敲，是古代诗文创作的优良传统，但如此郑重地用来强调小说的创作，金圣叹属第一人。金圣叹的强调，不仅切合小说创作的规律，对小说创作的实际无疑也有着积极的指导意义。

二

金圣叹认为，小说创作不能满足于"心之所至，手亦至焉"，还要追求"心之不至，手亦至焉。"所谓"心之不至，手亦至焉"，即：有些情节、内容，作者在构思阶段不一定想到，但在表达阶段，作者顺着情节发展轨迹与人物性格逻辑去写，能够把那些意料之外的情节、内容表现出来。金圣叹把这称为"神境"。

金圣叹既看重临文前的构思，也看重行文之际的即兴发挥。他认为，临文之际的发挥、灵感，既是创造力高度发展的表现，也是文章创作的一种理想境界。他说："文章最妙是此一刻被灵眼觑见，便于此一刻放灵手捉住。盖于略前一刻不见，略后一刻便亦不见，恰恰不知何故却于此一刻忽然觑见，若不捉住更寻不出。"（《读第六才子书法》）他又自述经验说："仆尝粥时欲作一文，偶以他缘，不得便作。至于饭后方补作之。仆便可惜粥时之一篇也。"（同上）因此，他在评点中，特别欣赏作家的那些神来之笔。如，《水浒》十八回写晁盖等投奔梁山，不被王伦所收纳，林冲夜访，谈话中吴用提到林冲是柴进举荐上山的，林冲接口道："承先生高谈，只因小可犯下大罪，投奔柴大官人。非他不留林冲……"金圣叹在下批道："盖写林冲，便活写林冲来；写林冲精细，便活写出林冲精细来。何以言之？夫上文吴用文中，乃说柴进曾荐林冲上山也，林冲却忽然想到：他说柴进荐我上山，或者疑到柴进不肯留我在家耶？说时迟，那时疾，便急道一句：'非他不留林冲'六个字。千伶百俐，一似草枯鹰疾相似，妙哉妙哉！盖非此句，则写来已乎不是林冲也。"四十一回，写赵能赵得在玄女庙中搜不到宋江，走出殿门之后，只听得兵士在庙前喊道："都头，在这里了！"原来庙门口有两个尘手迹。金圣叹批道："何等奇妙！真乃天外飞来，却是当面拾得。"在金圣叹看来，林冲情急之下的辩白，兵士仓促之问的叫喊，不一定是作者预先设计好的，而是作者在临文之际"随手而成""当面拾得"。

金圣叹认为，出现"心之不至，手亦至焉"这种境界，乃是作者艺术构思高度成熟的结果。他在二十七回分析有关武松的情节时说："上文写武松杀人如菅，真是血溅墨缸、腥风透笔矣。入此回，忽就两个公人上，三番四落写出一片菩萨心胸，一若天下之大仁大慈，又未有仁慈过于武松也者，于是上文尸腥血迹净尽矣。盖作者正当写武二时，胸中真是出格拟就一位天人，凭空落笔，喜则风霏雨洒，怒则鞭宦斥霆，无可无不可，不期然而然。"他在《读法》中又总结说："看来作文，全要胸先有缘故。若有缘故时，便随手所触，都成妙笔；若无缘故时，直是无动手处，便作得来，也是嚼蜡。"

金圣叹关于"心之不至，手亦至焉"的思想，也是很符合作实际的。我们知道，任何一个作家，无论他的构思是多么详细，他在动笔之前，也不可能把将要写的一切细节预先都构思好；即算什么都想好了，如果写的过程仅仅是把原有构思一一搬出来，也不可能真正地写好。因为，写的过程，不仅是一个"复制""翻印"的过程，而且更重要的是一个充满激情、充满灵性的创造过程，它需要作者调动自己一切的情感、体验、心智，全身心地投入。它需要最迅速、最直接、最准确的捕捉与表现。如果把表达看作一个呆板的制作过程，没有创造，没有激情，写出来的东西，势必缺乏感人的力量。另外，对于真正成熟的艺术创作来说，创作中也总是充满着意外之笔的。作者构思的人物越成熟，人物就越有可能自己站出来，纠正作者原有的，不恰当的艺术构思，按自己的性格逻辑行动。法捷耶夫谈到自己创作时，就深有体会地指："在作者用最初几笔勾画出主人公们的行为、他们的心理、外表、态度等等之后。随着小说的发展，这个或那个主人公就仿佛开始自己来修正原来的构思——在形象的发展中仿佛出现了自身的逻辑……在某种程度上

他自己就会带领着艺术家向前走。"(法捷耶夫《和初学写作者谈谈我的文学经验》)

三

金圣叹认为:"心之所不至,手亦不至焉",乃是创作的最高境界,他将其称为"化境"。金圣叹所说的"心手皆不至",当然不是说作家要什么也不想,什么也不写。他的意思是说,有些情节,作者原先并没有想到,只是到临文之际才涌上心头,对这些灵感,作者感受到了,捕捉到了,但并不把它直接写出来,而是把它留给读者去想象,体会,这便是文学创作中最高的境界。

在金圣叹看来,成功的文学作品,应该有所写,有所不写,而不应该是大小无遗,和盘托出,了无余味。他在评点中特别强调文字的简洁、含蓄,特别称道那些"无笔墨处"。如,《水浒》第十四回,写阮小七带吴用乘船去找阮小五。临近,阮小五道:"原来是教授,好两年不曾见面。我在桥上望你半日了。"金圣叹批道:"互倒一句妙,便于无字句处,隐现一段情景。"三十回,写武松从飞云浦回到张都监家,在胡梯口,"只听得蒋门神口里称赞不了,只说亏了相公与小人报了冤仇。再当……"金圣叹批道:"二字妙,将有字衬出无字处。"三十七回,写李逵第一次见到宋江,骗了宋江的银子去赌,打算赢了钱请宋江吃酒,不料竟输了个精光,气恼之下,李逵抢了众赌徒的银子,闹了赌房。接下来宋江请他上琵琶亭吃酒,李逵道:"酒把大碗来筛,不耐烦小盏价吃。"金圣叹又批道:"李逵传妙处,都在无文句处。要细玩。"他并且解释说,李逵刚刚闹了赌房,紧接着便把赌房的事完全丢开,好像什么事也没有发生。李逵本想请宋江喝酒,没有请成,反过来让宋江请他。这在常人,免不了要表现某些殷勤,但李逵却像主人一样,第一个提出"酒把大碗来筛",这些文字虽然没直接提到李逵的慷慨朴质,但却把李逵的性格特点鲜明、生动地表现出来,读来余味无穷。

金圣叹认为,"心手不至"的最大好处,就是能够增强小说的表现力,给读者以丰富的想象。他说:"夫文章至于手心皆不至,则是其纸上无字、无句、无局、无思也,而独能令千世万世之下读者读吾文者,其心头眼底窅然有思,乃摇摇有局,乃铿铿有句,而烨烨有字。"(《水浒传·序一》)

金圣叹认为,"心之所不至,手亦不至焉",乃是创作才能的一种最高表现。他郑重指出:"今天下之人,徒知有才者始能构思,而不知古人用才,乃绕乎构思以后;徒知有才始能立局,而不知古人用才,乃绕乎立局以后;徒知有才能能安字,而不知古人用才,乃绕乎安字以后,此苟且与慎重之辩也。"(《水浒传·序一》)

金圣叹认为,要做到"心手皆不至",关键在于剪裁。他说:"才之为言裁也。有全锦在手,无全锦在目;无全衣在目,有全衣在心;见其领,知其袖。见其襟,知其帔也。夫领则非袖,而襟则非帔,然左右相就,前后相合,离然各异而宛然共成者,此所谓裁之说也。"(《水浒传·序一》)

金圣叹"心手不至"的思想,与西方著名作家海明威的"冰山"理论颇为相似。金圣叹强调作家应该有"全锦在手""全衣在心",而无"全锦在目""全衣在目";海明威则说:作家"想写的东西心里很有数,那么他可以省略他所知道的东西。读者呢,只要作者写的真实,会强烈地感觉到他所省略的地方,好像作者已经写出来似的。冰山在海里移动很是庄严宏伟,这是因为它只有八分之一露在水面上。"和海明威的观点比较起来,金圣叹的观点则更为系统,具体一些。

(原载《河南师大学报》(哲学社会科学版)2004 年第 2 期)

　　任何一个"小"的角度，都是建立在对事物宏观观照基础之上的，如果没有宏观的观照，我们就根本无法选择那些有利于突破的"小"角度；而且，任何一个"小"的角度，只有纳入宏观观照的范围中才会有意义。如，我们选择鲁迅的《狂人日记》来作研究，这个口子算是比较小的了。为什么要选择这篇小说来研究呢？就一般而言，一篇短篇小说是构不成一篇学术论文的选题的。这就离不开宏观观照，只有从人类发展史的广阔背景上深刻感受了鲁迅创作所具有的巨大的思想文化价值，才可能真正意识到这个选题的意义。缺乏宏观观照，作者的审美视野、理论视野都非常狭隘，他常常只见树木不见森林，既无法从广阔的文化文学背景中去理解作品，发现文学创作的一般规律和特殊规律，也无法科学地判断作品的思想价值和艺术价值。我写《论刘勰〈神思篇〉"意象"之说》，那角度是够小的了，但我依然是把它放在宏观的理论背景上考察的。但仅仅有宏观观照又是不够的，缺乏具体的微观剖析，思维就无法深入。我们平时写文章，讲究"大中取小以小见大"，思维也就是在宏观与微观之间转换。我手头有一篇研究生论文《苏轼的时间意识与其文学创作的美学联系》。试看其提纲：

　　　　引言
　　　　第一章　时间观念的解析
　　　　1.1 时间意识的产生
　　　　1.2 中国传统时间观
　　　　第二章　苏轼的时间意识
　　　　2.1 苏轼时间意识的几个特点
　　　　2.2 从空间角度看时间意识
　　　　第三章　时间意识与文学创作的美学联系
　　　　3.1 对创作主题的影响
　　　　3.2 对创作原则的影响
　　　　结语
　　　　参考文献

　　答辩时这个同学坐在我身边。我看到论文就笑了。她问我笑什么。我说，这是聪明人作的论文。她问，这是批评还是表扬。我说，批评多些。她问，哪里写得不好。我说，你根本就没进入研究过程。她问，为什么？我说，你肯定是从哲学一类书上把时间的特点抄了，然后到苏轼作品中去找例句，这样写论文，是印证，不是研究。

　　她问，怎么研究。

　　我说，这样的题目，如要研究：

　　第一，你得有个参照系数，可查查文献，文人和劳动人民，其时空观是不一样的，如《诗经》《汉乐府》，与《古诗十九首》《春江花月夜》表现的时空观就不一样；

　　第二，你得读苏轼作品、评传，抓住苏轼的特点；

　　第三，时间意识是怎样影响写作的，得作具体分析，譬如说，我们六点结束，六点半吃饭，这是时间意识，会影响到我们行动，但这是比较表层的，文学创作不一样，有时需要一些中介，如时空情绪什么的，才会产生潜在的影响，你必须作具体分析……

　　她听了之后，觉得我讲得有道理。

　　研究离不开宏观观照，但不能停留在空泛、笼统的水平，还要把问题放在一定、具体的条件之下进行思考，对具体问题进行具体分析。如我在研究明清叙事思想时，就涉及对叙事结构的考察。明清叙事结构的有机性一直受到学者们的诘难。这种诘难不仅来自西方，同时也来自国人，鲁迅谈到《儒林外史》，就曾认为"虽云长篇，颇同短制"①；茅盾谈到《水浒》时也说："从全书看来，《水浒》的结构不是有机的"②陈寅恪也道："凡吾国著名之小说，如水浒传、石头记与儒林外史等书，其结构皆有可议。"③明清小说结构之所以引起诸多争论。我认为，引起争议的原因有两个：其一，人们多以西方小说和现代小说的观点衡量它；其二，明清叙事结构的多层次性往往使我们陷入顾此失彼的尴尬境地。我认为，它的结构是否"有机"，是不能以今天的观念来要求它的，必须从具体历史出发，尊重古人叙事思想，只有全面考察方可求得比较符合实际的结论。基于这样的认识，我将明清叙事结构分为体制形态、表层结构、深层结构三个不同层面；每个层面又区分出"写实""寓意""象征"三个不同形态；并由表及里地考察各个层次的特点以及它们之间的贯通。如，我考察"体制形态"，就是从"题目""篇首""头回""入话""正话""篇尾"从这些"结构因子"入手的。

　　如我对"题目"的考察：

　　　　在话本小说，称"题目"；在章回小说，则成了"回目"。
　　　　明短篇白话小说"三言""二拍"，其各卷都有"题目"。其"题目"多以概括小说人物、情节命名，注重对作品意蕴的揭示，且形式整饬，语言典雅。
　　　　"三言"的"题名"，均为七字单句或八字单句，前后卷之间形成了或正或反的对偶呼应。在"三言"的基础上，"二拍"的"题名"进一步发展为以七字或八字为主的双句对偶，如第一卷是"转运汉巧遇洞庭红波斯湖指破鼍龙壳"，第二卷是"姚滴珠避羞惹羞郑月娥将错就错"，本卷题名是非常工整的双句对仗。凌蒙初称"二拍"的题名，乃模仿当时流行的长篇章回而来。《拍案惊奇凡例》曾言："每回有题，旧小说造句皆妙……近来必欲取两回之不伴者，比而偶之，遂不免窜削旧题，亦是点金成铁。今每回用二句自相对偶，仿《水浒》《西湖》旧例。"明清短篇白话和长篇章回的"题目""回目"，它们采用的都是以七字或八字为主的双句对偶，拟制趣向也呈一致：
　　　　一是追求警策；
　　　　二是追求诗化；
　　　　三是讲究对仗；
　　　　四是其题目必相嵌入人名突出小说中的人物。

　　在考察明清小说题目的特点后，我考察了其他构成因子，最后认为，明清小说体制形态的信息编码包括：

　　一、诗化
　　明清小说，无论是短篇白话还是长篇章回，大体上都是由"题目""篇首""头回""入

---

①　鲁迅. 中国小说史略[M]. 北京：东方出版社. 1995：176.
②　茅盾. 谈《水浒》的人物和结构[J]. 文艺报. 1950 - 4 - 2(2).
③　陈寅恪. 论再生缘. 见：寒柳堂集[M]. 上海：上海古籍出版社. 1980：60.

话""正话""篇尾"六个部分构成,而这六个构成部分,除"头回",其他都与诗词有着密切的关系:它的"题目"是诗化的;它的"篇首"是诗词;它的"入话"中也嵌有诗词;它的正话更是离不开诗词;它的篇尾更是以诗词来收束的。体制性的诗的全面渗透带来的决不仅仅是一个形式的问题。从写作学的角度来看,文体一旦确定,作者的思维就必须在文体的一定的范围内展开,它必须以一定文体的形式、精神、色彩,情调为思维的条件和内容,制作文体的思维与思维所要创造的文体在内容、形式、特点上必须达到一种水乳交融的契合。从这一点上来看,明清小说的创作整体上是呈诗化倾向的。"三言""二拍"等短篇小说,通常认为它"极摹人情世态之歧,备写悲欢离合之致"①,是描写市民生活的通俗之作,但实际上描写审美情致的也不在少数。"三言""二拍"198 篇,其中有 63 篇描写读书人的生活,占总数 31.8%,比例不算小。我们先不说"三言""二拍"中像《苏小妹三难新郎》《俞伯牙摔琴谢知音》《李谪仙醉草吓蛮书》《王安石三难苏学士》《唐解元一笑姻缘》《马当神风送滕王阁》《杜十娘怒沉百宝箱》《王娇鸾百年长恨》这类极具审美情趣的小说,其中描写市井生活的一些作品,如《醒世恒言》第三卷《卖油郎独占花魁》,写的只不过是一个普通的狎妓的故事,但一经诗题的点染就显得诗意盎然。第七卷《钱秀才错占凤凰俦》,写的只不过是个"瘌哈嘛想吃天鹅肉"的故事,但一经题目点染,就显得典雅而韵味深长。第八卷《乔太守乱点鸳鸯谱》,写的也只不过是市井儿女欢喜冤家的故事,但题目把故事中的喜剧因素醒目地点染出来,读来韵味深长。第十四卷《闹樊楼多情周胜仙》,写的是一个敢爱敢恨的女子周胜仙为了爱生生死死的故事,作品对于女主人公执著情感的描写使作品充满了诗情画意。除短篇,长篇章回小说也体现了诗化的倾向。

二、哲理化

明清小说同时又是以"叙议结合"为叙事手段的。明清小说中的"议论",主要表现在以下三个方面:一是以"入话"形式成为小说一个不可或缺的构件;二是依附于诗渗透全篇;三是篇中时有"议论"参与。正如"诗文融合"一样,体制性"议论"的介入也决定了作者的艺术思维。因此,明清小说同时又具有"哲理化"的倾向。如"三言""二拍",它表现的是一种处世哲学,《西游记》表现的是一种佛家哲学,《三国演义》表现的是一种历史哲学,《红楼梦》表现的是一种生命哲学,《儒林外史》表现的是一种文化哲学。

三、情节的对偶性展开

明清小说的"题目"与"回目""必以二语对偶为题"。"题目"和"回目"是对小说故事情节内容的概括和提示,既然"题目"和"回目"是对偶性的,也就意味着小说情节展开是对偶性的。这就透露明清小说情节构思上的一个特点,它就像写对联一样,按或正或反或承的关系,"二元"展开。中国古代把世界看做阴阳二气交感互动的哲学思维,深刻影响着汉民族的生存方式和思维方式,表现在写作上,最典型的就是骈体文和近体诗的写作,它们都要求对仗,并形成了一套严格的规范,这种规范后来甚至在蒙学教材中给固定下来。就小说题目来看,早期创作,如六朝的笔记小说,唐宋的传奇,宋元话本,表现并不突出,但到了明代,在"题目"和"回目"上表现得异常醒目。明清小说多依据这种二元(对偶)原则展开情节,这种情节组织有如楹联和近体诗中的颔联与颈联,"一联""一联"展开,两两相对,相反相承,不仅于整齐中表现出变化,也于两两相映的二元之间传达出特有的意味,就这一点看,大异于西方小说旨趣的。

四、以人物为本位

无论短篇还是长篇，其"题目"或"回目"必然嵌入人名以突出小说中的人物："三言"一百二十卷，其"题目"以人物"冠名"的占 118 卷；"二拍"八十卷，其"题目"以人物"冠名"的有 80 卷；《西游记》一百回，其"回目"以人物"冠名"的有 94 回；《三国演义》百二十回，其"回目"以人物"冠名"的有 118 回；《水浒传》百二十回，其"回目"以人物"冠名"的有 118 回；《金瓶梅》一百回，其"回目"以人物"冠名"的有 100 回；《红楼梦》百二十回，其"回目"以人物"冠名"的有 120 回；《儒林外史》五十六回，其"回目"以人物"冠名"的有 55 回。以人物为中心的构思，明显受《史记》影响。自《史记》开创"纪传体"以来，从魏晋到明清，小说家们莫不以人物为本位。以上这些统计，实际上说明了一个非常重要的问题，即：明清小说的构思，是以人物为本位的，它迥异于西方以故事为本位的叙事，关于这一点，我们在下面还要讨论，这里仅仅一提。

五、审美两极

明清小说"诗文融合"的体例，带来的不仅仅是文体对于文体创作思维的限制和影响，同时还表现了小说审美机制上的古今差异。如罗烨、胡应麟、李卓吾、毛氏父子，都曾对白话小说融入诗词发表过看法。罗烨在《醉翁谈录·小说开辟》中曾指出，人们听小说，不仅要求讲唱者会讲故事，同时也要求他"曰得词，念得诗""论才词有欧、苏、黄、陈佳句；说古诗是李、杜、韩、柳篇章"。胡应麟《少室山房笔丛》中也谈到，小说如果"止录事实，中间游词余韵，精神寄托处，一概删去"，也就"不堪复瓿"。毛氏父子也认为，小说中穿插诗词，本是文章极妙处。从他们这些评论看，明清人读小说，其审美是奔向两极的：一方面，他们将自己的审美兴趣指向了小说的情节、人物；另一方面，他们也将自己的审美兴趣投向了诗文。这种审美倾向我们可以在"三言""二拍"中找到最直接的证据，如《警世通言》第八卷《崔待诏生死冤家》，篇首由 11 首咏春的诗词组成。这 11 首咏春诗固然引出了下面的故事，但也明显表现出，诗词本身同时也构成了读者审美的内容。再如《喻世明言》第三十三卷《张古老种瓜娶文女》，作者以咏雪诗词开篇，这篇小说一开始也引用了 5 篇咏雪的诗词，如果其用意仅仅在于引出下面的故事，那也是说不通的。这说明，古人和今人读小说是不一样的。古人读小说，读到诗词，可以停下来仔细品味、欣赏，甚至于流连忘返，而现在的读者读小说，遇到诗词歌赋往往会一眼扫过，关注故事情节。为什么在李卓吾认为，编纂者为避免"事绪之断""眼路之迷"，将诗词全部删去是不妥的，"第有得以形容人志，顿挫文情者"是不能删的，因为它"不乏咏叹深长之致"，可"使览者动心解颐"？为什么曹雪芹在《红楼梦》中要穿插那么多的诗词，还要借人物之中大谈诗词的写作与欣赏？这原因只能追溯到中国诗文化的影响。中国是一个诗的国度，诗经、楚辞、汉乐府、唐诗、宋词、元曲，篇什之富，作者之众，灿若星河。它们各极其美，各臻其盛，共同构成了我国古代文化最为辉煌灿烂的部分。诗歌在民族文化中的地位几乎是其他文种所无法替代的，它培植和浸润了民族的"诗魂"，给民族文化铺上了一层最醇厚最重要也是最基本的文化底色。过去的读书人，接受基本的文化训练往往是从诗歌开始的。即使尚未入学的童稚也能随口背诵数十首诗词。苏轼《东坡志林》载"里中小儿"听人说三国事，陆游小诗："斜阳古柳赵家庄，负鼓盲翁正作场。生后是非谁管得，满村听唱蔡中郎。"不仅说明"里中小儿""农村农民"也爱听故事，同时也喜欢他们"曰得词，念得诗""论才词有欧、苏、黄、陈佳句；说古诗是李、杜、韩、柳篇章"，他们对"故事"和"诗词"表现出同样兴趣。

①笑花主人:《今古奇观序》。

我觉得,自己能提出一些见解,就建立在具体问题具体分析上。

第四节　理论思维的方法论特征

论文的研究过程,既涉及到带有根本指导意义的哲学方法,又涉及到各分支学科的专业方法,前者得力于我们的哲学修养,后者得力于我们的专业训练,这里无法详细展开。下面我们仅论述理论思维的一般方法论特征。

写学术论文要研究解决的主要是理论问题,它运用的主要是理论思维。从人的认识过程来看,我们要全面、深刻地认识某一事物,通常要经过"感性认识""知性认识""理性认识"三个阶段。①

所谓"感性认识",就是通过人对客观事物的感觉(人脑对客观事物个别属性的反映)、知觉(人脑中产生的对客观事物各个部分和属性的比较完整的反映,但还不是理性思维意义上的整体反映),造成表象(记忆表象、想象表象)。

所谓"知性认识",就是从感性认识的整体表象中分解出对象的各个方面、各个层次、各种特征,进行单个的、孤立的考察。

所谓"理性认识",也就是对研究对象作有机整体的把握,它从感性的具体到知性的抽象分解再到理性的具体认识,是对客观世界对立统一或多样统一的认识,究其实质,也就是辩证认识及其思维方法。

感性认识限于感觉、知觉、表象这三个环节,相当于经验的方法,但它是我们认识的基础。没有感性认识,就没有更高阶段的认识。比如,文学作品中的一个形象,最初接触它时,是表现为某种感性的形象,如果没有这个感性的形象,我们下一步的研究就没有办法进行。所以,我们进行科研,都比较重视最初的印象、感受。但我们又不能停留在感性认识的层面,如果我们停留在混沌的印象或个别的、局部的表面上,就无法认识其内在的意蕴。

知性认识限于对事物各个方面作局部的抽象,相当于单纯的分析或分解。从人的认识过程看,知性阶段可以说是一个不可缺少的环节。我们面对一部作品,当然首先是直接的感受(感性认识),但需要作理论概括时,就必须进行抽象,否则就不可能进入科学的理性认识。刘若愚教授曾指出:"由于我们所从事的是理性的论述、不是靠直觉进行交流,所以不能模仿禅师那种有趣的举动,去依样画葫芦,他不是直接回答弟子的发问,而是用长竿频敲弟子的前额,直到其顿然领悟。我们只能把这些术语译成可理解的概念。"②刘教授所讲的"译成可理解的概念",即运用知性认识的方法,从感性认识的整体表象中分解出对象的各个方面、各个层次、各种特性,进行分别的考察,并作出抽象与概括。

但我们的认识也不能停留在知性阶段,如果就此止步,就会造成思想的简单化、片面化。例如,我们研究阿 Q 这个典型,如果只看到阿 Q 的消极意识,或只看到阿 Q 的朦胧反抗,或

---

①　关于人类认识过程和层次的划分,通常有两种方法,一是将其划分为感性认识和理性认识;一是将其划分为感性认识、知性认识和理性认识。两种划分方法在哲学上都有它们的合理性。我这里采用后者,主要是考虑它更便于描述研究思维的层次与过程。

②　刘若愚. 中国的文学理论[M]. 郑州:中州古籍出版社. 1986:17.

把二者尖锐地对立起来，这就是知性认识所带来的简单化、片面化，造成我们在思想上并没有有机地、整体地来把握被我们思维所分解的事物的各个方面。黑格尔曾指出："知性的活动，一般可以说是在赋予它的内容以普遍性的形式。不过由知性所建立的普遍性乃是一种抽象的普遍性，这种普遍性与特殊性坚持地对立着，致使其自身同时也成为一特殊的东西。"①

所谓抽象的普遍性，就是将具体对象分解成为互不相关的抽象成分，从而使多样统一成为单一的概念。黑格尔认为："一个活的有机体的官能和肢体并不能仅视为有机体的各部分，惟有在它们的统一里，它们才是它们那样，它们对那有机的统一体互相有影响，并非毫不相干。"②他同时还引用亚里士多德的话说："把手从身体上割下来也就不再是手了"，以证明纯粹的知性方法是与整体的、系统的观点对立的——这也就是说，我们认识客观事物，仅仅停留在知性方法的层面仍然是不够的，它通常要向理性认识升华。理性思维所追求的，是一种具体的普遍性，它讲究具体的同一，有差别的同一，它是对客观世界对立统一或多样统一的认识，是对有机的整体性的把握。理性认识及其思维方法的总的特点是把对象的各个部分、各个方面归入某种顺序；在这个顺序中，各个组成部分彼此发生一定的联系和关系，从而构成一个统一的整体。理性认识可以看做是理论思维发展的终端——在我们的认识活动中，感性作用于我们的感觉、知觉，也具有朴素的整体观。例如，我们看一部分作品，马上可以获得好与不好的印象，但一时却说不出为什么好、为什么不好，这就需要分析。所谓分析，也就是从整体分解出局部来，以辨明它好在哪里、不好在哪里。但这种分析是拆开了部分与整体的联系的，如果研究仅停留于此，那还只是一种各不相谋的、与整体割裂的观点或示例，无法真正地把握对象。例如，有些作品，好的地方可能隐藏着缺点，有缺点的地方可能正显示着优点；有些缺点从局部来看可能是缺点，放到整体中看则可能成了优点；有些优点从局部看是优点，放到整体中看则可能成了缺点。仅凭知性分析我们还无法真正认识事物，这就需要理性认知作浑然一体的考察。

因为理论思维要穷究事物的本质与规律，必须达到理性认识的高度，而理性认识及其思维方法是整体的显现，所以理论思维所运用的一切基本方法都是相互结合的，其方法论的特征表现如下：

一、归纳与演绎的统一

归纳是由个别到一般的推理方法，演绎是由一般到个别的推理方法。由个别到一般再由一般到个别，这正体现了人类科学认识的基本过程，所以鲁迅早在1908年便提出，归纳与演绎"二术俱用，真理始昭。"③

归纳法是科研中运用得非常广泛的一种基本方法，它从许多个别事实材料出发，得出一般性结论，具有很强的说服力和创造性。翻开科学史我们不难发现，许多有价值的学术论著，它们都是从大量的事实材料出发，通过自己的归纳，或是解决了争论已久的疑难问题，或是指出了前人说法之误，或是另辟蹊径开辟了一个新的领域，或是提出了某个具有普遍意义的命题。所以，这种方法一直受到人们推崇，亚里士多德就曾指出，归纳乃是人们认识真理的惟一有效方法。古典归纳法集大成者培根也认为，只有归纳法才能产生真理。他深信，

①　黑格尔．小逻辑[M]．北京：商务印书馆．1981：127.
②　黑格尔．小逻辑[M]．北京：商务印书馆．1981：282.
③　鲁迅．坟·科学史教篇．见：鲁迅全集．人民出版社．1972：

只要把有关每一个课题的事实加以排列分类，就可以在任何学科的研究中取得成果。但是，随着科学的发展和人们认识的不断深入，归纳法在实践中也日益暴露出它本身的局限——由于对象的复杂性以及客观事物的无限丰富性，这就使得归纳法所得出结论带有一定的或然性。

在逻辑学里，归纳法有完全归纳和不完全归纳。完全归纳建立在全部事实的基础上，其结论一般说来是比较可靠的。例如孔子说："《诗》三百，一言以蔽之，曰思无邪。"他这个结论，就建立在全部事实上。他对《诗经》三百多首诗作了全面的考察，认为每首诗都具有"思无邪"的特点，因而他把隐含在每一首诗中的这一特性归纳为对于《诗》的一般性结论。从当时的社会状况和人们的认识水平来看，孔子所作的这个结论还是比较客观正确的。但是，由于对象的复杂性，建立在全部事实基础之上的完全归纳并不一定得出必然性的结论。如，文学界对于《红与黑》中于连这个形象的认识，观点就很不一致。有人认为，于连是一个"极端个人主义的资产阶级野心家"，有人却认为他是"王政复辟时期的个人主义反抗者"。为什么同是一部小说、同是一个主人公形象，人们的认识如此分歧呢？这就是人们在搜集于连这个人物形象的事实材料时理解上的差异所致。

不完全归纳建立在部分事实材料的基础上，相对于完全归纳，它运用得更为普遍。例如，我们要研究中国某一个时期的文学创作，在一般情况下是无法穷尽全部材料的，只能从有代表性的作家、作品、重要的文学事件、重要的文学流派入手，这就要运用不完全归纳。进行不完全归纳，只要运用得当，同样可以得出正确的结论。如高尔基所提出的"文学即人学"的命题，它不但在很大程度上涵括了前人对于文学的认识，解释了以往的文学现象，对以后的文学活动也具指导意义。但是，如果我们从全部事实材料中简单地、任意地抽取个别事实，那就要犯简单枚举的错误。如"文学是阶级斗争的工具""这个命题，便是通过简单枚举所得出来的。事实上，文学创作不仅存在于阶级社会，在原始共产主义社会就已经出现，并且在将来的共产主义社会还将继续存在；即算是阶级社会，文学所担负的职能也不全然是阶级斗争的工具。

由于归纳对象的无限性与复杂性，所以黑格尔认为，"每一种归纳总是不完备的""只有甲、乙、丙、丁、戊等以至无限，才构成类并提供完全的经验。归纳的结论在这种情况下，仍然是成问题的（或然的）"所以说，从个别到一般的归纳法如果没有与从一般到个别的演绎法配合，科学认识仍然是不完全的。我们不能把归纳绝对化，把它视为一部万能的机器，认为只要把事实材料投进去，便能制造出正确的科学理论来。

演绎是由一般到个别的推理方法。因为世界上任何事物的一般性质和原理都存在于个别事实之中，这就使运用演绎法由一般探求个别成为可能。演绎法从一般原理推演出个别结论，它的个别结论实际上已包含在它的理论前提之中，所以，它的推理具有必然性。但是，如果它的大前提是错误的，结论便不能成立。例如这样的推理："文学是阶级斗争的工具"（大前提）；"李白的《静夜思》是文学作品"（小前提）；"所以，《静夜思》是阶级斗争的工具"（结论）。这个推理之所以不能成立，因为其大前提本身就是错误的。

由于演绎法是由一般原理推导出个别判断，它的结论是已包含在它的大前提中，所以这种方法不可能在理论上有什么重大突破，不可能对对象作出全新的概括，它的创造性不及归纳法。但它是一种必然推理，科研中常用它提供逻辑证明。例如，我们从许多语言材料中归纳出某个结论，为了证明这个结论的正确和普遍适应性，我们可能再进行由一般（结论）到个别事实的演绎论证。又如，我们评价某部作品的思想价值和艺术价值，需要从文学的一般原理出发以作科学裁定，这也要运用演绎法。

在科研中，归纳与演绎其实是相互为用、相互提供前提的。归纳法所得出的结论，常常需要演绎法提供逻辑验证，而演绎的前提，却来自科学的归纳。所以说，只有将归纳与演绎统一起来，才谈得上完全意义的科学认识。

试看下面的论文：

语言运用中的"干亲"现象

储泽祥

内容提要　"干亲"现象是依赖常规说法顺势一说的结果。它是依赖性、相似性、临时性、非常规性的。心理定势是"干亲"现象的重要成因，常规说法是心理定势形成的基础，如果再加上重复手段，就会使定势固着下来，产生较强的后作用。在这种情况下，非常规的说法就能临时被认可。"干亲"现象有"因同显异"的功用，使话语在笨拙中显得活泼、有趣。"干亲"现象是家族相似性理论难以解释的现象，如"下刀子"类，它既不是动宾短语家族的典型成员，也不是动宾短语以外的其他类型的短语，而是动宾短语"下雨"的临时的"干亲"

关键词　语言运用　干亲现象

一、析题

1. 先看例子：

（1）"我倒不是不想让你当御用文人。"安佳说，"问题是养狗还得管饭呢，没有白使唤人家的。你现在去和上边商量，如果上边答应好好养你，给政治待遇给房子给津贴，你当大茶壶我也不管。"（《王朔文集》，华艺出版社，1997年，第778页，）

例中，"当大茶壶"以"当御用文人"为参照。"当御用文人"可以单说，"当"与"御用文人"是常规的匹配。跟"当御用文人"相比，"当大茶壶"不能单说，但能临时存在于语流之中，"当"与"大茶壶"是非常规的匹配。

如果把"当御用文人""当科学家"类的常规匹配，比作血亲或姻亲的话，那么，"当大茶壶"的非常规匹配，"当大茶壶"对"当御用文人"的临时依赖，就是临时结成的干亲。这就是本文所说的"干亲"现象，它是依托常规说法顺势一说的临时性的结果。

2."干亲"现象不少可用仿拟、拈连、移就、隐喻等修辞格进行分析（也有不少情形难以用这些辞格进行分析，如"你住纸箱子去吧！"），但本文继承20世纪80年代以来修辞研究的一些好传统，如分析与综合并重，修辞与语法结合等，本文重在综合，对可做不同分析的现象的某些共同方面进行概括，置之于"干亲"这一范畴之下，试图得出新的认识。

二、"干亲"现象里参照式的结构类别

1. 例（1）里，"当大茶壶"以"当御用文人"为参照，为了讨论方便，我们把"当御用文人"类的结构式称作参照式，把"当大茶壶"类的结构式称作目的式。常见的"干亲"现象里，参照式主要有动宾、偏正、主谓等三种结构类别。举例说明如下：

（2）老大说："东西倒不少，可我们兄弟几个是娶媳妇，不是娶东西。"（阎连科《耙耧天歌》，《北京文学》2000：4，9页）

（3）现在社会上伪劣产品很多，伪劣传说也很多，比如说某某首长金屋藏娇，某某首长被抓起来了，等等。（许春樵《谜语》，《中篇小说选刊》2000：2，174页）

（4）其实君子再小气，再小人，他还是有着一个大男人坚忍不拔的气质，豁子不得

不承认。（卜铁梅《花好月圆》，《北京文学》2000：3，9页）

（5）拐子怔怔站着，望着那一片倒状的果树，忽然把砍刀一丢，噼哩啪啦抽打起自己的脸来，说："我腿短心咋也短哩，腿瘸心咋也瘸哩。"（同例（2），35页）

（6）处级干部是干上来的，局级干部是看上来的，省市级领导是拽上来的。（李治邦《随风起舞》，《北京文学》1999：7，23页）

例中的情形，可归结为下表：

结构类别	参照式	目的式
动宾	娶媳妇	娶东西
偏正	伪劣产品	伪劣传说
	再小气	再小人
主谓	腿短	心短
	腿瘸	心瘸
正补	干上来，拽上来	看上来

以正补结构为参照式的"干亲"现象并不多见，最常见的参照式是动宾结构。

2. 参照式是常规说法，以出现为常，但并不是非出现不可，因为常规说法是人所共知的，不一定都要出现。例如：

（7）老鲁"贪污"了一个情况没向易主任汇报。（陈冲《有句话说出来就是祸》，《北京文学》2000：1，34页）

"贪污公款""贪污财物"是常规说法，作为参照式，在例（7）中并没有出现，但人们心里清楚"贪污了一个情况"的参照式究竟是什么。参照式不出现，一般都需要有充足的语境或背景。例中"贪污"上加了引号，也是一个提示。

3. 参照式通常出现在目的式的前边。参照式出现在目的式后边，是少数情况，而且往往参照式与目的式合起来的数目是三项或三项以上。例如：

（8）按照国际惯例，要在这样的国际权威性会议上作专题报告，从来都是世界上有名的大先生大学者大专家才有资格。（李鸣生《中国863》，《北京文学》1998：4，50页）

（9）"你知道你大哥那两稿费是怎么挣的么？那是熬心熬血熬夜熬骨头熬性命熬的！"（林深《精弟》，《北京文学》2000：4，23页）

例（8）里，"大先生"一般不说，是目的式，"大学者""大专家"是常规说法，是参照式，目的式在前，参照式在后，二者合起来有三项。例（9）有五项，只有"熬夜"是常规说法的参照式，居中，它的前后都是目的式。"熬骨头"虽然可以单说，但单说时有例（9）里"损耗身体"的意义。表示损耗身体的意义，"熬骨头"仍然是非常规的说法。

三、"干亲"现象的性质

1. 依赖性

正如干亲以血亲为参照一样，目的式也以参照式为依托，如"跑得了和尚跑不了庙"总是连在一起说，后者离不开前者。因此，目的式具有依赖性。没有参照式，目的式就失去了存在和理解的基础。即使有参照式，但没有出现，语境又不充分，也会出现理解上的困难。比较：

（10a）"你有多少钱？"他问。"是不是？我就知道你要问这个嘛！你是娶那点钱，对不对？"

（10b）"你有多少钱？"他问。"是不是？我就知道你要问这个嘛！你不是娶媳妇呢，

你是娶那点钱，对不对？"(老舍文集，第三卷，139页，人民文学出版社，1982)

从例(10a)去看"娶那点钱"，或者让人感觉动宾匹配上有错误，或者让人以为写作者把"取"误写为"娶"，总之，理解上有障碍。从例(10b)去看"娶那点钱"，有了"娶媳妇"作为参照，就能理解"娶那点钱"就是"要那点钱"的意思，不仅如此，还有幽默与讽刺的表达效果。

2. 相似性

参照式与目的式形式上(而不是语义匹配上)必须是相似的：结构类型相似，而且有共同的因子。一是动宾结构就都是动宾结构，一是偏正结构就都是偏正结构。共同因子在语篇中有衔接作用，它是联系参照与目的式的纽带。

动宾类型的"干亲"现象，参照式与目的式的共同因子一般是动词，信息焦点在宾语部分，如例(1)、例(2)、例(10b)等都是如此。偏正类型的"干亲"现象，参照式与目的式的共同因子一般是修饰语，信息焦点在中心语部分，如例(3)、例(4)等都是这样。主谓类型的，共同因子是谓语，信息焦点在主语部分，如例(5)。正补类型的，共同因子通常是补语，信息焦点则是中心语，如例(6)。

共同因子一般是同一个词，也有用同义词的情况，例如：

(11)她不宜当女店员、女打字员，只有做个"女结婚员"(张爱玲《花凋》)

例中，"当"与"做"是同义的。

相似性有时还可以在共同因子以外的方面表现出来。看下面的例子：

(12)刘妈摸着我的辫子说，我的小姑奶奶，您哪儿弄来这一脑袋糨子呀……刘妈说，他一裱画儿的，裱我们孩子的脑袋干什么，真是的。(叶广芩《梦也何曾到谢桥》，《小说选刊》1999：11，13页)

例中"裱画儿"与"裱我们孩子的脑袋"的相似性，除都有"裱"、都是动宾结构外，还有一个明显的相似点：裱过的画儿上有糨子，而孩子的头上也有糨子。这个相似点与共同因子"裱"是紧密相连的。

3. 临时性

目的式只能存在于语流中，不能单说，或者单说时失去要表达的意义(如例(9)的"熬骨头")，这使目的式具有临时性。

"干亲"现象早就存在。下面是两个近代汉语的例子：

(13)僧云："秀才去何处？"对曰："求选官去。"僧云："可惜许功夫，何不选佛去？"(祖堂集，见刘坚、蒋绍愚(1995)，唐五代卷，475页)

(14)哥哥，你看孙二见俺这里吃酒，他骂你吃你娘七代先灵。(杀狗劝夫，见刘坚、蒋绍愚(1955)，元代明代卷，184页)

例中，"选佛"吃你娘七代先灵"在当时都是临时的说法，一直到当代，它们也没有成为常规说法。

说写者有时也对这种临时性做出标记或提示。例如：

(15)结果怎样，不得而知，反正美元换成卢布，卢布又换成了美元，却没有买回什么设备什么工厂，只是"买"回了一名漂亮的俄罗斯女郎。(刘汉太《巨人与魔鬼》，《北京文学》2000：1，77页)

(16)那年发大水，父亲和堂叔他们到我们村东那条长河用大网堵鱼，父亲把我也带去了。……早上醒来揉开眼一看，河堤外侧的水洼子里，金一块，银一块，铁一块(黑种

鱼），已捕了一大堆鱼。（刘庆邦《拉网》，《北京文学》1999：9，32页）

例（15）"买"作者加了引号，标记了"买"与"俄罗斯女郎"匹配的临时性（"买"不用于基本的意义）。例（16）里，在人们的印象中，鱼是金色的、银色的，对像铁那样的黑颜色的鱼并不是很熟悉，把鱼比作"铁一块"的说法让人感到陌生，因此，作者用"（黑种鱼）"加以提示，说明"铁一块"在句中的临时性。

4. 非常规性

目的式是非常规性的匹配，非常规性体现在语义、句法两个方面。

语义上，往往不在常规的匹配范围之内。例如：

（17）我不管了，我住到我妈那儿去，孩子也往那儿，我们反正有地方住，你住垃圾箱我也不管了！（苏童《过渡》，《小说月报》1998：5，54页）

"住"的处所宾语，一般是供人活动的场所，"垃圾箱"不是这样的场所，不在常规匹配的范围之内。下例"吃"更明显，"吃"的常规宾语，是表示食物的名词，而"绳子和刀子"不是食物，做"吃"的宾语，语义上不是常规的匹配。

（18）他把狗带回家去，把一根绳子和一把刀子拿出来，对狗说，狗你来你来我给你好吃的。狗以为自己的主人真有好吃的要给，就摇着尾巴到前头来了。西行说，操你娘吃个绳子和刀子吧。说完就把它捆了，用刀子把狗的头割了下来。（庄旭清《人与狼的故事》，《北京文学》2000：4，21页）

现实中一般不会存在的现象，常常是非常规的说法。如以"下雨"为依托的"下刀子"的说法，就是如此。有的目的式虽然可以单说，但单说时不能表示句中要表达的意思，语义上也不是常规性的。例如：

（19）两人往前走了几步，停下回来瞅着我："给你个台阶儿下不下？""你要是有志气"，安佳抱着孩子说："给梯子也不下。"（王朔文集，796页，华艺出版社，1997）

"下台阶"在这里用的是比喻义，指脱离因僵持而受窘的境况，"下梯子"虽可单说，但没有这样的比喻义，只是与"下台阶"的基本义有相似性，因此，在上例中，"下梯子"在语义上也是非常规性的。

句法上的非常规性主要表现在：目的式大多不能单说，也有些目的式不是常规的语序，如例（22）的"女陌生人"另外，不少目的式不能像参照式那样可以进行转换。例如：

雨淅淅沥沥地下起来了……萧沧华道："装车，下刀子也得装。"（张欣《最后一个偶像》，《中篇小说选刊》1999：5，46页）

"下雨"可以说成"雨下起来了""下了一天雨"，但目的式"下刀子"却不能说成"刀子下起来了""下了一天刀子"动宾类型的目的式，常常表现非现实的事情，一般都没有体标记或动量词语出现。

四、"干亲"现象的心理成因

1. 定势影响

"干亲"现象受到不同心理因素的影响（参李国南，2000），本文侧重从心理定势角度做出解释。

定势是完整个人的一种状态，可以把这种状态表征为指向一定活动的准备性。张斌（1998）认为："什么是定势？简单地说，指的是已进行的定向活动形成的同化形式。"（101页）定势不一定要有推理过程。

在"干亲"现象里，定势使参照式的结构类型产生后作用，为目的式的结构类型提供了方向性或倾向性。参照式总是常规说法，而目的式总是非常规的说法。常规说法占有优势，如动宾结构，常规说法有很强的同化作用（于根元1987，邢福义1991）。常规的优势，使得它可以成为后续说法的参照。简单地说，目的式就是依托参照式顺势一说的结果。

仅凭借参照式，心理定势就可以表现出来。如果再使用重复手段，使多个相似的结构项形成连续体，那么定势就可以被固着下来，单独不能说的结构项，在这个连续体中也就可以被暂时认可。例如：

（21）他无论如何不曾想到，当了几十年教员，到头来竟连工资都拿不到手。拖欠，拖欠，自己什么时候拖欠过学生的功课。（刘云生《蓝蓝的山茶花》，《小说选刊》1999：7，93页）

（22）在握手的瞬间，我大脑深处立即泛出这样一个信号：这个人可以信赖！因为，在我生活过的三十五六年中，尤其从事爬格子生涯的十几年中，虽不能说天天和女人握手，但和女同事、女作者、女编辑、女陌生人打交道都握了不少手。（杜光辉《商道》，《中篇小说选刊》1998：4，166页）

（23）于是，满大街，满屋顶，满世界，满宇宙，满天，满地，满身，满脸，满人心，一切都让威严的白雪覆盖住了。（韩小蕙《一日三秋》，《北京文学》1996：5，61页）

例（21）里，完整的说法是"拖欠工资，拖欠工资，自己什么时候拖欠过学生的功课"，重复的是参照式"拖欠工资"，使"拖欠＋宾语"的结构类型固着下来，为"拖欠功课"的说法提供了方向性。例（22）"女陌生人"是目的式，常规的说法是"陌生女人"，但"女同事、女作者、女编辑"的重复使用，使"女＋指人中心语"的结构成为固着的定势，"女陌生人"是顺势说下来的结果，例（23）的"满人心"也是如此。在连续体的项多于三个时，即运用了重复手段时，项的结构类型已被固着，因此，目的式不必居于末位，可以在首位，也可以在中间的位置，如例（8）和例（9）的情形就属这种情况。

2. 认知影响

认知上，为了凸显事物的某一个属性，加上重复手段使定势固着，也可以形成"干亲"现象。例如：

（24）噢，就许你们女的穿我们的男衬衣、男裤子、男袜子（还有穿男背心儿和男裤衩儿的呢），就不许我们也潇洒走一回？（同例（23），58页）

例中，说话人凸显的是"男""女""对立，因此，在表示衣服、袜子的名词前边硬加上了一个"男"字。"男衬衣"等是非常规的说法，常规的说法是"男式衬衣"在这个例子中，由于凸显的作用，参照式并没有出现。

五、余论

1. 认知语言学在讨论范畴化问题时，把维特根斯坦的"家族相似性"理论加以发挥，主张原型理论，认为事物的共有属性和家族相似属性交织成一张网，同时作用于范畴的界定。（参见张敏1998，50－58页）原型理论的"典型成员、非典型成员说"可以解释许多语言现象，但对于"下刀子""女陌生人"这样临时性的、非常规性的现象却并不是很适用。"下雨"与"下刀子"之间、"女同事"与"女陌生人"之间并不是家族相似性的（后者句法或语义上不能匹配，不具备家族成员的资格），倒可以说是"干亲相似性"的。因此，本文提出"干亲"范畴，"下刀子""女陌生人"等以"干亲"的身份存在于语言现象之中。

2. "干亲"现象一般只存在于语流中而不能单说，可以说是一种动态现象。它并不是有意创造新说法的途径，但客观上会有这种作用。也许有一天，"下刀子"会在比喻义上成为常规的说法。

3."干亲"现象显著的语用价值是有"因同显异"的功用。举例说明如下：

(25)二木现在很注意听天气预报，要是预报有雨，二木就会高兴，打出租的人就会多……

"要是天天早上下一阵雨就好了。"二木对自己女人说。

"最好是下刀子。"二木的女人忽然睁开眼对二木说。

"最好是下人民币。"二木就咧着嘴笑了。

"最好是下一大片子猪肉。"二木的女人说。（王祥夫《谁再来撞我一下》，《小说月报》1999：6，85页）

顺着"下雨"的势子，往下说"下刀子""下人民币""下一大片子猪肉"各项的共同之处是：都是动宾结构，动词都是"下"相同的重复出现的东西，只能加强印象，不能提供新的信息。在相同的背景下，不同处成为信息焦点，就被突出出来：雨、刀子、人民币、猪肉。这就是"因同显异"，把说话人过上好日子的愿望集中地表现出来。

"干亲"现象的"因同显异"功用还表现在另一个重要方面：目的式是非常规的匹配，不拘泥于常规的句法、语义的要求，使话语在目的式"笨拙"的匹配中显得活泼、有趣。因此，"干亲"现象适合于随意性的话语场合。

当然，使用共同因子，非常规地匹配，使"干亲"现象多少给人以僵化的感觉，有时也可能造成理解上的障碍，这些负面效应，也是不可忽视的。

语言论文，作者往往把个别语言现象归纳起来，形成一个结论，然后把结论放到具体的语言去验证，这就是归纳与演绎的统一。

二、分析与综合的统一

分析与综合也是两种密切相关的逻辑方法。马克思主义认识论把分析与综合作为它的构成要素之一，并认为二者是辩证地联系在一起的：综合以分析为基础，没有分析便没有综合；分析必须以综合为前提，仅有分析没有综合，那将是毫无价值的。

所谓分析，就是我们在思维活动中，把研究对象分解为各个组成部分、各个方面和各个要素，然后再分别对它们加以研究和认识，从而揭示它们在整体中的性质与作用。任何事物，都是由多个方面、多个部分、多个要素构成的。在一定的条件下，可以把事物分解为不同方面、不同部分、不同要素；而被分解的各个方面、部分、要素以及它们之间的关系，又从不同角度表现了事物的整体性。正是由于事物整体与部分之间的这种关系，也就使得分析方法的运用不仅成为可能而且十分必要。

分析必须从事物的整体深入到它的各个组成部分之中去，因此，我们在分析中都比较注重分析构成事物整体的各种要素、各个方面和各种属性，比较注重分析事物发展的各个阶段及其特点。例如，我们研究某个作家，习惯上总是把这个作家的创作按时间分成几个阶段；我们研究某个作家的风格时，通常要考虑作家的思想、性格、心理、文化素养、表现技巧等诸要素。

分析不是随意地将联系着的统一体加以任意的分解，机械的分割，而是要求从整体的联系中来认识局部。分析的任务不仅仅是把整体分解为它的组成部分，更重要的是透过现象抓住本质，通过偶然把握必然，通过局部把握整体。分析最基本的职能就是深入事物的内部了解它的细节，搞清其内部结构、内部联系，抓住事物最本质的东西。在分析的过程中，要着重弄清楚事物在运动变化过程中各个方面占何种地位，起何种作用，它们又以什么方式与其他方面发生怎么样的制约与转化。

所谓综合，是指人们在思维过程中，将认识和研究对象的各个组成部分、各个方面和各种要素联系起来加以考察，从而把握认识对象整体功能、结构和性质的一种思维方法。

综合不是把事物各个组成部分、各个方面和各种要素简单相加或机械拼凑在一起，而是依据事物内在联系的一种有机综合。它不是把对事物的整体认识回复到原初混沌的认识，而是在分析的基础上对事物的本质和规律作深刻的整体揭示。

正确的综合是建立在对事物的周密分析之上的。综合以分析为基础，没有分析便没有综合。在研究中，如果不运用分析，任何综合将是空洞的、没有说服力和没有根据的，它所显示的事物也只能是混沌的、外在的、直观的。同样，分析也必须以综合为前提，没有综合的分析将是毫无价值的。可以说，综合是分析的继承和发展，它将经过分析把握到的、相互区别的事物的各个组成部分综合起来进行考察，进一步把握它们之间的联系，将各个组成部分联系成一个"活生生"的整体。

在思维活动中，既离不开分析，又离不开综合。

首先是离不开分析。客观事物总是由不同的部分、不同的方面构成的，并有着各自的特征。这些部分、方面的各自特征又有着不同的意义。如果没有对事物的分析，我们对事物的认识就只能停留在事物的表面。因此，列宁说："如果不把不间断的东西割裂，不使活生生的东西简单化、粗糙化，不加以割碎，不使之僵化，那么我们就不能想象、表达、测量、描述运动。"[①]

然而，仅仅有分析又是不够的。事物的各个部分、各个方面，是同存于一定事物的整体之中的，它们既相互对立、相互区别，同时又是相互依存、相互作用的。不把那些割碎、僵化、孤立的东西重新结合起来进行统一的考察，也就不能获得对对象的整体认识。对此，黑格尔曾打了一个很好的比方。他说："一个化学家取一块肉放在他的蒸馏器上，加以多方面的割裂分解，于是告诉人说，这块肉是由氮气、氧气、炭气等元素所构成，但这些抽象的元素已经不复是肉了。同样，当一个经验派的心理学家将人的一个行为分析成许多不同的方面，加以观察，并坚持它的分离状态时，也一样地不能认识行为的真相。用分析方法来研究对象就好像剥葱一样，将葱皮一层一层地剥掉，但原葱已不在了。"[②]

因此，为了深刻把握事物，就必须对事物进行多层次的分析与综合。如毛泽东在《论持久战》中，对中日双方的情况进行了分析综合：

他首先分析了日本的长处："它是一个强的帝国主义国家，它的军力、经济力和政治组织力在东方是一等的，在世界也是五六个著名帝国主义国家中的一个。"

他接着分析了日本的短处："由于日本社会经济的帝国主义性，就产生了日本战争的帝国主义性，它的战争是退步的和野蛮的""日本军力、经济力和政治组织力虽强，但这些力量之量的方面不足。日本国度较小，其人力、军力、财力、物力均感缺欠，经不起长期战争"在国际方面，"日本虽能得到国际法西斯国家的援助，但同时，却又不能不遇到一个超过其国际援

① 列宁全集(第 28 卷)[M]. 北京：人民出版社. 1974：285.
② 黑格尔. 小逻辑[M]. 北京：商务印书馆. 1981：413.

助力量的国际反对力量。这后一种力量将逐渐地增长，终究，不但将前者的援助力量抵消，并将施加压力于日本自身。"

在分析的基础上然后综合："总起来说，日本的长处是其战争力量之强，而其短处则在其战争本质的退步性、野蛮性，在其人力、物力不足，在其国际形势之寡助。这些就是日本方面的特点。"

毛泽东然后对中国方面的长处、短处作了分析。

中国的短处："我们是一个半殖民地半封建的国家……我们依然是一个弱国，我们在军力、经济力和政治组织力各方面都显得不如敌人。"

中国的长处是："中国近百年的解放运动积累到了今日，已经不同于任何历史时期。各种内外反对力量虽然给了解放运动以严重的挫折，同时却锻炼了中国人民。今日中国的军事、经济、政治、文化虽然不如日本之强，但中国自己比绞起来，却有了比任何一个历史时期更进步的因素。中国共产党及其领导下的军队，就是这种进步因素的代表……中国是如日方升的国家，这同日本帝国主义的没落状态恰恰是鲜明的对照。中国的战争是进步的，从这种进步性，就产生了中国战争的正义性。因为这个战争是正义的，就能唤起全国的团结，激起敌国人民的同情，争取世界多数国家的援助。"中国又是一个很大的国家，地大物博、人多、兵多，能够支持长期的战争"在国际方面，"由于中国战争的进步性、正义性，而产生出来的国际广大支援，同日本的失道寡助又恰恰相反。"

接着是综合："总起来说，中国的短处是战争力量之弱，而其长处则在战争本质的进步性和正义性，在其是一个大国家，在其国际形势之多助。这些都是中国的特点。"

在分析了中日战争双方以后，毛泽东又对中日战争全局作了综合："这样看来，日本的军力、经济力和政治组织力是强的，但其战争是退步的、野蛮的，人力、物力又不充足，国际形势又处于不利。中国反是，军力、物力和政治组织力是比较地弱的，然而正处于进步的时代，其战争是进步的和正义的，又有大国这个条件足以支持持久战，世界大多数国家是会要援助中国的。——这些，就是中日战争互相矛盾着的基本特点。这些特点，规定了和规定着双方一切政治上的政策和军事上的战略战术，规定了和规定着战争的持久性和最后胜利属于中国而不属于日本。战争就是这些特点的比赛。这些特点在战争过程中将各依其本性发生变化，一切东西就从这里发生出来。"

从毛泽东这一段精彩的论述中我们可以看到，分析与综合是对立统一的，分析之中有综合，综合之中又有分析。分析转化为综合，综合继续发展，又转化为更高一级更深一层的分析。在人的思维活动中，分析、综合正是这样相互交替，环环相扣，螺旋式上升的，导致人们对客观事物的认识不断深入。

写论文，最基本的思维方式也就是分析与综合综合运用。试看下面论文：

金圣叹的艺术想象论

陈果安

提到古代的想象论，首推陆机、刘勰。但陆、刘的探讨着眼于诗文，既未概括史传文学的创作经验，也未能揭示小说等文学体裁的创作规律。直到明末，金圣叹才从叙事文学的角度来探讨艺术想象的规律。金在评点《水浒传》中，揭示了艺术想象的许多特点与规律。关于金圣叹艺术想象的一些思想，较少为人论及，现试述之。

一、"一部书皆才子文心捏造而出"——艺术想象的虚构性与真实性金圣叹的艺术想象论，首先值得重视的是他的"捏造"说。

在古代，很长一段历史时期，人们是分不清小说与历史著作的界限的，人们往往用历史著作的标准来评价小说。例如，《水浒传》问世数十年，文人们还以"征诸事则有验"（罗汝敬《剪灯余话·序》）来要求小说。到明中叶，《水浒》已大行于世，郎瑛谈起它来，还因它"传久失其实多矣"（《七修类稿》）而感惋惜。这种思想严重影响了人们对小说的评价，也影响了人们对小说创作规律的理解。

但小说创作的繁荣毕竟向理论家们提出了新的要求，一些敏感的理论家开始逐步承认小说的虚构性。如：王沂提出，小说创作"惟虚故活"（《稗史汇编》）；谢肇淛提出："凡为小说及杂剧戏文，须是虚实相半，方是游戏三昧之笔。"（《五杂俎》卷十五）叶昼评《水浒》，指出这部小说"事节都是假的，说来却是逼真，只为他描写得真情出，所以便可与天地相终始"。（容本第1回回末总评）只是他们这些思想，或未充分展开，或无意于创作心理的探讨。

金圣叹关于艺术想象的探讨，就是在这个基础上展开的。他首先将历史著作与《水浒传》作了比较："《史记》是以文运事，《水浒》是因文生事。以文运事，是先有事生成如此如此，却要算计出一篇文字来"因文生事即不然，只是顺着笔性去，削高补低都由我。"（《读法》）因而，他肯定了小说的虚构性："一百八人，七十卷书，都无实事"（第13回夹），"一部书皆才子文心捏造而出"（第35回夹批）。

金在第5回夹批中，进一步揭示了这种"捏造"的特点。他说：

　　耐庵说一座瓦官寺，读者亦便是一座瓦官寺；耐庵说烧了瓦官寺，读者亦便是无了瓦官寺……文如工画师，亦如大火聚，随手而成造，亦复随手坏。

在金看来，作家创作小说，就像画师作画一样，可以随手描绘出各种情节、场景、人物，也可以像燃烧的大火一样随时把前面所写的情节、场景、人物毁掉。作家想什么，就出现什么。想到什么被破坏了，什么便泯灭不见了。小说的形象，既是真切如画的，也是作家主观幻造的。这样，他从小说的虚构性，深入到作家的创作心理。

既然小说是作家主观幻造的，是不是说，作家的想象，可以任意挥洒，随意生灭呢？金的可贵之处在于，他没有满足对虚构的一般性描述，而是深入到更内在的本质之中去。他指出，小说写的是"未必然之文"，但应该是"必定然之事"（第20回夹），"文所本无，事所必有。"（第34回夹）。所谓"文所本无""未必然之文"，指的是小说所写的人物、事件、场景完全是作者虚构的，生活中未必实有。所谓"事所必有""必定然之事"，是指作品所写的内容，要反映生活的必然性。就是说，作家的想象虽然是虚构的，但必须反映事物发展的必然性，要假中见真，虚中见实，接受生活逻辑的支配和检验。

金的这方面的思想，具体反映在他对小说人物、情节的评点中。

他在评论人物形象时，要求"一样人，便还他一样说话，任凭提起一个，都似旧时熟识"。如他谈到史进时说："一百八人，为头先是史进一个出名领众，作者却于少华山上，特地为之表白一遍云：'我要讨个出身，求半世快活，如何肯把父母遗体便点污了？'嗟夫！此岂独史进一人之初心？实惟一百八人之初心也。盖自一副才调，无处摆划，一块气力，无处出脱，而桀骜之性既不肯伏死田塍，而又有狡狯之尤者起而乘势呼聚之，而于是讨个出身既不可望，点污清白遂所不惜，而一百八人尽人于水泊矣。嗟呼！才调皆朝廷之才调也，气力皆疆场之气力也。必不得已而尽入于水泊，是谁之过也？"（第2回评）他从史进一人的经历看到一百八人所走过的共同道路，并深刻揭示其产生的社会原因。这也就是他所说的"事所必有""必定然之事"。他在评价小说情节时，还曾明确提出反对内容的荒诞离奇。他说："《水浒传》不说鬼神怪异之事，是他气力过人处。《西游记》每到弄不来时，便是南海观音救了"。（《读法》）"天下莫易于说鬼，而莫难于说虎。无他，鬼无伦次，虎有性情也，说鬼到说不来处，可以意为补接，若说虎到说不来时，真是大段着力不得，所以《水浒》一书，断不肯以一字犯着鬼怪，而写虎则不惟一篇而已。至于再，至于三。"（第22回回评）《水浒》当然未能做到"不肯以一字犯着鬼怪"，但金借评《水浒》所表现出来的美学观点却是值得我们重视的。在这里，他不仅揭示了艺术想象"假中见真"的重要特点，肯定了它的认识价值，而且为艺术想象提供了一个正确的审美标准，对于文学创作，无疑具有较大的指导意义。

　　二、"前后摇之曳之"——艺术想象的审美性及那辗

　　金把小说要写的基本故事梗概称为"事"，把作家对这些"事"所作的艺术加工称为"文"，他以《水浒传》第28回"武松醉打蒋门神"为例，对小说构思的特点作了生动的描述。他说：

　　　　……武松为施恩打蒋门神，其事也；武松饮酒，其文也。打蒋门神，其料也；饮酒，其珠玉锦绣之心也。故酒有酒人，景阳冈上打虎好汉，其千载第一酒人也。酒有酒场，出孟州东门，到快活林十四五里田地，其千载第一酒场也。酒有酒时，炎暑乍消，金风飒起，解开衣襟，微风相吹，其千载第一酒时也。酒有酒令，"无三不过望"，其千载第一酒令也。酒有酒监，连饮三碗，便起身走，其千载第一酒监也。酒有酒筹，十二三家卖酒望竿，其千载第一酒筹也。酒有行酒人，未到望边，先已筛满，三碗既毕，急急奔去，其千载第一行酒人也。酒有下酒物，忽然想到亡兄放声一哭，忽然恨到奸夫淫妇而拍案一叫，其千载第一下酒物也……凡若此者，是皆此篇之文也。如以事而已矣：则"施恩领却武松去打蒋门神，一路吃了三十五六碗酒"，只依宋子京例，大书一行足矣，何为乎又烦耐庵撰此一篇也哉？

　　这里，金实际上更进一步认识到虚构性想象与非虚构性想象的区别：武松醉打蒋门神一回，如果让《新唐书》的作者宋子京来写，他只写一行就够了，小说家却写了整整一回，他写了饮酒人、行酒人、下酒物、酒场、酒令、酒时、酒筹、酒赞、酒题，写了饮酒人的内心世界、个性化语言等，它极尽渲染、夸张、曲折之能事。前者是以认知为目的的，构思以简捷、准确为目的；后者以审美为目的，要极尽渲染、夸张、曲折之能事，"以文运事"。

　　在《水浒传》第54回回评中，金曾进一步描述虚构性想象的这一特点。这回书共分三段：第一段写宋江以纺车军迎战呼延灼；第二段写呼延灼以连环马大破纺车军；第三段写宋江计擒凌震。作家是怎样构思这回情节的呢？金圣叹说：

　　　　……作者当提笔未下之时，其胸中原只有连环马一段奇思，却因不肯突然便推出，故特就"连环"二字上颠倒生出"纺车"二字，先于文前另作一文，使读者眼光盘旋跳脱卓策不定了，然后忽然一变，变出排山倒海异样阵势来。今试看纺车轻，连环重，以轻引重，一也；纺车逐队，连环一排，以逐队引一排，二也；纺车人各自战，连环一齐跑发，以各自引一齐，三也；纺车忽离忽合，连环铁环连锁，以离合引连锁，四也；纺车前军战罢转作后军，连环无前无后，五也；纺车有进有退，连环只进无退，以有进有退引只进无退，六也；纺车写人，连环写马，以人引马，七也。盖如此一段花团锦簇文字，却只为连环一阵做得引子，然后入第二段。正写本题毕，却

又不肯霎然一收便住，又特就马上生出炮来，做一拖尾，然后又惟恐两大番后极力写炮，便令文字累坠不举，所以只将闲笔余墨写得犹如儿戏相似也。

金对这回构思过程的分析是否符合作者原来实际我们且不去管它，但他所揭示的：艺术想象为达到审美目的而极尽变化腾挪的特点却是不错的。金后来评点《西厢记》，曾把艺术想象这一构思的总的特点概括为"那辗"。他指出，在《西厢记》的许多表现技巧中，最根本、最有特色、最有普遍意义的就是"那辗"：《西厢记》36 章，每章只一两句写题正位，其余便都是"前后摇之曳之"。他详细分析了其中《前候》一折，指出：前候一折写的是红娘去给张生送信，倘直接写正题，一句、两句就写完了，作者正是运用那辗之法，将这一枯淡窘缩的题材写成灿灿然一篇文字的。金为了说明"那辗"，曾打了一个形象的比喻："如狮子滚球相似，本只是一个球，却教狮子放出通身解数。一时满棚人看狮子，眼都看花了，狮子却是并没交涉。人眼自射狮子，狮子眼自射球。盖滚者是狮子，而狮子之所以如此滚，如彼滚，实都是为球也。"(《读第六才子书法》)这也就是说，对所要写的人物、事件，既不要放脱，也不要和盘托出，而要前后摇曳，尽力腾挪。

金认为："诚察题之有前，又察其有前前，而于是焉先写其前前，夫然后写其几几欲至中间，而犹为中间之前，夫然后写其前，夫然后始写其中间，至于其后，亦复如是而后，信题固蹙而吾文乃甚舒长也，题固急而吾文乃甚纡迟也，题固直而吾文乃甚委折也，题固竭而吾文乃其悠扬也。如不知题之有前有后有诸迤逦，而一发遂取其中间，此譬之以橛击石，确然一声则遽已耳，更不能多有其余响也。盖那辗与不那辗，其不同有如此。"(金批《西厢记》三之一)

金关于艺术构思(亦即艺术想象)这一特点的揭示，应该说是具体而深刻的：艺术想象确实不同于历史著作写作中的想象。

历史著作以认知为目的，要讲究一个"信"字，不能离开事实面壁虚构，也不能在曲折、变化上尽力腾挪；艺术想象以审美为目的，要讲究一个"味"字，因此，想象展开的过程，不能过分拘泥、呆板，而应尽可能地那辗、生发，让想象飞腾起来，才可能创造生动感人的艺术形象，让读者获得美感。没有纵横驰骋的想象，也就谈不上艺术创造。

三、"亲动心而为淫妇，亲动心而为偷儿"——艺术想象的性格逻辑与角色体验

在金看来，小说构思主要是人物形象的构思。构思中，当然要顾及作品的情节、场面、结构等环节，但核心的任务是人物塑造，这一步做到了，整个作品也就酝酿成熟了。所以他说："或问，施耐庵寻题目写出自家锦心绣口，题目尽有，何苦定要写此一事？答曰：只是贪他三十六个人，便有三十六样出身，三十六样面孔，三十六样性格，中间便结撰得来。"(《读法》)人物形象在脑中一旦成熟，其余问题也就迎刃而解了。

怎样才能写好人物呢？在第 55 回回评中，金提出了这样一个问题：施耐庵写豪杰像豪杰，写奸雄像奸雄，个个性格鲜明，形象逼真，一般人认为，这是由于他本人具有豪杰、奸雄的气质、性格，当他动笔时，能按照自己所有的豪杰、奸雄的性格特点去写，所以能写好，金认为这种观点能解释他何以能创造豪杰、奸雄；但不能解释他何以能创造偷儿、淫妇。于此，金提出了著名的"亲动心"之说：

　　……谓耐庵非淫妇、非偷儿者，此自是未临文之耐庵耳。夫当其未也，则岂惟耐庵非淫妇，即彼淫妇亦实非淫妇；岂惟耐庵非偷儿，即彼偷儿亦实非偷儿。若夫既动心而为淫妇、既动心而为偷儿，则岂惟淫妇、偷儿而已；惟耐庵于三寸之笔，一幅纸之间，实亲动心而为淫妇，亲动心而为偷儿，既已动心，则均矣，又安辩泚笔点

墨之非入马通奸，沘笔点墨之非飞檐走壁耶？经曰：因缘和合，无法不有。

　　金认为，施耐庵没有动笔时，书中的偷儿、淫妇是不存在的，待他动笔去写，他"亲动心"为淫妇、偷儿，想着自己就是淫妇、偷儿，真的要去做淫妇、偷儿的勾当，所以写出来的淫妇、偷儿也就像真的一样。

　　金所说的"亲动心"，即我们现在所说的"角色体验"，亦即在小说构思过程中，把自己变成所要描绘的那个人，按照人物固有的性格特点进行设身处地的想象。《水浒传》第18回，写王伦不肯收留晁盖等七人入伙，"说言未了，只见林冲双眉剔起，两眼圆睁，坐在交椅上大喝道……"金批曰："此处若便立起，却起得没声势，若便踢倒桌子立起，又踢得没节次。故特地写个坐在交椅上骂，直等骂到分际性发，然后一脚踢开桌子，抢起身来，刀亦就势掣出。有节次，有声势，作者实有设身处地之劳也"。林冲对王伦的喝骂，是王伦拒绝晁盖等人伙所引起的，同时又夹杂着自己当初不被收录的怨恨，但还没有到踢桌子、动刀子的地步。以后的踢桌子、抽刀，则是在王伦的喝骂和吴用的挑拨下，林冲感情发展的必然结果。金认为，像这样的地方，写得合情合理，与当时环境和人物性格丝丝入扣，即作者设身处地进行想象的结果。

　　金还指出，作者在艺术想象中，只要"亲动心""无与"，顺着人物性格特点去写，有时还会出现"无意得之""不期然而然"的神妙之境。如《水浒传》第53回写李逵下井救柴进一节，金批道：

　　两番写李逵狡猾，忽翻出下文大喊大叫来，妙文随手而成，正不知有意得之，无意得之也。

　　第27回他又写道：

　　上文写武松杀人如菅，真是血溅墨缸，腥风透笔矣。入此回，忽然就两个公人上，三番四落写出一片菩萨心胸，一若天下之大仁大慈，又未有仁慈过于武松也者，于是上文尸腥血迹洗刷净尽矣。盖作者正当写武二时，胸中真是出格拟就一位天人，凭空落笔，喜则风霏露洒，怒则鞭雷斥霆，无可无不可，不期然而然。

　　"不期然而然"是作家们所追求的最理想的创作境界，在金看来，并没有什么神秘之处。作家在艺术想象中，只要他"设身处地""亲动心"，与人物的性格、命运紧密融为一体，他就能按照人物性格的逻辑与当时的具体环境去行动，于是，"不期然而然"的境界便会出现在作者面前，神来之笔便会出现。

　　应该说，金的"亲动心"之说是符合作家构思实际的。高尔基曾说过："科学工作者在研究牡绵羊的时候，没有必要把自己想象成牡绵羊，而文学家作为一个慷慨的好施的人，却必须把自己想象成吝啬鬼，作为一个大公无私的人，却必须感到自己是个自私自利的勒索者，作为一个意志薄弱的人，却必须令人信服地描写意志坚强的人。"（高尔基《论文学技巧》）屠格涅夫写《父与子》的时候，为了让巴扎洛夫的形象活起来，甚至连续几年把自己想象为巴扎洛夫，并以巴扎洛夫的身份记日记。契诃夫谈到自己的创作时也说："为了在七百行文字里写偷马贼，我得随时按他们的方式说话和思索，按他们的心思来感觉，要不然，我加进主观成分去，形象就会模糊……"（契诃夫：《致苏沃陵》）作家们的经验之谈，都说明了"亲动心"的正确。

　　可贵的是金并没有把他的"亲动心"之说绝对化，从作家的艺术构思来说，他强调"亲动心""设身处地"；从文学的本源来说，他又强调"格物"。他认为，文章"不在于圣人心中，乃生于万物份中"。（《通宗易论·义例》）写"一百八人各自人妙者，无他"，乃

"十年格物而一朝物格"的缘故。(《序三》)

"格物"本为宋明理学的一个重要概念,朱熹就讲"格物致知",不过,朱熹讲的"格物"不是对客观事物的认识,而是明道德之善。他认为,天下万物都体现着永恒不变的仁义忠孝,人心中本来就有,只是昏翳罢了。"格物致知"即用天下之物所体现的天理来印证人心中固有的天理。金所使用的"格物",指的是对人情物理的认识。他说:"知喜怒哀乐无我无人无不自然诚于中形于外,谓之格物。"(第42回回评)在具体评点中,他反复强调了"格物"的重要。如李逵沂岭杀虎一节,金圣叹在有关老虎习性的描写后面批道:"耐庵从何得之? 诚乃格物君子。"他又在王婆设计鸩毒武大一节批道:"王婆何处得来? 其实耐庵何处得来? 可见才子之心烛物如镜。"他的这一类批语甚多,强调的都是对世态人情的认识。

金的"格物"说,可以说为他的"亲动心"说提供了坚实的生活基础。从艺术构思来说,作者展开想象时确实要"亲动心""设身处地",才可能创造出栩栩如生的人物形象。但"设身处地"的前提是离不开对现实生活中形形色色人物的了解的。如果对现实生活中的偷儿一无所知,也就谈不上"设身处地",即算勉力为之,也是不真,不切,难以具有一定的深度。我们把他的"格物"说与"亲动心"说联系起来看,更能见出金圣叹对艺术想象的深刻认识。

四、"因缘生法"——艺术想象的因果逻辑

如果说金叹圣的"亲动心"揭示了作家构思人物形象时的性格逻辑,他的"因缘生法"则揭示了作家构思情节时的因果逻辑。

"因缘生法"本是佛家术语。"法"指的是大千世界的一切事物和现象,包括精神的、物质的、存在的、不存在的、过去的、现在的和将来的。"因缘"则指产生各种事物、现象的原因,其中主要原因叫做"因",辅助性原因叫做"缘"。印度原始佛学时期,佛教主要用"十二因缘"来解释人生现象,用"十二因缘"把人生现象串起来,并说明它们相互依持的关系。后来,又扩大到宇宙的一切现象上,把宇宙间的一切现象看成是相互依持的"因缘"。再后,这一理论发展成两个极端,一是认为一切现象都是实有;一是认为一切现象都是虚无。金圣叹的佛学修养很深,他在评点中,曾多次借用"因缘生法"来阐释文学创作。如:

……耐庵作《水浒》一传,直以"因缘生法"为其文字总持,是深达因缘也。夫深达因缘之人,则岂惟非淫妇也,非偷儿也,亦复非奸雄也,非豪杰也。何也? 写豪杰、奸雄之时,其文亦随因缘而起,则是耐庵固无与也。(第55回回评)

宋江之杀,从婆惜叫中来,婆惜之叫,从鸾刀中来。作者真已深达十二因缘法也。(第20回夹)

金所说的"因缘生法",即作者想象过程中按照一定的因果关系去编织故事情节。宋江杀惜,是婆惜喊"黑三郎杀人也"引动了杀心;婆惜之叫是宋江无意中拽出了压衣的刀子,这样,杀惜的情节便一环套一环地在因果链中完成了,每一事物的出现,都有它一定的原因,每一事物又成为下一步事物发生的原因。

金认为,作家在构思过程中,是自觉按照因果关系组织故事情节的。《水浒传》第3回写鲁达遇见赵员外,金批道:"所以有个赵员外者,全为作鲁达入五台山之线索,非为代州雁门县有此一个好员外,故必向鲁达文中出现也。"作者要表现鲁达的粗豪疏狂,便设计了五台山一段。要鲁达上山,于是设计了一个赵员外。赵员外与五台山有联系,与鲁达也有联系，鲁达事发之际，诸种"因缘"凑合便实现了鲁达上山的情节。

金在具体评点中，曾提出"鸾胶续弦""勺水兴波"等技巧，这些技巧的提出，也着眼于情节的因果性。

金所揭示的"因缘生法"，也是符合作家创作实际的。现实主义文学的一个基本特征，就是其情节发展都具有一定的因果性，故事情节基本上都是在环环相扣的因果链上展开。金圣叹能够从情节的因果性揭示艺术想象的特点，应该说这是他独自的体会。

五、"怨毒著书"与"写出自家许多锦心绣口"——艺术想象的社会性和创造性

金所提出的"怨毒著书""锦心绣口"，接触到艺术想象的动机，亦即艺术想象的动力性因素。

我国古代对艺术想象的探讨，几乎从一开始就把想象与动机结合起来考察。如陆机的《文赋》，第一段就有对动机出色的描绘。但这一类考察，多着眼于自然景物所引起的内心冲动，还没有包含更多的社会内容。

金研究小说创作，认为小说是庶人议政的一种形式（第1回回评）；是讲述生活真理的一种形式（第41回回评）。又说，作者心中有一段意思，"特无所附丽，则不能以空中抒写，故不得已旁托古人生死离合之事，借题作文。"（第33回回评）他的这些观点与他民主主义政治倾向相结合，便是"怨毒著书"说的出现。他提出，创作小说是为了抒发对社会黑暗的怨愤，并断言"怨毒著书，史迁不免。"（第18回回评）

"怨毒著书"并非金所独创。司马迁提过"发愤著书"说，韩愈提过"不平则鸣"说，欧阳修提过"诗穷而后工"说。但他们主要指诗文创作，其中包括《周易》《春秋》《吕览》等哲史杂著。其后明瞿佑在《（剪灯新话）序》中提出了"哀穷悼屈"的观点，刘敬在《剪灯余话·序四》中提出了"此特以泄暂尔之愤懑"的观点，李贽评《水浒》也曾指出："《水浒传》者，发愤之作也。"但他们多为只言片语，或脱离小说实际。如李贽就曾认为，《水浒》是愤"二帝北狩""南渡苟安"金用"怨毒"之说来解释小说创作的动机，并在评点中作了具体发挥：在第1回回评中，他把矛头指向了最高统治者；在第14回夹批中，把矛头指向了封建官府；在第18回回评中，把矛头指向了封建官吏；在第6回回评中，则申明了沉屈于小人之下的豪杰的愤懑。应该说，就其渗透的社会内容及民主主义思想，是前人难及的。

金不仅对"怨毒著书"的内容作了具体的发挥，而且，他还把它看作文人的一种权力，看作一种完整的艺术构思过程。他认为，谁要是人为的破坏了这个构思过程，就会导致创作的失败。他说：

> 凡以当其有事，则君相之权也，非儒生之所得议也。若当其挥毫而将书之，是文人之权矣，君相虽至尊，其又恶敢置一末喙哉！（第28回回评）

> 乃有世间食肉肥白富贵大人，遣一介持半幅刺，要置室中，日三饮食之余，辄督取笔砚置其前，使速为我作；又时时敕一人敦趋之，成一节半节，皆立报。嗟乎！此时则与栏中豚何异，尚安能出其妙眼妙手，为君家致死命哉。（《杜诗解》）

就这样，金把"怨毒著书"与艺术想象看成一个完整的整体，看成一个问题的两个方面，表现出他不是一个单纯的艺术想象论者，揭示了艺术想象的社会内容。

关于小说创作动机，金圣叹还说过这样的话：

> 施耐庵本无一肚皮宿怨发挥出来，只是饱暖无事，又值心闲，不免伸纸弄笔，寻个题目，写出自家许多锦心绣口。（《读法》）

稗官之家，无事可纪，不过欲成绝世奇文以自娱。（第 28 回回评）

金在《西厢记》评点中也曾提到，《西厢记》的写作，是作者"借家家家中之事，写我一人手下之文者，意在文，意不在事也。"这些观点，与前面说的"怨毒著书"看似矛盾，对此，人们持不同看法。有人认为，这不过是一个幌子，如清人就作过这样的解释："凡作一书能惊天动地，必为有意识的。既谓史公为有意识的，故《史记》方妙；今《水浒》方有胜过《史记》者，而云耐庵为无意识的。圣叹乃是聪明人，未有不知此理。所以不说明，欲使后人猜猜。"（充一《小说丛话》）有人则认为，这体现了金为艺术而艺术的观点。我认为，金圣叹是从另一个角度揭示了小说创作的动机。

中国古代知识分子，向来是重视"著书立说"的，他们把"著书立说"看成是证实自己、实现自己的一个基本途径。早在《左传·襄公二十四年》就有这样的记载："穆叔如晋，范宣子逆之，问焉，曰：'古人有言曰，死而不朽何谓也？'……穆叔曰：'……豹闻之，大上有立德，其次有立功，其次有立言，虽久不废，此之谓不朽。'"曹丕在《典论·论文》中也说："盖文章，经国之大业，不朽之盛事。年寿有时而尽，荣乐止乎其身，二者必至之常期，未若文章之无穷。是以古之作者，寄身于翰墨，见意于篇籍，不假良史之辞，不托飞驰之势，而声名自传于后。"像金圣叹，他接受这样的观点是很正常的。他在《序三》中也曾明确指出："古来至圣大贤，无不以其笔墨为身光耀。"

借其著作传其声名是中国古代知识分子比较普遍的观念，也是创作实践中普遍存在的一个事实。像司马迁、白居易这样的大作家，他们对现实的关注、批判是有口皆碑的，但在他们的创作意识里，仍然有着"藏之名山、传其后人"的思想。如白居易，他生前就曾将他的诗作抄写三份分而藏之，希望能长久流传，久而不朽。

如果承认金圣叹的"锦心绣口"之说有其合理性，那么，他这一观点还有值得我们进一步思索的东西。

我们知道，艺术的，也就是创造的。创造的，也就是高度个性化的。谈到艺术创作，古往今来人们无不强调作家的创作个性。而金圣叹所说的"锦心绣口"，从某种意义上说，也就是对作家个性、人格、智慧、才华的强调。从我国长篇小说发展的实际看，《三国》《水浒》《封神》等皆属世代积累型，它们虽然大多定稿于一人，但毕竟受既成事实的约束，个人色彩还不充分，直到《金瓶梅》《红楼梦》《儒林外史》，作家的创作个性、才得以充分发挥。金评《水浒》，能强调作家的创作个性，已属难得。倘把它放到他的整个艺术构思论中加以考察，也就更为可贵。

以上，我们对金的艺术想象论作了一个简要的评述。金是以欣赏家、创作家、批评家三者的身份来评点《水浒》的。一方面，他沉醉于小说的情节、人物之中，为作者杰出的艺术技巧击节叫好，并以一个作家的身份参与了小说的增删修改；另一方面，他又希望通过自己的评点，得"读一切书之法"。（《序三》）就今天的观点看，他对《水浒》的评点是颇具心理分析的意味的，特别是他对小说创作心理与阅读心理的分析，多为人们所称道。

金对小说创作心理的探讨，主要集中在作家的艺术想象上。他虽然没有使用"想象"这个词（这一点他和陆机很相似），但确确实实揭示了艺术想象的许多规律和特点。他的艺术想象论，不仅弥补了陆机、刘勰的不足，与陆、刘的想象论一道构成了中国古代文论中比较完整的艺术想象论，对我们今天的文学创作也具一定的指导意义。

（原载《中国文学研究》1991 年第 4 期）

我写这篇论文完全出于偶然。1984 年至 1987 年，我师从刘孟宇先生，在中山大学攻读写作学硕士。当时我想把写作心理操作研究清楚，就把心理学、思维科学的一些著作找来读了，并按心理操作程序，写了系列论文，那些文字就是后来出版的《神秘的文心：写作心理述描》。学习之余，我喜欢逛书店，于书店购得有北京大学出版社出版的《水浒传会评本》上下两册。休息时我读《会评本》，觉得金圣叹关于艺术想象的论述非常精彩，就作了一些卡片，写下这篇文章，从而开始了金圣叹小说理论的研究。这篇论文运用的就是分析与综合。

分析的方法多种多样，其中最基本、最重要的是矛盾分析、因果分析、历史分析、对比分析。列宁曾指出："统一物之分为两个部分以及对它矛盾着的部分的认识，是辩证法的实质。"① 所谓矛盾分析，即揭示事物的内在矛盾，分析事物内部各个方面、各个部分及其相互对立、相互依存、相互转化的关系，从对立统一的矛盾关系中去认识客观事物，揭示问题的实质。因果分析也是常用的方法。客观事物的发生发展，总是置于严格的因果逻辑的链条之上的。一定的原因总要引出一定的结果，一个结果总是有它特定的原因。列宁曾指出："真正地认识原因，就是使我们的认识从现象的外在性深入到实体。"② 所谓历史分析，就是从事物的发展角度考虑问题。任何事物都不是凭空而来的，它都有一个发生发展的过程。考察事物时，不能忘记了基本的历史联系，要分析它的过去、现在和将来，只有从事物的产生、发展和消亡的过程中，才能揭示事物的本质，并预见事物的未来。对比分析是着眼于事物关系的分析法。世界上任何事物，都是相互联系、相互制约、相互影响着的。我们只有从事物的广泛联系中，才能正确地区分事物、认识事物。对比分析包括正反对比、前后对比、同类对比、非同类对比。进行对比分析，要围绕一定的关系和标准来进行，要抓事物的主要矛盾，要注意区别同中之异和异中之同。黑格尔说过，假如一个人能见出当下显而易见之异，譬如，能区别一支笔与一个骆驼，则我们不会说，这个人有了不起的聪明。同样另一方面，一个人能比较两个近似的东西，如橡树与槐树，或寺院与教堂，而知其相似，我们也不能说他有很高的比较力。我们所要求的，是要看出异中之同，或同中之异。

研究中，我们常常涉及这几种分析方法，有时，全篇运用的就是因果分析。

试看下面的论文：

论"楚辞"在汉代盛行的原因

郭建勋

内容提要　"楚辞"作为一种文体在汉代极为盛行，原因有四：其一是道家神仙思想流行于汉初，其崇尚虚无，追求人格自由的精神与抒情文学相契合；其二是汉初统治者本为楚人，他们对楚文化的提倡导引了"楚辞"的普及；其三是渊源于南方的"楚辞"有着广泛的群众基础，易于为人们所接受；其四是"楚辞"本身的抒情特征与悲剧色彩，引发汉代文人的同情心与拟作。

关键词　楚辞　汉代　盛行　南方文化

屈原自沉以后，他的事迹和作品在楚国产生了相当大的影响，王逸所谓"楚人惜而哀之，世论其词，以相传焉"① 便是明证。但秦灭六国之后，数十年间，"楚辞"却典籍不

---

① 　列宁全集（第 38 卷）[M]. 北京：人民出版社. 1974:407.
② 　列宁全集（第 38 卷）[M]. 北京：人民出版社. 1974:167.

载，似乎声息寂然。大概是由于秦、楚两国长期处于敌对状态的政治原因，秦始皇虽好《仙真人诗》，却不喜欢楚人的辞作，故"楚辞"便只能在民间，尤其是故楚地区流传。

汉王朝建立以后，"楚声""楚辞"得到迅速的扩散和传播，由楚地推及全国，由民间流向宫廷，很快便风靡汉代文坛。"在司马相如以前，汉代文学的势力还纯粹是'楚辞'，其时作家如贾谊、东方朔、庄忌之徒，作的还是'骚赋'"；②"汉赋"体制建立、盛行并逐渐取得文学正宗的地位之后，人们对"楚声""楚辞"的热情始终未泯。"两汉重要文人，很少不向《离骚》学习，也很少不写几篇骚体的作品。如果说，在东周是'不学《诗》，无以言'的话，那么到西汉便轮到《楚辞》了"③。

"楚辞"为什么会受到汉人如此推崇，并盛行于汉代而不衰呢？笔者认为，主要有四个方面的原因。

一、道家神仙思想的流行

侯外庐先生指出："儒道互绌是汉初统治阶级内部的一个重要斗争，这里面包括了儒道皆欲在统一百家的趋势中各显身手"④。汉代大一统王朝的建立，要求将学术思想定于一尊，而道家正是有力量在这场争"尊"角逐中与儒家相抗衡的主要学派，甚至可以说，在窦太后死以前，道家还占据了相当的优势，这种优势可以从汉初统治者的态度上反映出来：

《史记·陈丞相世家》："……陈丞相平少时本好黄帝、老子之术。"

《史记·儒林列传》："孝文帝本好刑名之言，及至孝景，不任儒者，而窦太后又好黄老之术，故诸博士具官待问，未有进者。"

汉高祖刘邦于"马上得天下"，不喜儒生，这种态度必然影响到他手下的重臣和继位的君主，且道家的"无为"思想与汉初"休养生息"的政策正相适应。于是道家思想得以大行。

儒家思想的正统地位是在汉武帝时期逐步确立的。《史记·儒林列传》载："……及窦太后崩，武安侯田蚡为丞相，绌黄老、刑名百家之言，延文学儒者数百人，而公孙弘以《春秋》白衣为天子三公，封以平津侯。天下之学士靡然向风矣。"至此，"独尊儒术"的局面虽然相应确立了，但我们必须注意汉代儒学的实质。

首先，汉代经学注重文学训诂，流于繁琐，对于先秦儒家的思想内核却并不十分重视；其次，"武帝名隆儒，实好大喜功"⑤，汉代儒学似乎更主要的是统治者装点门面的饰具，是经生谋求富贵的"禄利之路"；第三，汉代儒学是融会了道、阴阳等诸家思想的"混合儒"，公羊派大师董仲舒提出："王者欲有所为，宜求其端于天。天道之大者在阴阳：阳为德，阴为刑；刑主杀而德主生。"⑥便是要求君主按照天道阴阳来行使其生杀大权。另如伏生《尚书》传"五行"之说，《齐诗》有"五际"之名，《周易》言象数占验，《礼记》道"明堂阴阳"汉代的正宗思想已经走向神秘的宗教领域"⑦，汉代儒学实质上变成了一种阴阳谶纬的神学。

上述汉代儒学，给道家神仙思想的存在和发展留下了余地，它并没有被"废黜"，而依然在汉武之世及以后流行。

据《史记·孝武本纪》记载，汉武帝笃信黄帝神仙之术，欲做长生不死的真人，永远君临天下，于是炼黄金、访蓬莱、求仙人，受尽李少君、公孙卿等方士的欺骗和愚弄，终身不悟。他的重儒，在很大程度上是"采儒术以文之"⑧。因此，诸儒难得重用，而方术之士却往往多受赏赐和信任。又《汉书·淮南王传》载刘安"招致方术之士数千人，作为

《内书》二十一篇，《外书》甚众，又有《中篇》八卷，言神仙黄白之术，亦二十余万言"，可见当时道家神仙风气之盛。而且，这种风气一直蔓延到元、成之世和东汉，如刘向的《洪范论》、扬雄的《太玄》，均与道家、阴阳家有密切联系，便是东汉唯物主义思想家王充对迷信、命运等的批判，亦多以阴阳思想为出发点。

古今许多学者认为屈原的基本思想是道家神仙思想。如王夫之《楚辞通释》曰："君心已离，不可复合，则疏远而忘宠辱。修黄老之术，从巫咸之诏，所谓爱身以全道也。"刘师培先生认为，屈原"厌世之思，符于庄、列，乐天之旨，近于杨、朱，其源出于道家"⑨。游国恩先生也将"神仙观念"看成"屈赋四大观念"之一。⑩无论道家思想是否为屈原的基本思想，由于楚国是道家的发源地，屈原生长于其间，耳濡目染，是必然要受到一些影响的，他能熟练地描写种种虚幻缥缈的神奇境界便清楚地说明了这一点。正是这些描写，在道家神仙思想盛行的汉代，势必引起人们极大的兴趣和强烈的向往。例如《离骚》中驷玉虬、驾飞龙，览观四极、上下求索；朝苍梧、夕县圃，飘摇轻举、往来倏忽等描写，与《庄子·逍遥游》中那种"乘云气、御飞龙，以游乎四海之外"的境界颇为相似，汉代的神仙崇拜者自然会联想到天界的瑰奇壮观，仙人的自在飘逸。刘安《离骚传》中"蝉蜕浊秽之中，浮游尘埃之外，百爵然泥而不滓"的赞语，恐怕主要就是因此而发出的。《离骚》中还写到饮木兰之坠露、餐秋菊之落英，折琼枝以为羞、精琼靡以为粮等不寻常的饭食，以及蕙、芷、杜蘅等众多可以入药的植物，这又很容易使汉人想到"修炼"和"求药"王逸《章句》说屈原"旦饮香木之坠露，吸正阳之津液；暮食芳菊之落华，吞正阴之精蕊"扬雄《反离骚》云："精琼靡与秋菊兮，将以延夫天年。"从中可以看出汉人的理解角度。再如《涉江》中写道："登昆仑兮食玉英，与天地兮同寿，与日月兮齐光。"似乎与"长生不死"的神仙观念相一致；《天问》中许多有关天文地理的问题，《九歌》中提到的众多山川神　，很能引起阴阳家的兴趣；而《招魂》中"封狐千里，雄虺九首"豺狼从目"等常人未遇的神奇物事的描述，又何尝不为以奇自重的方术之士所津津乐道？

王逸《招隐士章句》曰："小山之徒，悯伤屈原，又怪其文升天乘云，役使百神，似若仙者，虽身沈没，名德显闻，与隐处山泽无异，故作《招隐士》之赋，以章其志也。"虽然《招隐士》"绝无悯屈子而章之之意"⑪，但王逸的话却反映了一个事实，即汉代信奉道家神仙思想的文人，因为屈辞中有"升天乘云，役使百神"等奇幻境界的描写，便将诗人视为"仙者""隐士"思想上的认同进一步加深了人们对屈原悲剧命运的同情，而屈作中那种缥缈旷远、若真若幻的境界又令他们无比向往。于是，由喜爱而传播，由传播而拟作，"楚辞"便在汉初大行起来。只要我们注意到了贾谊、东方朔诸人的"代言体"，多将屈原看做"吸沆瀣以充虚"（《惜誓》）的修炼之士、"与赤松而结友"（《哀时命》）的仙道中人这一事实，就不难理解汉代道家神仙思想的流行在"楚辞"最初的广泛传播中起了何等重要的作用。

道家神仙思想之所以成为"楚辞"盛行的重要媒介，还在于两者之间有着这样的内在关系：与儒家注重实际、强调理性的精神不同，道家崇尚虚无，追求感性个体人格的自由和完善，同表现人生、抒发情感的文学易于接近。因此，被班固称为"扬才露己""多虚无之语"的《离骚》，却得到了汉代文学之士的普遍赞扬；特别是当他们失意侘傺、深感怀才不遇的时候，更容易与屈作产生思想上的共鸣，乃以"楚辞"体的形式，通过悼念屈原抒发内心的愤懑，《吊屈原赋》等"骚"体作品就是这样产生的。

二、统治者的喜好和提倡

《汉书·地理志》云："好恶取舍，动情无常，随君上之情欲，故谓之俗。"统治者的爱好，往往是造成某一时代风尚的重要原因。"楚辞"在汉代的盛行，与君主、贵族的爱好文学，而尤喜"楚声""楚辞"大有关系。

汉高祖豪爽而不喜文学，但他的家乡沛地属故楚，故特别喜爱"楚声"《汉书·礼乐志》曰："高祖乐楚声。"他作的《大风歌》即为"楚歌"，而当他欲废太子不能得、极端烦闷时，便情不自禁地对戚夫人说："为我楚舞，我为若楚歌。"作为开国君主，汉高祖的爱好和习惯自然会受到人们的推崇和模仿，这对"楚辞"的广泛传播是一个极为有利的契机。

景帝也颇好"楚辞"，他曾专门征召当时有名的文人朱买臣进宫"说《春秋》，言'楚辞'"⑫，买臣竟因此而获得景帝的宠幸，并得到"太中大夫"的职位。

汉代诸帝中，武帝最好艺文。他读相如的赋，因不知其人而恨未得同时；枚乘年老，竟以安车蒲轮征之；他还蓄养东方朔、枚皋等一班文学侍从。《汉书·淮南王传》曰："时武帝方好艺文，以安属为诸父，辩博善为文辞，甚尊重之……使为《离骚传》，旦受诏，日食时上。"由于他的诏令，我国第一篇《离骚》传注方始产生，故刘勰说："昔汉武爱《骚》而淮南作《传》"⑬可见汉武帝在倡导、播扬"楚辞"方面的重要作用。此外，他还亲自写"楚辞"体作品。《艺文志》录有其赋两篇，是否骚体不可考，但其《悼李夫人》《瓠子之歌》和《秋风辞》均为骚体，且情感激切，意境深远，颇近楚人格调，"犹楚辞之遗音"⑭，若未精心研读过屈宋辞作，绝难作到如此形神皆肖。

汉初诸侯王中亦多文学爱好者。《汉书·邹阳传》曰："吴王濞招致四方游士，阳与吴严忌、枚乘等俱仕吴。""景帝少弟梁孝王贵盛，亦待士，于是邹阳、枚乘、严忌知吴不可说，皆去之梁，从孝王游。"可见当时以吴王刘濞和梁孝王为中心，先后形成了两个文士集团，而其中坚分子枚乘、严忌等，或为故楚人，或深受楚文化影响，均熟读屈宋辞作，善为骚体，他们的游宦北方，必然使"楚辞"在更大的范围内产生影响。汉武时的淮南王刘安，本人"好书鼓琴，不喜弋猎狗马驰骋"⑮，曾为《离骚传》，又"招致宾客方术之士数千人"⑯"著作篇章，分造辞赋"⑰。按《艺文志》录淮南王赋八十二篇，淮南王群臣赋四十四篇，均列"屈原赋"一类；且淮南王府所在地寿春为故楚都城，楚风犹存。由此推测，其中如《招隐士》之类的骚体作品当不在少数。

汉武以后，统治者对"楚辞"的兴趣虽有所减退，但余绪未绝。《汉书·王褒传》曰："宣帝时修武帝故事，讲论六艺群书……征能为'楚辞'九江被公，召见诵读。"又班固《两都赋序》亦云："……孝成之世，论而录之，盖奏御者千有余篇。"宣帝喜爱"楚辞"、汉成辑录"辞赋"，显然是汉武风范的延续。

以上情况表明，"楚辞"的盛极一代，确乎也是汉代统治者爱好和提倡的结果。他们如此钟情"楚辞"，恐怕主要有两个原因：一是汉初统治者本为楚人，对故土文艺有着本能的依恋；二是经过长期战乱之后，由武功转向文治，是社会发展的必然趋势，且强大、统一的汉帝国建立，也需要文学来"润色鸿业"，而汉初赋体尚在孕育之中，真正属于汉代的文学体制尚未建立，"楚辞"乃应运而兴。

三、楚人的故国乡土观念

"楚辞"的诞生地楚国，北临江汉，南极潇湘。《战国策·楚策》曰："黄金珠玑犀象出于楚。"《史记·货殖列传》亦曰："楚越之地，地广人稀……无饥馑之患……无冻饿之人。"可谓土地肥沃，物产丰饶，更兼山奇水秀，胜景万千。楚人世代生活、劳作于其间，承受着故土的哺育和自然的恩赐，于是长久地保持着欲亲近自然的朴素情感，与此相关联，极为强烈的故国乡土观念也就成了楚人一种明显的民族心态。《孺子歌》曰："沧浪之水清兮，可以濯我缨；沧浪之水浊兮，可以濯我足。"清朗的歌词反映了楚人达观的乐生态度和眷念故乡的无比深情。陈钟凡先生说楚国"地险流急，人民生性狭隘，其爱乡爱国之念，固执不化，万折必东"[18]，虽然"地险流急"的解释未必尽然，但从楚国地理的角度探讨楚人的故土观念，则是很有见地的。

楚国坎坷独特的历史是造就楚人强烈故土观念的另一原因。楚为芈姓之后，周成王时，"封熊绎于楚蛮"[19]，彼时国家初创，"筚路蓝缕以启山林"[20]。由于地处僻壤，被中原国家视为野蛮民族，所谓"南蛮鴃舌之人"、夷狄之邦，"在冠裳盛会的场合里，这'芈姓之蛮'不齿于上国之林；而且'戎狄是膺，荆舒是惩'，它始终是中原诸夏讨伐的对象"[21]。长期地遭受歧视和欺凌，造就了楚人奋发自强、不畏强暴的反抗精神；又由于逆反心理的作用，强烈的反抗意识酝酿、转化为一种空前的爱国热情，经过数百年的积淀，强烈的故国乡土观念便成为楚民族性格的重要特征。平王东迁时，趁着中原的纷乱，楚国摆脱北方的控制，开始了突飞猛进的发展，到战国时期，"荆之地方五千里"[22]，"人徒之众，至有数百万人"[23]。凭着雄厚的国力，问鼎中原，饮马黄河，成为当时最强大的国家之一，迫使中原各国不得不尊重它。这种地位的变化，必然从另一方面激起楚人的民族自信心和民族自豪感，使他们更加热爱自己的邦国。

楚人有崇尚"小国寡民"[24]社会的思想倾向，追求淡泊、宁静。此外，原始社会的民族意识形态在楚国保存得特别完整。这种以血缘关系为纽带的民族情感与具有封闭性的生活习惯结合在一起，使得楚人的上述故国乡土观念表现得更为强烈和执著。楚之乐官钟仪被囚于晋，依然着"南冠"、操"南音"[25]，时刻不忘父母之邦；屈原以旷世稀有之才，屡遭迫害，却"受命不迁""深固难徙"，至死眷念着故国旧乡。可见楚人对故土的热爱是何等真挚、深沉。

与强烈的故土观念相联系，楚人对渊源于南方的乡土音乐和乡土文学有着本能的热情，上述钟仪不忘"土乐"即为明证；而秦灭楚后，国难当头，楚人乃有意识地提倡、传播乡土文化，以唤起人民的民族感，团结一致，洗雪国耻。谢无量先生说："秦取六国，暴虐甚众，四方怨恨，而楚尤发愤，欲得当以报。语曰：'楚虽三户，亡秦必楚。'其气何盛也。……于是江湖激昂之士，多好楚声。"[26]从项羽因闻四面楚歌而作《垓下歌》、刘邦于沛宫为《大风歌》的史实看，"好楚声"、乐楚歌在当时确是一种流行之风气。

秦朝的灭亡可以说是楚人的胜利，汉高祖最初建立的汉政权，实际上是一个楚人控制的政权，其领导者大都保持着楚人的生活方式和思维方式，具有楚人深恋故土的典型气质。《汉书·礼乐志》云："凡乐乐其所生，礼不忘本，高祖乐楚声。"《史记·高祖本纪》载："……酒酣，高祖击筑，自为歌诗曰：'大风起兮云飞扬，威加海内兮归故乡，安得猛士兮守四方！'令儿皆和习之。高祖乃起舞，慷慨伤怀，泣数行下。谓沛父兄曰：'游子悲故乡，吾虽都关中，万岁后吾魂魄犹乐思沛。'"刘邦乐的是楚声，唱的是楚歌，起的是楚舞，他身居关中，魂系故乡的恋乡情结，与屈子"鸟飞返故乡兮，狐死必首丘"[27]的心志何其相似！它们是楚人特别突出的故国乡土观念在不同时代的具体表现，我们可以在独具特色的楚文化背景上找到其共同根源。

由于实为楚人的汉初统治者对故土文艺的依恋，并有意将它作为一种团结楚人的凝聚力，以巩固自己的统治；而渊源于南方、多写楚国风土人情的"楚声""楚辞"早已为故楚地区的人们所熟悉，有着广泛的群众基础。上导下应，"楚辞"便盛行起来。

　　值得特别指出的是，汉王朝的建立，使在秦世倍受压抑的楚文化有了扬眉吐气的机会（秦代"楚辞"不传），因此，深爱故土文化而又因历史原因早已对秦、晋等中原诸国怀有积怨的楚人，便大力张扬、传播道家黄老学说和"楚声""楚辞"，以遏制北方文化的影响，提高楚文化的地位。于是，随着楚人政治势力的发展，"楚辞"乃迅速流传到全国，并占据了文学正宗的地位。此种地方性文化观念的式微和真正大一统文化观念的形成，是汉武时的事了。

　　四、"楚辞"的抒情特征和悲剧色彩

　　刘师培先生认为，北方之文，"不外记事析理二端"；南方之文，"或为言志抒情之体"㉘。"言志抒情"是"楚辞"的一个重要特征和优良传统。屈原以前的"楚歌"如《徐人歌》《越人歌》等都是有感而发的肺腑之声，屈宋的作品则更是个性化十分突出的主观情绪的发露，故吴讷曰："二十五篇之骚，无非发于情者。"㉙同时，"楚辞"的抒情，多为伤感或激愤之情。屈原"信而见疑，忠而被谤"，因而在作品中呼喊着不被理解的痛苦和哀怨；宋玉怀才不遇、穷愁潦倒，乃悲秋气、伤春心，低吟着人生的窦落和不平。他们坎坷多难的遭际，特别是屈原经受巨大冤屈之后自沉汨罗的悲惨命运反映在诗篇中，赋予了"楚辞"以浓郁的悲剧色彩。前人早已注意到了"楚辞"的这一特点，如胡应麟《诗薮》云："《离骚》《九章》，恻恻浓至。"胡寅说："《离骚》者……哀而伤者也。"㉚朱熹不仅认为屈辞"尤愤懑而极悲哀，读之使人太息流涕而不能已"㉛，而且说《易水歌》"悲壮激烈，非楚而楚"㉜，几乎将"悲壮激烈"当成"楚辞"的专利了。

　　崇拜、同情悲剧式英雄是人类的通性，更是汉民族的典型心态。汉朝与屈原的时代相去不远，汉初统治者又是熟知屈原事迹的故楚人，因而汉人对屈原崇高人格的敬仰和悲剧命运的同情较后代更甚，这种情况造成了两方面的结果。其一是有关屈原的故事、传说在民间大量产生、广泛流传，如《卜居》所述屈原往见太卜决疑的故事和《渔父》所述屈原同江滨渔父问答的传说，显然均出自关心、同情屈原的汉初人之手。其二是文人悯伤、哀悼屈原的仿骚体作品大量出现。班固《离骚赞序》曰："原死之后，秦果灭楚，其辞为众贤所悼悲，故传于后。"王逸《章句·九辩序》云："至于汉兴，刘向、王褒之徒，咸悲其文，依而作词……"今观汉代"代言体"拟作，虽确有无病呻吟之弊，但其写作动机，却多以"悯伤屈原"为旨归，王逸作《楚辞章句》，亦是因为"读'楚辞'而伤悯屈原，故为之作解。"㉝可见汉人模仿、注解"楚辞"的热情，与读"楚辞"所引起的悲感和同情心有密切的关系。

　　汉代文坛上有一个引人注目的现象：凡抒发个人情感，尤其是哀怨、忧愤之情的作品，多采用骚体的形式，而凡骚体，则大多是抒发个人情感之作，即使在汉赋体制建立之后也是如此。为什么表现哀怨之情就多用骚体呢？这首先是因为"骚则长于言幽怨之情"㉞，相对四言诗和赋体而言，"楚辞"的形式如句式、音韵等，更宜于表现凄越、复杂的感情；其次，"楚辞"具有抒发悲愤之情的传统，选用这种体裁，一方面是习惯使然，同时也是作者有意识地利用"楚辞悲壮"这一特点，调动读者已有的审美经验，造成一种情绪氛围，使作品产生更好的抒情效果。于是，从汉高祖的《大风歌》、贾谊的《吊屈原赋》到武帝的《悼李夫人》、刘歆的《遂行赋》，汉人抒情则多用骚体，就连最擅长赋体的司马相如，当他替陈皇后抒写长门幽怨时，也自然地采用了这一形式。

　　因此可以说，"楚辞"能在汉初盛行，并在汉赋体制建立之后依然绵绵不绝，其本身的抒情特征和悲剧色彩亦是一个重要原因。

注释：

①《楚辞章句·九章序》。

②游国恩：《楚辞概论》，北新书局 1926 年版，第 301 页。

③陆侃如等：《汉人论〈楚辞〉》，《山东大学学报》1963 年第 2 期。

④侯外庐：《中国思想通史》第 2 卷，人民出版社 1957 年版，第 60 页。

⑤晁补之：《西汉杂论》，《鸡肋集》卷四十四。

⑥《汉书·董仲舒传》。

⑦侯外庐：《中国思想通史》第 2 卷，人民出版社 1957 年版，第 52 页。

⑧《史记·孝武本纪》。

⑨《文说·宗骚篇》。

⑩参见《楚辞论文集》，古典文学出版社 1957 年版。

⑪王夫之：《楚辞通释》卷十二。

⑫《汉书·朱买臣传》。

⑬《文心雕龙·辨骚篇》。

⑭谢无量：《中国大文学史》卷二，商务印书馆 1924 年版。

⑮《汉书·淮南王传》。

⑯《汉书·淮南王传》。

⑰《楚辞章句·招隐士序》。

⑱《中国韵文通论》，上海中华书局 1927 年版，第 27 页。

⑲《史记·楚世家》。

⑳《左传·宣公十二年》。

㉑马茂元：《略论"楚辞"》，《语文教学》，1958 年 2 月号。

㉒《墨子·公输》。

㉓《墨子·非攻》。

㉔《老子》六十七章。

㉕参见《左传·成公九年》。

㉖《中国大文学史》卷三。

㉗《哀郢》。

㉘《南北文学不同论》，《刘申叔先生遗书》卷十五。

㉙吴讷：《文章辨体》引祝氏语。

㉚《题酒边词》。

㉛《楚辞集注·九章序》。

㉜《楚辞后语·易水歌序》。

㉝《楚辞章句·九思序》。

㉞程廷祚：《骚赋论上》。

其实，在更多时候，以上这些分析方法是综合运用的。如王晓明的论文《"乡下人"的文体和城里人的理想——论沈从文的小说创作》（原文载《文学评论》1988 年第 3 期），抓住作家内在的矛盾，发现了沈从文"文体"与"理想"之间的冲突。沈从文从乡下来，他的文体带着特有的质朴与清新，但又免不了城里人的世俗包围。"尽管他那样顽强地想要把握那种'乡下人'的混沌感受,自己却又一步步地努力要当一个城里人,这就势必会受到那城里人的牵制,最终还是对自己的审美情感产生了误解。因此,就在快要攀登上文体创造的山巅的时候,他又身不由己地从旁边的岔道上滑下来。"王晓明从矛盾分析入手,同时还运用了对比分析、因果分析、历史分析。这样分析就显得全面、具体,抓住事物的本质。

三、历史与逻辑的统一

坚持历史方法与逻辑方法的统一,也是理性思维方法论的基本特征。

所谓历史的方法,就是按照事物发展的自然进程,具体地描述事物发展的整个过程及全部内容,以揭示事物发展规律的方法。所谓逻辑的方法,是指以理论形态来概括、揭示事物发展历史的方法。

当我们对事物作纵向研究时,通常要运用历史方法,按照时间顺序再现对象的整个发展过程,这样做的好处是,能够完整地再现事物发展的真实面貌,但是,"历史常常是跳跃式地和曲折地前进的,如果必须处处跟随着它,那就势必不仅会注意许多无关紧要的材料,而且也会打断思想进程。"①这样,历史的方法也就需要逻辑方法的配合。

按照恩格斯的说法,逻辑方法实际上就是历史的方法。他指出:"实际上这种方式无非是历史的研究方式,不过摆脱了历史的形式以及起扰乱作用的偶然性而已。②这也就是说,逻辑方法同样是用来研究事物发展历史的,不过这种方法不像历史方法那样紧贴事物发展过程的表象和自然时序,而是对事物发展历史的表象作了理论上的抽象概括,并且着重揭示和描述事物发展的内在逻辑行程及其关系。

恩格斯认为,运用逻辑方法其关键是:"历史从哪里开始,思想的行程也应该从哪里开始,而思想进程的进一步发展不过是历史过程在抽象的、理论上前后一贯的形式的反应;这种反映是经过修正的,然而是按现实的历史过程本身的规律来修正的,这时,每一个要素可以在它完全成熟而具有典范形式的发展点上加以考察。"恩格斯指出:"采用这个方法时,逻辑的发展完全不必限于纯抽象的领域。相反,它需要历史的例证,需要不断接触现实。③"这就是说,历史方法与逻辑方法并不是截然对立的,而是相辅相成、相互渗透、缺一不可的。

逻辑的方法不能脱离历史的方法,只有在充分研究历史事实的基础上,逻辑的方法才能奏效。历史的方法同样也离不开逻辑的方法,只有借助逻辑的方法,才能正确地认识历史、反映历史。例如,我们研究文学史既不能没有历史的实证,又不能缺乏内在逻辑行程的深刻揭示,否则,就不可能体现文学史的"史的认识价值"。例如,范畴研究是我国美学和文学理论中的一项重要内容。中华民族从蒙昧和野蛮状态中脱离出来,就开始借用或创造一些词语表达审美和艺术活动的不同阶段和不同方面,经过长期历史演变,这些词语便固定下来,凝聚成一套完整的范畴。从范畴的孕育,到范畴的出现、范畴的展开、范畴的演变、范畴的扬弃(各个范畴的相互联系和转化),众多范畴按照纵横两方面的交叉、从属、并列、重叠等关系逐渐组织起来,或骤起骤落,或长期流行,或涵义截然不同,或相互渗透相互补充,要弄清楚历史上这些扑朔迷离的现象,纠缠不休的辩诘,除了运用历史的方法,就离不开逻辑的方法。如,李贽评《水浒传》,首先从绘画美学中引入"传神写照"这个范畴,认为艺术的成就就

① 马克思恩格斯选集(第2卷)[M].北京:人民出版社.1973:122.
② 马克思恩格斯选集(第2卷)[M].北京:人民出版社.1971:122.
③ 马克思恩格斯选集(第2卷)[M].北京:人民出版社.1971:124.

表现在写出众多的、形形色色、各具神采的人物，同时还提出了"人情物理""同而不同"等看法。这无疑与明中叶封建经济母体内资本主义因素出现后，反对无视个人价值、命运的民主思潮有关，具有进步意义，但他都没有作深入的阐释，都还是一些感性的认识。之后，金圣叹评《水浒》在"同而不同"的基础上提出"性格"的范畴，把人物神情口吻、外貌举止的逼真概括为独特的"性格"，这比李贽前进了一大步，但"性格"的内涵并没有彻底解决。张竹坡评《金瓶梅》，则从"人情物理"的角度强调人物的社会性，认识又进了一步。最后曹雪芹总结上述理论成果，提出了"古今之一人"的范畴，在人物性格的独特性、丰富性、社会性诸方面都作了概括。他们正是通过"逼真→性格→人情→古今之一人"的认识过程，完成了明中叶至清初在人物塑造问题上的理论探讨；曹雪芹后来所提出的"古今之一人"的范畴，已不是原来感性的直观表达了，而是一个具有多种规定性的思维的具体化了。由此可见，作为一定历史条件下的审美范畴，从来不是一成不变的，更不是独立自足的，只有运用历史与逻辑相结合的方法，我们才可能探究到这些范畴间的关系及其涵义，真正把握它的价值所在。又例如，我们研究某一文学现象的消长，研究某一作家的创作道路，研究某一文学主题的演变，也通常要用到历史与逻辑相统一的方法。

试看下面的论文：

关于中国美学史的研究方法问题

潘知常

任何学科都离不开范畴，任何科学规律都是以范畴形式加以表现的。中华民族一经从蒙昧和野蛮状态中脱离出来，就开始借用或创造一些词语表达审美和艺术活动的不同阶段和不同方面，经过长期历史演变，这些词语便固定下来，凝聚成为一套完整的范畴。诸如"形神""风骨""气韵""虚静""意境""趣味"，等等。在美学和文学理论史中，美的范畴在哲学、佛学中的孕育；范畴的出现、范畴的展开、范畴的演变、范畴的扬弃，众多的范畴按纵横两方面的从属、交叉、并列、重叠等关系日益组织起来，形成一张反映社会性的人们美学思辨的范畴之网，这些都标志着对审美和艺术活动的认识一步步提高和深化的过程。历史上唯物主义和唯心主义的、进步的和落后的美学和文学理论的相互斗争、相互渗透和相互转化，正是通过对一些基本范畴的继承、扬弃或赋予不同的解释表现出来的。美的认识圆圈的完成，也是通过把以往各个体系中的重要范畴纳入一个新体系而变为其中的环节来实现的。这些基本范畴的长期流行或骤起骤落，以及其涵义的截然不同或渗透补充，正反映了美学认识螺旋前进的客观进程，可以从中窥见历史与逻辑的一致。所以，只要认真剖析和清理这些范畴在不同理论家、不同体系和不同阶段中的特定涵义和具体应用，以及在理论体系中的逻辑意义和客观作用，进而把握范畴本身历史演变的本质联系，把握范畴与范畴之间的本质联系，我们就可以透过历史上扑朔迷离的观点，纠缠不休的辩诘，找到美学和文学理论发展的规律。列宁说："规律就是关系……本质的关系或本质之间的关系。"（《哲学笔记》）这个思想是很深刻的。而所谓真理、所谓科学的真理性的认识，所谓美学和文学理论，实际就是范畴的客观关系的总和。我们认识了美的范畴的客观关系的总和（严格讲，还要含创作实践），我们也就找到了真理。正如列宁所说："真理只是在它们的总和中以及它们的关系中才会实现。"（同上书）在这里，美学、文学的理论研究和理论历史研究，被范畴的研究合乎逻辑地相互沟通，给我们以深刻的启迪，使我们清晰地看到了建立民族化理论体系的灿烂前景。

例如，关于美的理论认识，严格地讲，在我国是在奴隶制末期开始的。随着政治制度的崩溃、思想束缚的松懈，随着音乐艺术以及诗歌、雕刻、建筑艺术的发展，从西周末到战国初年，阴阳、儒、道等各家蜂起，互相攻讦，对美作了各有会心的反思。如果筛选出这些争论中的积极成果，剥掉外在的形式和特殊应用，就可以发现这一时期关于美的矛盾认识运动，有其符合思维规律的固有的逻辑进程，从而形成了我国美学思想发展中的第一个认识圆圈。这一时期的美学思辨，是围绕着以"和"为美还是以"同"为美的争论展开的。西周末的太史史伯，首先提出了"和"。

"和"字在甲骨文中就出现了，本义是乐器的名称，后来引申为乐器的合声。史伯把"和"引进美学，成为一个审美范畴。史伯提出"和实生物，同则不继""声一无听，物一无文"，主张严格区分"和"与"同"这对范畴的不同意义，反对"去和而取同"，强调单一的因素不能形成美，美不能离开多样和矛盾。这种以"和"为美的思想，摆脱了"神人以和"的远古宗教思想的影响，把美从天国拉回尘世，把美奠定在物质（原素）的基础上，从中不难窥见我国奴隶制末期审美认识的逻辑起点。在史伯之后，春秋时的晏婴进一步发展了以"和"为美的美学思想，不但同样指出了"和"与"同"这对范畴的差异，更进一步谈到美是存在矛盾的，如清浊、刚柔、疾徐、迟速和哀乐等，这些矛盾既是对立的，又具有相济相成的同一性，互相依存，互相联系，正因为如此，才能产生美。这说明晏婴对美的对立统一的辩证关系有了一个比较深刻的认识，比史伯对"和"的理解也有所深化。但是，他对"和"强调的是相济相成的一面，对事物的对立、斗争一面有所疏略。孔子的"中和"美学思想，正是从晏婴的认识环节中演变出来的。孔子所谓"和"，是折中、调和，或曰"中和"。孔子把对美的认识，从形式引向内容，要求情理相偕，感性和理性统一，显然比史伯、晏婴的认识更加深入，但他毕竟是在沿用史伯"和"审美范畴的形式下，偷运形而上学的以"同一为美"的美学思想，加上"美"在他的思想中并没有真正独立出来，往往是美善不分，以善为美，因而在一定程度上限制了美学思想的发展。墨子在当时的美学争论中，是明确地提"尚同"，主张以"同"为美的。他的经验主义美学弊病较大，但在反对孔子美学思想中的先验因素上，有其逻辑上的意义。不难看出，上述史伯、晏婴、孔子（与孔子大致相同的，像子产、季札、伶洲鸠、单穆公）和墨子等人的论述，历史地展现了美学认识在对立斗争中的螺旋发展，准备了必然出现的批判总结。完成这一历史任务的是老子。他把史伯、晏婴、孔子和墨子所发挥的"和同""相济相成""中和"等认识成果，作为一个个必要的认识环节纳入自己的美学思想。他认为"万物负阴而抱阳，冲气以为和"（《老子》），指出事物自身不仅存在着矛盾，而且矛盾双方无不向相反方向转化，诸如有无相生、音声相和、美恶相依，因此，他激烈地反对"天下皆知美之为美"的那种经验的或先验的美善不分的美，认为"终日号而嗌不嗄"，才是"和之至"，亦即真正的"至美'。至此，我国奴隶制末期的美学思辨，才从实用（经验）、效用（善）、快感（形式）中独立出来。这样，虽然老子美学思想中带有封闭、循环的缺陷，却逻辑地标志着我国美学思想发展的第一个认识圆圈的完成。应当指出，我国奴隶制末期关于美的认识圆圈，给我们许多方法论上的启示。其中最重要的一点，就是倘若不把一个美学家的美学思想放到人类审美认识的认识圆圈之中，放到审美范畴的发展、演进过程之中，就不可能真正把握它的价值所在。例如孔子的"中和"美学思想，近年国内或褒或贬，各执一隅。实际上，孔子"中和"美学思想仅是我国奴隶制末期审美认识中的一个必经的过渡环节，它的贡献和不足都应当在这个基础上得到解释，从而确定它的历史地位。至于由孔子开其端的儒家"中和"美学思想在长期封建社会的历史作用，则只能根据它的理论内容的历史演变加以具体的历史分析，把孔子"中和"美学思想同它的历史影响混为一谈，从而拔高或贬低孔子"中和"美学思想本身的历史地位，是违反马克思主义历史与逻辑统一的方法论原则的。而有些同志把孔子"中和"美学思想从认识圆圈中抽取出来，加以理论继承或批判，则显然如同儿戏。这样的"古为今用"，是无益而有害的。

又如，明中叶之后，小说戏曲成为中心的文艺形式。为了适应新的需要，大量的小说戏曲评点应运而生，其中涉及最多的问题之一，就是人物形象的塑造。李贽在《水浒》评点中，首先从绘画美学中引入"传神写照"这一范畴，认为小说的艺术成就，就表现在写出众多的、形形色色的、各具神采的人物。同时也提出了"同而不同""人情物理"等看法，却没有深入的阐述。"传神写照"范畴的提出，无疑与明中叶我国封建经济母体内资本主义因素出现后的反对无视个人的价值、个人的命运的民主思潮有关，显然有其进步意义，但仅仅注意到描写个别的人物，这又有很大局限。在此之后，金圣叹借鉴李贽"同而不同"的看法，提出"性格"范畴，把人物神情口吻、外貌举止的逼真概括为写出独特的"性格"。这种认识比李贽便深入了一步，但"性格"的内涵是什么，金圣叹却没能解决。张竹坡看到了这一点，又从李贽"人情物理"的角度，提出写人物的"人情"，强调人物的社会性。最后，曹雪芹总结上述理论成果，提出"今古之一人"的范畴，在人物性格的独特性、丰富性和社会性诸方面都作了概括。这里，李贽所提出的"传神写照"和"同而不同""人情物理"等范畴，都还只是一种感性的具体化，但通过"逼真"——"性格"——"人情"——"今古之一人"的认识过程，把其中每一个范畴抽象出来加以考察和改造，在不同层次、不同侧面揭示了人物塑造的规律，完成了明中叶—清初在人物塑造问题上的认识圆圈。看上去，曹雪芹对人物塑造问题的看法，似乎又回到了李贽的逻辑起点上，但这里的"今古之一人"，已不是原来感性直观的具体，而是一个具有多种规定性("传神""性格""人情")的思维的具体化了。由此可见，作为一定历史条件下的具体真理的审美范畴，从来不是一成不变的，更不是独立自足的。不研究范畴的美学和文学理论史是违反科学的，只研究某一范畴而不研究它与其他范畴的关系，或只把种种各自独立的范畴排列和堆积在一起也是违反科学的。因为这里事实上没有历史，看不到美学思想的发展，也不可能提供人类认识发展的内在规律。我们不是在一般意义上强调对范畴的研究，而是从历史与逻辑的统一这个特定意义上强调这一点的。在研究范畴时，不仅要注意把握范畴在历史上形成、演变及各个范畴之间的逻辑关系，即它们的相互联系和转化，使人类运用范畴认识审美和艺术活动的过程历史地再现出来，而且只有使用某种方法才能使之再现。这种方法正是对范畴的涵义、范畴间的关系及前后发展的逻辑关系进行理论分析的方法，这种理论分析本身正是一种理论思维活动，因而就不能不从历史的范畴的研究回到现实的理论的研究。

运用历史与逻辑统一的研究方法，抓住美学和文学理论的范畴的发展演进这个中心环节，去研究中国美学和文学理论史，就不能不与多年来见惯不经的研究角度产生矛盾，这就是与从社会意识形态角度或唯物主义与唯心主义两军对阵的角度进行研究的习惯作法产生矛盾。

毫无疑问，美学和文学思想的发展是有外在根据的。黑格尔在《哲学史讲演录》中讲过，"只有当我们能提出一个确定的史观时，历史才能得到一贯性"。可见，如何确定美学和文学思想发展的外在根据，意味着我们用什么样的"确定的史观"研究美学和文学理论史。因此，一方面从历史唯物主义关于社会存在决定社会意识的一般原理讲，美学和文学理论同其他意识形态一样，是根源于社会实践并受社会实践制约的（从美学和文学理论讲，这种制约大致由两个中间环节加以实现。其一是受反映一定政治经济关系的重大政治思想的制约，其二是受反映一定社会生活的文艺创作的制约。）这构成美学和文学理论发展的一般根据。另一方面，美学和文学理论的发展，又受到唯物主义或唯心主义哲学思想的影响，这又构成美学和文学理论发展的特殊根据。从上述两个方面入手研究是可以的，十分需要的，与范畴的研究也是相辅相成的。

但是，仅止注意从上述两个角度研究是不够的。这样讲，倒不只是因为它们在过去的研究中已经暴露出的片面化、抽象化和简单化的弊病，更主要的是因为美学和文学理论的发展，归根结底是由其本身的内在根据决定的，而这内在根据，如前所述，是深深隐含于范畴的历史演进之中的。抛开范畴史去寻找内在根据，无异于"缘木求鱼"。况且，社会实践固然是一般根据，它为美学和文学理论的发展提供条件和需要，因而制约着对已有范畴的加工改造的方向，但这种制约的结果，毕竟要靠范畴体现出来，例如宋一元绘画美学思想在社会实践制约下发生的变化，就是通过由宋代"师造化""传神""法"和"理"向元代"法心源""写意""兴"和"趣"的范畴体系的扬弃而体现出来的。唯物主义或唯心主义的影响也是一样，也要通过改造某些美学和文学理论的范畴的规定性，调整范畴之间的相互关系，从而引起范畴和范畴体系的演变而体现出来。因此，从根本上讲，中国美学和文学理论史研究，应该而且必须抓住范畴的发展、演进这个核心环节。当然，这样做的难度是比较大的，但要开出一条路来。当我们对范畴的发展、演变从各个角度、各个侧面进行了大量艰苦而又有益的研究之后，综合各方面的研究成果，就有可能写出"从逻辑的一般概念和范畴的发展与运用的观点出发"的中国美学史或中国文学理论史。"文化上的区别一般的基于思想范畴的区别"哲学上的区别更是基于思想范畴上的区别"（黑格尔《哲学史讲演录》）。

（原载《学术月刊》1984 年第 7 期）

四、抽象与具体的统一

关于理性思维方法最重要的表述是黑格尔首先提出来并为马克思所强调和实践的"从抽象到具体"的方法。它是理论思维最高层次上的一种普遍方法，也是我们在研究中广泛运用的一种普遍方法。

所谓"从抽象到具体"，也就是从"感性的具体"到"知性的抽象"再到"理性的具体"，也即抽象与具体的统一。黑格尔曾指出，"认识"这个前进运动的特征是："它从一些简单的规定性开始，而在这些规定性之后的规定性就愈来愈丰富，愈来愈具体。因为结果包含着自己的开端，而开端的运动用各种新的规定性丰富了它……在继续规定的每一个阶段上，普遍的东西不断提高它以前的全部内容，它不仅没有因为其辩证的前进运动而丧失了什么，丢下了什么，而且还带来一切收获物，使自己的内部不断丰富和充实起来。"[①]抽象与具体的统一，正体现"认识"这个前进运动的基本特征。

黑格尔写《逻辑学》，其理论框架就是遵循着抽象与具体相统一的思维行程建构起来的：

---

① 　转引自：张世英．论黑格尔逻辑学[M]．上海：上海人民出版社．1981：403．

首先是直接的认识——"存在"（有）；然后是间接的认识，即"本质"；最后是"概念"——存在与本质的统一。从"存在"（有）到"本质"再到"概念"，正体现着从抽象到具体的思维行程，但这一理论框架是安置在黑格尔唯心主义的基础上的。马克思写《资本论》，改造了黑格尔的唯心主义因素，他从"感性的具体"（作为细胞形态的商品）出发，再到知性的抽象，分析商品的各种关系，然后到理性的具体，揭示资本的一系列实质。马克思后来总结《资本论》的写作，特别提到了从抽象到具体的方法。他认为，他最初所面对的是"一个混沌的关于整体的表象，经过更切近的规定之后，我就重在分析中达到越来越简单的概念；从表象的具体达到越来越稀薄的抽象，直到我达到一些最简单的规定"，然后才是进入理性的具体呈现——"具有许多规定和关系的丰富的总体。"①

　　马克思明确地指出，抽象与具体相统一的方法，要分二步走：第一步，是把"完整的表象蒸发为抽象的规定"；第二步，是"抽象的规定在思维行程中导致具体的再现"马克思特别强调了理性的具体，他指出："具体之所以具体，因为它是许多规定的综合，因而是多样性的统一。"②这就是"思维用来掌握具体并把它当做一个精神上的具体再现出来的方式。"③

　　抽象与具体统一的理性思维方法，在我们的研究中具有普遍意义。例如，我们研究现代文学中的小说，发现许多小说都涉及到"漂泊"母题，"忏悔"母题，接下来就要研究这些母题有哪些特征，它们是怎样形成、怎样发展、怎样变化的，这些母题产生、变化的原因及其意义等等，这就是把"完整的表象蒸发为抽象的规定"，属于这个方法的第一步。接下来，我们就要把"抽象的规定在思维行程中导致具体的再现"，再整体地、综合地去把握现代文学小说的母题创作。

　　从具体→抽象→具体，体现的是人们认识事物的基本规律。从抽象上升到具体，本质上就是要把握对象的各种规定之间的内在联系，确定每一种规定在具体对象中的作用、地位及其与其他规定之间的关系，从而更完整、更全面地把握对象。从抽象上升到具体，在思维中再现了对象诸多规定的统一，这种具体，它虽然再现了感性具体的对象本身，但也包含了"丰富的整体"的思维具体，它对对象的把握更深刻、更全面。

　　理论思维从感性具体到思维抽象，再到思维具体的过程，形成了一个周期，形式上表现为一个圆圈。但是，起点的感性具体和终点的思维具体根本上是不同的：前者只是感性形式，后者则达到了思维的领域；前者停留在感性阶段，后者则是理性形式。这种周期或圆圈，是一种螺旋式发展的周期或圆圈，表现了人类思维运动是曲折性与前进性的统一。

　　谈到"抽象与具体的统一"，同学一般觉得不好理解，其实，联系自己的研究实践还是可以理解的。例如，我在《现代写作学引论》中曾提出了"文章图式"这一概念。我提出"文章图式"，主要来自自己的体会。我学习新闻写作理论后，这些理论在写作上并没有给我太大的帮助。当我阅读一定新闻作品之后才感到对新闻写作了然于怀。由此我感受到，在写作之前，在我们的头脑里是有一个"文章样子"预先地存在着的，是它直接引导着我们的写作，这促使我作了进一步的思考。马克思在《资本论》中讲到人的目的性、对象性时说过一段有名的话："蜜蜂建筑蜂房的本领使人间的许多建筑师感到惭愧，但是，最蹩脚的建筑师从一开始就比蜜蜂高明的地方，是他在用蜂蜡筑蜂房以前，已经在自己的头脑中把它建筑成了，劳动过

　　①　马克思恩格斯选集（第2卷）[M]. 北京：人民出版社 . 1971：103.
　　②　马克思恩格斯选集（第2卷）[M]. 北京：人民出版社 . 1971：104.
　　③　马克思恩格斯选集（第2卷）[M]. 北京：人民出版社 . 1971：104.

程结束时得到的结果，在这个过程开始时，就已经在劳动中的表象中存在着，即已经观念地存在着。"前苏联学者季莫菲耶夫在《文学原理》中论及文学创作过程时也曾指出，作者最初的"构思"是"一种最初的表象，这种表象应当包括未来的作品"原苏联文艺心理学家尼季伏洛娃在《文学创作心理学》中论及文学创作时也指出：作者的最初构思应包括"有关未来作品体裁的预先观念"或"表象"他们这些论述都涉及或论及我们从事创作之前头脑中存在着的"表象"，我认为，这个"表象"即我所感觉到的"文章的样子"只是我觉得，"文章样子""文章表象"不是写作学的概念，所以，我将它定义为"文章图式"。

　　"文章图式"对我们写作有什么意义呢？我沿着自己的思路，继续思考。经验告诉我们，一个人学习写作，首先是从老师、他人或书本上获得一些写作的知识，形成对写作的一些初步认识，如文章有开头、中段、结尾，文章有主旨、材料。文章是社会生活的反映等，并从这些初步认识中，获得写作的一些模式与程序。接下来，他便在他人的指导和帮助下，开始动手练习写作，经过反复的训练，把一些写作程序变成自己的某种技能，在这个过程中，他往往由于某些肯定性的情绪体验，对写作产生浓厚的兴趣，逐渐把写作行为内化为自己的写作行为。接下来，随着写作行为的日益内化以及写作主体意识的确立，在写作者的心中，会逐步积淀许多文章的图式、样子，并以此引导和规范着自己的写作。一个有较强写作能力的人，并不一定有很高的写作理论修养，但一定有正确的写作模式、文章图式，当我们考虑应该这么写而不应该那么写的时候，也许不一定受理论的支配，但一定有意无意地在运用着写作模式、"文章图式"。

　　头脑中必须具有某一类文章的表象，才能从事某一类文章的写作，这是一般的常识。叫一个从来没有读过新诗的人去写新诗，即便才高如李白，也无从下笔。叫一个没有读过消息的去写消息，哪怕学富如曹雪芹，也写不出消息。我们平时积累写作素材，其实也是在种种文章表象的规范下进行的。比如，搞文学创作的，头脑中贮存的主要是文学文体的"表象"，当他看到动人的情景、生动的细节，他会非常敏锐地，几乎是下意识地识记下来，至于新闻题材，抽象数据、论文资料，他可能就轻轻过去了。为什么会产生这样的情况呢？因为他接触到客观信息时，会自觉或不自觉地用头脑中贮存的"文章表象"去衡量，看这些信息能不能整合到"文章表象"中去。如果头脑中没有新闻、论文的"文章表象"，他通常会觉得这些材料没有用，把这些信息放过去了。又如，我们上街，看到一对男女在打架。写新闻的人，往往会用心中有关新闻文体的图式来整合这一事实，看它是否能写成一条消息。写小说的人，则会用心中有关小说的形式规范来整合人物语言、行动、性格及双方的矛盾，看能不能写成一篇小说，能写成一篇什么样的小说。至于写诗的人，则可能把打架这件事轻轻地放过去，因为打架这件事，在一般情况下，不可能形成一篇优美的诗，也不可能形成诗的冲动。

　　"文章图式"又是作者处理素材，进行构思、表达的规范。素材积累到一定程度，作者发觉它足以写成一篇文章时，就会产生一定的写作冲动，试图把它写出来。当作者确定用某种体裁写时，他就会按照头脑中所具有的某种体裁的"样子"来处理素材，进行构思和表达。例如我们经历了一件不平凡的事，想把它写下来，是把它写成诗，还是把它写成散文或小说呢？我们所选定的文体不同，我们所作的加工、处理也就会不同。如果写成散文，我们只需把最动人的片断写下来就行了。如果写成小说，我们就要抓住其中的矛盾冲突，将之提炼为比较完整的故事情节。我们为什么会作这样的处理呢？关键就在于我们头脑中的文章图式。我们就是按照头脑中有关文章的样子来进行操作的。就一个作者来说，他心中积淀的"文章样子"越多，越有个性特色，他的写作也就越自由，越有特色。相反，作者心中的"文章样子"越少，越缺乏特色，他的写作也就受到了相应的限制。例如，一位作家小说写得很好，但他却不会写公文，这就是因为他心中没有公文的"样子"所致。"文章图式"内在地、隐秘地规范和引导着作者的写作，它既是作者整合客观信息的一种内在形式，也是作者运思、表达的一种规范。所谓"文章图式"，也就是指存在于作者心中的关于文章的样子，关于文体种类的表象，作者心中关于文章的理想规范面貌。它内在地，隐秘地规范和引导着我们的写作，既是我们整合客观信息的一种内在形式，也是我们运思、表达的一种规范。

"文章图式"有什么特点呢？它是通过大量具体文章的阅读积淀在我们头脑中的，正如我们平时看到的各式各样的凳子、椅子，看过之后，慢慢地，在我们心目中会形成关于椅子、凳子的一般表象。这种表象既朦胧，又具体。说它"朦胧"，因为它是关于"一般"的表象，并不具体指某一把凳子、椅子。说它"具体"，因为它毕竟是关于"类"的表象，我们不会把"凳子""椅子""混同于"桌子""床铺"文章表象也是这样，我们头脑里获得诗歌、小说或消息的表象之后，虽然它并不指向某一篇具体的诗歌、小说、消息，但也不会把消息与诗歌混淆起来。它是朦胧的、泛化的、一般的，同时又是具体的、可感的。文章表象是通过大量阅读积淀在我们心里的，如果没有大量的作品阅读，只记住几条抽象的文体特征，就无法形成具体的"文章表象"

"文章图式"是作者心目中有关文章的样子，从这种"具体可感性"出发，可以把"文章图式"理解为一种"感性的形式"这种"感性性"意味着文章图式并不是把文体种类的表象抽象成干巴巴的模式或者概念，而是把文体的感性形式从具体的言语作品中提取、积淀为看得见、摸得着的要素，这些具体可感的要素包括：（1）文体特点和文体知识，即某类文体的"质"的规定性；（2）文体结构规律和用语特点；（3）文体的综合表现技巧。但这些要素不是剥离的，当言语作品作为整体进入我们的视野和心灵时，它们作为一种"类"的特点保存下来了，并以一种"格"的方式积淀在主体的心理结构中，形成为一种稳定的认知结构。

从心理语言学的角度看，文章图式是一种心理定势，是作者心目中对于"这一类"文章的外在表象的稳定的心理态势。从本质上说，文章图式是言语主体"内化"文章的表象，也是"类化"文章的范式，其对于写作的规范和引导作用，是不可轻视的。鲁迅先生谈到自己的小说创作时曾说，什么"小说作法"之类，他一部也没有看过，短篇小说倒是看了不少，他写《狂人日记》，"大约所仰仗的全在先前看过的百来篇外国作品和一点医学上的知识，此外的准备，一点也没有。"（鲁迅：《我怎么做起小说来》）古人说："熟读唐诗三百首，不会作诗也会吟。"说的正是这方面的道理，只不过没有用"文章图式"这个概念罢了。

在这个基础上，我又把"文章图式"分为"文章体裁图式""文章类别图式"和"文章审美图式""文章体裁图式"即我们心中关于文章体裁的表象，如消息、通讯、诗歌、散文、小说之类；"文章体裁图式"要解决的是我们基本的文体感的问题。如果没"文章体裁图式"，写出来的东西就会非驴非马。"文章类别图式"是文体特征的具象化图式。一般说来，每种体裁之下，又有一些基本类型，如散文，就有记叙散文、抒情散文、议论散文之分；各类之下又有一些类别，我们掌握"文章体裁图式"之后，一般要进一步掌握基本类别图式之后，才能运用这种图式进行具体的文章写作的。"文章审美图式"则是我们心中所认为的、最理想的文章表象。如，我们心中积淀了许多小说的表象：有情节小说、性格小说、氛围小说、意识流小说、问题小说、哲理小说等。我们进行写作时，往往会依照我们自己最喜欢的某一种或几种小说图式来进行写作。"文章审美图式"是在"文章体裁图式"和"基本类别图式"基础上形成的，它往往凝聚了作者的审美理想与个性追求，甚或发展成为自己的创作个性。例如当代作家汪曾祺写的小说，大多是一种散文体的小说。作者愿意按照这一图式写而不按其他图式写，其中就具有作者的审美追求。"文章审美图式"是作者的个性选择。

"文章体裁图式""基本类别图式"和"文章审美图式"，共同构成了文章图式的"金字塔"结构，一般说来，我们也就在这种图式结构的引导下，由"入门"走向"具体操作"，由"具体操作"走向"个性化创作"一般说来，作者心目中积淀的"文章图式"越多，他的写作也就越自由，越有特色。相反，作者心中的"文章图式"越少，越缺乏特色，他的写作也就受到了相应的限制；例如，一位作家，小说写得很好，但他却不会写新闻、公文，这就是因为他心中没有相应的文章图式所致。

"文章图式"是在长期的阅读实践中，将文章范式"内隐"为言语主体的较为稳定的心理模式，其实质，是在一个言语接受过程中，言语作品在主体神经组织的有关部位建立起暂时联系，在神经组织中留下的"心理痕迹"这种"心理痕迹"有一个逐渐变化过程，也有一个逐渐强化的过程。可见，要建立"文章图式"，必须经过大量的反复阅读，需要同类言语作品若干次地强化这种心理联结，才能不自觉地形成一种"动力定型"

我对"文章图式"的研究，就是从感性到抽象，再从抽象到具体的过程。

第五节　创见的形成与论证

对资料进行深入细致的分析、研究，然后在全面把握对象的基础上选择某一个突破口——将事物置于广泛的联系之中，作深入、细致的分析，慢慢地，就会形成我们自己的富于创造性的见解。

毛泽东说："要完全地反映整个的事物，反映事物的本质，反映事物的内部规律性，就必须经过思考作用，将丰富的感性材料加以去粗取精、去伪存真、由此及彼、由表及里的改造制作功夫，造成概念和理论的系统，就必须从感性认识跃进到理性认识。这种改造过的认识，不是更空虚了更不可靠的认识。相反，只要是在认识过程中根据于实践基础而科学地改造过的东西，正如列宁所说乃是更深刻、更正确、更完全地反映客观事物的东西。"毛泽东这段话，从认识论的角度揭示了创见形成的基本过程与方法。

研究中，创见形成有种种不同的情形：创见的形成有可能基于我们第一次接触材料所产生的感性印象，随着研究的深入，我们自觉寻找一定的理论、方法以指导自己的思维，经过分析、研究，把最初的感受上升为理性的判断、认识；创见也有可能是归纳统计的结果——在大量占有材料的基础上，经过分类与统计，从而形成对事物的认识；创见也可能就是作者对于问题的解答——如，王国维的《人间词话》，其中有一篇樊志厚作的《人间词乙稿序》，按通常的解释，这篇序乃是王国维托名樊志厚作的，当我们读到这里不禁产生疑问，以王国维的成就和影响，他有必要托名作序吗？如果不是王国维，那么这个樊志厚又是谁呢？如果真有其人，他的身世又是怎样的？他又何以能为王国维作序呢？如果我们不断追问并最后有了答案，也就形成了我们的创见。

一、如何提炼自己的见解

我们最初接触事物，对事物的认识可能要涉及方方面面，但随着研究的深入，就要逐步排除一般性认识，强化自己独到的认识。我们必须在比较中抓住重点、抓住特色、抓住突破环节，突出自己的独立见解，避免重复一些人所共知的常识。如，我研究金圣叹性格理论，首先考虑的是它是否达到了典型理论的高度？接着我考虑的是，它和西方典型理论相比有什么特点。为了弄清楚这个问题，记得我还特地找了两本西方典型理论发展史作了研究。通过对比，我认为，金圣叹的典型理论一是在深度和广度上达到了典型理论的高度；一是金圣叹的典型理论完全是在本民族文化土壤上诞生的，所以我提炼观点时特别强调了这一点。

植根于民族文化的典型论：金圣叹性格说

陈果安

提　要　长期以来，人们认为典型这个审美范畴是属于西方文学的。本文指出，金圣叹所提出的"性格"，在中国古代是一个有别于"意境"的重要审美范畴。金圣叹对"性格"的本质、性格与环境的关系、典型化等问题，都有过系统而出色的阐述，在其理论的深度、广度及系统性方面，都远近超过了西方当时的典型理论。

谈到意境、典型这一对范畴，一般认为，意境是中国文学培育的仙范，典型则属西方文学的硕果，它们分属中西不同的文学实践。其实，这观点是很片面的，它既忽视了中国古代一千多年的小说创作实践，也忽视了在此基础上形成的中国古代小说理论。像金圣叹的"性格"说，即植根于民族文化的典型论。

一、"性格"作为小说的一个审美范畴

金圣叹曾说："其无晨无夜不在怀抱者，吾予《水浒传》可谓无间然矣。"（《序三》）正是在反复鉴赏的基础上，他捕捉和感受到了《水浒》的妙处。他说："别一部书，看过一遍即休，独有《水浒传》，只是看不厌，无非为他把一百八个人性格，都写出来。"（《读法》）这一段话，在中国文学批评史上是值得高度重视的，它至少说明了两个问题：（1）小说艺术发展至明末，人们在艺术实践活动中已正式形成了"性格"这个有别于"意境"的审美范畴；（2）在小说的阅读、批评中，人们已自觉运用"性格"这个审美范畴去衡量、品评小说。

一部小说给人的美感是多方面的，有人物刻画带来的美感，也有情节变化带来的美感，还有叙事技巧带来的美感。对于这些，金圣叹都有感于心，并在评点中作了阐发。但他在作为总序性质的《读第五才子书法》中，不是泛论纤悉，大小俱呈，而是把"性格"单独提出来，作为衡量小说艺术的一个重要标准。金圣叹实际意识到，小说的艺术职能，主要是通过人物性格的塑造来实现的。如他的一些评语："阮小七是上上人物，写得另是一样气色。一百八人中，真要算作第一快人，心快口快，使人对之，齷齪销尽。"（《读法》）写鲁达为人处，一片热血直喷出来。令人读之深愧虚生世上，不曾为人出力。孔子云：'诗可以兴'，吾于稗官亦云矣。"（第二回回评）从这些评语看，金圣叹不惟接触到"性格"的审美、认识、教育意义，而且感觉到了，小说的艺术功能应该由人物性格来实现。

可贵的是，金圣叹还明确指出，小说创作必须以人物为中心。他说："或问，施耐庵寻题目写出自家锦心绣口，题目尽有，何苦定要写此一事？答曰，只是贪他三十六个人，便有三十六样出身，三十六样性格，中间便结撰得来。"（《读法》）在他看来，小说构思，主要是人物性格的构思，人物性格一旦成熟了，其他问题也就迎刃而解了。金圣叹自觉把性格塑造当作小说创作的中心任务，这使我们想起了西方的巴尔扎克。巴从二十一岁开始创作，经十年努力，直到1833年写《欧也妮·葛朗台》，才获得成功。据司蒂芬·支魏格《巴尔扎克传》记载，巴之所以获得成功，是"他发现了指导他的工作的定律——描写现实，而用一种更有力的作风，因为他只限定去铸造几个典型人物。"（见吴小如、高名凯译《巴尔扎克传》)如果比较一下中西对人物性格的认识,古人在这一方面的觉醒,实在比西方要早得多。

二、金圣叹的"性格"本质论

金圣叹在评点中,涉及到"性格"本质的诸多方面,从中可见其"性格"理论的深度和广度。

(一)金圣叹认识到,性格是共性与个性的统一,是个性对共性的统一

金明确意识到,成功的人物性格,总是具有普遍代表性的。他在第十四回总评中写道:"写王伦疑忌,此亦若辈故态";在十八回夹批中写道:"写林冲乎?写天下丈夫也";在二十回总评中写道:"写淫妇便写尽淫妇,写虔婆便写尽虔婆。"在金圣叹看来,成功的性格描写,总是表现出某一类人的共性,写出某一类人的"神理"。

金理解的共性,当然不可能达到我们今天的水平,但也不是完全抽象地理解着人物共性的,如他批"东郭比武"时说:"每一等人有一等人身份,如梁中书看呆了,是文官的身份,众军官便喝彩,是个众官身份;军士们便说出许多话,是众人身份。"在评点杨志时说,作者"写杨志便有旧家子弟体,便有官体。"在谈到史进这个人物时说,史进走上造反的道路,完全是由社会造成的(二回回评),这些都说明,他所理解的共性,具有一定的阶级和社会的内容。

金圣叹在《读法》中还提出一个著名的论断:"任凭提起一个,都似旧时熟识。"这个命题,使人想到别林斯基"每个典型都是一个熟识的陌生人"的名言,他们对问题的看法和表达是何等相似。这说明,金圣叹已从根本上抓住了典型的实质,典型必须概括客观生活中某些人共性的东西,揭示一定的社会真理,反映一定历史阶段或社会集团的本质。如其不然,它就只能是偶然的东西,根本谈不上读者的"旧时熟识"。

金充分强调了共性,但他并不认为"共性"就是"性格"。相反,他更强调"个性"在刻画人物方面的作用。他说:"《水浒传》一百八个人性格,真是一百八样,若别一部书,任他写一千个人,也是一样,便只写得两个人,也只是一样。"(《读法》)这也就是说,成功的"性格"描写,必须通过个性来显示共性,而不是其他。

金圣叹具体分析了《水浒》中许多人物,都是把人物的个性作为其主要着眼点。例如,他认为武松、鲁达、林冲、杨志、阮小七等人,都是写得很成功的人物形象。"史进只算上中人物,为他后半写得不好。呼延灼却是出力写得来的,然只是上中人物。卢俊义、柴进只是上中人物。卢俊义传,也算极力将英雄员外写出来了,然终不免带些呆气。譬如画骆驼,虽是庞然大物,却到底看来觉得不俊。柴进无他长,只有好客一节。"(《读法》)这些评论,至今看来仍不乏真知灼见。

诗人究竟是为一般寻找个别,还是通过个别表现一般,这是典型理论一个最基本的问题。从西方典型理论发展史看,从亚里斯多德、贺拉斯到18世纪的狄德罗,都存在着一种忽视个性的倾向,经过莱辛、鲍姆嘉通等人的努力,才逐渐把典型的重点移到个性方面来。金生活在17世纪,相比之下,他倒是从一开始就比较好地处理了个性与共性的关系。

(二)金圣叹认识到,性格是复杂性、多样性与规定性的统一,是规定性对复杂性的统一

性格的复杂性、多样性与规定性,也是现代典型理论所关注的一个问题。强调人物的规定性,否定人物性格的丰富性、复杂性,必然使人物形象走向简单化、类型化,强调

人物性格的复杂性、丰富性而否定人物性格的规定性，则容易导致人物性格的分裂。金圣叹在评点中，也比较好地解决了这个问题。

金反对将人物简单化，要求写出人物复杂的内心世界。如他在武松打虎三节中的三处批语。第一处，"武松见了印信榜文，方知端的有虎，欲待转身再回酒店"，金批道："有此一折，反越显出武松神威。不然，便是卒然不及回避，侥幸得免虎口者矣。"第二处，武松见了老虎，"叫声'阿呀'！从青石板上翻将下来"，金批道："有此一折，反越显出武松神威。不然，便是三家村中说子路，不近人情极矣。"第三处，武松打死了老虎，打算拖下岗去，"就血泊里双手来提时，哪里提得动？原来使尽了气力，手脚都苏软了。"金评道："有此一折，便越显出方才神威"。从这些批语看，他之所以称赞作者这些地方写得好，就在于作者没有将人物简单化，而是写出了武松作为曾通人的内心活动、复杂思想。对《水浒》中性格比较单一的人物，金则提出了批评。他说："公孙胜便是中上人物，备员而已。""李应只是中上人物，然也是体面上定得来，写处全不见得。""戴宗是中下人物，除却神行，一件不足取。"（《读法》）

金圣叹肯定性格的复杂性、丰富性，反对将人物性格单一化、简单化，同时又认为，人物性格是多样性的统一，在人物性格的不同侧面之间，应该有一个主导方面贯彻始终，从而使人物构成一个有机的整体。他特别赞赏鲁达这个人物的塑造。他在五十七回写道："自第七回写鲁达后，遥遥直隔四十九回而复写鲁达，乃吾读其文，不惟声情鲁达也，盖其神理悉鲁达也。尤可怪者，四十九回之前，写鲁达以酒为命；乃四十九回之后，写鲁达涓滴不饮，然声情神理无有非鲁达者，夫而后知今日之鲁达涓滴不饮，与昔日之鲁达以酒为命，正是一副事也。"在金圣叹看来，性格的复杂性、丰富性是服务于人物性格的主导方面的。鲁达虽然由嗜酒如命变得涓滴不饮，其性情神理却是一致的，它从不同侧面，表现了鲁达为朋友两肋插刀、豪爽深沉的性格特点。如果脱离人物主导性格的规定性，金圣叹则明确表示反对，《水浒》写鲁智深初到五台山，倒头便睡，有这样一段描写，"上下肩两个禅和子，推他起来，说道：'使不得，既要出家，如何不学坐禅？'智深道：'洒家自睡，干你甚事？'禅和子道：'善哉！'智深喝道：'团鱼洒家也吃，什么善哉？'禅和子道：'却是苦也！'智深便道：'团鱼大腹，又把甜了好吃，那得苦？'"对于这一段脱离人物性格的插科打诨，金圣叹批道："此等，世人以为佳，予独不取。"

（三）金圣叹认识到，性格是主观性与客观性的统一，是客观性对主观性的统一

仅仅从客观方面来理解典型，还不能说很好地理解了典型。因为任何成功的人物性格，都是作者从现实生活加工、提炼而成的，如果忽视了性格的主观性，也就忽视了作者的价值追求与主观创造，忽视了艺术典型与现实典型的区别。金明确地意识到了性格的主观性。他在第十三回回评中指出："昔者之人，其胸中自有一篇篇绝妙文字，篇各成文，文各有意……特无所附丽，则不能以空中抒写，故不得已旁托古人生死离合之事，借题作文……稗官亦然……夫一人有一人之传，一传有一篇之文，一文有一篇之指，一指有一定之归。"在金圣叹看来，过去人们旁托古人生死离合之事借题作文，小说也仿效了这种方法，它所写的人物，都寄托着作者的思想、感情、认识、追求。

但金圣叹又反对作者将自己的认识、倾向赤裸裸地表现出来。他说："夫文字，人之图象也，观其图象，知其好恶，岂有疑哉？"（五十九回回评）他认为，在人物性格上，虽然寄寓着作者的思想感情，创作中并不需要特别地指出来，因为读者从人物性格本身就可以体会到作者的态度。因此，他特别赞赏《水浒》"其忽然写一豪杰，即居然豪杰也，

其忽然写一奸雄，即又居然奸雄也，甚至忽然写一淫妇，即居然淫妇，今此篇写一偷儿，即又居然偷儿也。"（五十五回回评）金实际认识到，人物性格的主观性应该由客观性来统一。

（四）金圣叹认识到，人物性格是可变性与不变性的统一

金圣叹认为，在成功的文学作品中，人物性格既是稳定的，又是变动不居的。他借用理学家的话说："性相近也，习相远也。善不善、其习也。"（四十二回回评）强调习染、环境对于人物性格的作用。《水浒》三十六回写艄公要杀宋江和两个公人，宋江仰天叹道："为因我不敬天地、不孝父母，犯下罪责，连累你两个！"金批曰："临死犹为此言，即孟子所谓久假而不归，恶知其非有也。"三十八回写宋江在酒楼吃醉了酒，取些银子付账，把剩余的银子都赏了酒保，金又批曰："写宋江醉中亦如此，真是久假成性。"在金圣叹看来，宋江本是不敬天地、不孝父母的强盗，但他常常说些孝父母、敬天地的假话，长期这样做下来，竟使他真的成为敬天地、孝父母的人了，即便死到临头也以此来苛责自己；宋江洒漫使钱本是用来收买人心，但长期这样做下来，助人乐施竟成了他的美德。金对宋江的分析是否准确，我们且不管它，从这些评语，我们确实可以看到他对人物性格的基本认识。

金在指出人物性格具有变异性的同时，又肯定了其不变性的一面。他在三十七回曾写了一段很令人回味的话："司马君实仆，苏东坡教得坏，李逵、戴宗教不坏。"在《水浒》里，戴宗对李逵的粗鲁、不拘小节，常以一个保护者的身份予以管教。但无论戴宗怎样呵斥，李逵始终不改其本色。从艺术上说，这样处理是很成功的，它鲜明地突出了人物的个性特点。金正是从这一成功经验中，认识到了人物性格变与不变的辩证关系。在他看来，在一定的条件下，人物的性格要发生变化；在一定情况下，人物性格又可能是不变的。作者描写人物性格时，就应努力写出"变"或"不变"的合理性，不能简单、机械地处理。我们现在谈典型，一般强调要写出人物性格的发展、变化，而忽视了其稳定、不变的一面。其实，像契诃夫笔下的套中人、鲁迅笔下的阿Q，其性格就很难说有什么变化。相反，至死而仍不觉悟倒是他们的基本特征。相比之下，金圣叹在这一问题上似乎更参透了艺术的辩证法。

三、金圣叹论性格与环境的关系

典型人物与典型环境的关系，始终是典型理论中一个重要问题，因为它直接关系到对典型本质的理解。如果脱离人物活动的环境去谈典型，实际上就抽掉了典型形象的社会内容，抽象地理解着典型。所以恩格斯谈到典型时强调说："照我看来，现实主义不仅要细节真实，而且要真实地再现典型环境中的的典型人物。"（《致玛·哈克奈斯》）

金圣叹对"环境"的理解，当然不可能达到我们今天的水平，但他也不是抽象地理解着人物性格的。他认为，人物的活动、性格，都是在一定的环境下形成的，作者创造人物时，不能脱离人物活动的具体环境。他引用《老子》的话说："不见可欲，其心不乱"，又引用佛学的话说："因缘和合，无法不有"（五十五回回评），意在强调，一切事物的生灭变化，都是有条件的，人的思想、性格、行为、动机也是有条件的，不能离开生活环境而独立存在。

金圣叹认为，人物性格要写得真实可信，就不能离开人物活动的具体环境。《水浒》十八回有段描写，写王伦不肯收留晁盖等七人入伙，"说言未了，只见林冲双眉剔起，两眼圆睁，坐在交椅上大喝道……"金圣叹批道："此处若便立起，却起得没声势。若便踢

倒桌子立起，又踢得没节次。故特地写坐在交椅上骂，直等骂到分际性发，然后一脚踢开桌子，抢起身来，刀亦就势掣出。有节次，有声势，作者实有设身处地之劳也。"在金圣叹看来，林冲对王伦的喝骂，是由王伦拒绝晁盖等入伙所引起的，同时又夹杂着自己当初不被收录的怨恨，但还没到踢桌子、动刀子的地步。以后的踢桌子、抽刀，则是在王伦呵斥、吴用挑拨下林冲感情发展的结果。描写人物，如果不从当时具体情境出发，一开始就写林冲动刀子，人物行动也就失去了可信性。

金圣叹对人物性格的分析，更多时候是联系人物活动的整个社会背景来进行的。如他谈到史进时说："一百八人，为头先是史进一个出名领众，作者却予少华山上，特地为之表白一遍云：'我要讨个出身，求半世快活，如何肯把父母遗体便点污了？'嗟乎！此岂独史进一人之初心？实惟一百八人之初心也。盖自一副才调，无处摆找，一块气力，无处出脱，而桀骜之性既不肯伏死田塍，而又有狡侩之犬者起而乘势呼聚之，而于是讨个出身既不可望，点污清白遂所不惜，而一百八人尽入于水泊矣。嗟呼！才调皆朝廷之才调也，气力皆疆场之气力也，必不得而入予水泊，是谁之过与？"（二回回评）金圣叹联系整个社会环境来谈人物性格的发展、变化，实属难得。

金可贵之处还善于从人与人的关系来理解社会环境。在五十一回中，他有一段深刻的分析："嗟呼！吾观高廉倚仗哥哥高俅势要，在地方无所不为；殷直阁又倚仗姐夫高廉势要，在地方无所不为，而不禁感慨出涕也。曰：岂不甚哉！夫高俅势要，则岂独一高廉倚仗之而已乎？如高廉者仅其一也。若高俅之势要，其倚仗之以无所不为者，方且百高廉正未已也。乃是百高廉，又当莫不各有殷直阁其人，而每一高廉，岂仅仅于一殷直阁而已乎？如殷直阁者，又其一也。若高俅之势要，其倚仗之所以无所不为者，又将百殷直阁正未已也。夫一高直阁，然则少亦不下千殷直阁矣！是千殷直阁也者，每一人又各自养其狐群狗党二三百人。然则普天之下，其又复有宁宇哉！"环绕着人物活动的社会环境不是抽象的，关键在于是否"真实地评述人类关系"。黑格尔就曾说过："外在环境基本上应该从这种对人的关系来了解。"（《美学》，第一卷）金圣叹从统治阶级错综复杂的关系来理解梁山英雄起义的背景，无疑有他的深刻之处。

在西方，第一个强调人物与环境的关系的是狄德罗。他从"美是关系"的命题出发，强调环境对人物性格的决定作用，产生了深远的影响。相比之下，金圣叹的认识也比西方早了一个多世纪。

四、金圣叹论典型化

金圣叹在论述性格时还紧密联系创作实践，提出了一套典型化理论。

（一）金圣叹认为，性格塑造应遵循客观化原则

现实主义典型论最重视的一点，就是形象的客观性。它反对作家自己跑进作品中没完没了地发表议论、抒情，反对将人物变成"时代精神的传声筒"。

金圣叹明确意识到性格是主观性与客观性的统一，是客观性对主观性的统一。他主张遵循人物性格的逻辑，"处处设身处地而后行文"。反对作者用自己的主观意志，代替人物的思想感情。如，《水浒》第二十五回，有一段李逵杀罗真人的故事。旧本写李逵一步步摸到轩前，"只听得隔窗有人念诵玉枢宝经"，李逵捅破窗纸，只见罗真人坐在"云床一之上，香案上点着炉香"。金圣叹认为，这样描写不符合李逵的性格特点，将它改为"李逵只听隔窗有人念诵什么经号之声""见罗真人独自一个人坐在日间这件东西上""面前桌上烟煨煨地"。他批道："云床也，乃自戴宗眼中写之，则曰'云床'，自李逵眼中写

之，则曰'东西'，妙绝。"至于把案上所燃炉香写成"烟煜煜地"，其"用笔之妙，几于出神入化矣。"

（二）金圣叹认为，性格塑造要遵循个性化原则

典型最突出的特征，是通过个别反映一般。美学史上关于一般与个别的争论，其结果是从个别反映一般，以个性体现共性。金从一开始就比较好地处理了个别与一般的关系。他既看到了性格所具有的共性，同时又强调人物的个性描写，并对人物的个性化提出了一整套理论主张。他认为，作者刻画人物，应该"人有其性情，人有其气质。人有其形状，人有其声口。"（《序三》）"一样人，便还他一样说话。"（《读法》）并赞成从细微处写出人物性格的个性差异，"写人粗鲁处，便有许多写法。"（《读法》）这些提法至今对我们仍有启示。

（三）金圣叹从表现人物性格的角度，提出了对比性原则

金圣叹总结《水浒》技巧时，曾提出许多表现人物的方法，其中主要提到对比，如，"《水浒传》只是写人粗鲁处，便有许多写法。如鲁达粗鲁是性急，史进粗鲁是少年任气，李逵粗鲁是蛮，武松粗鲁是豪杰不受羁绊，阮小七粗鲁是悲愤无说处，焦挺粗鲁是气质不好。"（《读法》）"有背面敷粉法。如要衬宋江奸诈，不觉写作李逵真率；要衬石秀尖刻，不觉写作杨雄糊涂是也。"（《读法》）前则说的是同类人物的对比，后则讲的是不同类型之间的对比，其着眼点都是对比。他特别赞赏通过对比的方法，将人物性格区别开来。

对立统一规律是客观事物存在的基本规律，也是作家表现人物的基本法则，因为任何人物的性格，都只有通过对比的方法才能显现出来。因此，恩格斯谈到人物塑造，也赞成作者用对比的方式，将人物的性格鲜明地区别开来。金从《水浒》中所总结出来的对比性原则，无疑是比较符合创作实际的。

（四）金圣叹从反映论的角度，提出了"格物致知"的认识论原则

金依据《水浒》塑造人物的突出成就，还提出了一个深刻的理论问题：小说家要塑造各式各样的人物，但他不可能对这些角色都一一亲身体验。那么他是怎样塑造这些人物性格的呢？他认为："施耐庵以一心所运，而一百八人，各自入妙者，无他，十年格物，而一朝物格，斯以一笔而写百千万人，固不以为难也。"（《序三》）这也就是说，作家要创作出成功的人物性格，首先必须从事于"格物"。

金圣叹还认为，"格物"是有一定方法的，必须懂得"大千一切，皆因缘生法"所谓"因缘生法"本是佛家哲学的一个命题，指的是世界上的一切现象都不是凭空产生的，都有一定的根据和条件。金圣叹用它来阐述文学创作的规律，认为小说家的"格物"，就是要观察、分析、研究各种现象产生的"因缘"，才能"尽人之性"，创造各种各样的人物性格。（见五十五回回评）金圣叹从认识论的角度，对小说创作艺术所作的这些分析，显然也是有启发性的。

通过上面的分析可以看到，金圣叹不仅把性格作为衡量小说艺术的一个重要标准，而且还对性格的本质、性格与环境的关系以及性格化（典型化）作了深入的探讨，其论述所及，不仅揭示了典型的实质，而且许多命题仍是我们今天所关注的问题。就其深度、广度及系统性来说，它远远超过了当时西方的典型理论。

我们对金圣叹植根于民族文化的典型理论，不应该视而不见.

（原载《湖南师范大学社会科学学报》1992 年第 3 期）

再看我另一篇论文，一下笔，我就把自己见解强化出来了：

金圣叹的闲笔论
——中国叙事理论对非情节因素的系统关注
陈果安

摘 要 大量非情节因素向小说文本的渗透，是现代小说艺术的一个基本特征。然而时至今日，尚未见到有人对小说的非情节因素作出全面系统的专题研究。令人感到惊叹的是，早在明末清初的金圣叹，不但对小说的非情节因素给予了高度重视，而且对它有着全面、充分的评点。他所提出的闲笔论，是有关非情节因素的系统理论。他不但把非情节因素看作小说艺术一个有机的构成部分，而且对非情节因素的审美功用作了详细、充分的点评。

关键词 金圣叹 非情节因素 闲笔论 小说理论

一、从闲处着笔，作者真才子

在明清小说评点中，"闲笔"是一个非常重要的概念。金圣叹评《水浒》，对《水浒》中的"闲笔"给予了极高评价。他认为，"有闲力写闲文"（第10回夹）是《水浒》显著的艺术特色，"偏是百忙时，偏有本事作此闲笔"（第52回夹），"处处都用闲笔"（第25回夹），"闲笔，却少不得"（第34回夹），"作文向闲处设色，惟毛诗及史迁有之，耐庵真才子，故能窃用其法也"（第55回回评），"从闲处着笔，作者真才子"（第21回夹）。

以"闲笔"来评点小说创作艺术，并非始自金圣叹。在他之前，李贽、叶昼等人，在评点中就曾多次用到"闲笔"这个概念。例如，李贽在《水浒》第23回就曾指出："《水浒传》之妙，不惟说正采人活现，即旁边没要紧的，俱能极尽人情世故，此文心细而真，文笔曲而遽处，诸小说必不能及"（芥眉）；"闲得极没要紧，却极有要紧"（袁眉）。金圣叹的贡献，就在于他把"闲笔"视为小说一个非常重要的有机构成部分，并对"闲笔"的审美功用作了详细、充分的评点。

金圣叹所说的"闲笔"指的是什么呢？有时候，他所说的"闲笔"指的是小说的次要情节，如他在第19回的一段夹批中，就曾把宋江置买阎婆惜的情节视为"闲文"；有时候，他所说的"闲笔"指的是作者写人叙事的非紧要非重点处，如第12回回评，他就把周谨、索超比试处看作闲文，把梁中书加意杨志处看作正笔；有时候，他说的闲笔指的是主旨之外的余韵旁响，如第8回回评中关于"银子三致意焉"的一段议论，就把作者文中多次写到银子看作是"于正文之外旁作余文"；但更多时候，金圣叹说的"闲笔"，指的是小说中关于非情节因素的描写。

《水浒》第2回，写鲁达拳打镇关西，这一段故事情节非常紧迫，但作者在展开这段故事情节的同时，还时不时写到了店小二、买肉主顾、过路众人。金圣叹对这一类的点染、交代非常重视，在夹批中多处提到："百忙中处处夹店小二，真是极忙者事，极闲者笔也"；"百忙中偏又要夹入店小二，却反先增出邻舍火家陪之，笔力之奇矫不可言"；在回评中又特别强调："打郑屠忙极矣，却处处夹叙小二报信，然第一段只是小二一个；第二段小二外又陪出买肉主顾，第三段又添出过路的人，不直文情如绮，并事情亦如镜，我欲刳视其心矣。"《水浒》第35回，写石秀瞧破潘巧云与裴如海的奸情，心中十分痛恨，""巴得天明，把猪出去门前挂了，卖个早市；饭罢，讨了一遭赊钱；日中前后，迳到州衙前来寻杨雄"。金圣叹在"早市"处批了一句"偏有此闲细之笔",在"讨赊"处又批了一句"看他写出天明、饭罢、日中,前后次序,闲婉之甚"。在《水浒》中,这类评语很多。从这些评语看,金圣叹所说的"闲笔",绝大多数情况下指的是有关非情节因素的描写。

二、闲处设色,触手成趣

金圣叹评点"闲笔",认为"闲笔"能"向闲处设色",丰富小说的审美情趣,增强小说的艺术感染力。

小说作为一种叙事文学体裁,最初是以独具审美魅力的故事情节从史传文学和寓言文学中脱颖而出逐渐发展成为一种独立的文学样式的。因此,初始阶段的小说,作者的注意力比较多地集中在故事情节的曲折生动上,作者往往只选取生活中那些故事色彩很浓的部分加以表现,或是将普通生活加工得故事性很强。只是随着小说艺术的不断发展,作者们慢慢地发现许多散落在故事情节之外的非情节因素同样具有审美意义,非情节因素才逐渐进入小说的艺术构思,成为小说的一个有机构成部分。金圣叹在《水浒》评点中,对这一类非情节因素非常敏感,并在评点中多次指出,这些非情节因素的描写是"向闲处设色",其闲心妙笔,能"随手成趣"。例如,《水浒》第42回,写李逵下山探母,懵懵懂懂莽莽撞撞地挤在人群中看告示,被后来先到的朱贵一把拖开,两人有一段对话。"朱贵指着李逵道:'你好大胆,那榜上明明写着赏一万贯钱捉宋江,五千贯捉戴宗,三千贯捉李逵,你却如何立在那里看榜? 倘或被眼疾手快的拿了送官,如之奈何! 宋公明哥哥只怕你惹事,不肯教人和你同来,又怕你到这里做出怪事来,续后特使我赶来探听你的消息。我迟下山来一日,又先到你一日,你如何今日才到这里?'李逵道:'便是哥哥吩咐,教我不要吃酒,以此路上走得慢了?'"就这段故事看,李逵的"不能吃酒走得慢了"和朱贵的"后来先到",都可以看作非情节因素,因为写与不写,都不会影响整个故事的进展,但作者却对这些闲细之处细加着笔。金圣叹批道:"恰好李逵看榜,恰好朱贵抢来,一何巧合至此,几于印板笔法矣。反说一句迟来先到,不觉随手成趣,真妙笔也。"在李逵的答话下,金圣叹又批道:"此等都是随手成趣。"同一回,李逵杀虎之后,被李鬼的老婆认出,曹太公设计要灌倒李逵,席间请李逵解下腰刀,放过扑刀,宽松坐一坐,李逵答道:"好,好! 我的腰刀已搁在雌虎肚里了,只有刀鞘在这里。若开剥时,可讨来还我。"金圣叹在下又批了八个字:"触手成趣,闲心妙笔。"

金圣叹在评点中实际上已认识到,那些非情节因素,对整个故事情节来说是可有可无的,但对整个小说艺术来说,则是有机的,不可缺少的,它能丰富小说的容量,加强小说的情趣,使小说具有多元的多层次的审美意味。在具体点评中,他还提出了"冷题热写"(第26回夹),"闲处蹩出奇景,令文字不寂寞",(第56回夹)"以闲笔作对,令文字不懈散""随手点缀,便写得不冷落"(第43回夹)等命题。如《水浒》第26回,写武松杀了潘金莲、西门庆,犯下人命案,却得到阳谷县令的周全,县上仗义的上户人家也资助武松银两,或送武松酒食钱米。解送到东平府后,下在牢里,自有几个士兵送饭;又得到府尹的成全。金圣叹认为,这些"闲笔",都是"冷题热写""此篇写武松既写得异常,则写四边人定不得不都写得异常。譬如画虎者,四边草木都须作劲势,不然,便衬不起也。"又如第56回,写宋江大破连环马,呼延灼逃到青州城,奉知府之命去征讨桃花山,不期遇到极强的对手杨志、武松、鲁智深。正无计可施,知府传他回城守备。呼延灼听了,就这机会带领军马连夜回青州去了。"次日,鲁智深与杨志、武松又引了小喽罗摇旗呐喊,直到山下来看时,一个军马也无了,到吃了一惊。"金圣叹在这段文字下批道:"闲处蘸出奇景，令文字不寂寞。"蘸出奇景"这几个字，可谓非常准确地道出了非情节因素的特点。因为非情节因素，往往能在情节之外提供具有审美意义的生活画面，使作品具有多元，多层次的美感。

三、事情如镜，文情如绮

从小说创作的实际考察，有些非情节因素散落在故事情节之外，有些非情节因素则潜隐于故事情节之内。以一条江河为譬，奔涌向前的江水构成了小说的主要情节，江边的树木村落构成了主要故事情节之外的非情节因素，而江中的泥沙、鱼鳖则构成了潜隐于故事情节之内的非情节因素。写小说，固然可以删枝叶、立主干，突出主要故事情节，造成一波未平一波又起的情节格局，也可以适当描写江边的树木村庄，水中的泥沙鱼鳖，以加强生活的质感。现代小说大量运用非情节因素，目的就在于消解过于造作的情节模式，造成返朴归真的生活实感。金圣叹在评点中已认识到，大量非情节因素的渗入，可以加强生活的实感，做到"文情如绮，事情如镜"。

《水浒》第30回，写的是武松飞云浦脱险之后，连夜杀回孟州城，情节紧张急迫而扣人心弦。武松胸中燃烧着复仇的火焰，行动有如闪电，张都监一家却处处弥漫着懒散无备的气氛。作者在描写武松快如闪电的复仇行动时，还时不时描写了张都监一家，并穿插描写了施恩送给武松的衣服、碎银、麻鞋。金圣叹在评点这一回时，特别注重小说中的非情节描写。他在眉批中首先提醒读者，要"一路看他写刀，写角门，写灯，写月"；具体评点中，他又以他特有的计数方法，逐一点出"十五写朴刀""十一写灯""四写月""二写角门开""四写角门关"，并在武松换衣的句下批道："前文施恩送棉衣，碎银，麻鞋三件，今忽将两件插在前边，一件插在后边，为百忙中极闲之笔，真乃非常之才。"

在回评中，他又特地写了一大段：

> 此文妙处，不在写武松心粗手辣，逢人便斫。须要细细看他笔致闲处，笔尖细处，笔法严处，笔力大处，笔路别处。如马槽听得声音方才知是武松句，丫环骂客人一段酒器皆不曾收句，夫人兀自问谁句，此其笔致之闲也；杀后槽便把后槽尸首踢过句，吹灭马院灯火句，开角门便掇过门扇句，掩角门便把闩都提过句，丫环尸首拖放灶前句，灭了厨下灯火句，走出中门拴前门句，撇了刀鞘句，此其笔尖之细也；前书一更四点，后书四更三点，前插出施恩所送棉衣及碎银，后插出麻鞋，此其笔法之严也？一路凡有十一个灯字，四个月字，此其笔路之别也。

这段评语，在中国小说批评史上是很值得一提的。在惊如奔雷快若闪电的复仇情节中，金圣叹把审美注意比较多地集中到非情节因素上，并深刻揭示了这些非情节因素所带来的生活实感。这种审美趣味的变化，无疑显示了中国小说批评在美学批评方面的成熟和飞跃。金圣叹在这里所说的"笔尖细处""笔致闲处""笔法严处""笔路别处"，都涉及到非情节因素。

金圣叹评《水浒》，称赞《水浒》"百忙中有此闲笔""有闲力写闲文"，认为这些"闲笔""闲文"可以使"事情如镜"，这类评语都很中肯綮。

四、以事论之，谓是旁文；以文论之，却是正事

非情节因素是相对于情节而言的。现代意义上的情节，指的是按因果关系所安排的一系列事件。早在17世纪的金圣叹，对此有着明确的认识。他在《水浒》第19回、第20回、第53回的评点中，都曾指出，小说情节是一环紧套一环的因果事件。如他在第53回的夹批中就曾指出："公孙到，方才破高廉；高廉死，方才惊太尉；太尉怒，方才遣呼

延；呼延至，方才赚徐宁；徐宁来，方才用汤隆。一路文情，本来如此生去。"金圣叹把非情节因素称为"闲笔"，正基于这样一种认识。"闲笔"虽然没有拴在情节推进的因果链上，但作者的穿插铺写绝不是可有可无的。金圣叹在随文评点中，对"闲笔"的审美功用作了全面、系统的阐述，除了前面论及的"闲处蓦出奇景""令事情如镜"，他还从文法的角度，对"闲笔"作了点评。现将他这方面的论述条述如下：

1. 闲中铺引。金圣叹特别欣赏作者以闲细之笔在读者不经意处为下文铺引。他这类评语极多，如，"如此等语，总为后文地"（第 9 回夹）；"此四字先从闲中一点"（第 36 回夹）；"闲处先留一笔"（第 41 回夹）；"极似闲笔，却都为后文藏下奇情"（第 46 回夹）；"只轻轻下一笔，其弱如丝，又岂料其后文，变作惊天动地耶"（第 61 回夹）。

2. 闲处映带。《水浒》第 9 回，写林冲杀了富安、陆谦，"提着枪只顾走，那雪下得猛，林冲投东去了两个更次，身上单寒，当不过那冷，在雪地里看时，离得草料场远了；只见前面疏林深处，树木交杂，远远数间草屋，被雪压着，破壁里透出火光来。林冲径投那草屋来，推开门，只见那中间坐着一个老庄客，周围坐着四五个小庄家向火，地炉里焰焰地烧着柴火。"金圣叹在这段文字下一连批了三处"火字余影"，并道："一回书放火杀人，惊天动地，却闲闲叙出四五个庄客收之。"《水浒》第 26 回，写武松杀了潘金莲西门庆，受到县令和上户人家的关照，他又称这些闲细之笔"将打虎时牵映出来"。

3. 闲处着神。《水浒》第 61 回，写燕青从薛霸的水火棍下救得卢俊义，不想又被做官的捉去，只得去梁山报信。"当时取路，行了半夜，肚里又饥，身边又没一文。走到一个土岗子上，只听得树枝上喜鹊聒聒噪噪，寻思道：'若是射得下来，村坊人家讨些水煮瀑得熟，也得充饥。'走出林子外看时，那喜鹊朝着燕青噪。"金圣叹批道："百忙中作闲笔，却画出许多身份。"同回，石秀听得卢俊义当日午时三刻便要问斩的消息，"急走到市曹，却见一个酒楼，石秀便来到酒楼上，临街占个阁儿坐下。酒保前来问道：'客官，还是请人，还是独自酌杯？'石秀睁着怪眼道："大碗酒，大块肉，只顾卖来，问甚么鸟！'"金圣叹又批道："急杀人时，偏有此消停语，写得如画。"他认为这些闲细之笔，都准确地描绘出人物的思想、性格，能闲处传神。

4. 闲笔别成异样色泽。金圣叹认为，非情节因素的介入，可以使情节、人物、物件增色添彩。《水浒》第 4 回，写鲁智深痛打小霸王，李忠赶来报仇，却发现是鲁智深，"李忠当下剪拂了起来，扶住鲁智深道：'哥哥缘何做了和尚？'智深道：'且和你到里面说话。'刘太公见了，又只叫苦，这和尚原来也是一路！"金圣叹批道："百忙中下此一笔，遂令行文曲折之甚。"《水浒》第 28 回，写武松刺配到孟州城，与施恩父子相识，武松与老管营入坐，"施恩却立在面前。武松道：'小管营如何却立地？'施恩道：'家尊在上相陪，兄长请自尊便。'武松道：'凭地时，小人却不自在。'老管营道：'既是义士如此，这里又无外人。'便教施恩也坐了。"金圣叹称赞这段文字道："极闲处无端生出一片景致，便陡然将天伦之乐直提出来，所谓人皆有父子，我独亡兄弟也。看他于为兄报仇后已隔去无数文字，尚自隐隐吊动。"《水浒》第 55 回，徐宁与汤隆有几句关于红羊皮匣子的问答，金圣叹又批道："徐宁在红羊皮匣子里添出色泽，汤隆在红羊皮匣外添出色泽，妙文对剔而起，妙不可言。"

5. 闲笔交卸。所谓交卸，也就是利用非情节因素，消解、泯灭情节的人工编造痕迹。《水浒》第 9 回，写林冲到草料场之前与李小二有段对话："林冲道：'却不害我，倒与我好差使，正不知何意？'李小二道：'恩人休要疑心，只要没事就好了。只是小人家离得远了，过几时那工夫望恩人。'"金圣叹批道："衬一句闲语，不知者以为可删，殊不知前文特地插入李小二夫妻，止为阁子背后一段奇文耳。今已交过排场，前去草料场，更用不着小二矣，则不如善刀而藏之，故以此一语为李小二作收束，奈何谓其闲话也。"第35回，写宋江与二个公人被蒙汗药麻倒，李俊信步蹀上岭来买酒吃，不意间救下宋江。金圣叹称赞"买碗酒吃"的细节说："忽忽将说话闲闲说开去，妙绝。不然，便像特特飞奔上岭来救宋江矣。"《水浒》第61回，写燕青赶往梁山报信，杨雄、石秀赶往大名府探讯，为了让他们相遇，作者写了燕青射鹊："弩子响处，正中喜鹊后尾，带上那枝箭，直飞下冈子去。燕青大踏步赶下冈子去，不见喜鹊，却见两个人从前面走来。"金圣叹批道："如此交卸过来，文字便无牵合之迹。不然，燕青恰下冈，而两个恰上冈，天下容或有如是之巧事，而文家固必无如是之率笔也。"

6. 闲笔舒气杀势。舒气杀势是就叙事节奏而言的。《水浒》第3回，写鲁智深大闹五台山，其中有两个精彩段落，便是鲁智深两番使酒醉打山门搅散禅堂。在这两个段落之间，有一段专门谈论饮酒过失的闲文，文章谈不上精彩，但金圣叹还是肯定说："不文之人见此一段，便谓作书者借此劝诫酒徒，以鲁达为殷鉴。若闻此言，便当以夏楚痛扑之。何也？夫千岩万壑，崔嵬突兀之后，必有平莽连延数十里，以舒其磅礴之气；水出三峡，倒冲滟滪，可谓怒矣，必有数十里逶迤东去，以杀其奔腾之势。今鲁达一番使酒，真是捶黄鹤、踢鹦鹉，岂惟作者腕脱，兼令读者头晕矣。此处不少息几笔，以舒其气而杀其势，则下文第二番使酒必将直接上来，不惟文体有两头大中间细之病，兼写鲁达作何等人也？"《水浒》第39回，写宋江、戴宗即将被斩，情况危急万分，作者却以闲细之笔，写出早晨先着地方打扫法场，饭后点士兵刀仗剑子，巳牌时分狱官禀请监斩，孔目呈犯由牌判斩字，并细细将贴犯由牌的芦席描画出来；次又写匾扎宋江、戴宗，将胶水刷头发，绾作鹅梨角儿，插朵红绫纸花，青面大圣案前各有长休饭，永别酒，然后六七十个狱卒一齐推拥出来；次又写押到十字路口，用枪棒团团围住，一个面南背北，一个面北背南；又写众人看出人，看犯由牌？这些闲细之笔，实际上有效地延宕了情节的发展，造成了更加紧张的气氛。金圣叹盛赞这一类文字，"偏是百忙时，偏有本事作此闲笔"。金圣叹认识到所有的闲笔都是统一到作者艺术构思中的，所以他断言闲笔说："以事论之，谓是旁文；以文论文，却是正事。"（第51回夹）

综上所述，金圣叹实际上从三个层面论及了非情节因素：其一，他指出非情节因素能"闲处蓦出奇景"，提供故事情节之外的审美因素审美画面；其二，他指出非情节因素能丰富故事情节，增强故事情节的生活实感，使"事情如镜"；其三，他指出非情节因素虽然游离于故事情节的因果链，却是小说一个有机的构成部分，同样渗透着作者的艺术匠心。

金圣叹对"闲笔"评价很高，认为"有闲力"才能写闲文，"向闲处设色"是真才子的表现，是很有道理的。因为对情节之外的现象产生审美兴趣，并且将之巧妙地融入整个艺术构思之中，无疑地，对作者的审美情趣、审美创造提出了更高的要求。尤其是中国话本小说逐步走向成熟的阶段，更是如此。

金圣叹关于非情节因素的论述，有几点是值得我们注意的：其一，金圣叹如此重视非情节因素，将"闲笔"作为小说评点的一个重要概念而加以广泛运用，这表明中国小说批评比较早地挣脱了故事情节的约束，在向新的审美层次跃进；其二，金圣叹关于非情节因素的评点，精到、系统，至今对我们的小说创作仍具启发、指导意义；其三，金圣叹的"闲笔论"，是产生于民族文化土壤的小说理论，它所蕴含的某些超前的、现代的审美意识，无疑值得我们在整理中国古代小说理论时作进一步的思考。

（原载《湖南师范大学社会科学学报》1998 年第 5 期）

在明清小说评点中，提到"闲笔"的并非金圣叹一人；金圣叹论"闲笔"也涉及诸多含义。但我没有分散笔力，集中论述了他对非情节因素的认识。

二、创见的论证

创见形成有着种种不同情形，但无论怎样，它都经历了由朦胧到清晰、由散乱到有序、由感性到理性、由一般到深刻的过程。我们最初接触材料，对事物的认识总是朦胧的、大致的、粗糙的，而创见的形成却要求精确、明晰、深刻、能用语言把它概括出来。如果"说不出"，那就意味着创见尚未形成。

就一般而言，大多数同学的论文，创见主要集中表现在论点上。对论点的认定应从以下几个方面入手：

（1）论点是否有新意？是否有学术价值？有多大价值？

（2）论点是否符合实际？自己掌握的材料是否能有力地支撑自己的观点？是否能提出反证来？如果出现了反证，应该怎样解决？

（3）论点的形成过程是否有差错？论点是否集中？各分论点是否逻辑严谨地统一于它的中心论点？是否有疏忽、遗漏？

论点的论证，应由自己自觉地进行。可运用逻辑分析检查自己思维的每一个环节，也可用假设相反的观点进行驳难。通过自己的检验之后，一般应向指导老师请教，再作进一步的调整、修改，之后便进入执笔行文的阶段。

【思考与训练】

1. 简述研究的基本原则。
2. 简述研究的基本思路。
3. 简述应怎样研读材料。
4. 简述文学作品研究的共同项和不同项。
5. 简述文学作品研读的思维特征。
6. 简述文献资料的要点和注意事项。
7. 简述资料记录的内容、方式与要求。
8. 简述材料整理的基本内容。
9. 请简述分类的要求和常用方法。
10. 简述宏观观照与具体分析的含义。
11. 简述"感性认识""知性认识""理性认识"的含义及特征。
12. 为什么说理论思维所运用的一切方法都应该是相互结合的？
13. 简述"归纳与演绎的统一"。
14. 简述"分析与综合的统一"。
15. 简述"历史与逻辑的统一"。
16. 简述"从抽象到具体"的基本含义。
17. 简述创见的提炼方法。

18. 简述"创见论证"含义。
19. 进入本章，应在占有资料的基础展开研究，并及时总结你的心得、体会。

第四章　论文的执笔行文

我们确立了选题，并围绕选题搜集、整理、分析资料，形成了自己的学术见解后，接下来便进入了执笔行文阶段了。不过，我们在看到它们前后相承的同时，还要看到，论文的行文表达并不是对研究成果的机械反映，行文本身就是一个对研究对象和论文观点的认识进一步深化和表达的过程。作者在行文前，自以为把问题考虑得非常周详、细致了，拿起笔来，仍需积极思考，通过主旨的提炼、结构的安排、材料的处理，以及论证方式、表达方式、语言形式的运用，进一步明确观点，深化认识，对所要表达的研究成果进行加工、处理。在此意义上可以说，行文是促使研究者重新审视自己的研究并调整、深化自己的认识的重要手段，一次认真的行文表达意味着我们在延续着已有的研究，并且最终把这种研究导入更为科学、完善的境界。论文的行文表达涉及到的问题较多，我们先从论文的基本格式说起。

第一节　论文的基本格式

一篇规范的论文，就其外部形态包括哪些部分呢？1987 年，我国公布了国家标准 GB7713 – 87《科学技术、学位论文和学术论文的编写格式》。《编写格式》规定，学术论文由前置部分、主体部分、附录部分、结尾部分及其下属若干项目组成：

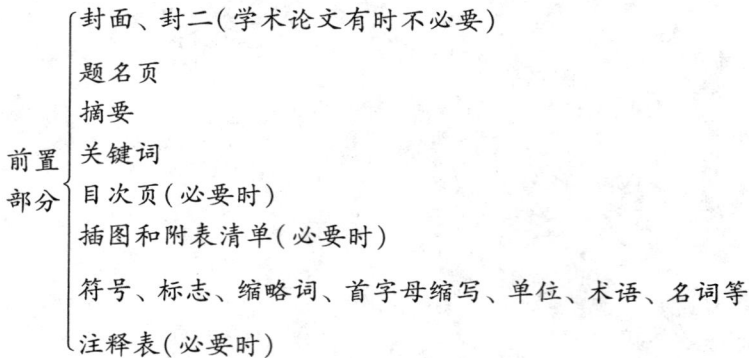

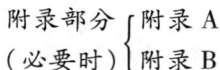

前置部分
- 封面、封二（学术论文有时不必要）
- 题名页
- 摘要
- 关键词
- 目次页（必要时）
- 插图和附表清单（必要时）
- 符号、标志、缩略词、首字母缩写、单位、术语、名词等
- 注释表（必要时）

主体部分
- 引言
- 正文
- 结论
- 致谢
- 参考文献表

附录部分（必要时）
- 附录 A
- 附录 B

$$结尾部分\begin{cases}可供参考文献题录\\索引\\封三、封底\end{cases}$$

　　这是一个标准型的基本框架，我们通常涉及的项目有：题名、署名、摘要和关键词、引言、正文、结论、参考文献、附录等。

一、题名

　　题名即论文的标题。标题是文章的"眼睛"，它不仅可以概括、提示论文的主要内容，引导读者去读论文，同时对作者自己也非常重要，因为"索引""题录"等二次文献大多只列举题名和出处，论文要获得反馈就必须把题名拟好。好的题名，一是要简洁明了地概括出论文的主旨；二是要突出论文的学术价值，点出论文的精华所在。

二、署名

　　在论文题名之下，通常应标署作者姓名。署名，不仅是作者辛勤劳动的体现，而且是表示对论文负责。在校学生写论文，通常应注明作者的年级、班次、学号（如果学校印有毕业论文的封面则不必）。向学术刊物投稿，则应注明作者的出生年月、性别、籍贯、工作单位、职称、学位、研究方向、通讯地址及邮政编码等，以便编辑发稿时采用。

三、摘要和关键词

　　在题名和署名之下，是摘要和关键词。

　　摘要是对论文主要内容不加注释不作评论的简短介绍。摘要应写得短而精，包含与论文等量的主要信息。其主要内容包括：[1]①本课题研究的前提、背景、目的、任务、重要性、特点；②研究的内容、方法、手段；③结论及其意义。写作中不必面面俱到，可根据需要有所侧重。一般的论文，摘要要限定在 200－300 字之内，但内容应相对完整，以便文摘杂志和情报人员编写文字卡片时采用。

　　关键词又称主题词，它是最具实质意义的检索语言。它把论文中起关键作用、最能说明问题、代表论文内容特征或最有意义的单词、术语选出来，以便存入情报检索系统的存储器以供检索用。关键词不考虑语法结构，不一定表达一个完整的意思，它所选的是在论文中反复出现的、能揭示论文主旨的关键概念、术语等。关键词一般应控制在五六个左右，写在摘要之下。

四、引言、正文和结论

　　《编写格式》所规定的"引言""正文""结论"，也就是我们平时所说的"引论""本论""结论"，它们构成了论文的主体。

　　"引论"，即论文的开头部分，又称引言、导言、前言。论文的开头部分很短，一般都是

---

① 《列宁全集》第 23 卷［M］. 北京：人民出版社 . 1974：279.

直接标举论文研究的对象、意义以及自己预期的目的，为正文的论述提挈纲目。

"正文"是论文的核心部分，它要集中表述作者的研究成果、作者对问题的分析和对观点的证明等，又称"本论"，一篇论文的质量，主要取决于这一部分。写正文，要集中论述自己的创见，不要重复一般性的常识，如确有必要涉及常识或别人的研究成果，也应严格限制，不要冲淡和模糊了自己的创见。为了论述的清晰、严密，本论部分通常采用序码、小标题、空行等外在标志标举文章的纲目，显示文章的逻辑关系。

"结论"即论文的结尾部分。在这一部分，作者通常是概括自己的研究成果，有时，还要指出该课题研究中的不足，指出还有哪些方面值得人们继续研究。"结论"在一篇论文中也是不可忽视的，读者读一篇论文，为了判定有无继续阅读的必要，除了看题名、摘要、引言、参考文献，就是看结论部分了。写"结论"，应该简洁有力，既不画蛇添足，也不草率收篇。

从表现形式上看，论文的结构并不复杂，但从写作实际看，它最能体现一个作者理论思维的层次性、逻辑性、简明性以及他的学识水平。一个训练有素的作者，他的思维往往是立体展开、环环相扣、逐层深入的。一个缺乏训练的作者，他的思维往往停留在现象的罗列上，思维无法深入，逻辑紊乱，头绪纠杂，找不到分析问题、解决问题直接有效的思路。

五、注释和参考文献

任何研究工作都是在已有思想资料的基础上进行的，都是站在前人或他人肩膀上的一种极目与远眺，写论文同样如此，它不可避免地要引用、借鉴他人的研究成果。论文中凡引用他人的文章、观点、材料、数据等研究成果，均应注明出处。

在论文中，凡直接或间接引用了他人论述、资料，要用注释注明。

"注释"有"随文注""脚注""文末注"三种。所谓"随文注"，即在行文中，遇到需要注释的地方，随之以括号标示出来，所以它又称"夹注"。所谓"脚注"，即在稿纸的下脚注出需要注释的内容。所谓"文末注"，即"尾注"，是在论文结尾的下面空两行，将全文的注释一一注明。在论文的写作中，人们通常采取的是尾注。如果注释太多，则辅之以"随文注"。

在论文写作中，作者所参考的学术著作、重要论文，通常采用"参考文献"的形式在文后标出。"参考文献"并不一定每篇论文都有，它多见于学术著作和篇幅比较长的论文。列"参考文献"要精当，不要把可有可无的文献拿来充数。"参考文献"标示论文写作主要思想资源和材料资源，它从另一个方面表现了作者研究的广度和深度，写得好的"参考文献"，常常能概括出研究某一个专题的必读书目。

科学、严谨、规范的标注，是作者治学严谨的一种表征。它既是对他人劳动成果的尊重，也是自己持之有据的有力说明。写"注释"和"参考文献"，应按有关规定，完整地列出文献的序号、作者(译者)、文献题名、杂志名称、卷号、出版年月、起止页码。对于著作，还应标明出版社及出版年月。

六、附录

附录是论文的补充项目，并非每篇必备。下列内容可以作为论文附录：(1)与正文内容密切相关，但由于论文的整体性或篇幅限制，未能放入正文中的重要材料；(2)能为论文观点提供佐证，但与论文无密切关系，不便编入正文的重要材料；(3)一般读者不必阅读，不易阅读或不感兴趣，但对同行有参考价值的材料；(4)某些重要的原始数据、数学推理、计算程序、框图、统计表等。

第二节　论文的论证方式

一、论证的含义

所谓论证，指的是用论据来证明论点和反驳谬论的推理形式和思维过程。

从逻辑学上来讲，论证是用一个或几个真实命题来确定另一个命题真实性的逻辑形式。学术论文追求科学的逻辑力量，而科学的逻辑力量正是通过论证体现出来的。有些论文提出了颇有新意和见地的论点，列出了论据，但是却没有说服力，关键就在于论证乏力，缺乏严密的逻辑性。刘勰在《文心雕龙·论说》中说："故其义贵圆通，辞忌枝碎，必使心与理合，弥缝莫见其隙，辞共心密，敌人不知所乘：斯其要也。"指出论理要领就在于严密论证，无懈可击。在论文写作中，一定要通过严密论证和具有逻辑性质的论证语言，深刻分析和揭示论点与论据之间的必然联系，让读者了解论证过程的理论依据，从而相信结论的可靠性。

二、论证的规则

要使论证具有无可置辨的说服力，必须要遵循一定的逻辑规则。这些规则是论证正确的必要条件，违反其中任何一条，都可能导致逻辑错误和论证失败。概括起来，有以下几条论证规则：

（一）论题要明确，不能"论题不清"

论题是论证的目的。在论证中，连自己要论证什么都不知道，论证自然无法成功。因此，论题应当明确、具体、清楚，不能泛泛而谈，模糊不清。作者要用清晰确切的语言，把论题表述出来，必要时，还要以扼要的界说，通过对概念的限定，辨明和强化论点。

（二）不能"偷换论题"

这一规则要求：在同一个论证中，论题只能有一个，且前后必须始终保持一致，不能改换论题，也不能把论题范围扩大或缩小，偷换成与原论题内涵并不一致的其他近似论题。鲁迅《半夏小集》中有一段对话：

A：你们大家来品评一下罢，B竟蛮不讲理的把我的大衫剥去了！

B：因为A还是不穿大衫好看。我剥它掉，是提拔他；要不然，我还不屑剥呢。

A：不过我自己却以为还是穿着好……

C：现在东北四省失掉了，你们不管，只嚷你自己的大衫，你这利己主义者，你这猪猡！

C太太：他竟毫不知B先生是合作的好伴侣，这昏蛋！

这一段对话中，C和C太太的评论并未围绕A和B所讨论的"A到底是穿大衫好还是不穿大衫好"的论题来进行，犯了"偷换论题"的错误。有意偷换论题是诡辩，无意改换论题，主要是因为思维不周密所致。

（三）不能"论据虚假"

在论证中，论据是论题的依据，论题是论据的必然结论。如若论据是虚假或部分虚假的，就不能从论据中推导出真实可靠的结论来，因此，论据必须真实可靠。

根据这一规则，论据不仅不能是虚假的，也不能是待定的假说或猜想，否则就犯了"预期理由"的错误。还有一种虚假论据现象，就是在引用名人经典言论时，离开当时历史背景和原著的精神实质断章取义，生搬硬套，这犯了"以相对为绝对"的错误。

（四）不能"循环论证"

在论证中，论题的真实性是依赖论据来论证，所以，论据的真实性就不能依靠论点来论证，否则就犯了"循环论证"的错误。鲁迅《论辩的魂灵》中有以下一段话：

> ……卖国贼是说谎的，所以你是卖国贼。我骂卖国贼，所以我是爱国者。爱国者的话是最有价值的，所以我的话是不错的，我的话既然不错，你就是卖国贼无疑了！

这段话用"你是卖国贼"来论证"我的话是不错的"，反过来又用"我的话是不错的"来论证"你是卖国贼"，这种论题与论据互相论证的做法就是"循环论证"，其结果是什么也没有证明。

（五）不能"推不出"或"草率论证"

这一规则要求：论据应是论题的充足理由，从论据可以推出论题。这一道理虽为人们所共知，但在写作中经常会违反它，犯"推不出"或"草率论证"的逻辑错误。

犯"推不出"的逻辑错误，一般有两种情况：一是论据与论题不相干，一是论据不充足。"论据与论题不相干"，是指论据可能是真实的，但它与论题没有必然的因果联系；"论据不充足"，是指所提出的论据还不足以使论题得到充分证明，还不能由此推出论题的必然真实。此外，由于论证过程实际上是一种推理形式，所以论证必须遵循有关的推理规则和要求，必须遵守同一律、矛盾律、排中律等逻辑的基本规律。同时，还要掌握和应用辩证逻辑的思维方法，深入探究事物本质和发展规律，突破推理所得结论的局限性，使文章的论证更具逻辑性和说服力。

三、论证的类型

论证可分为立论和驳论两大类型。立论是以充足的证据从正面论述自己的观点，是论文写作的基本形态；驳论是以有力的论据反驳别人的观点，是论文写作的特殊形态。在学术研究中，我们应积极推进不同学术观点之间的自由讨论、相互交流与学术争鸣，使"各自都向真理靠近一步"；讨论、商榷学术问题，采用的就是驳论。

试看下面论文：

形象，抑或是语言？

——就文学本体与赵炎秋先生商榷

陈果安

摘　要　确立语言在文学作品中的本体地位显然不是一个一般性的理论问题。赵炎秋先生有机整合形象论、语言论文论，试图从有机、综合的层面揭示文学作品是如何生成的，这种努力给我们的文艺研究提供了非常有益的启示。但赵先生的形象本体观是值得商榷的。

关键词　文学本体　语言论　形象论　作品生成

赵炎秋先生的《文学形象新论》是近来颇有影响的一部著作，他从"形象论文论"和

"语言论文论"这两个基本范畴出发，既不简单地否定"传统"，也不盲目地崇信"新潮"，而是通过逻辑严谨的剖析，一层一层地深入到文学的本质，从而推论出文学的本质不是语言而是形象。如果仅就其论述来看，其层次的推进、审思的深邃和逻辑的谨严，充分体现了他的学识和严谨求实的治学精神。他那平易朴实而审思笃定的文字，比起那些喧哗的炫耀令人舒心而钦佩。他的论著是庄正的、根底的、严谨的，始终有着自己的头脑和声音。这些显得弥足珍贵。中国当代文艺学，很难得有自己的声音："传统"一点的文艺学，基本上是原苏联文艺理论教程的翻版，那种缺乏诗性缺乏灵性缺乏个性的形而上学，至今仍使人感到压抑；至于"新潮"一点的文论，大多从20世纪西方文论中照搬而来，匆忙地、令人眼花缭乱地介绍，往往失去了自己的判断与声音。这种状况曾使有的学者发出了痛心疾首地呼吁："这些年来，我们确实鲜有称得上是创新并引起世界关注的理论成果和艺术作品问世……文艺批评的话题，从存在主义、接受美学、后结构主义、女权主义、后殖民主义，一直到这里所说的全球化，全是西方话语，在这方面，中国最好的批评家也只是复述西方话语而已。这就使我们在文化创新的源头，出现了一种能力的转移，本来的文化创造，变成了对西方文化话语系统和价值观念的主动复制和传播。"①正是基于这样一种感触，赵先生著作所努力发出的属于他自己的声音引起了我强烈的共鸣。赵先生对语言论文论和形象论文论的研究是非常值得称道的。他不仅实事求是地肯定了它们的合理成分，而且还精思慎审地揭示了他们的不足与缺陷，其条分缕析地精确剖析，构成了他著作中最为雄辩的部分。虽然有的论述从其他论著中我们也曾部分地读到，但从未如此深切系统。读赵先生这些论述，随时都感到一个批评家应有的理论视野和精审的思维力度，雄厚深沉中见出作者严谨求实的治学精神。正是基于这样一种认同，我谨提出自己读后的一些疑问而与赵先生商榷。

诚如赵先生所言，"作品""作家""宇宙""读者"共同构成了文学的运动系统，但我不同意赵先生所说的"作品"就是这四个要素的中心。事实上，这四个要素都可能成为中心，就看我们从哪个角度去看，而无论哪一个中心的确立，都可能揭示部分本质，但这都不是全部；只有将这些要素综合起来考察，才可能逼近文学的全部本质。当然，赵先生的著作排除了这些"外部研究"，而是立足于从"作品"出发以求得对文学本质的读解。他认为："从作品的角度出发，文学有两大要素，一是它所表现的生活，一是它用来表现这种生活的语言。在我们看来，表现在作品中的生活就是形象……从这个角度出发，文学的本质便只可能有两个，或者是形象，或者是语言。"（见《文学形象新论》第101页）他通过层层辨析，最后得出结论："构成文学本质和基本特征的只能是形象而不是语言。"——我很难接受他的这一观点。从作品出发去探讨文学的本质，实际上也就意味着把作品视为一个独立的自足体，那么在这个理论前提下探讨文学的本质，我们就必须考虑"自足性"的问题，而把形象视为文学的本质和基本特征，它并不具有自足性——在文学作品中，形象必须凭借和依托语言才能实现。既然它不具有自足性，从逻辑上来推论，它也就难以构成文学的"一级本质"，充其量只能是文学的"二级本质"——在20世纪西方文艺思想中，传统形象理论的主导地位之所以为语言论文论所取代，其重要原因便是它未能从根本上揭示文学的本质。不能从根本上回答文学作品是如何构成的，就很难认定形象就是文学的本质。

作为一部精心撰构的著作，赵先生当然考虑到了"自足性"的问题。他指出："文学语言的特性就在它的构象性，其本身并不是自足的，而是指向了外部世界，目的在表现生活、塑造形象，那么文学的本质就不在语言，而在语言所描绘的形象。"(见《文学形象新论》第119页)赵先生以文学语言具有构象性和指向了外部世界来否认它的自足性，实际上是难以成立的。我们这里所讲的"自足性"，是相对的，是我们主观的界定。在这里，我们实际上有意"悬置"了文学语言与生活的联系，而把文学作品当作一个封闭的系统加以考察。事实上，文学语言不可能与生活无涉；但是，这种有意"悬置"的"加括号"式的研究自有它存在的意义。如果承认这一前提，那么我们寻求文学本体和本质只能在这个既定的前提下进行。拿文学语言"指向了外部世界"来否认它的自足性，实际上溢出了这个理论前提。

赵先生以文学语言的构象性来否认它的自足性，同样也难以叫人信服。如果我们把命题拉回到文学作品本体构成的范围内加以考察，它的本质究竟是语言还是形象？赵先生认为，文学语言指向了形象，它不是自足的，我们可以反问，在文学作品的本体构成中，究竟是先有形象还是先有语言？形象能够脱离语言而存在吗？以文学语言的构象性来否认它的自足性并不显得那么理直气壮。

赵先生论证形象就是文学作品本质的存在理由也是不很充分的。他从文学的外在表现形式和内在存在形式入手，认为二者都是形象的，从而得出结论："文学作品的物质存在形式不能成为文学作品真正的存在形式，文学作品的存在形式，只能是形象。"(见《文学形象新论》第121页)他又说："形象的本质是生活，是通过人们创造所表现出来的保持着全部感性形态的生活"(见《文学形象新论》第125页)，"是形式化了的生活"(见《文学形象新论》第147页)。在赵先生的论述中，文学的本质是形象，形象的本质是生活，在形象与生活二者之间，语言不过充当了反映生活塑造形象的简单工具，而事实并非是这样的。20世纪人们对语言的认识早已超越了工具层面，"没有语言就没有现实""想象一种语言就意味着想象一种生活形式"这类观点，早已在很大程度上达成一种共识。在赵先生所描述的作家把社会生活升华为"形式化了的生活"的过程中，语言也决不是一种可有可无的工具，而是在更大底蕴上表现着人类生存和人的本质。综观赵先生的论述，他虽然花了很大的篇幅来论证文学的本质就是形象，但他的立足点最终还是落到了"语言是如何构成形象的"。因为他要探讨形象的生成，就得涉及语言，这样他也就把自己的立足点悄悄挪到了语言上。在这里，他最终无法回避一个基本的命题："文学是语言的艺术。"

我之所以不同意文学的本质就是形象，还在于文学作品的表现性并不仅仅在于它的形象。在更深的文化背景中，它是由作家创造形象的媒介——语言所决定的。语言的节奏韵律，语言的着色敷彩，语言的整散长短，语言的疏密虚实，语言的反讽幽默，语言的明快含蓄，语调的抑扬转折，叙述人的介入退隐，叙述视角的变化转换……并不是"形象"所能全部涵括的。例如托尔斯泰《安娜·卡列尼娜》的开头："幸福的家庭幸福总是相似的，不幸的家庭却各有各的不幸。"这近于大实话的哲思隽语固然叙述了一个事实(形象)，但浸透于这大实话下面的作者深沉哀婉、回肠荡气的语气，同时也表明了作者的态度：我对幸福家庭是怎样幸福的并不感兴趣，我所感兴趣的是那千千万万不幸的家庭和他们不幸的原因。又如马尔克斯《百年孤独》的开头："许多年后，面对行刑队，奥雷良诺·布恩地亚上校将会回想起，他父亲带他去见识冰块的那个遥远的下午。"这段叙述所传达出来的瞻前顾后的开阔感和拉美民族所特有的孤独感、神秘感，也不是"形象"所能涵括的。在我看来，赵先生在剖析"语言论文论"时固然表述了许多真知灼见，但是我又觉得，赵先生这些精辟的见解尚属局部的、枝节性的，他对语言论文论的精神似乎还关注得不够。肇自索绪尔和分析哲学的"语言学转向"是人文科学领域迄今为止发生的最深刻、最激进的范式转换，由于这一转换，自古希腊时代以来的人文科学基础遭到了严重怀疑，人们把握世界的方式发生了根本变化；②现代文艺学把语言问题置于文学的本体地位，关注语言对作家生活体验、艺术感知和形象塑造的制约，关注语言在文学本体构成中的作用，这给文艺观念的变化和文艺理论的发展带来了极大的影响。20世纪文艺学研究的许多问题，都是从文学语言的角度提出来的，它们为推进文学研究的学术化进程产生了重大作用。无论从科学理性还是从人文关怀出发，否认语言在文学作品中的本体地位实在是要慎之又慎的（对不起，在我看来，赵先生强调形象是文学的本质和基本特征，也就意味着否认语言的本体地位）。

　　我是比较赞同把语言置于文学的本体地位来思考问题的。在我的理解中，现代文艺学实现语言转向之后获得了前所未有的生机，这生机既表现在研究领域的进一步廓大，也表现在自身理论的建设上。近期文艺批评一个突出的特点，便是在分析作品内在美学结构的同时，注意追溯其各个层面的历史衍化缘由与过程，力求将文学话语同政治、经济、历史话语联系起来，从而形成了广义的文艺批评（文化批评），这种批评使文艺学从封闭的、经院式的自话自说走向广阔的社会人文科学领域；与此同时，语言学转向之后，文艺学对于诗语、诗话和叙事分析的研究，已构成20世纪文学理论一个重要的内容，并发展为一整套行之有效的文本分析技巧和分析工具，这些技术性很强的分析手段和阐释工具，对于发现作品的艺术特征，提高文学研究的可信性和说服力都产生了巨大作用。如果将"形象"取代"语言"的本体地位，那将是怎样的景观呢？正是在这一点上，我对赵先生的观点多少产生了一些怀疑。

　　以上这样说，我并非想否认赵先生的著作，恰恰相反，我认为赵先生著作的精髓和精彩之处完全可以从另外一种视角得到更为充分的重视和肯定。综观赵先生的论述，其理论构想的重心似乎并不在于文学本质的论证，而更在于他试图融合沟通"形象论""语言论""接受美学"这些基本理论，从而从更为宏观整体有机的层面揭示"文学作品是如何生成的"。他在阐述过程中实际上勾勒出从生活——语言——形象——读者这样一种逻辑序列；而且在每一个环节上他都发表了许多精彩的见解。由于他对语言论文论、形象论文论有着非常深入的研究，他的这些见解和努力就尤为值得重视。例如，他在阐述文学形象的内涵时，阐述语言的构象性时，阐述形象是形式化了的生活时，阐述语言是如何建构形象时，阐述文学形象的内部构成时，都发表了许多精辟的见解（当然，他在论述时也置换了语言与形象的位置）。赵先生虽然否认语言的本体地位，但在阐述中也精辟地揭示了文学语言的生成机制。文学语言的生成需要三个条件：一是动力；一是形式规范；一是书写策略。动力因素，涉及到生活积累和情感积累，他谈及生活心灵化和形式化时实际上就揭示出语言生成的动力；形式规范涉及到形象化和有序性，语言不仅制约着作家的形象塑造，作品的形象化要求也规范着文学语言的生成，他在论及文学语言的构象性时也发表了很好的意见；书写策略，譬如说趋俗趋雅，重在表现还是重在再现等，也会制约着文学语言的生成，赵先生虽未涉及，但他在绪论中也传达出了这种意向。当我在思想上梳理赵先生这些论述时，我认为他的这些努力和见解尤其值得我们重视。以前我们谈及形象论、语言论、接受美学这些理论时，很难得在更大规模上将它们有机地融会整合，更难得将它们有机地融入到我们的理论思维去进行一种综合性的研究，而赵先生的努力，正给我们提供了一种有益的启示。

注释：

①胡惠林．国家文化安全：经济全球化背景下中国文化产业发展策论[J]．新华文摘，2000，(6)．

②哈贝马斯．语言学转向[J]．世界文学，1995，(5)．

再论文学的本质是形象

——对陈果安先生商榷的商榷

赵炎秋

摘　要　陈果安先生认为文学的本质是语言的观点值得再商榷。我们认为，文学形象是有自足性的，文学的目的在于塑造形象，形象是文学的本质。但是在强调文学的形象的本质的同时，应该重视语言的能动性，加强对语言是如何塑造形象的研究。

关键词　文学　本质　形象　语言

陈果安先生在《形象，抑或是语言？》(《常德师范学院学报》(社会科学版)2002年第4期)一文中对我的《文学形象新论》一书中的主要观点之一提出商榷，认为文学的本质不是形象，而是语言。应该肯定，果安先生是认真读了我的这本小书，并且作了认真思考的。他的观点有不少可取之处，如强调语言在文学活动中的重要地位，认为我在论证形象就是文学作品本质的存在时，理由不很充分等。读了之后，使我受益匪浅。但是，对于果安先生文章的主要观点：文学的本质(或本体)是语言，我还是不敢苟同。现将我的一些想法提出来，以就正于果安先生和广大专家读者。

果安先生认为，"现代文艺学实现语言学转向之后，获得了前所未有的生机……近期文艺批评一个突出的特点，便是在分析作品内在美学结构的同时，注意追溯其各个层面的历史化缘由与过程，力求将文学话语同政治、经济、历史话语联系起来，从而形成了广义的文艺批评(文化批评)，这种批评使文艺学从封闭的、经院式的自话自说走向广阔的社会人文科学领域；与此同时，语言学转向之后，文艺学对于诗语、诗话和叙事分析的研究，已构成20世纪文学理论的一个重要的内容，并发展成为一整套行之有效的文本分析技巧与分析工具，这些技术性很高的分析手段和阐释工具，对于发现作品的艺术特征，提高文学研究的可信性和说服力都产生了巨大作用。"①果安先生的看法有一定的正确性。一般认为，西方哲学和社会科学经历了一个由本体论到认识论再到语言论的发展过程，每一个新的发展阶段相对于旧的阶段，都有相当大的不同，都给哲学、社会科学带来了新的发展。现代文艺学的语言论转向也是如此。但是，要说广义的文艺批评也即文化批评是语言学转向的结果，则值得商榷。从某种意义上说，文化批评是对语言论转向的反拨。肇始于20世纪初俄国形式主义的语言论文论由于过分关注文学的内部研究，研究的重点过分集中于文学的形式和语言一面，发展到20世纪80年代，其局限性已经非常明显，于是，先有后殖民主义、新历史主义试图从内部改变语言论研究的指向，接着，英国文化批评学派又异军突起，以其侧重从文化角度研究文学的内容和文学与外部世界的关系的特点，取代了语言论在文学批评领域的主导地位。而在我看来，侧重文学的内容和文学与外部世界的关系，也就是侧重形象，因为形象就是"形式化了的生活"。由此可见，果安先生的担心"如果将'形象'取代'语言'的本体地位，那将是怎样的景观呢"是没有必要的。

　　再回到主题上来。果安先生认为，文学的四大要素：作品、作家、宇宙和读者，任何一个要素都可能成为中心，"而无论哪一个中心的确立都可能揭示部分本质，但这都不是全部；只有将这些要素综合起来考察，才可能逼近文学的全部本质"。这一观点从理论上说是正确的，但问题在于，所谓"全部本质"只能是一种理想，实际上是达不到的，这就与哲学上的"绝对真理"一样。诚如艾布拉姆斯所言，任何成系统的文学理论都只能侧重四个要素中的某一要素，同时兼顾其他要素。我选择作品这一要素，并把它作为文学的中心、研究文学本质的出发点，是因为：第一，在这四个要素中，只有作品是一种永恒存在的客体，可供人们作客观的研究，其他三个因素都是变动不居，有的是转瞬即逝的，难以对其作客观的把握。第二，文学的这四个要素是通过作品互相联系起来的。作者与读者通过作品相联，而宇宙也只有表现在作品中，才是作为文学四要素之一的宇宙。艾布拉姆其实也是这个观点。他用三角形来表示文学四要素之间的关系，其中作品处于中心位置。而以作品作为研究的切入点，文学的本质就只能是形象[②]。

　　果安先生认为："从作品出发去探讨文学的本质，实际上也就意味着把作品视为一个独立的自足体，那么在这个理论前提下探讨文学的本质，我们就必须考虑'自足性'的问题，而把形象视为文学的本质和基本特征，它并不具有自足性——在文学作品中，形象必须凭借和依托语言才能实现。既然它不具有自足性，从逻辑上来推论，它也就难以构成文学的'一级本质'，充其量只能是文学的'二级本质'。"这是果安先生文章的一个核心观点。其内在逻辑是很清楚的：能够成为文学本质的东西必然具有自足性，形象没有自足性，因而形象不可能成为文学的本质。只是这个观点我很难同意。"自足性"是当代文学批评常用的一个术语，其基本涵义是指一个事物自成体系，自我运转，无需外部的参与。以此为标准衡量形象，它是有自足性的。别林斯基认为："诗的形象对于诗人不是什么外在的，或者第二义的东西，不是手段，而是目的。"[③]形象是文学的目的，它本身不再指向其他任何东西。一部作品、一个作家塑造出成功的形象，它或他也就完成了自己的使命。不仅如此，文学形象的世界也是自足的。它与现实世界是平行的，虽然与现实世界有着千丝万缕的联系，但是并不依附现实世界。我们不应以它是"凭借和依托"语言来构建的这一点来否定它的自足性。因为事物的自足性与它借以构建的材料无关。材料一旦构成了事物，它便成为这事物的组成部分，无法与这事物分离，因而也就不可能成为这一事物的自足性的否定因素。一块大理石被雕成维纳斯的形象，它就是维纳斯的形象。并不因为从物理属性上看它仍是一块大理石，人们就否认这一维纳斯雕像的自足性。如果构建材料能够否定其所构建的事物的自足性的话，那么，任何事物便都不可能具有自足性了。因为毫无疑问，任何事物都不可能凭空存在，总要通过一定的材料才能构建起来。这样，我们引以自豪的思想也不可能具有自足性了，因为思想也只能通过语言或其他符号表达出来。很显然，这种想法是荒谬的。在否定文学形象的自足性的同时，果安先生又肯定了文学语言的自足性。他认为，《文学形象新论》"以文学语言具有构象性和指向了外部世界来否认它的自足性。实际上是难以成立的"。因为"我们这里所讲的'自足性'，是相对的，是我们主观的界定。在这里，我们实际上是有意'悬置'了文学语言与生活的联系，而把文学当作一个封闭的系统加以考察……如果承认这一前提，那么我们寻求文学本体和本质只能在这个既定的前提下进行。"

　　"拿文学语言'指向了外部世界'来否认它的自足性，实际上溢出了这个理论前提……以文学语言的构象性来否认它的自足性，同样也难以叫人信服"。果安先生的这一看法同样值得商榷。不错，自足性是一种主观的界定，但主观的界定并不能去掉自足性的内在规定性，"把文学作品当作一个封闭的体系加以考察"也无法使文学语言具有自足性。在文学作品中，语言总是依附形象而存在的。文学语言只有构建起了一定的形象，才有作为文学语言存在的价值。一部科学著作同样有语言，但为什么不能成为文学作品，就因为它的语言未能构成形象。科学语言也不以塑造形象为旨归。而文学语言则总是运用各种手段，调动自己塑造形象的潜能，以表现具体生活的感性形态的需要。我们说文学语言"指向外部世界"、文学语言的特性在于它的"构象性"，其意思都是说文学语言的最终目的，是构建文学形象。既然这样，文学语言就不能说是自足的。不仅文学语言不是自足的，任何用来构建艺术形象的材料或者说媒介都不是自足的，如线条、色彩、声响、木、石、金属，等等。但是，人们一般并不否认这些材料的非自足性，却喜欢否认文学语言的非自足性。这是什么原因？这是因为语言是一种特殊的人类文化现象。它是一套自成系统的有意义的符号体系，先于文学形象而存在，是文学活动给定的事实与前提。人们在塑造与接受文学形象的时候，不像在塑造与接受其他艺术形象比如绘画、雕塑的形象时那样，随心所欲地运用材料，迫使材料适应形象塑造的规律与需要，而是顺应语言独有的规律与意义体系，在顺应的前提下运用语言构建形象。因此，在文学形象的塑造中，实际上存在着语言和形象两大系统，每个系统都有自己的意义与规律。但是无论语言作为语言的自足性有多强，在文学的范围内，它却是也只能是形象构建的材料，是为塑造形象服务的。在与形象的关系上，它只能是次要的、非本体的，因而不可能成为文学的本质。因为文学的目的是塑造形象，而非游戏语言。一部语言的作品，人们不会因为其语言运用的巧妙就把它看作文学作品，而要看其是否塑造了形象。这才是问题的关键，离开了这一点，抽象地争论"在文学作品的本体构成中，究竟是先有形象还是先有语言"形象能够脱离语言而存在吗"是没有意义的。因为谁都知道，文学形象是无法离开语言而存在的，形象建构的过程也就是语言运用的过程。另一方面，也正因为形象与语言是两个不同的系统，在运用语言来塑造形象的时候，就存在一个"语言是如何塑造形象的问题"。传统的形象理论就是因为未能很好地回答这一问题而受到语言论文论的攻击。作为构建新的形象理论的一种尝试，《文学形象新论》回答了这一问题。这是顺理成章的事情，任何成系统的形象理论都是无法回避的。这里并不存在果安先生所说的"把自己的立足点悄悄挪到了语言上"的问题，我以为。果安先生强调"文学是语言的艺术"这一命题。但是从这一命题并不能推出文学的本质是语言这一结论，就跟我们说音乐是声响的艺术不能推出音乐的本质是声响一样。这一命题实际上是说是以语言为媒介塑造形象的。但是由于语言本身的特殊性，这一媒介在塑造文学形象的时候，并不像线条、色彩、声响等在塑造绘画、音乐形象时那样被动，而是以其全部意义与特质积极能动地参与到文学形象的塑造之中。也正因为这样，我们应该重视对文学语言的研究，而不应像传统形象理论那样，把它看作一种消极被动的工具。语言参与形象塑造的范围与程度，实际上比我们所想象的要广泛深入得多。比如声韵，就有评论者认为，李清照的《声声慢》，词中的那种"寻寻觅觅，冷冷清清，凄凄惨惨戚戚"的形象（或者说基调），就与全词大量地运用了撮口呼的语词有关系。语言的结构等也是如此。

　　我很难同意果安先生这一看法："马尔克斯《百年孤独》的开头：'许多年后，面对行刑队，奥雷良诺·布恩地亚上校将会回想起，他父亲带他去见识冰块的那个遥远的下午.'这段叙述所传达出来的瞻前顾后的开阔感和拉美民族所特有的孤独感、神秘感，也不是'形象'所能涵括的。"我以为，《百年孤独》开头这句话的结构所造成的大起大落、时间轮回以及果安先生所说的那种"孤独感、神秘感"是与这部小说的氛围、基调等相联的，而正是这种氛围、基调等构成了人物活动、情节发展的环境。因此，这句话也是参与了小说形象的塑造的。文学的本质是形象还是语言并不仅仅是个概念的问题。文学理论不是杂多观点的偶然堆积，而是系列观点的有机组合。这种组合总是围绕着几个中心进行，或者说是建立在几块基石之上的。文学本质就是这样的几块基石之一。不同的本质观必然导致与此种观点相联系的文学理论的不同走向、内容、不同的批评侧重点和批评方法。认为文学的本质是形象，必然强调文学与生活的联系，承认文学是社会生活的反映，重视文学的思想、内容、人物、情节、环境和形象的塑造；认为文学的本质是语言，必然强调文学作品的自足性，割断或者忽略文学与生活的联系，侧重文学的语言、形式、技巧、程序，不重视形象的塑造。20世纪语言论文论的过度繁荣已经给文学创作造成了不必要损害，导致了文学思想的消解，形象的零散和语言、形式、技巧等过于突前，严重地影响了文学的繁荣与发展④。今天，我们再次强调文学的形象本质，也有着正本清源，促使文学实践沿着正确的方向健康发展的目的。陈果安先生是我所敬重的一位学者，基础扎实、思维敏锐。他的文章是很有见地、经过了认真思考的，给了我不少启发。我对他的商榷进行了反商榷，并不是要和他争个输赢，而是希望通过我的反商榷，使问题更加明了，真理更加突现出来。自然，文学的本质问题是一个非常复杂的问题，不能指望一本书、一两次商榷就能解决。但是问题总是越辩越明，我们的争论，能够使文学的本质问题更加明了，我也就满足了。

注释：

①陈果安．形象，抑或是语言？——就文学本体与赵炎秋先生商榷[J]．常德师范学院学报(社会科学版)，2002，(4)．

②赵炎秋．文学形象新论(第3章)[M]．长沙：湖南师范大学出版社，2000．

③别林斯基选集(第2卷)[M]．上海：译文出版社，1979．

④赵炎秋．文学形象新论(第2章)[M]．长沙：湖南师范大学出版社，2000．

这是我与赵炎秋先生之间的争鸣——我反驳他著作中的观点，他反驳我文章中的观点——这就是驳论。需要注意的是：学术探讨中，商榷者之间不是"论敌"的关系，而是"诤友"的关系；无论怎样"激烈"，也应该摆事实，讲道理；有时，你即便把对方驳倒了，也不一定就证明你正确。譬如，赵炎秋老师一一反驳了我的观点，但并不能证明文学本质就是形象。究竟是语言还是形象，那还值得研究。所以说，这类商榷可使"各自都向真理靠近一步"。

四、论证的方法

任何证明都需要运用一定的论证方法。论证方法与推理有密切的关系，但二者又不能混为一谈。基本的逻辑推理形式有三种：归纳推理、演绎推理和类比推理，从中可以衍生出许多具体的论证方法来，它们的运用取决于作者思考问题的方式。下面，介绍几种基本的论证方法：

（一）例证法

例证法又叫事例论证，是以典型事例为论据来证明论点的方法。通常说的"摆事实，讲道理"，运用的就是例证法。司马迁《报任安书》中有一段文字就成功地运用了例证法：

> 盖西伯拘，而演《周易》；仲尼厄，而作《春秋》；屈原放逐，乃赋《离骚》；左丘失明，厥有《国语》；孙子膑脚，《兵法》修列；不韦迁蜀，世传《吕览》；韩非囚秦，《说难》《孤愤》。《诗》三百篇，大抵圣贤发愤之所为作也。此人皆意有所郁结，不得通其道，故述往事，思来者。及如左丘无目，孙子断足，终不可用，退论书策，以舒其愤，思垂空文以自见。

整段文字连续用了八个事例作论据，并分析了例证与论点之间的内在联系，论辩力非常强。

例证法中的事例可以是具体的，也可以是概括的，还可以是公认的史实或被实践证明了的经验等。所举事例必须确凿而典型，具有高度的说服力，能反映出事物的本质和发展规律。在运用例证法时，要对事例进行分析，揭示出事物的实质，做到事理相结合，否则通篇都由事例构成，会失于肤浅。

运用例证法，要正确、全面地分析事物，不能孤立、静止地分析，要把事物放在广泛、普遍的联系中来加以考察。关于这一点，列宁曾说过："在社会现象方面，没有比胡乱抽出一些个别事实和玩弄实例更普遍站不住脚的方法了。罗列一般例子是毫不费劲的，但这是没有任何意义的或者是完全起相反的作用，因为在具体的历史情况下，一切事情都有它个别的情况。如果从事实的全部总和，从事实的联系去掌握事实，那末，事实不仅是'胜于雄辩的东西'而且是证据确凿的东西。如果不是从全部总和，不是从联系中去掌握事实，而是片段和随便挑出来的，那么事实就只能是一种儿戏，或者甚至连儿戏也不如。"

（二）引证法

引证法又叫事理论证，是以一般事理为论据进行推论，从而证明论点的方法。

引证法所引用的论据可以是已知的科学公理、尽人皆知的生活常理或著名人士的经典言论等。引证法是否可信，所引内容正确与否是关键，必须引用经过实践检验证明的客观真理或观点，而不要引用那些已被证明是错误的、被时代发展所淘汰的理论观点。引文要忠实于原文献，体现原文献的精神实质，不能断章取义；而且要在行文中作出注释，标明引文出处，以便核对。再者，还应注意引证的艺术，要围绕自己的论点少而精地有所引证，切忌引证过滥或搞成"语录集锦"一般说来，旁征博引是汉语言文学论文的重要性之一，关于它的特殊性我们下面探讨。

（三）类比法

类比法，就是将两种相同或相近的不同现象或事理加以比较、类推，从已知的一种现象或正确的事理，证明另一种现象或事理正确的论证方法。

类比法是一种以特殊论据来证明论点的方法，它能够由此及彼，触类旁通，扩大论证的领域。但在运用时，一定要注意所类比的现象或事理在性质、特征上必须有相同相近点，而且两者之间的共同属性越多越有说服力。不能将两件属性大相径庭的事物拿来类比，否则，不但不能以理服人，反而容易失误。如，"长于譬喻"是《孟子》散文一个重要的特色，历来人们给予了很高的评价，但他在比喻论证时也犯有简单类化、偷换概念、比喻不当等许多毛病。

据粗略统计，《孟子》一书运用比喻不下千处，比较完整的也有近三百处。他的比喻好像信手拈来，但又生动形象，一些比较抽象复杂的事物，往往通过他的生动形象的比喻论证变得一目了然。历来人们对他的论辩艺术也给予了很高评价，如汉赵歧在《孟子注题辞》中就称其文章"长于比喻，辞不迫切，而意以独至。"然今观其文，其类比论证中也有不少瑕疵。

如，《梁惠王上》中，齐宣王问孟以"齐恒、晋文之事"，孟子答以孔子之徒不讲霸道而讲"王道"。齐宣王又问怎样才能"王天下"，孟子答以只要"保民"就能"王"。齐宣王问像他那样的人可以"保民"否，孟子回答"可"，又举了一些例证反复说明行"仁政"没有什么难处，只要行"仁政"就可以"王"。从整个论辩过程来看，的确体现了孟子的论辩艺术。他善于掌握对方心理，善于通过一步一步的提问和比喻引导对方，让对方在不知不觉中接受他的观点。这不仅表现了一个富有机智和辩才的大思想家的形象，文章也写得曲折尽情波澜壮阔。但细观其文章，这里犯了两个逻辑错误。

其一是"以羊易牛"的简单类比。

当齐宣王问孟子怎么知道他可以"保民"的，孟子与齐宣王有这样一段对答：

> 曰："臣闻之胡曰：王坐于堂上，有牵牛而过堂下者，王见之，曰：'牛何之？'对曰：'将以钟。'王曰：'舍之！吾不忍其。若无罪而就死地。'对曰：'然则废钟与？'曰：'何可废也，以羊易之。''不识有诸？'曰："有之。"曰："是心足以王矣！百姓皆以王为爱也。吾固知王之不忍也。"

在这段论辩中，孟子从齐宣王"不忍见牛"而推导出齐宣王有"仁爱之心"，进而推导出齐宣王可以"保民行王道"，固然抓住了齐宣王爱听奉承的心理，因势利导地把谈话引入到自己所要讨论的正题，但对牛有"不忍之心"，与对人有"仁爱之心"，毕竟不是一回事。事实上，有的人不忍心踩死一只蚂蚁，但却是杀人不眨眼的刽子手。记得卓别林曾演过一个单身汉，当他出场时，见一只毛毛虫掉在地上，便小心翼翼地把它放回到树叶上，可就是这样一个有"不忍之心"的人，接下来一连娶了三个有钱的寡妇，每娶一个就杀死一个，以达到霸占其财产的目的。

其二是"邹楚之战"中的偷换概念。

当齐宣王放不下心中的"大欲"进行推委时，孟子喻之以"缘木求鱼"，这个比喻运用得非常精当，但接下来就是"邹楚之战"的比喻论证：

> 曰："邹人与楚人战，则王以为孰胜？"曰："楚人胜"曰："然则小固不可以敌大，寡固不可以敌众，弱固不可以敌强。海内之地，方千里者九，齐集有其一；以一服八，何以异于邹敌楚哉……"

孟子以"邹楚之战"相喻，痛呈"大欲"所可能带来的弊端，这也不是一个必然推理：大国小国之战，其胜败并非仅仅取决于国家的大小，还涉及到其他方面的因素。孟子从日常经验出发，以"大小"为喻，虽谈不上深刻，勉强还算说得过去。但接下来："海内之地，方千里者九，齐集有其一；以一服八，何以异于邹敌楚哉！"在这段论证中，"邹"是国的概念，"楚"是国的概念，"齐"是国的概念，"八"却不是一个国的概念。孟子由"邹楚之战"引伸到"以一服八"，无形之中就将"国"的概念转换为一个"地域大小"的概念，这既犯了一个偷换概念的错误，同时也犯了一个简单类比的错误。金庸的《射雕英雄传》写郭靖负着黄蓉去求段皇爷治伤，途中遇到"渔樵耕读"中的书生挡道。黄蓉出言相激，书生一连出了三道难题也未能难住黄蓉，只好给他们二人让道。书生见黄蓉洋洋得意，便以《孟子》书中"男女授受不亲"相嘲：

> （黄容）当下小嘴一扁，说道："孟夫子最爱胡说八道，他的话怎么也信得？"
>
> 那书生怒道："孟夫子是大圣大贤，他的话怎么信不得？"
>
> 黄蓉笑吟道："乞丐何曾有二妻？邻家焉得许多鸡？当时尚有周天子，何事纷纷说魏齐？"那书生越想越对，呆在当地，半晌说不出话来。
>
> 原来这首诗是黄药师所作，他非汤武、薄周礼，对圣贤传下来的言语，挖空了心思加以驳斥嘲讽。孟子讲过一个故事，说齐人有一妻一妾而去乞讨残羹冷饭，又说有一个每天要偷邻家一只鸡。黄药师就说两个故事是骗人。这首诗最后两句言道：战国之时，周天子尚在，孟子何以不去辅佐王室，却去梁惠王、齐宣王求官做？这未免是大违圣人之道。
>
> 那书生心想："齐人与攘鸡原是比喻，不足深究，但最后这两句，只怕孟夫子于地下，亦难自辩"。

　　小说自然是小说，但从这段描写看来，金庸先生对孟子论辩中的瑕疵恐怕也有同感。

　　孟子进行比喻论证，有时很贴切，有时不符合情理。以"齐人有一妻一妾章"为例，文章通过一个戏剧性的情节，勾勒出一个卑鄙虚荣的小人形象，辛辣地讽刺了那些不择手段地追求富贵利达的人们。"攘鸡"一章，通过比喻劝诫宋国大夫戴盈之要及时免除关卡和商品的赋税，说理也很形象。然而这毕竟是论辩，不是文学创作。文学形象是假定性与真实性的统一：一方面，它来自生活，使人联想起生活，甚至使人感到比生活还要真实；另一方面，它又是假定的，虚构的，不是生活本身，甚至与生活本身的逻辑也不一致。屈原可以上叩天庭之门，孙悟空可以大闹天空，黄梅戏《天仙配》中的七仙女对董永说："我家住在蓬莱村，千里迢迢来投亲"，头一句话就不符合生活逻辑，说住址哪有只说村名不提出州县的？但对此从来没有人提出过怀疑，反倒觉得七仙女这样回答既符合她仙女的身份，又解除了董永的疑惑，把一句谎言编得十分完美。而作为比喻论证，尤其是以生活事例为喻，通常就要符合生活情理。像"齐""攘鸡"这类比喻，如果深究，确实也让读者生出许多疑问。

　　孟子的"好辩"以及他的论辩艺术，是由他的政治抱负以及他的政治无法实现所决定的。孟子曾自我表白说："予岂好辩哉？予不得已也。"这多多少少透露出一种迫不得已、甚至强词夺理的味道。孟子一生主张"仁政"，一直渴望得到统治者的任用，以施展自己的政治抱负。他曾游说梁（魏）惠王，惠王不能用；又游说齐国，仕齐为卿；但齐宣王也不大听他的话，于是他又出游滕、鲁等国。他每到一处，不管国君爱听与否，总是反复地讲他的"仁政"。这自然不乏积极意义，但他所宣扬的"唐虞三代之德"并不符合当时整个社会发展的趋势。当时各国都在讲究变法革新，富国强兵，合纵连横，相互攻伐，在这样一个强权政治的时代，谁软弱谁就将被吞食，这也就决定了他的政治主张不可能被统治者所采纳。一方面，孟子要坚持和宣传他的观点和主张，另一方面，他的主张和观点又无法让统治者所接受，这也就使得孟子处于一种非辩不可、甚至明知不可为而强为之的境地。如果我们比较一下《论语》和《孟子》，就可以发现，《论语》中的孔子，是一个举止端方、思想深沉的大哲学家、大教育家，他实事求是，循循善诱，并不靠气势来压倒论辩的对方；而孟子，则是一个火气十足的傲然的儒者形象。孟子说："我善养我浩然之气"，这个"气"既包含了他的个性、精神气质，也包含他的"傲气"。读《孟子》我们可以感觉到，在论辩中，孟子有时是以他的"傲气""气势"来压倒对方的，并不全然以理服人。如他准备去朝见齐王，恰巧齐王派人来说患了病，不能来看望他，他立刻托病回绝齐王的召见。当景丑说他不"敬王"时，他便说了一番"故将大有为之君，必有所不召之臣"的大道理；当他离开齐国时，住在齐国的昼邑，齐国有人想替齐王挽留他。他不答话。靠在几上打瞌睡。客人怪他，他就引了鲁缪公待子思的故事责怪客人没有劝齐王使得行其道。从这些记载中，我们不难看到孟子以气势压人的特点。

苏格拉底与大希庇阿斯关于美的辩论，苏格拉底向大希阿庇斯请教"美是什么"，大希阿庇斯回答美是一位漂亮的小姐，苏格拉底又以一个漂亮的猴子、一个漂亮的竖琴、一个漂亮的汤罐相询，大希阿庇斯只好答以美是一个漂亮的小姐、一个漂亮的猴子、一个漂亮的竖琴、一个漂亮的汤罐。苏格拉底又继续询问，一个漂亮的猴子比之漂亮的小姐，一个漂亮的小姐比之仙女究竟谁美？大希阿庇斯无言以答，讨论来讨论去，两人最后得出结论美是难的。苏格拉底的论辩与孟子有着许多共同之处：两人都善于把握对方心理，都善于一步步把对方引入自己的论题，都善于让对方在不知不觉中接受自己的观点，都善于运用比喻，但二人也有明显的区别，一个更侧重于主观意志，一个更侧重于客观事实；一个更侧重于证明自己的观点，一个更侧重于探究事物的本质。

从形式逻辑上看，所谓比喻论证，也就是类比。类比是建立在事物之间相同属性或相似点之上的。运用类比，必须是事物的本质属性；与此同时，被类比的事物必须不含有与结论相矛盾的性质。苏格拉底关于美是什么的讨论，所运用的也是类比。他们在寻求美的定义时，从美是一位漂亮的小姐到美是一个漂亮的猴子、一个漂亮的竖琴、一个漂亮的汤罐，寻找的也就是事物之间的相似点。当他们发现美是一位漂亮的小姐并不能穷尽美的基本属性时，于是又罗列出猴子、竖琴、汤罐来；当他们把美的事物一一罗列出来后，又通过反证思维，进一步穷究美的本质属性，最后得出"美是难的"这个命题。在他们类比思维的过程中，他们对类比事物之间是否存在着矛盾是特别敏感的，他们的类比很少停留在事物表层的相似性上。综观《孟子》一书，我们从他的比喻论证中则很难找到这类论证性思维。孟子的思想是既定的：他主张"仁政""仁政"的内容是"省刑罚，薄税敛，深耕易耨，壮者以暇日修其孝悌忠信，人以事其父兄，出以事其长上。"他的理想是"五亩之宅，树之以桑""百亩之田，勿夺其时"，在人们安居乐业的基础上，推行儒家的教化。他对统治者的暴虐统治也作了严厉批判，认为"庖有肥肉，厩有肥马，民有饥色，野有饿莩，此率兽而食人也。"又说他们"争地以占，杀人盈野；争城以战，杀人盈城。此所谓率土地而食人肉"。这都服从于他"仁政"的思想。他还提出了"民贵君轻"的思想。《孟子》的整个论述，实际上都是为了阐述这些思想。他的论辩是阐释性的，而并非是探究性的，是鼓动性的，而非辨析性的。他的论辩充满激情。在整个论辩过程中，他感情充沛，激情洋溢，纵横驰骋，波澜壮阔，这使得他的文章具有一种不可阻挡的气势。这对他来说既是一个优点，也是一种局限：激情洋溢使他的论辩具有很强的感染力，但感情的逻辑毕竟不能代替理性的逻辑。

（四）对比法

对比法，是指把两种或两种以上属性对立或有差异的不同事物进行比较，来辨别是非，推导出论点的论证方法。对比法有横比和纵比两种。"横比"是对同一时期的不同事物（或事物相反的对立面）作比较，揭示事物之间的矛盾。"纵比"是把不同时期的同一事物的状况作比较，揭示出事物在不同阶段的属性。"横比"和"纵比"也可结合起来运用，反复比较，从而使论述层层推进。

　　一般说来，对比法可充分揭示事物在本质属性方面的特点，使论点鲜明而突比，在论文中运用得很普遍。王国维于 1904 年发表的《红楼梦评论》，把曹雪芹的《红楼梦》与歌德的《浮士德》进行对比，被称为我国第一部应用对比法来研究文学作品的专著。再如把莎士比亚《冬天的故事》与汤显祖《牡丹亭》的写景作比较，把中国近代新小说与日本启蒙文学作比较，都是在中外文学对比的宏观格局中来把握、了解自己文学特点的范例。在本民族文学内部，对比法也成为研究中国作家作品的一种主要方法。以中国现代文学这一学科的研究为例：万年近的论文《现实主义传统的作家的独创性》，"通过比较茅盾与老舍的小说，考察我国现实主义文学的丰富性与多样性以及现实主义文学道路的广阔性"；丁亚平则被二十世纪新文化运动的三位先驱——鲁迅、陈独秀、胡适所吸引，意在从历史理性之中，演示出不同的文化个性；韩日新则提出了"如果说曹禺的剧作系暮鼓，对着西下的夕阳敲击；那么，夏衍的剧作就像晨钟，迎着东方的旭日撞打"。此外，王晓琴《国民灵魂与人生模式：阿 Q 与祥子》、殷卫星《论废名与沈从文的小说创作》、商金林《闻一多的风采——闻一多与胡适、梁实秋、吴晗、朱自清、鲁迅之比较》、曹万生《郁达夫与何其芳创作母题之比较》、邓丽兰《胡适与梅光迪》、陈漱渝《鲁迅与胡适：从同一战阵到不同营垒》等，都运用对比法，通过比较，阐明不同作家的不同创作个性与文化成因及其在文学史、文化史上的意义，突出研究对象的本质，树立起自己的论点。

　　运用对比法，首先得两种事物之间有可比性；其次，作比较时，其比较本身应该比较新颖，不能动不动就拿繁漪与安娜·卡列尼娜、郝思佳作比较；其三，应该像黑格尔所要求的，注意区别同中之异和异中之同。黑格尔说过，假如一个人能见出当下显而易见之异，譬如，能区别一支笔与一个骆驼，则我们不会说，这个人有了不起的聪明。同样另一方面，一个人能比较两个近似的东西，如橡树与槐树，或寺院与教堂，而知其相似，我们也不能说他有很高的比较力。我们所要求的，是要看出异中之同，或同中之异。试看下面的文章：

《白蛇传》与《巴黎圣母院》

王蒙

　　可惜我不懂什么比较文学，要不然我一定比较一下《白蛇传》《白娘子永镇雷峰塔》与《巴黎圣母院》。

　　《白蛇传》是戏，而且窃以为是最伟大的一出戏，正像《红楼梦》是中国最伟大的长篇小说。之前有冯梦龙编的话本小说，《警世通言》中的《白娘子永镇雷峰塔》，更早就有了民间传说。《巴黎圣母院》是雨果的著名长篇小说，改编了电影，改编了芭蕾舞剧（不知道是否有歌剧）。《白蛇传》与《巴黎圣母院》二者都有实的背景，中国的是杭州啊，断桥啊，孤山啊，雷峰塔啊什么的。法国的则是实有的巴黎啊，塞纳河啊，大学区直到圣母院啊什么的。实的背景与离奇的（《白》是神奇、魔幻的）故事的反差，造成了极不凡的艺术效果。再一个强烈的反差，就是情意绵绵的爱情故事与腥风血雨的厮杀情节，结合得奇。二者都有个钟情、上当、终于被"镇压"的女子，白娘子与爱斯梅拉达，令读者为之欷[XCwt3.tif,JZ]不已乃至涕泪滂沱。二者都有个坏事的"妖僧"，法海与副主教克罗德·孚罗诺。本来神父、主教并不等于"僧"，看来《巴黎圣母院》的译者陈敬容也凑趣，把描写副主教克罗德·孚罗诺杀人的那一章的标题译为《妖僧》。两个作品中都有一个不值得爱的、背叛了爱自己的姑娘的男子，许仙与弗比斯队长。这说明，"痴情女子负心汉"的模式，远远不只在中国才有地盘。最后还有一个人物值得比较，就是说两部作品中都有一个忠于女主人公、保护女主人公，至忠至诚至烈但终于没有成功的悲剧性的忠臣式人物，那就是小青与面貌丑陋的敲钟人伽西莫多。当然，伽西莫多是男人，自己也爱着爱斯梅拉达，而小青，绝大多数版本中是女子，这反映了东西方文化在处理性爱、友谊乃至忠诚的时候的观念差别。但值得注意的是，川剧中，小青本是男子，为侍候白娘子方便而幻化为女，一遇到杀伐武斗，小青又复原为男，这种东方式的灵活性，中国式的又祭灶王又堵灶王的嘴一类的狡黠与伽西莫多比较一下，甚至让人想起"此地无银三百两"的故事来。

把《白蛇传》的戏与《白娘子》的话本比较一下，也很有趣。除了戏里的"许仙"原在话本中称"许宣"，戏里增加了饮雄黄酒吓倒许仙，（话本中是白蛇打破了雄黄罐）盗仙草救活许仙（死去活来的爱情，太棒了，《牡丹亭》也是如此），最后金山寺大战等戏剧化的情节外，最根本的区别在于，话本中实写了白娘子是妖物，"一阵风""卷出一道腥气""青天打一个霹雳""吊桶来粗大白蛇，两眼一似灯盏""大蛇张开血红大口，露出雪白齿，来咬先生""白鳞放出光来"，直到法海禅师痛斥"业畜"，白娘子"复了原形，变了三尺长一条白蛇"，种种将白娘子当作妖孽写的段落词语，贯穿全篇。话本的倾向和主题其实是鲜明的，是写邪妖与正气、与佛法的斗争，开始是正不压邪，终于是邪不压正。叫作"欲擒还纵"蛇妖化作美妇人，而且"春心荡漾""放出迷人声态，颠鸾倒凤，百媚千娇……"更是传说的"女人是祸水"的中国阳痿文人心态的观念表现，与把妲己写成狐狸精并无二致。不同的是，话本的题目不是"法海师神威捉妖"，也不是"许宣贪色险丧命"，甚至也不是"白蛇妖现形伏法"，而是"白娘子永镇雷峰塔"，这就有点意思了。"白娘子"三字一下子把她的"人"的性质肯定了，"永镇"云云可以说是带着遗憾的至少是客观的描述。这样，这篇话本就与包括《聊斋志异》中的《画皮》与《西游记》中的"白骨精"在内的众多的描写女妖女娲的文学作品显出了区别，当然，《聊斋》不乏正面描写"女狐"之可爱的作品，但这些作品的妖（或蛇或狐）、人、佛（僧）的冲突，远远没有尖锐到《白娘子》的程度。

到了话本变成戏就渐渐把同情心置放于白娘子一边了。蛇也罢，毕竟比和尚可爱。解放以后，爱憎更加分明了，白、青蛇成了正面人物，和尚成了反动派，而许仙是中间人物，合乎我们的政治模式。不知是不是受了阶级斗争理论的影响，解放后的各种剧种的《白蛇传》，无一不是扬白（蛇）贬法（海）嘲许（仙）的，许仙愈来愈像一个动摇分子、右倾机会主义分子的典型了。可以看许仙而思陈独秀了。

《巴黎圣母院》的爱憎也是强烈分明的。埃及女郎与敲钟人是那等纯洁美善，妖僧与队长是那等可恶。《白》中，白、许、法是三种色彩，而在《巴》中，只有黑白分明的两种色彩。

《白》的三种色彩与处理的写意性留下了极大的空白与弹性。这是它比《巴黎圣母院》空灵和高明的地方。其实对白蛇许仙的故事还可以做不同的多种解释与戏剧处理。首先是象征式的，蛇是情爱特别是女子情爱的象征，柔软，缠绵，怨毒，寸断，执著，简直绝了，比狐更悲伤和绝望，更催人泪下，比西方喜欢比喻的鱼或玫瑰更有深度也更感人肺腑。

其次一种解释是怪圈式的。蛇要爱，但这种爱要伤人。人爱蛇，但又要拯救自己的生命与灵魂。人怕蛇，合情合理。（叫作又爱又怕！）佛（僧）要救人，就要与蛇斗争。人的尴尬处境两难处境就在于活活夹在蛇与佛之中，"蛇还是佛"，比哈姆雷特的"活着还是不活着"的问题还要煎熬人。由蛇、人、佛之争出现了生与死，战争与和平，呜呼，《白蛇传》太伟大了！

更可以做弗洛伊德式的解释。《巴黎圣母院》中，"妖僧"是爱美女的，问题是雨果写得太实太满，太淋漓尽致了，"妖僧"形象不可原谅地丑恶着。电影《巴黎圣母院》就稍好一些，使人感到了"妖僧"生活思想感情的沉重堪怜。其实，把"妖僧"对爱斯梅拉达的爱也完全可以写得更美——一种绝望的孤独的压抑的美，那样写说不定更摄魂夺魄。

而法海呢？如果法海也爱白娘子呢，明朝的中国人，可就不敢这么写了。也许连想也不敢，不会这么想！

返身再说，佛、人、蛇，不都是人的心理人的意识的幻化吗？白、许、法的厮杀，不正是反映了人们的内心中的暴风雨吗？外宇宙的各种层次，不正是内宇宙的写照吗？

我们同样不应该排斥道德的处理：白蛇就是妖，法海就是佛，佛法无边，妖氛终扫。现代化的法海甚至可以指出，路遇便生爱心，闹不好会传染艾滋病的。雄黄酒说不定能防治艾滋病啊！有何不可？《潘金莲》不是屡演不衰，杀嫂祭兄，掌声四起吗？当然为潘金莲翻案鸣不平也可以。老《潘金莲》的戏特别是杀嫂一场潘的做功，是不可不一直演下去的，即使演下去也不会妨碍"五四"号召的反封建的大业的，我就不信看老《潘金莲》的人笃定会反对妇女解放、婚姻自主。看戏不可太钻牛角尖。讨论黄河、长城、龙、八卦之属，也是如此。

最后说两个小闲话。学雷锋时我常常想起"雷峰"，这种汉字的谐音可真够叫人分心的。再有就是，一旦有机会，我真想写一部《白蛇传》题材的叙事长诗。至于短诗《断桥》，我已写过了。收在四川文艺出版社为我出的第一部诗集《旋转的秋千》里，欲购就从速吧。

(选自《读书》1989 年第 4 期)

这是一篇随笔。《白》和《巴》是大家熟知的作品，作者出人意料地将它们联系进来，异中见同，同中见异，显得非常显豁。

(五)因果法

因果法也叫因果互证法，是根据事物之间的因果联系来证明论点正确的一种论证方法。

因果法有三种形式：一种是由因导果，即用原因作论据证明结果，平常所说的"种瓜得瓜，种豆得豆"，就是指这一种因果关系；一种是由果溯因，即用结果作论据证明原因；一种是由一种结果推论出另一种结果。这三种形式，常用的是第一种与第三种。如鲁迅在左联成立大会上所作的《对于左翼作家联盟的意见》这篇演讲，针对某些革命作家盲目乐观的心态，提出了"我以为在现在，'左翼'作家是很容易成为'右翼'作家的"的总论点。为了论证这个问题，作者使用因果法，用三个分论点，逐步进行阐述：第一，不正视现实，只抱浪漫蒂克的幻想，"无论怎样的激烈，'左'，都是容易办到的；然而一碰到实际，即刻要撞碎"，最容易变成"右翼"；第二，"倘不明白革命的实际情形，也容易变成'右翼'"；第三，以为诗人、文学家高于一切人，工作比谁都高贵，也容易成为"右翼"鲁迅对原因进行具体细致的剖析，从而有力论证了结果。

运用因果法，关键是要正确分辨因果关系的复杂性。两种现象之间一定要确实存在必然的因果联系，否则论证就是虚假的。在一果多因、一因多果或多果多因的情况下要防止出现论证的漏洞。

第三节 论文的表达方式

写文章需要借助一定的方式方法，这就涉及到表达方式问题。表达方式是构成文章的要素之一，是作者运用语言反映客观事物、表达主观认识的方法和手段。有些同学在写论文时，观点酝酿得比较成熟，但拿起笔来却又找不到恰当的语言形式来表达。出现这种现象的关键就在于不知如何运用各种表达方式来阐明和论证自己的学术观点，即没有把握论文论述的笔调，需要在写作实践中多加学习，找到解决问题的途径。

一般认为，论文最常用的表达方式，是议论、叙述、说明，一般不用描写和抒情。如果我们认真研读一些论文，就会发现，在论文写作实际中，单独使用一种表达方式（即纯粹的议论）是比较少的，更多时候是议论、说明、叙述等几种表达方式综合运用，某些文学类的论文，甚至还运用到描写、抒情。试看下面两段文章：

> 这像是元和、长庆间诗坛动态中的三个较有力的新趋势。这边老年的孟郊，正哼着他那沙涩而带芒刺感的五古，恶毒地咒骂世道人心。夹在咒骂声中的，是卢仝、刘叉的"插科打诨"和韩愈的洪亮的嗓音，向佛老挑衅。那边元稹、张籍、王建等，在白居易的改良社会的大纛下，用律动的乐府调子，对社会泣诉着他们那各阶层中病态的小悲剧。同时远远的，在古老的禅房或一个小县的僻署里，贾岛、姚合领着一群青年人做诗，为各人自己的出路，也为着癖好，做一种阴暗情调的五言律诗。（阴暗由于癖好，五律为着出路。）
>
> （闻一多《贾岛》）
>
> 在文学的历史长河中，象征作为一种把握世界的方式，既古老悠久，又充满了年轻的现代气息。象征，最早是属于诗的；而诗，也因象征的融贯与普遍运用而强化了自身的表情达意的生命力。但象征艺术，并没有拘谨地栖息在诗的那一块狭小的土地上。可以说，由于象征艺术的渗透与扩张，以致我们在小说这样的文学样式中，也感觉到诗的某种特质的客观存在。特别是在现阶段的小说领域，伴随着结构形态与表现方式的日益开放化，诗化的倾向已经成为一种值得注意的文学现象，而这一现象的出现，不仅卓有成效地丰富了小说的思想容量与传达途径，而且充分地印证了创作界的小说观念的微妙变化与审美趣味的提高。
>
> （周政保《象征·小说艺术的诗化倾向》）

这两段文字，就综合运用了各种表达方式，在议论之中出现了许多"非议论"的文字。由此可见，在论文写作中，议论、说明、叙述、描写、抒情这些表达方式，常常是综合运用的。孤立地使用某一种表达方式，是很难把道理阐述清楚的。

出现在学术论文中的叙述，主要用于概述事实，作为论据，以论证论点；描写是将抽象的概念形象化，形象再现事物的特质；抒情则致力于抒发主观感情，增强文章的感染力。这三种表达方式是论文中的形象性因素。论文是一种"论理"性的文体，当然要以抽象思维为主，但在议论说理过程中，如能把议论和形象有机结合起来，使抽象的论述和逻辑推理生动化，唤起读者的情感共鸣进而在理智上发生作用，必将增强文章的议论力量和说服力。

　　说明是用准确、简明的语言来解说、阐释客观对象的性质、特征及规律的一种表达方式。从论文思维的角度来看，解说事物、阐释事理都离不开说明，体现在文章中通常有以下几种具体的说明方法：

　　定义说明方法。对于某些专业术语、名词、概念或其他关键词语，为使读者对它们能有明确的认识，要以下定义的方式，运用准确、简短的语言，揭示这些术语、概念的本质属性，明确其内涵和外延。

　　诠释说明方法。某些内容，可能不易完全为读者所理解，如有些语义艰深的引文、个别的外语词句等，这就需要作进一步解释、说明，使人对其意义理解得更具体、准确。这种解释有时是有描述性，有时具有介绍性，如人物介绍、社会环境介绍、时代背景介绍等。用语可长可短，语言表述必须通俗浅近。

　　举例说明方法。为加深读者对说明对象的理解，可以举出典型事例对说明对象进行解说。

　　引用说明的方法。为进一步充实说明内容，引用典籍、资料对说明对象进行解说或阐述。

　　图表说明方法。通过绘制示意图或表格来对说明对象进行解说，显示特定对象的各种复杂关系。它具有具体、形象、简明的直观性，便于读者理解，又可使语言大大简化。

　　在使用说明表达方式时，必须冷静、客观、科学地解说事物、阐释事理，帮助读者认识说明对象的本质、特征及其规律，从而充分发挥说明的作用，提高文章的表达效果。

　　一篇论文，纯粹使用议论是很少见的，更多时候是各种表达方式相互融汇，综合运用。这些表达方式的区别，只是形式上的区别，它们的实质却是共同的：无论偏重于议论，或是夹叙夹议，且议且说，都始终围绕着一个核心——表述作者的某一学术见解或研究成果。因此，我们讨论论文的表达方式，与其将它们分解为议论、叙述、说明、描写、抒情，还不如从整体上确认论文的表达方式就是"论述"这样更便于抓住论文在表达方式运用上的特点。也就是说，即使使用叙述、描写、说明，甚至抒情，即使展开一些具体的描写和比较详细的叙述，那也必须是"论述"——是在阐述和论证着自己的某些学术观点，而不是其他。

　　这样界定也许能澄清我们在表达方式运用上的一些困惑，却未见得能解决论文表述中的全部问题。在实践中我们可以看到，有些同学研究颇有一些心得，提纲也写得像模像样，可轮到具体写作，就是几句话倒来倒去，无法展开具体的论述，结果写出来的文章仍不像一篇论文。这种情况表明，我们除了掌握论文表达的基本特点，还有必要掌握一些具体的论述方法。

　　论文常用的论述方法有以下几种。

一、旁征博引

　　为了阐明、论证自己提出的观点，作者往往需要引用原理、现象、言论、数据、作品或其他资料从各个方面来说明自己观点的正确性，这就是旁征博引。例如，学术界就《诗经》是否经过孔子删定这个问题，至今众说纷纭，仍无定论。设若我们认为孔子删诗说可信，那就需要马上引述各种资料来证明我们的观点：如，有较早较多的史料赞成孔子删诗说；从《诗经》本身可以见出孔子删诗的迹象；从现存的先秦文献中，虽未明言孔子删诗，但亦有孔子删诗的痕迹……需从多个方面引述史料、典籍来加以考辨，以说明孔子删诗说之可信。通过旁征博引，充分占有资料，再加以适当的归纳、分析，结论自然就不证自明了。

旁征博引也就是我们前面讲的引用法，不过在引用的量和面超过一般的引用罢了。旁征博引是汉语言文学论文的基本特征之一，恰到好处的引用，不仅是作者立论的依据，也是作者学识水平的表现。引用要引权威、经典的学术论著，一般情况下不要引一些通俗性的文章；引用要严谨，不能曲解和断章取义；引用要遵守学术规范，注明出处；引用要为论证服务，不能冲淡了自己的观点。别外，还要注意上下文之间的衔接。

二、追本溯源

追本溯源也是论文常用的论述方法。写美学史、文学批评史的有关论文，或是写古汉语词汇学、音韵学方面的论文，常常要追本溯源，考察事物最初是怎样的，后来是怎样发展演变的，这种发展演变说明了什么问题。如要写一篇美学论文，探究"美是和谐"这个美学命题的渊源。那么，一开始我们就要追溯到"美是和谐"命题的学术源头——古希腊毕达哥拉斯受音乐启示，开创了"美是和谐"的理论；再探索"美是和谐"命题的源流、影响及其意义——在这一命题的启发和引导下，后来的哲学家、美学家不断地发展、充实与完善这一命题，使它的内涵越来越丰富，即从原来研究外部世界的和谐到人的内在世界的和谐，创立了西方美学上的和谐说。像这样的论述，便是人们惯常使用的求本溯源的方法。再如研究王国维"境界"说对传统诗学理论的推进，一开始我们可能要写道："王国维的'境界说'与严羽、王士祯的'兴趣'说及'神韵'说有诸多相通之处，比较而言，'境界'说更好地揭示了诗歌的本质问题，是对传统诗学的深化与提高。"像这样用"史"的观念观照事物，探究事物的发生、发展的论述，就是运用的追本溯源的方法。

追本溯源也是我们汉语言文学专业论文一种常用的论证方法，如，我们采用原型批评、文化批评、女权主义批评、精神分析批评去研究一个问题，往往就要追本溯源。追本溯源要运用得好，一是取决于方法论上的认识，一是取决于我们的知识。以前我说过，源头方面的书，我们一定要读好，很大程度就是从这个方面说的。

三、展开分析

论文的论述更多地表现在它对具体事物展开的具体分析上，这使它明显区别于一般的议论文。在学术论文中，我们提出某一个观点、看法，一般要建立在对事物的具体分析上，要确凿有力地表明这个观点是怎么得来的。如，我们要论述"孔子诗学的价值"，就不能不加分析地直接提一个论断。首先得展开具体分析，正确概述孔子的诗学观，追溯孔子诗学的历史演变，考察孔子诗学的当代价值，从而具体地揭示孔子诗学对中国古代诗学的开创意义，再在确切而中肯的分析基础上提出论断。同样，我们要评论某一位作家的创作，也离不开对具体作品的分析。分析的过程其实是作者的思路按照逻辑规律发展，逐步展开论述的过程。一般有以下三个程序：第一是确定分析范围，使论述目标具体化；第二是找到分析的角度和途径，在思维中把事物分解为各个属性和方面，确立论述的要点；第三是深入分析事物各部或各方面之间内在的、本质的联系，逐层展开论述，如就事物分析其内部构成的要素及联系，就事物分析其区别于其他事物的特点，就事物分析其产生的原因及发展过程，就事物分析其产生的影响及意义，就现象分析本质，就局部分析整体……应该尽量照顾到所分析事物的各个方面，不应该有重大的遗漏。分析方法多种多样，论文写作中如果能依据需要有意识地加以运用，就能加强论文的论述色彩。

四、抽象概括

写论文离不开具体的材料。论文中的叙述、说明、描写很多时候就是表述事物、说明事物、描述事物。但是，论文与文艺作品不同，它依靠自己的理性力量来说服读者，而不是借具体的材料来吸引读者。如果罗列材料，就事论事，写出来的就不像论文。论文必须透过事物表象揭示事物的本质和规律。因此，论文的论述不论怎样展开，它都必须准确而概述地表述作者的认识，再现事物内部的本质联系，形成对事物全面而深刻的认识。正因为如此，抽象概括是作者论述中一个不可缺少的有机成分。作者必须在描述、分析事物的基础上，扬弃事物的感性特点，抽象概括出某些带规律性的东西来，把问题提到原则高度，才能显示论述应有的力度，否则就"论述无力"。

论文写作的这一特点，在文学类论文中表现得最为突出。我们研究某个作家的创作，总离不开对具体作品的欣赏、分析。然而，无论你的分析如何精到，你的欣赏如何具有特色，你都必须将自己的分析、欣赏上升到普遍性层面来加以抽象、概括。否则，你写出的文章便始终让人觉得是一篇"赏析"而不是一篇"论文"。如有篇论文是论述"曹禺笔下的女性形象"，是将曹禺剧中的妇女形象分成四种类型（封建家庭的悍妇、苦难深重的下层劳动妇女、追求个性解放的资产阶级知识女性和富有理想色彩的青年妇女），再分别予以例证。姑且不谈这种思维模式和研究方法的陈旧与表层，文章中花费大量笔墨对分属这四类的妇女形象作了颇为具体、细致的分析，却不能从这些感性具体的认识中抽象、概括出某些本质性的东西来，或者仅仅点到为止，给人的感觉就像是一篇戏剧"赏析"而不是"论文"。由此可见，如何在分析的基础上抽象概括出事物某一方面的质的规定性，是论文展开论述、确保论述力度重要的一个环节。

抽象概括能使我们逐步扬弃经验、现象，走向事物本质。

五、理论阐发

论文写作中"论述乏力"的另一个表现，是我们得出某一个结论或观点时，不能上升到理论的高度加以阐发。这样的文章，在平面的事实罗列和偶然点缀的思想火花之上，缺乏理论的关照和理论框架的有力支撑，最终导致论述的平庸。如遭到反驳和诘难，极有可能不堪一击，一推就倒。相反，如果能从理论的高度适当地阐述，作者的论述也就充满了力度和强大的说服力。如对文学作品中农民形象的考察，有人从话语模式变迁的理论高度着眼，总结了一条从启蒙话语到革命话语再到人文话语的演变历程，以此来反映中国近现代知识分子与农民关系的发展态势。两者都是用一定的理论去分析、研究作家笔下形形色色的农民形象，并将形象上升到理论态度，反映出中国知识分子对农民性格与命运解读的方式及其发展变化；有人则用比较方法考察出作家与农民的三种不同关系（茅盾《泥泞》作者与农民是同情关系，有高低之分；《小二黑结婚》作家与农民有高低之分；《故乡》中则是平等关系），归纳出本世纪上半叶中国知识分子在认识农民、教育农民、解放农民方面所经历的波折与反复，颇有异曲同工之妙。

再看下面这段文字：

　　自然，我们是不会忽略刘舰平的《船过青浪滩》的，因为我们无法忘记杀人性命，与人类处于截然对立地位的青浪滩。从地球上生成辰河以后始终存在的青浪滩，无疑也是人与大自然彼此比试力量的所在。然而，小说中直接渲染青浪滩崛峭峥嵘自然环境的文字，并没有给我们留下十分强烈的印象。我们只是从这些不多的文字中，粗粗感受到辰河与青浪滩巨大，但又是很模糊的轮廓：狼牙鬼斧般狭长弯曲的河道，水势哗哗的滩啸……可是，我们还是清晰地感觉到青浪滩真实强悍的力量，因为我们对于青浪滩的全部理解，更大程度上依赖于生活在辰河边人们的遭际和命运。

当大自然中的辰河激浪在我们的审美观照中激起的并不是汹涌澎湃的感觉，而是与此形成反差，偏偏让我们产生近乎凝固的、沉重滞缓的感觉时；当狂暴不羁的大自然的力量并非仅仅折磨人的肉体，压迫人的感官，而是潜入人的精神内核，积淀在人的心理结构中时，这种对立意识以及由此派生的情绪，它们显示的意义是值得我们深思的……

正如阴电和阳电的对立转化为能量一样，任何一种对立都埋伏着转化的契机，而且，这种对立渲染得越激烈，表现得越充分、越丰富，转化的契机也将越成熟、越迅速。在这个意义上，我们有理由要求那些渗透人与大自然对立意识的作品，真正把这种对立抒写充分，而不是封闭式地描写人与自然的对立。那样，在人与自然的对立、搏斗的序曲之后，终将会出现人与自然同化、统一的主旋律。也正是在这个意义上，我们发现如果不是将人与大自然的对立、搏斗摆在广阔的社会背景上展现，那么，这种抒写将是难以充分的；或者换言之，将人与大自然对立的时代作用表现得越充分，将会有助于主题的深化，有助于在人最终战胜自然、主宰自然的结局出现时，使人们领首信服。人究其本质而言，是一切社会关系的总和，自然，总是特定时代的特定的"人化自然"因而，人与自然的对立、冲突，也不是一般的、抽象的存在，而是存在于并且受制于一定具体的社会历史条件。

于是，我们发觉滩姐、鸬鹚以不同的形式共同表达的人与大自然的对立，其内容显得单薄了一些，或者说，这些对立、冲突的轮廓过于单纯、单一，而没有将那些作者已经注意到的时代因素有机地直接糅合在这一对立和冲突中，这使得作品展现的人与青浪滩的对立、冲突有一种被孤立的危险——假如没有"我"的回忆所交代的辰河治理指挥权的旁落以及文革动乱造成的流氓得志，好人受欺的历史缘由，假如没有这些从侧面间接引进的时代特征的介绍。

（徐芝《人与大自然关系的艺术思考：兼评近年来小说创作的一种倾向》）

作者从作品中提炼出自己的印象之后，接着便上升到理论的层面就人与大自然或对立或同化的关系作了着重论述。这种论述，正体现了论文写作的特点。譬如，我们分析王维、李白的诗作，分析《边城》中人与自然的关系，就可以学着这样去分析。

如何加强论文的论述，不仅仅是一个文字技巧或表达方式运用的问题，它更取决于作者的思维能力、理论修养与科研素质。真正掌握论文写作中的"论述"，需要我们在这几方面多下功夫。

第四节　论文的语言特色

语言是思维的工具，论文必须借助语言来表述理论与观点。黄侃在《文心雕龙·熔裁》中讲："意立而词从之以生，词具而意缘之以显，二者相悖，不可或离。"指出思想是通过语言来表述的。但是，离开了语言，思想也无法表达，两者是相互依赖、相互制约的。千锤百炼的语言才能表达出色的思想，粗糙的语言必然显示出思想的低劣。对语言形式的选择与运用，同时也就是对论文思想内容的深化与调整。

中文论文的写作，主要是运用文字书面语，有时候，根据需要，还使用辅助书面语言。辅助书面语属人工语言符合系统，包括图形、表格、符号、公式等。辅助书面语有着特定的表意功能，它反映问题集中，能够浓缩信息，较文字表达更直观、简洁、明确、易懂，有着文字不可替代的功用，在文章中两者可以结合使用。如需运用图、表等辅助书面语，要注意准确地表述内容，严格按数据、比例等规范绘制，并注意与文字书面语表达的配合。

显而易见，写论文更多时候是要解决文字书面语方面的问题，其运用状况如何直接关系到能否撰写好论文。写作时应懂得论文语言的要求，熟练操作论文的语言，才能把论文写好。大致说来，论文语言有以下一些基本要求：

一、论文要操作专业语言进行论述

大量使用专业语言，是学术论文语言的一个显著特征。论文写作要围绕本学科或本专业领域内的专业问题进行阐述，它要运用某些具有固定含义的专门性术语、名词、概念、理论等进行论述，它的语言带有明显的专业性。请看下面几段文字：

> 古代美学是古代审美意识残缺和封闭两个基本特性的理论概括，而作为中国古代美学的两个最高范畴，兴象和意境分别以各自的体系展示了这两大特征。儒家美学偏重审美残缺或外象意欲，道家美学则偏重审美封闭和内向认知。这两种倾向所包含的胶合、排斥和暗转三种功能，形成对美学现象进程的强烈干扰和制动。在中国美学从古代向现代变革这种宏观背景之上，朱光潜和宗白华以主客对应或物我同构为共同的思想基础，分别代表现代主观论美学，论证着艺术形式和情感动力这两个基本方面。前者强调艺术形式或审美意向克服审美残缺，后者强调生命活力或深层体验克服审美封闭。他们一个是日神主醒，讲意象观照；一个是酒神主醉，讲情感涌动。这就形成了互补。面对古代美学，这种互补形成突围的合力；面对现代美学的未来，这种互补又从一个重要的方面揭示出现代美学的理论课题和发展趋向。
>
> （邹华《突围的合力——朱光潜、宗白华美学的互补》）

> 从连续的动词结构（即复句）来说，NP 承前或启后省略结构的一种主要类型也反映了领属 NP 的作用。承前或启后 NP 省略的位置只有主语（NP1）位置或宾语（NP2/3）位置，但这些省略了的 NP 的语义同指成分的位置却除了前句或后句中相应的主语、宾语以外，还包括主语或宾语的定语。能够充当省略 NP 的同指成分，也就是可以造成前句或后句中出现省略成分的这个定语成分，绝无例外地一定是能和它所修饰的中心语 NP 构成领属关系（而且多是"狭义领属"关系）。反过来说即承这个定语省略的 NP 也一定和前句或后句中某个受该定语修饰的 NP 构成领属关系。从这个角度看，NP 省略结构的这种类型的特点，仍然是领属 NP 分置造成的。
>
> （沈阳《领属范围及领属性名词短语的句法作用》）

> 仅就《无名氏初稿》给我们展现出的以上画面，已经可以鲜明地看出，作家不仅把作为衡量现代派重要标志的"自我寻找"和"自我超越"的人生哲学命题表现得充分、集中、淋漓尽致，而且连寻找、超越的途径都是存在主义的……这是吸收外来艺术不可避免的民族化变新。这种民族化的变新，还突出地表现在对中国传统言情小说具有曲折、委

婉、生动故事性的继承上。这种对传统艺术的继承，加上作品运用多而强烈的诗一般喷火式的浪漫主义抒情，致使人们在审视小说创作的基本属性时，误判为言情小说，或浪漫主义作品，持这种判断的在具体论述时不无一点道理，符合作品的局部表现。但却没有把握作家的真正意图和在作品中占主导位置内涵的突出表现，把规定作品属性的中心问题忽略了，以致得出中国现代主义小说在 40 年代断裂和消失的不符实际的结论。这种误论，除了来自研究界所流行的中国现代主义文学发展轨迹要么皈依现实主义，要么从属浪漫主义定势的影响，还来自人们对存在主义和生命哲学在华土传播、影响特别是本身内涵及其在文学表现的陌生。另一个重要原因，还在于缺乏对作家在民族化和进行文化艺术综合变新探索的识力。

（刘光宇《从无名氏小说的人生哲学命题看 40 年代中国现代主义小说主题的变新》）

以上三段文字，分别引自有关的美学论文、语言学论文、文学论文。从这些文字我们可以看到，构成论文语言的核心部分不是人们日常生活中的词汇，而是有关专业的名词、概念、术语。各个专业都有自己的专业语言，写论文，首先要掌握一定的专业语言，明确其内涵，并且能运用这些专业语言进行思维，才谈得上规范的语言表达。在写作实践中，有些同学没有记忆和掌握一定的专业名词、概念、术语，写出的论文像"大白话"，没有论文的语言色彩，降低了论文的学术价值。还有一种情况，有些同学在论文中大量滥用专业用语，人为设置"语言障碍"，不易为读者所接受。他们可能懂得专业用语的重要性，但并没有正确理解其特定含义，牵强附会地搬用新名词、新术语，甚至望文生义，随意使用。这种做法破坏了文章的可读性，使文章变得晦涩难懂，是一种不足取的倾向。写作中应特别注意专业语言的明确性和普遍性，从论文论述需要出发，恰当选用，对于难懂的专业术语，也宜作点深入浅出的解释。

二、论文语言要严谨、规范、简练、精确

学术论文在表达上要求精确无误，要精选最恰当、最确切的语言，正确反映客观事物，表达作者的观点。用词须贴切、审慎，把所要表达的意思恰如其分地表达出来；造句要合乎语法规则，准确使用各种句式，保持句法的严密和完整；运用概念时，要严格界定概念的内涵和外延，禁止生造和杜撰新的语言和概念。总之，要把观点阐述得准确无误，教人一目了然，不产生误解，不发生疑问。此外，使用准确无误、表达规范的数字，是提高论文语言精确度的一种手段。参照国家标准 GB/T15835－1995 关于出版物上数字用法的规定，在撰写论文时，要注意以下几点：

1、定型的词、词组、成语、惯用语、缩略语或具有修辞色彩的词语中作为语素的数字，必须使用汉字，如五四文学、七月诗派、四言诗等。

2. 在时间用语上，公历纪年、纪时均使用阿拉伯数字，中国夏历月日、历史纪年和含有月日简称表示事件、节日的词组均使用汉字，如公元 697 年，20 世纪 40 年代，唐开元二十一年，五卅运动等。

3. 引文中版次、卷号、页码，除古籍应与所据版本一致外，均使用阿拉伯数字。如：邢福义主编《现代汉语》，高等教育出版社，1991 年 3 月出版，第 180 页；赵学勇、魏韶华：《中国新文学对自然生命形式的两次呼唤》，《当代文艺思潮》1987 年第 6 期，第 30 页；《宋史》卷二百零四、艺文志第一百五十六、霸史类。

严谨也是一种"精确"。不过，人们讲精确，侧重于语义方面，讲严谨，侧重于逻辑方面。论文的严谨主要体现在两个方面：从整体上看，论文的概念正确，判断恰当，推理严密，篇章布局和说理体系能准确反映逻辑推理关系，没有丝毫的松懈和游离；从局部上看，论文的语序能够按照表达思想的先后顺序、逻辑层次，依次排列组合各个语段和语句，没有出现紊乱。

所谓简明，就是用尽可能少的语言表达尽可能多的内容，做到"文约而事丰"，言简而意赅。简洁明了的语言，标志着作者认识事物的深度，思想清晰了，表达自然也就简明了。反之，如果观点不明确，就不得不用较多的语言去阐述，造成语言繁冗。可见，论文并非以长短来衡量价值。我们要努力学习凝炼的艺术，精心提炼，俭省用字，做到以少胜多，以"一"当"十"，行文简洁。那么，怎样才能做到论文语言的简明呢？一是要学会使用概述性的语言进行论述，删繁就简，努力压缩文章篇幅（论文中并不排斥形象化的语言，但必须有助于阐明抽象的理论）；二是要不使用可用可不用的语言，要杜绝空话、套话、客气话，要避免一切不必要的重复和解释，要删去一切与表达论点不相干的多余部分和冗字、冗词、冗句。另外，论文还经常使用符号、公式、表格、图片等人工语言，使自己的论述直观、简明、一目了然。

三、讲究适当的文采

学术论文是表述科研成果的理论性文章，它所运用的语言属于科学语体，或称理智语体。这种语体给人的印象是：一大堆深奥的概念、术语，复杂的长句，逻辑严密，文风冷峻。在这样的语体里，文采往往被其客观、严肃、思辨的色彩湮没了，给人造成一种错觉，似乎学术论文语言并不需要生动，这就形成了一些误区。

误区之一是，写论文只要释理充分、准确、严密就行，语言表达生不生动是无关紧要的。学术论文的语言的确有别于一般文章。这种科学语体的语言，具有四个特点：一是概念准确，判断严密，推理严谨；二是大量使用单义性的专门术语、抽象词和反义词；三是多用逻辑性定语和复合句；四是修辞上基本不用想象、夸张之类修辞格。比起文学文体、政论和其他应用文体，它是以内容的科学性、概念的准确性、判断的严密性、推理的逻辑性、用词的规范性为特征的。但学术论文也是写给人看的，它的语言也同样需要新鲜、活泼、富有文采，吸引人、打动人，才会达到良好的表达效果。

误区之二是，生动＝多用修辞和华丽的辞藻＝浅薄浮华，认为语言的生动性不过是多用修辞和华丽的辞藻，这是对生动性的片面理解，与论文的科学性和深刻性也不相宜。论文语言应完全摒弃这种浅薄浮华的东西才能确保持论文的严谨深沉。但论文语言的生动性与论文的科学、深刻、严谨并不矛盾。

误区之三是，论文语言越深奥难懂，越晦涩枯燥，就越表明论文水平高。这是比前两个误区更深的误区。如果说走进前两个误区的人，一是由于对论文语言的生动性认识不足，二是由于误解了生动性与科学性、深刻性的关系，那么，走进第三个误区的人则是出于一种天然的偏见与虚荣，也是一种卑劣的文风。

好的论文，总是力求语言在具备了严谨、规范、精确、简明的条件下，写得生动，富有文采，以增强文章的表达效果。特别是文学方面的论文，最好能够辞理俱佳，将更易吸引、感染读者。

论文的文采，主要表现在词语、句式和修辞格三个方面。

在不损害论文内容的科学性和表述的准确性的前提下，要对词语进行反复的推敲和锤炼，使用语力求精美、生动，将有助于增强论文语言的文采。"惟陈言之务去"，要适当使用一些新鲜、活泼的词语，多使用一些具体、形象、富有表现力的词语，在论文的阐述语言里，若加入一些生机勃勃的、富于表现力的词语，就像深宅大院里的一丛花，整个院子也因此而有生气。

如特里·伊格尔顿的《美学意识形态》第68页的第二自然段：

> 美学还可以成为哲学的助手。因为在审美判断的领域内，客体是完全暴露的，是真实的但完全因主体而存在的，是名副其实的物质自然，对心灵而言物质自然是相当柔顺的。尽管这些客体的存在是偶然的，它们却表现出一种神秘而必然的形式，这种形式使我们与对立于我们的所不可知的优美联系起来。在审美表象中，我们惊喜地看到了非异化的客体的各种可能性，这种非异化的客体是商品的对立面，它如瓦尔特·本杰明的"预感"现象一样，恢复了我们温柔的凝视，并细声细语说道：它只是为我们而创造的。在另一种意义上，这种形式的、非感觉化的审美客体扮演着主体之间的交汇点的角色，它又可以被读解为它所抵制的商品的精神化受体。

这是一段典型的学术理论语言，术语多，语意晦涩抽象，表述严谨客观，但在严密刻板的阐述中，我们可以看到有几个飞跃灵动的词，使整段话于抽象中见形象，于深奥中见平易，于刻板中见灵活，于无情中见有情，那就是"惊喜"温柔的凝视"细声细语"，它们准确而生动地传达了非异化的客体给人们带来的审美愉悦。

在学术论文中，为了表达的精确，作者多使用句法结构复杂的长句和层次繁多的复句。但在行文中，总是一种句式，缺乏变化，会使语言平庸单调。如能适当调整、变换一下句式，利用各种技巧，使句式灵活多变、错落有致，就能打破语言的凝固和滞涩，使文章从呆板、平直的格调中解脱出来。如，布洛克在谈到19世纪末20世纪初出现和流行的"投射理论"时，对投射作用产生的机制进行了阐释，其中有一段写道：

> 对艺术家的上述看法最早应追溯到柏拉图，柏拉图认为，既然艺术家不能从道理上讲清他们的艺术是怎样创造出来的，就说明他们根本不知道自己在干什么，他们的创造实际上是在'神性的疯狂'中完成的。这种活动有时被称为'灵感'，有时被称为'缪斯'，在本世纪以来，它又被称为'无意识'。"（布洛克，《现代艺术哲学》P.113）

这段话共有两大句，前一个大句子较长，句子间有着顺承、解说、因果、并列等复杂的、多层次的关系：后一个大句子由三个结构相同的简短的分句构成，分句间的关系都是并列关系，显得整齐划一。两个不同性质的大句子配合使用，一长一短、一整一散、一繁复一简单、一抽象一明朗，显出一种参差变化的美感。

我国古代论文非常讲究句式的灵活运用，以使行文变幻多姿，达到生动表达的效果。如《文心雕龙·熔裁》中说："何谓附会？谓总文理，统首尾，定与夺，和涯际，弥纶一篇，使杂而不越者也。若筑室之须基构，裁衣之待缝辑矣。"开头用一疑问句提请读者注意，简练醒目；之后的解释，先用四个工整的3字句，接着是两个字数稍多的散句，然后再用两个对仗工整的6字比喻句，形成整——散——整的格局，整个解释于工整中有灵活，于活泼中见整饬，读来自然流畅。

论文并不完全靠抽象概念和逻辑推理来表述思想，恰当地使用一些修辞手法会使文章的表现方式丰富多姿。如比喻，能把无形的事理有形化，赋予深奥、抽象的理论内容以形象、具体的语言形式，增加文字表述的生动性和喻理的明确性。再如层递、反复、设问、反语等，都能增加文章的表现力。

论文研究的是学术问题，其科学性和学术理论性注定了论文的表达必须平实、质朴、严谨、客观，但并不等于说学术论文绝对不能要修辞。优秀的论文在运用修辞手法时很注意用修辞的"必要性"和"度"，该用则用，既不吝用，也决不滥用。恰当得体地运用修辞手法可以增强论文的说服力和吸引力。如黄理彪在论及图书美的共同性时说："希腊的荷马史诗，满足了全人类对神奇与辉煌的共同追求；文艺复兴时期卜加丘的《十日谈》，满足了全人类对自由爱情的肉体追求；而歌德的《少年维特之烦恼》，则满足了全人类对自由爱情共同的情感追求；现代美国海明威的《老人与海》，满足了全人类对人类自身坚强品格的共同追求；英国柯南道尔的《福尔摩斯探案集》，满足了全人类对罪恶的反对和对超凡智慧的共同追求，因此，这些图书在全世界都是受欢迎的，被认为是美的。"这一串极有气势的排比句，生动有力地说明了人类对图书的审美需求的共同性，从而论证了图书美具有共同性。

中文专业的论文，抽象性思辨性很强，有时不乏文采，试看一个同学的论述：

不得不承认，后现代已经形成了一个漩涡，人们往往在还未知觉到的状态下就已经被卷入进去，很少有人能够轻易逃离。不管对其采取什么样的态度，选择何种角度与立场，它都是我们无法绕过去的一道厚墙，我们"遭遇"了后现代。可以说，很少有人类涉及的领域能逃离它的影响，它渗入了艺术、哲学、经济、政尊、宗教等几乎人类生活的各个领域，许多东西都冠以"后现代"之名。当然，很多冠名纯粹只是一种时尚，一种赶潮流的做法，却也说明了其影响至深。在这样的社会语境之下，对于后现代出现的质疑已经不像最初那么强烈，对手它的争论已多属内部争议。

后现代定义含混，暧昧难明，界限模糊，难以界定，把所有关于它的观点以及对其概貌所作的描述比较总结起来——这样的研究几乎是不可能的——我们可看到一个庞杂繁复的"体系"的影子，之所以称其为影子，是因为按后现代的思维，根本不存在任何"体系"。体系意味着总体，有总体就意味着有本源、中心，从而带来一系列相关逻辑的事物，如本质、基础、理性、真理、必然、确定、同一、目的、历史、进步等等，或者可以统称为逻各斯中心主义。这些恰恰是后现代所要坚决反对的。但如果要试图真正地理解后现代，就不得不对其进行一些系统的概括，而且这也是可行的。这中间便存在悖论，后现代再怎么宣称反总体性，反同一性，崇尚多元性、差异性，也不能说明它本身是绝对差异与多元的。后现代也存在一致性，不然便失去了争议的共同平台，失去了对话的可能，所有问题都将被抹平以致消失不见，无所谓任何理解的存在。事实证明，后现代是可以被理解的，虽然这种理解的过程困难重重，理解的方式千奇百怪。

既然存在一致性，那么对于后现代的描绘便具有了可能性。但是要把所有关于后现代的问题论述清楚几乎是不可能的，对于后现代，我们很难获得其全部图景。在已有的研究成果中，往往是描述多于评论，争论多于定论，各类观点并存。本文试图从把后现代作为一种新的元叙事的合法化进程的角度出发，对其作一番简单的梳理。当然，后现代绝对与"简单"无缘，也正是由于它本身的复杂难解，作为初论者也只有用简单的方法去解这复杂的结。

——钟金花《后现代——一种新的元叙事的合法化进程》

这篇论文论述具有很强的思辨性、抽象性，但依然不失文采。

第五节　论文提纲的拟制

提纲就是论文写作的设计图，只有事先制定好周密严谨的写作提纲，有步骤、分层次地将自己的创见和研究成果集中表达出来，写出的论文才有可能是一篇论点突出、层次清晰、逻辑严密、主次详略得当并具有一定的学术价值的论文。

一、拟制提纲的意义

提纲是由序码和文字构成的逻辑图表，是文章的基本逻辑框架。

拟制提纲，就是先给论文搭一个骨架，即作者将自己的研究构想以简洁的语言符号形式记录下来，构成论文的写作蓝图。拟制提纲有以下几个方面的意义：

（一）拟制提纲是使作者思路固定的凭借

在拟制提纲之前，作者虽已对文章的观点、材料作了一定的准备，但这些观点、材料是模糊、混乱、粗糙的，作者并未对之作明确、系统的处理。在拟制提纲的过程中，为了把观点与材料统一组合成一个有说服力的体系，作者必须充分考虑和把握全文的谋篇布局、材料的取舍用度、论证的逻辑展开等各方面的因素，使之有机地结合起来，形成一条明晰、畅达、连贯的思路。写作提纲的过程，正是作者整理思路并使之系统化、定型化的过程。

（二）拟制提纲是使论文格局成形的过程

任何文章在写作之前，都必须酝酿、孕育一番。对于学术论文这类内容丰富、观点较多、篇幅较长、结构也较复杂的文章尤其如此，如不制订框架，辛辛苦苦收集的大量资料和作者许多有价值的观点就不能充分反映到论文中去。写作提纲就是这些酝酿、思考过程的文字化。作者思路物化以后，论文的论点与论点、材料与材料、论点与材料之间的逻辑关系显示得清清楚楚，作者据此可以考察论文的整体格局，如检查提纲是否紧扣中心论点，结构是否严谨，文脉是否畅通，层次是否分明，并可以对思路进行反复斟酌、深化和修改，从而选取论文的最佳结构方案。假如不是借助于写作提纲，作者思路很容易被遗忘，论文格局中有些问题也很难发现，如若带进论文行文中，将增加不少的困难。

（三）提纲是论文写作的依据和修改的标准

有了提纲，写作时只要照图施工，便纲举目张，按部就班，就能避免跑题和各部分不平衡，保证论文观点突出、条理清晰、内容均衡、前后照应，围绕中心论点分析精辟入理，令人信服。如果没有提纲，想到哪儿写到哪儿，"东一榔头，西一棒子"，就很难控制论文写作的思路与格局，容易"下笔千言，离题万里"，出现观点模糊、结构混乱、材料不当、佐证乏力、各部分内容失调、衔接不当等弊病，导致论文写作的失败。这样的文章虽费九牛二虎之力拼凑出来，又有何学术价值可言呢？可以说，提纲是指导行文的坐标和框架，它可以帮助思考、指导写作，避免写作中出现重大失误。

二、拟制提纲的要点

拟制提纲主要要考虑以下的问题：

（一）明确论点、分论点以及它们之间的逻辑关系

　　前面我们说了，论文的表现形态是由一系列概念、判断、推理所组成的逻辑论证体系。论文的基本框架是逻辑的，即以中心论点为核心，以并列或递进的小论点组成一个严密的无懈可击的逻辑网络，时空关系在论文结构中将失去它的地位，取而代之的是一般与个别、整体与部分、主要与次要、原因与结果、现象与本质等事理关系。

　　所以，我们拟制提纲，首要的是明确论点、分论点以及它们之间的逻辑关系。

　　1. 首先要明确，你这篇论文研究的是什么问题；你对这个问题有什么认识；你的认识有无新意

　　"你这篇论文研究的是什么问题"，也就是论文的论题。一篇论文，通常只能有一个论题，不能论题不清；中间不能转换论题。譬如说，你论文的题目是《以禅喻诗：传统诗学一个重要的批评方法》，你的论述就必须围绕"批评方法"这个论题，不允许东拉西扯，否则就是论题不清。

　　"你对这个问题有什么认识"——你既然研究这个问题，你总有自己的认识，这些认识是提炼你论文论点的基础，你没有自己的认识，就提炼不出文章的论点的。

　　"你的认识有无新意"——这就直接指向你文章的论点了。学术论文贵在创新，而创新的核心就在于有自己独到新颖的看法和见解，不能人云亦云，也不能简单地重复别人的观点。也许你的认识涉及到方方面面，但你不能重复已知的东西，只有新颖、正确的观点才有资格被确定下来。在研究过程中，我们对对象展开全方位、多角度、多层面的研究，可能会形成许许多多的认识、看法。如，我们研究一部作品，可能会涉及到它的主旨、人物、情节、结构、创作方法、艺术特点等诸多方面。但是，论文写作不可能把这些看法、认识都罗列出来，我们只可能抓住最主要的、最具个人创见和学术价值的某种观点来组织行文，把所有内容归结为某一点，围绕一个中心意思，集中论述自己独特的认识和看法。

　　2. 明确总论点和分论点之间的关系

　　你把你的见解确定下来以后，就要考虑从哪些方面去论述了，譬如做一篇《"以禅喻诗"：传统诗学一个重要的批评方法》，论述的思路可能是这样的：

　　　　一、一个重要的批评范畴
　　　　二、"以禅喻诗"的历史演进
　　　　三、"以禅喻诗"的基本特点
　　　　四、"以禅喻诗"的现代启示

　　在第一部分，你可能会对作为一种种批评方法的"以禅喻诗"表达自己的看法；在第二部分，你可能会论述作为一种批评方法"以禅喻诗"的历史演进；第三个部分，你可能会论证作为一种批评方法的"以禅喻诗"的现代启示——这样，你就完成了一个完整的论述过程。在每个部分的论述中，你也许会涉及到他人的研究和评价，但必须突出自己的研究和认识，而不是重复他人的研究成果。如果把各部分的见解综合起来，也就构成了你论文的总论点。

　　在构思阶段，明确自己的总论点并在行文中适当强调是很重要的事。我在指导学生作毕业论文时，常常要求学生动笔之前说出自己的见解，以免分散他的笔力，冲淡他的见解。但他们往往吱吱唔唔，说不清楚。说不清楚，也就是没有明确自己的论点。

　　再如，做一篇"论楚辞在汉代盛行的原因"的论文，我们论述的思路可能是这样的：

一、道家神仙思想的流行

二、统治者的喜好和提倡

三、楚人的故国乡土观念

四、"楚辞"的抒情特征和悲剧色彩

这四点也就构成了我们平时所说的"分论点"。

那么，我们首先要推敲的是，就是"总论点"与"分论点"之间的关系，这四点是不是"楚辞在汉代盛行的原因"，与中心论点关系不大的，就要忍痛割爱，敢于割舍；其次，我们还要推敲的是，这四个分论点是不是周全，有没有重要的遗漏；有没有相互包涵；有没有越级划分；有没有主次颠倒。如果没有，这个由总论点、分论点所组成的、无懈可击的逻辑论证网络就构成了。一个中心论点往往需要从几个不同的方面去证明，这就是论文的分论点，或者说，准备用哪些分论点支撑这个中心论点？这是不能不细加考虑的。有时候，分论点之下还有小论点。文章的论点，如同一棵大树主干上长出若干分枝，每根分枝上又长出若干小枝，它们构成了论文的基本骨骼。这些论点之间要有层次性，不能混杂，不能"越级"纠杂在一起，而应形成一个周密谨严的逻辑网络。一个缺乏严格训练的作者，往往容易在这方面失误。如，一个中心论点，明明可以从三个方面或四个方面去论述，你却丢掉了其中一个方面，你的思路就显得残缺；如果一个中心论点无法统摄所有的分论点、小论点，你的论文就会驳杂、游离；如果各分论点之间缺乏有机的联系，各分论点之间不是在同一个逻辑层面展开而是相互包容纠杂，你的论证就无法周密。凭借严密的思路和严谨的逻辑，能够准确把握论文的中心论点与分论点，使论点更加明朗与系统。为了写作的方便，还需要用写小标题的形式表述出来。

(二)精选材料

随着论点的明确，接下来就是根据表达论点的需要选定材料。在研究过程中，研究者通过各种途径，得到了各种各样的材料，为行文表达作了充分的准备。但所选材料决非多多益善。在进入具体的写作环节后必须筛选出最有用处、最能说明论点的材料。这就涉及到材料的取舍问题。

材料的取舍不能任意进行，必须遵循一定的标准：

1. 要选取确实可靠的材料

"作议论文字，须考引事实，不使差忒，乃可传信。"只有从真实准确的材料出发，才能得出正确的结论。资料不够准确，结论必然有误，读者也会对论文的观点产生疑问。必须确保材料来源的可靠和材料内容的客观、真实、完整，不能出现差错。

2. 要选取翔实典型的材料

所选材料必须同观点的内涵相符合，能充分、足够、有力地支撑论文的观点。如果所选材料不能说明观点，而是一些马马虎虎凑合着论证的材料，那论述就会显得牵强，写进论文只能徒增纰漏。

3. 要选取富有新意的材料

新颖独创的学术观点的提出与新颖的材料的使用是分不开的。所选材料要有一定的深度和广度，能提出一些别人从来没用过，自己挖掘、整理出来的材料，或别人虽然用过，但能作出新解释，写出新意的材料。如果没有一点新颖的材料，全是随处可见、随手可抄的材料，论证乏力姑且不论，在资料占有上就后人一步。这样的材料所提供的信息量无疑是很小的，也很难引起读者的注意。

4. 要考虑材料的搭配

除材料的确实、典型、新颖外，通常还要考虑材料的搭配。在论文中，材料是论据。论据可分为事实论据和事理论据两大类，在选取论据时，不能不考虑两者的安排。从论证的角度看，有正面论证、侧面论证、反面论证，选择论据时就不能不考虑论证的需要。一篇论文，往往需要从多个方面有详有略地展开论证，不能平均用力，没有重点，选择论据时就必须考虑全篇的均衡与轻重主次，不能留下明显的薄弱环节。最后还要根据论点，将精选出来的材料进行分类，将它们分属于它们所要证明的中心论点、分论点、小论点，并按论点先后顺序排列好。

（三）安排结构

安排结构，是指明确论点、选好材料的前提下，根据论证需要，选择一个最好的角度，安排好论述的次序。

一般说来，论文的结构并不复杂，通常是按照"引论""本论""结论"三个部分构想。但是，如何导入"引论"，如何展开"本论"，如何得出"结论"，这个次序和规则并不是随意的，而要符合事理，符合文理，符合思维和语言的逻辑法则。大致说来，安排结构有以下几条原则：

1. 结构布局要正确反映客观事物的发展规律和内在联系

客观事物虽然千姿百态，变化无穷，但总有其自身固有的发展规律。作为科学研究成果载体的学术论文，其结构应准确反映客观规律，并按照人们的思维规律依次逻辑展开，先"提出问题，接着加以分析，然后综合起来，指明问题的性质，给予解决的办法。"（毛泽东《反对党八股》）

"提出问题"是研究的缘起，可以开门见山出示观点，交待研究目的；也可以间接写明原委，引事入理，提出自己对问题的基本看法。

"分析问题"是论文主体和核心环节，论文的学术价值和研究深度就在这里体现。作者要通过充分的事实论据、事理论据和强有力的逻辑论证，对问题作深刻、中肯的分析，充分、鲜明地表达作者的观点，集中表述研究成果，为论文的结论准备条件。

"解决问题"是论文的目的和本质，作者在充分论证的基础上提出论证结果，即提出对问题的总体性看法、总结性意见。

2. 结构应为中心论点服务

论文的中心论点始终在论文中占据至高无上的位置。论文结构必须围绕中心论点展开，使繁多的论点、论据汇集成有机的一体，而无背谬混乱的现象。此外，各分论点和论据排列的顺序，主次的选择，阐述的详略，层次和段落的安排，开头和结尾的写法，过渡和照应的衔接，都应紧紧围绕表达中心论点的需要而展开。结构安排取决于中心论点，反过来又直接影响中心论点的表达。二者互相制约，互为因果。要精心安排结构，使论文的总体布局成为表现中心论点的最适当最有力的形式。

写作提纲常见的结构层次图是：

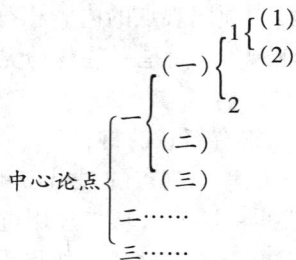

$$\text{中心论点}\begin{cases}\text{一}\begin{cases}\text{（一）}\begin{cases}1\begin{cases}(1)\\(2)\end{cases}\\2\end{cases}\\\text{（二）}\\\text{（三）}\end{cases}\\\text{二}\cdots\cdots\\\text{三}\cdots\cdots\end{cases}$$

　　如图所示，图中的一、二、三表示中心论点之下的分论点，（一）、（二）、（三）表示"一"这个分论点之下的小论点，以此类推。由此可见，论文的结构布局必须围绕中心论点展开，它的核心地位一目了然。

　　3. 完整缜密、严谨自然

　　论文是由中心论点、各分论点及小论点构成的一个严密的论证体系，因此，要求论文结构完整、逻辑缜密、组织严谨、衔接自然。

　　所谓完整缜密，指安排结构不能光从单个因素考虑，而要形成一个各要素有机配合的综合体。论文各组成部分要齐全，没有残缺，并且各组成部分不是孤立、各不相干的，而是从整体出发，进行全盘统筹，从不同方面、不同角度去论证中心论点，突出中心论点。

　　所谓严谨自然，指论文各部分安排要紧凑有序、匀称均衡、首尾呼应、文脉贯通。论点、论据和论证须在主线贯串下环环相扣，并且无阻塞、脱节、轻重倒置或比例失调之弊。

三、拟制提纲的方法

　　提纲有"粗纲"与"细纲"两种。"粗纲"只显示内容的层次、主要论点、论据以及结构脉络等，即粗线条地把论文总体轮廓描绘出来，有点像工程上的"草图"，只看出大致模样即可。"细纲"则写得比较详细、具体，要把各级大小论点、主要论据安排、论证方法、主要段落等项目详细列出，显示出论文主要骨架和梗概的基本面貌。"粗纲"与"细纲"的采用，与论文所涉范围、复杂程度、篇幅大小等有关，也与作者的爱好、习惯有关。一般说来，宜细不宜粗，过于疏略，就没有起到提纲的作用，写作时难以把握，容易出现跑题、顾此失彼的情况。也可以将"粗纲"与"细纲"合起来用，先拟"粗纲"，再充实、扩展为"细纲"，按"细纲"写作。

　　通常按以下路径拟制提纲：

　　（1）用最简洁、鲜明的语言概括论文主旨，拟好论文标题；

　　（2）用写主题句的方法概括出论文的中心论点；

　　（3）安排论文全篇的结构布局，确定从哪几个不同的方面去论证中心论点（即考虑中心论点之下的各分论点及小论点）；

　　（4）把材料分属于它们所要证明的论点，并标上序码备用；

　　（5）全面检查论文提纲，还应作进一步的推敲与调整。

　　试看下面的论文：

论文学形象的形成过程

赵炎秋

　　内容提要　形象是生活的反映，但形象不等于生活，客观的生活是怎样变为文学形象的，现有的理论并没有给予正面的回答。本文认为，从生活到形象并不是一个"提炼"的过程，而是一个"转换"的过程。作者从主观上把握生活，再用感性的形式将把握到的生活表现出来，就成为文学形象。这可以称为生活的形式化。形式化有主观化、简化、情感化、变形、定型和物化六方面。文学形象就是用语言构建的形式化了的生活。

　　关键词　形象　生活　形式化

　　形象理论认为，文学形象是生活的反映。这是正确的。但是文学毕竟不是生活，文学形象与生活之间尚有着很长一段距离，这段距离是怎样消除的？形象理论似乎没有进行详细的探讨。关于生活与文学形象之间关系的论述倒不少，但大都是从对于生活的

"提炼"，也就是说，是从源于生活，高于生活，或者是从深入生活，提炼主题，构思情节，塑造人物等的角度谈的。然而经验告诉我们，文学形象的产生并不一定要对生活进行"提炼"。一方面，某些自然事物和生活事件，只要按其本来面貌叙述出来，就能成为很好的文学形象；另一方面，不少作家在创作时，也并未有意识地去提炼什么，而只是把自己感受到的生活用文字表现出来。这说明，从生活到形象并不是一个"提炼"的过程，而是一个"转换"的过程。作者从主观上把握生活，再用感性的形式把这种把握到的生活表现出来，就成为文学形象。我们可以把这一过程称为生活的形式化。从根本上说，形式化才是文学形象形成的基本形式。然而对于这一基本形式，传统的形象理论却在某种程度上忽视了，至少是没有从正面进行详细地探讨，而这本应是形象理论的任务。本文试图补做这一工作。

本文认为，生活的形式化可以从这样几个方面或者环节来探讨。

一、主观化

由于实质以及所处的时空不同，表现形式等的限制，客观生活不可能直接成为文学形象的材料。作家必须先从观念上把握生活，把客观生活内化为内在于自己头脑中的意识之后，才能开始创造文学形象。这就是主观化。

主观化可以从三个方面理解。

首先，主观化是对客观生活的意识。

作家要把客观生活转化为自己主观意识中的生活，首先得意识到它。如果意识不到，生活对于作家就是一片空白，主观化就无从说起，形象的创造也就无法进行。这就好像一个从未到过异国也没有从任何其他的渠道得到与异国有关的信息的人，无法形成与异国有关的意识，因而也就无法创造出与异国有关的文学形象一样。然而，对生活的意识并不是一件自然而然的事。人们整天生活在各种事件之中，能够真正意识到的并不多。不同的人经历同一件事，能够把这件事印在自己的头脑之中，内化为自己的意识的也不多，不少人在事件过后也就将它忘却了。这说明，对生活的意识需要长期的训练和有意识的努力。

其次，主观化意味着对生活进行抽象。这里的抽象并不是把活生生的生活抽象成干巴巴的概念，而是指把生活的感性形式从具体的生活中提取出来。苏珊朗格认为："一切艺术都是创造出来的表现人类情感的知觉形式。"[①]黑格尔指出："艺术作品尽管有感性的存在，却没有感性的具体存在。""尽管它还是感性的，它却不复是单纯的物质存在，像石头、植物和有机生命那样。艺术作品中的感性事物本身就同时是一种观念性的东西，但是它又不像思想的那种观念性，因为它还作为外在事物而呈现出来。"[②]生活是一个复杂的实体，既有外在的表现形态，又有内在的物质实在。人们可以从外观上把握它，也可以以概念的形式把握它。然而作为形象形成环节之一的主观化，却只能从外观的角度把握生活。因为文学家们无法表现生活的内在的实质，他们只能提取生活外在的感性形式，作为自己的材料。比如一个人，他有外部的表现形态如外貌、表情等，同时也有内部的物质实在如骨、肉、内脏等。一个画家要把这个人表现出来，他能表现的只是他的外部感性形式，内在的物质实在是表现不出来的。文学也是如此。自然，文学不仅能够表现外部世界，也能表现人的内心世界如思想、感情等等。但这些思想感情本身仍有感性的表现形式和抽象的实在的区分。作者创作时提取的，仍然是那感性的表现形式。比如托尔斯泰，在描写人物心理时，他不是简单地说出一些抽象的概念，而是如实际发生的那样描写人物心理的发生、发展、变化的过程。

第三，主观化还意味着对生活的语言化。生活与文学并不处于同一时空，作家要进行创作，就必须把自己意识到的生活语言化。汪曾祺认为："一个作家要养成一种习惯，时时观察生活，并把自己的印象用清晰的、明确的语言表达出来……记忆里保存的这种用语言固定住的印象多了，写作时就会从笔端流出，不觉吃力。"③意识到的生活经过具象的抽象之后，不一定是以语言的形式存在于人的意识之中，它们也可能以空间的形式存在着，如一个人的外貌。要使它们成为文学形象的材料，就必须把它们转化为语言的形式。这样，形象的塑造才有可能。生活中常常见到这样的情况，有的人脑海里明明有许多空间的意象，但就是不能用语言将它们表现出来。很明显，这样的人生活再丰富，也是不能进行文学创作的。自然，语言化并不是说得把所有意识到的生活都转化成语言的形式存于大脑之中，但起码得具备将其语言化的能力，一旦需要，就能顺利地加以运用。

笔者以为，主观化是文学形象形成的基础与出发点。如果说，从生活到形象是一个质的变化，那么，主观化便是质变的关键。客观生活只有经过主观化之后，才能进入文学形象，否则，它将永远处在文学形象的大门之外。自然，这里说的主观化可以在直接经验的基础上进行，也可以在间接经验的基础上进行；可以是对实有生活的主观化，也可以通过想象、联想等进行虚幻的主观化。

二、简化

所谓简化，就是对生活的压缩和选择。

先谈压缩。苏珊·朗格认为，诗歌艺术最基本的幻象就是生活的幻象，"使它迥异于实际生活片段的突出标志，是它所含的事件被简化了。"④任何文学作品都没有生活那样大的容量，即使是史诗性的长篇巨著，也不可能容下它所涉及到的生活的所有的内容，必须对之进行压缩。自然，这种压缩不是要把生活的内容挤压成一团，像压缩饼干那样，而是要把与形象的塑造有关的内容留下来，把无关的去掉。如同黑格尔所说："诗所应提炼出来的永远是有力量的、本质的，显出特征的东西……如果把每件事或每个场合中现在目前的东西按其细节一一罗列出来，这就必然是枯燥乏味，令人厌倦，不可容忍的。"⑤比如现实生活中的赛马，它可能长达几个小时，任何文学家都不可能把这些东西全都描写出来，他只能按照塑造形象的需要，把其中最精彩、最合适的部分描写出来。如托尔斯泰在《安娜·卡列尼娜》中对安娜在赛马会上的描写。自然，有的作品有时也可以把一件小事或一段很短时间中发生的事拉得很长，写得非常详细。前者如冈察洛夫的《奥勃洛摩夫》中对奥勃洛摩夫起床的描写；后者如乔伊斯的《尤利西斯》，三个主人公不到一天的经历，作者写成了一部皇皇巨著。这似乎表明形象不光是要简化生活，也有拉长生活的一面。这种看法无疑是不正确的。把一小段生活拉得很长，一般有两种方法，一是在这段生活中加进许多的穿插，如《奥勃洛摩夫》一是详细地描写这段生活的方方面面，如《尤利西斯》。但这实际上并没有将生活拉长，而且我们可以肯定地说，实际的生活内容比这些描写所涉及的还要更多、更详细。比如，"他急忙把书往口袋一塞，脚尖还在破便盆架上绊了一下，慌慌张张地冲着糊味的方向跑去，下楼梯的脚活像一只受惊的鹳。一股刺鼻的烟从平底锅的一侧猛冲上来。他把叉子尖插到腰子底下，把它拿起来翻了一个身。只烧糊了一点儿。他把它从锅上颠到一个盘子上，然后把所剩不多的酱色汤汁浇在腰子上。"⑥布鲁姆的这段活动至少还可以加上他下楼梯的动作，他拿起叉子的动作，此外，还有他这段时间的心理活动，等等。可见，这段描写虽然详细，但仍然省掉了不少东西。可以说，形象的容量永远比不上生活本身的容量，形象对生活进行压缩，是完全必要的。

再谈选择。黑格尔说，艺术"要把现象中凡是不符合这概念的东西一齐抛开，只有通过这种清洗，他才能把理想表现出来。"他把这叫作艺术的"谄媚"，并且断言任何一个艺术家都必须谄媚。⑦这是因为，现实生活太丰富复杂了，文学形象不可能把它们全都反映出来，只能表现其中的一部分。选择与压缩不同，选择指的是对生活进行取舍，选定其中的某些部分作为形象的材料，压缩指的是在这些选定的材料中去掉那些与形象的塑造无关的东西。比如托尔斯泰的《安娜·卡列尼娜》中的赛马会。作者决定重点写安娜的心理活动与行为表现，这是选择；而在写心理活动时写哪些东西，去掉哪些东西，则是压缩。但是从此也可看出，两者有密切的联系。可以说，选择是对生活本身的压缩，以提炼出能够进入形象的材料，压缩是对材料的选择，以提炼能够进入形象的内容。

之所以要对生活进行选择，其原因首先自然是塑造形象的需要。形象是一个有生命的有机体，与现实生活不可能完全重合。这样，就必然要对现实生活有所取舍。其次与作者和读者的文学活动也有一定的关系。作者与读者的文学活动都不是无意识的活动，必然会有一定的主观意向，这种意向与现实生活也不可能完全重合，也需要对生活进行取舍。比如，对生活持积极态度的作者与读者希望看到生活中光明的一面，而对生活持消极态度的作者和读者则愿意看到生活中阴暗的一面，但生活总是光明与阴暗相共，希望与失望共存，要满足作者与读者的不同的愿望，选择是必不可少的。即使是那些强调"原汁原味"，强调形象与生活一模一样，不做任何加工的作品，也存在着选择。因为这种一模一样实际上只是形象所表现的生活的形态与现实生活一模一样，而不是指两者之间的实际上的对等。一个人作报告，讲了两个小时，再"原汁原味"的作品也不可能把它原原本本的叙述出来，必然要有所侧重，这里面就必然包含了选择。

形式化一方面简化了生活，一方面又使简化了的生活更具普遍意义。因为被简化了的生活已不再是生活中的一般现象，而是人的创造，成为一种意向性的生活现象，从而更具本质性和代表性，意味着更多的东西。

三、情感化

本文的情感是广义的，指的是人的所有的主观因素。所谓情感化，主要是指在形象的创作过程中，作者的主观因素对形象的渗入。

文学形象是人的创造，必然打上作者主观的印迹，不管是否愿意，是否自觉。郑板桥《题画竹》云："江馆清秋，晨起看竹，烟光、日影、露气，皆浮动于疏枝密叶之间。胸中勃勃遂有画意。其实胸中之竹，并不是眼中之竹也。因而磨砚展纸，落笔倏作变相，手中之竹又不是胸中之竹也"郑板桥这段话，谈到了构思、表达两个阶段画家主观因素的渗入。其实我们还可以加上观察阶段："眼中之竹，亦不是自然之竹也。"自然之竹，是一个全方位的实体存在。画家观察，只能够看到它的外在表现形态，这与自然之竹便有了距离。而且画家只能站在一个角度观察，只能看到竹子的一个侧面。即使像西方现代派画家一样把竹子的几个角度的外在形式都表现在画上，也只能表现出竹子的无数侧面的某些部分。另一方面，就是从一个角度观察，也很难把竹子的全貌完全把握住，总会有一定的疏漏。因为事实上，人的眼睛总是倾向于看到自己注意的东西。由此可见，即使在观察阶段，人的主观因素也已渗入到形象之中。

绘画形象中有主观因素的渗入，文学形象同样如此。因为文学形象的创造方式虽然与绘画不同，但其本质却是完全一样的。维柯说："诗的最崇高的工作就是赋予感觉和情欲于本无感觉的事物。"⑧有的作家主张纯客观地描绘客观世界，不掺杂作者任何主观的好恶、评价与感情，即所谓作家的"完全退隐"。但完全退隐只能是一种美好的愿望。福楼拜是最早提倡客观的创作方法的作家之一，但在《包法利夫人》中，他对爱玛的同情明显可见。新小说派主张"写物"，强调对某一客观事物的各个方面进行详细的描写，去除任何情感因素，甚至连带主观色彩的形容词也不要，而只使用"表明视觉的和描写性的词"。因为"物件悍然不顾那些我们赋给它以灵性或摆布它的形容词，它仍然只是在那里。"⑨但新小说派之所以这样主张，首先与它对传统文学的看法有关，其次与它提倡的创作方法有关，再次，与它对事物即客观世界的看法有关。因此，看似纯粹的写物，仍包含了主观的因素。

自然，在不同的文学形象中，对生活的情感化的程度是不同的，我们大致可以把它们分为三类。

第一类可以称为低度情感化。在这一类中，作者总是尽量客观地、不动声色地描写客观世界，尽量不在形象中渗入自己的思想、感情、评价。但正如我们前面所分析的，他们也无法完全避免在形象中渗入自己的主观因素。如自然主义、新小说派等。

第二类可以称为适度情感化。适度情感化指作者有明确的主观意向，并在创作中有意识地把它们表达出来，以表达自己的观点、感情、评价，感染、打动甚至说服读者。如十九世纪的一些浪漫主义作家和狄更斯、巴尔扎克、托尔斯泰这样的现实主义作家。不过，在适度情感化中，作者虽然热衷于把自己的思想、感情、评价等渗入文学形象，但这些思想、感情、评价总是通过形象表现出来，读者只能通过形象感受到它们。

第三类可以称为过度情感化。作者在创作时表达自己的思想、感情、评价的愿望过于急切，导致他们抛开形象，在作品中直接把这些东西表达出来，或者让形象为表达自己的思想感情服务，破坏形象自身的独立自主性或内在逻辑，使形象不再是一个活生生的有机体，而成为一种标签或传声筒。直接的宣泄代替了间接的渗入，这就是过度情感化的主要特征。由于破坏了形象本身的内在生命，过度情感化难以创造出十分成功的艺术形象。如马克思、恩格斯曾批评过的"席勒式倾向"。不过，席勒的创作既有把人物作为作者思想的传声筒的一面，也有克服这种倾向的一面。前者是他的弱点，后者则正是他的成功之处。

自然，上述三者之间的界限并不是截然分明的。正如恩格斯所说："一切差异都在中间阶段融合，一切对立都经过中间环节而互相过渡。"⑩三者之间的区别也是一个渐进的过程。另一方面，在实际创作中，它们往往也是互相交织的。同一个作家，同一部作品，往往既有低度情感化，又有适度情感化和过度情感化。如托尔斯泰的《复活》，整部小说从整体上看，形象的情感化程度属于适度，但在小说的结尾，作者却大段地引用了《圣经》中的语句，以表达自己的思想，这就超出了塑造形象的需要，成为过度情感化。

过度情感化有时造成与形象脱节的部分，如议论、不必要的直接抒情等，但它们仍不可能完全脱离形象。比如议论，与议论文中的议论就有区别。议论文中的议论是全文的中心；而文学形象中因过度情感化形成的议论却没有独立的生命，它依附文学形象而存在，在总体上仍是形象的一个松散的部分。如《复活》结尾所引用的大量的来自《圣经》中的语句，虽然它们更多的是托尔斯泰自己的思想的流露，但它们仍与形象有一定的联系。在形式上，它们是聂赫留朵夫翻看《圣经》的结果，是人物活动的一部分；在内容上，它们表现了聂赫留朵夫此时的心情、思想，间接地表现了他在度过陪同玛丝洛娃一起流放的日子之后，内心正在经历着一场深刻的变化，思想道德正在走向真正的复活。

四、变形

如果从主观因素渗入的角度看，变形也是一种情感化，但是它与前面讨论的情感化却有不同。情感化是指作者把自己的主观因素渗入构成形象的生活材料之中，变形指的是作者为了实现自己的意图，表现自己的思想、感情、评价，对生活材料有意地进行扭曲、改变，这样，创作出来的形象在表现形态上便与现实生活有了一定的距离，有时甚至有很大的距离，人们明显地感到形象不是现实生活中所可能有的。

全面地看，变形也有两种类型。

一种是指从常识和逻辑的角度看，形象所表现的东西，在现实生活中是不可能发生的。但这又有两种情况，一种是在现实生活中绝对不可能发生，一种只是从常识和逻辑的角度看不可能发生，即不符合亚里士多德所说的可然律和必然律，但在现实生活中倒也不一定真的没有。前者如卡夫卡的《城堡》，土地测量员 k 到城堡去，他明明看见城堡就在眼前，但从早晨走到晚上，城堡还是在前方，他与城堡之间的距离一点也没有缩短。后者如雨果的《九三年》。朗德纳克侯爵为了救三个孩子，自己成为了共和国军的俘虏。自然，我们并不认为朗德纳克不可能有良心发现，而是认为，作为一个有着坚定的政治立场和既定的目标，为复辟王权把一切置之度外的死硬贵族，他不可能为了救三个孩子而放弃自己肩负的重任和伟大的目标，何况，他还可以派自己的手下人去。但是，这只是从常识和逻辑的角度看是如此，我们却无法肯定地说，现实生活中不可能有这样的事。

另一种类型的变形则是从生活的外在表现形态的角度而言的。也就是说，文学形象不再取现实生活的表现形态，而是虚构出另外一种不同的表现形态。如卡夫卡的《变形记》，旅行推销员一觉醒来，竟变成了甲虫；或者，如我国的《西游记》，里面的人物不是三头六臂，便是能够腾云驾雾，变化万千。自然，这种变形仍是以现实生活为基础的，但在表现形态上，又的确与现实生活有着质的差异。这类变形也有两种情况。一种是整个形象系列中，只是一部分主要人物的外型起了变化，整个形象体系总体上仍与现实生活在形态上保持了一致。如卡夫卡的《变形记》，格里高尔虽然变成了甲虫，但他的家庭和他周围的一切却仍保持着现实生活的本来形态。另一种是整个形象体系都与现实生活拉开了距离，不复是现实生活中的常态。如我国的《西游记》。本文所说的变形，主要是指生活的表现形态上的变形，同时也包括前一类型中的第一种情况，即从常识和逻辑的角度看，形象所表现的，是现实生活中根本不可能有的。

作家之所以要对生活进行变形，根本的原因还是要表达自己的意图、思想与感受。现实生活的表现形态虽然丰富多彩，但毕竟是常态的。有时作家的感受十分强烈，现实的常态的表现形式已不能满足表达的需要，于是，变形就开始了。如同是表现人在邪恶面前的随波逐流，安徒生的《皇帝的新衣》是通过日常的生活形式表现出来的。故事中的皇帝和他的大臣都怕被人认为愚蠢，不敢肯定眼见的事实，只有一个孩子没有思想负担，天真地指出了事情的真相。但是对于法国荒诞派作家尤奈斯库来说，这种表达方法已无法表达他的强烈的感受。于是在剧本《犀牛》中，他让人物变形，通过大家争先恐后地变成犀牛这一不可能的生活现象，来表现自己的强烈的感受与意图。

形象塑造要对生活进行变形的其他原因还有形式上创新的需要，对效果的追求，甚至标新立异，玩弄智力游戏等。其中形式的创新是最重要的。

从作家的主观意识的角度看，变形有两种情况：一种是无意为之，一种是有意为之。前者如神话。神话中有变形，但这种变形对于它的创造者来说是无意识的，因为他们的生活观本来就是如此，那些虚幻的神们在他们看来不仅存在于想象之中而且存在于现实之中。后者如西方现代派的一些作家。他们明知自己塑造的形象在现实生活中是不存在的，但是他们偏要这样塑造。其中一个重要的原因就是形式上创新的需要。20世纪西方作家面对的传统文学是一种高度发展、高度成熟、名家辈出的文学。特别是19世纪的浪漫主义和现实主义文学，要超过他们并不容易。20世纪西方作家为了突破前人的成就，在各个方面进行了创新，其中一个重要的方面便是生活的感性表现形式。由于传统文学采用的基本上是生活的常态形式，这种创新的结果便必然是生活的变形。

应该说明的是，变形并不是形式化过程中的一个必然环节。有些形象，或者毋宁说大多数形象并不一定需要对生活进行变形。但是，变形在形式化的过程中仍有着重要的意义。它帮助了作者主观意图的表达，有助于加深扩大对生活的反映和表现；它有助于创造一类有特色的文学形象，丰富了形象的世界；它扩大了读者欣赏的范围，有助于加深他们对世界和文学的认识，带给他们美的享受。

五、定型

定型指形象的修整、组合。经过主观化、简化、情感化和变形（如果需要的话）后的生活还不是形象，只是构成形象的片段，要成为形象，还需对它们进行加工、整理，使之成为一个有生命的整体。这主要包括两个方面。

首先是修整。这意味着根据形象整体构思的要求，对入选形象的片段进行最后一次筛选。这些片段在简化阶段已经经过了选择，但那种选择还只是初步的，因为整体形象尚未形成，只能把可能需要的材料选择出来，而在形象最后形成的过程中，这些材料又可能有不合需要的，因此还需进行筛选、补充。如魏巍写《谁是最可爱的人》，第一遍写了十几个事例，相对于他的采访，这些材料无疑都是经过简化和主观化了的，但是它们并不能很好地塑造出"最可爱的人"这一形象，它们太繁杂了，以至模糊了形象的本质和特征。于是魏巍又大刀阔斧地删削，最后选择了三个事例，把它们组合起来，形象形成了，作品取得了成功。海明威为写《老人与海》，准备了一千多页的材料，结果只写了一百多页，其筛选量也是惊人的。

修整还意味着对个别材料进行调整，使其符合整体形象的需要。法捷耶夫在塑造《毁灭》中美缔克这一形象的时候，原来打算让他自杀，后来放弃了这一打算，改为逃跑。其原因是因为美缔克是一个绝对的个人主义者，他不会因为自责而放弃自己的生命。原来准备的材料不符合这一形象的整体规定性，因而在塑造形象的过程中，作者对之进行了调整。

定型的第二个方面是组合。所谓组合，就是对经过筛选的材料进行安排，使之互相联系，成为一个有机的整体也即文学形象。相传古希腊著名画家宙克西斯为了画出希腊传说中的著名美女海伦，从街上找来了许多美女，一一观察，然后取她们各自的长处，组合起来，终于画出了一个举世无双的美人。如果把这些美女各自的长处看做是构成形象的一个个片段，那么，还必须将它们按照一定的意图、原则、顺序等进行组合，才能成为形象。如果把某个美女的胸脯放在所画的形象的脑袋的位置，而把另一个美女的脑袋放在腰干的位置，那么，这些片段本身再美，组合起来的形象也不会是传说中的美人海伦，而是一个令人作呕的四不像。文学形象的塑造也是如此。作家们常常有这样的感受，有时，各种意象都有了，但就是组不成形象。这时，突然受到什么启示，思路打开，形象的总体构思形成，于是，各种意象很快地按照一定的顺序各就各位，互相联系，完整的形象也就形成了。

自然，组合不是拼积木，片断也不是一块块的积木。组合也是一个创造的过程。在谈电影蒙太奇的时候，爱森斯坦曾举了一个著名的例子，有三个镜头：1. 一张微笑的男人的脸，2. 一只瞄准的手枪，3. 同一个男人的恐惧的脸。如果把这三个镜头按照1、2、3 的顺序组合起来，我们就会得出这个男人是个胆小鬼的印象，如果把这三个镜头按照3、2、1 的顺序组合起来，男人便显出了英雄气概。文学形象也是如此，同样的片断的不同组合，产生的形象也有一定的区别。另一方面，在组合的过程中各个片断也不是一成不变的，它们实际上也处于一个动态的过程中，需要根据形象的需要和相互之间的关系进行调整。

六、物化

经过主观化、简化、情感化、变形和定型之后，文学形象便形成了，但它还在作家的头脑里面，因此还必须用语言文字外化出来，具有可以为人感知的物质形式，否则文学形象就没有最后完成。因此，形式化的最后一个环节便是物化。意大利美学家克罗奇反对把物化看做艺术的必要组成部分。他认为："审美的事实在对诸印象作表现的加工之中就已完成了。……此外并不需要什么。"⑪外化属于"后来附加的工作"，它就"像把乐调灌音到留声机上，这种活动只是实践活动而不是艺术活动"，它所产生的只是艺术的"备忘录"⑫因此，艺术品在心中就完成了，从艺术和审美的角度看，根本无需传达出来。至于仍然有人把它传达出来，成为物化的形式，那是出于功利等目的，与艺术无关。针对克罗奇的观点，朱光潜指出：第一，构思与完成作品之间还有很大的距离，还要经过一段艰苦的工作。一个人可以想到许多美妙的意象，但由于没有绘画的训练，却无法把它画出来，成为一件艺术作品。第二，在实际创造中，想象和传达并不是可以截然分开的。画家想象人物模样时，就要连颜色线条光线一起想；诗人想象一种意境时，也要连文学的声音和意义一起想。从艺术史上看，媒介和传达技巧的变迁可以影响艺术本身的风格。因此，传达不能说是纯粹的"物理的事实"，传达的媒介与技巧对于艺术也有一定的重要性。第三，蔑视传达实际上就是蔑视艺术的社会性和社会功用，实际上也就否定了艺术本身。朱光潜先生的批驳是很有说服力的，但我们还想从文学形象的角度补充几点。第一，物化才是形式化过程的终结，是形象的最后完成。因为物化的过程也是形象构建的过程。物化并不是按照某个蓝本进行的抄写活动，在物化的过程中，作家仍在对形象进行建构。

虽然这时形象的基本轮廓已经确定，但小的修改还是有所发生。而且有些问题，也只有在物化的过程中才能发现。比如画家构思了某一形象，在想象中，这一形象应具有某种色彩，但在物化的过程中，他发现这种色彩实际上调不出来，他只好对形象作些调整，改用另一相近的色彩，另一方面，人脑的容量总是有限的，记忆力也总是有限的，文学作品特别是篇幅较大的文学作品，其容量往往超出了人的记忆力所许可的程度，这样，就必然在构思上存在某些模糊之处，这些模糊之处也只有在物化的过程中才能发现并加以消除。第二，文学形象无论是审美的、娱乐的，还是教育的、认识的，或者既是审美的娱乐的，又是教育的认识的，总之，它主要不是作用于作者本人，而是作用于读者。如果作者心中形成的形象不传达出来，变成可感的物质形式，它就无法起到自己应起的作用。因此，为了完成自己的功能，形象必须物化出来。第三，想象中的形象是不固定的。人脑的机制决定了它不可能把某种东西特别是容量丰富的东西原封不动地恒久地保存下来。许多文学形象对于作家本人都是一种不可重复的体验，如果不及时用文字固定下来，过去之后就很难完整地再现。而且，作者有意无意的，总要对它进行修改和补充。而且即使不进行修改补充，只要形象没有物化出来，他就总是处于和遗忘作斗争的过程中。他总是要作出努力，以"抓住"逐渐消失的东西，而且这种抓住往往不是原样的重复，总会有一些细微的变化。由此可见，作者头脑中的形象总是处于变动的过程中，只有经过物化，以文字的形式固定下来，形象才算最后完成。因此，物化是形式化过程中的一个必不可少的环节。经过物化之后，形象便最后形成了。从这个角度，我们可以给出如下的定义：形象就是生活的形式化，文学形象就是用语言构建的形式化了的生活。⑬

　　本文把从生活到形象的转换过程也即形式化的过程分为六个环节，每个环节又分成若干步骤，只是为了叙述的方便，并不是对创作过程的实际描述。实际上，在形式化的过程中，这些环节和步骤很多时候是同时发生的，即使不是同时发生，其先后顺序也不一定恰如本文所描述的。本文所描述的顺序，与其说是对实际的创作现象的一种经验的概括，不如说是一种逻辑的叙述。艺术创作带有感性直觉的特征，成熟的艺术家一眼就能抓住自己需要的东西，形成艺术形象，形式化的过程压缩在一瞬间之中，甚至觉察不出这一过程的存在。有时这一过程又可能拉得很长，甚至在某一环节卡了壳，久久形不成形象。而在形式化的过程中，各个环节也不是各自独立进行的，而是互相交错、互相渗透、互相影响的。在简化中有情感化，在变形中又有定型。

注释：

　　①苏珊·朗格：《艺术问题》，滕守尧等译，中国社会科学出版社1983年，第75页。

　　②黑格尔：《美学》第一卷，朱光潜译，商务印书馆1979年，第46、48页，第214页，第200页。

　　③汪曾祺：《揉面——谈语言运用》，《花溪》1982年2期。

　　④苏珊·朗格：《情感与形式》，刘大基等译，中国社会科学出版社1986年，第242页。

　　⑤黑格尔：《美学》第一卷，朱光潜译，商务印书馆1979年，第46、48页，第214页，第200页。

　　⑥《尤利西斯》，金　译，人民文学出版社1994年，第101页。

　　⑦黑格尔：《美学》第一卷，朱光潜译，商务印书馆1979年，第46、48页，第214页，第200页。

　　⑧《郑板桥详注》，王锡云注，吉林文史出版社1986年，第373页。

　　⑨维柯：《新科学》上册，朱光潜译，商务印书馆1989年，第115页。

　　⑩罗伯·葛利叶：《未来小说的一条道路》，《现代主义文学研究》，袁可嘉等编选，中国社会科学出版社1989年，第597页、594页。

　　⑪《马克思恩格斯选集》第1卷，第535页。

　　⑫克罗奇：《美学原理·美学纲要》，朱光潜等译，外国文学出版社1983年，第59-

60 页。

⑬朱光潜:《西方美学史》下册,人民文学出版社 1979 年,第 644 - 645 页。

⑭这个问题十分复杂,且不在本文讨论的范围之内,笔者拟另写文章探讨。

这篇论文论述严密,大家如想提高自己的结构能力,可把论文的总论点、分论点、分分论点抽出来,分析论点之间的关系,再看看作者在各个论点上使用了什么材料。

第六节　论文的规范行文

制定好写作提纲之后,接着就会进入具体的行文写作。在制定提纲时,我们更多的是考虑论文的内部构造,考虑如何运用论据对中心论点进行论证的逻辑顺序和具体环节。进入行文阶段,则是按论文的外部组织形式——写下来。论文外部组织形式直观体现为论文的题名、摘要、关键词、引言、本论、结论、注释、参考文献、附录等,下面依次介绍论文各组成部分的写作。

一、题名

题名,即论文的标题,它以最简洁的文字,标明论文的主旨,对论文全篇都起着画龙点睛的作用。一个好的论文标题既要准确反映论文的内容,又要突出论文学术价值,抓住读者。

(一)标题的要求

(1)具体明确。要求准确反映课题的内容、范围和深度,直接揭示论文的中心论点或论题,使读者对论文的内容一目了然。如"王国维'境界'说对传统诗学的深化与提高""论北宋人文题材绝句及其文化内涵""论汉语书面语结构歧义的歧义度""盛唐之音形成的审美契机"等论文标题,就能直接了当地揭示论文的主旨。现在有些论文题目过大或过小,有的还采用"关于……的研究"或"关于……的探讨"(如"关于宋诗的研究""关于'围城'的探讨")之类的标题,就显得过于空泛,难以准确概括论文内容。

(2)简洁精炼。题目只是文章的代表,必须简洁精炼,短而贴切,一般以不超过 20 字为宜。题目偏长,可用副标题来补充,但也不要太长,以简明为宜。

(3)质朴实在。题目要突出论文的学术含金量,用字须朴实自然、实事求是。如"试论唐诗光辉灿烂的艺术成就""光辉灿烂"在题目中最好不要用。科研不需要夸大的广告用语,通过论述,其结论会自然而然地告诉读者。也不要使用象征、比喻等修辞手法,使读者对论文内容捉摸不透,不知所云。如"解庄的金钥匙",便属此类。

(4)能体现论文的学术价值。

(二)标题的写法

论文的标题常见的有句子式、词组式。

1. 句子式标题

以一个描述或说明性的句子概括全文的中心论点。如:

我看梁启超对中国近代小说革新的贡献

我对"含蓄"的语用分析

　　　论李渔小说的艺术特质及其文化成因
　　　论汉语"介宾·动宾"句式中介词的历史递换

不过，在更多情况下，往往省略主语，以示简明，如以上标题可省略为：

　　　梁启超对中国近代小说革新的贡献
　　　"含蓄"的语用分析
　　　李渔小说的艺术特质及其文化成因
　　　汉语"介宾·动宾"句式中介词的历史递换

2. 词组式标题

比句子式标题更为简明，往往以两三个词语的组合，点出论文的中心论点。如：

　　　有性别的文学
　　　诗与非诗

词组式标题简洁但易流于玄虚，作者往往在词组式的主标题之下，附加一个说明性的副标题。如：

　　　有性别的文学
　　　　　——九十年代女性话语的诗学实践

　　　诗与非诗
　　　　　——中国古代诗学关于诗的独立性与依存关系初探

论文标题不同于文学标题，也不同于公文、新闻标题。

好的题名，一是要简洁明了地概括出论文的主旨；二是要突出论文的学术价值，点出论文的精华所在。标题要拟得好，主要取决于认识。认识到位，标题自然也就拟好了。如果你发现你研究的内容别人还没有研究过，不妨把你的研究对象直接标举出来。譬如我，就是这样做的：

　　　中国古代文论中的"文气"说
　　　金圣叹的小说理论体系
　　　金圣叹的艺术想象论

我采用这类标题，因为这些别人还没研究过。它有一定价值，别人又没研究过，我将它直接标举出来，一目了然。

如果你觉得标题太一般了，不足以体现你的研究和发现，就不妨把你的发现、评价写进去。譬如我文章的一些标题，就是这样做的：

　　植根于民族文化土壤的典型理论：金圣叹的性格说

　　金圣叹的闲笔论

　　　　——中国叙事理论对非情节因素的系统关注

　　第一个标题，我强调金圣叹的性格说是土生土长的典型理论，比西方的典型理论来得早，来得系统。这是我的发现。我把我的发现写到标题中去，也就强调了金圣叹性格说的学术价值。第二个标题强调的是，小说非情节因素是非常值得研究的，但目前还没系统的研究，中国古代的叙事理论早就关注了，金圣叹的闲笔论就是这样的代表。这类标题的拟制，实际上是"对象"加"评价"，你把你研究的对象标举出来，然后加上你的评价，也就把论文的学术价值突出来了。不过，这样写，一定要实事求是，不能夸大其词。

　　有些同学拟标题，在文采上下功夫，忽视了论文的实质性内容，这是不对的。拟标题，不能泛，要能从你的标题一眼看出你研究的对象和学术价值来。我一个同学，发现"何"字有一种语气助词的用法，写了一篇"何字雏议"的论文，这个标题就太泛了，后来发表时，编辑将题目改为"何字的语气助词用法"，这就明确多了。

　　如果你的论题人家已研究过，你想在别人的基础上作些补充，那也应该从标题上看得出，你在他人基础上提出了什么新的见解。

二、内容摘要

　　摘要是对论文内容不加注释和评论的简短陈述。

　　摘要虽作为论文一个重要的构成部分附在论文题目之下，是完成论文之后增写的，如果还没开始写正文就写摘要，不容易写好。

　　（一）摘要的作用

　　（1）为读者在短时间内准确了解原文内容服务。

　　（2）为文摘性期刊的二次收录提供方便；

　　（3）为研究人员和情报人员服务。论文发表后，一些情报人员要通过摘要建立文献检索系统，一篇准确陈述原文内容的摘要为情报人员提供了方便，也为研究人员提供了准确信息。

　　（4）为编辑选稿和审稿人审稿提供方便。一篇好的摘要，能准确反映文章内容，编辑者只要通过阅读摘要，就能判断该文是否符合刊物的选题，对稿件的初步取舍有一定的作用。同时由于摘要包含了文章的研究目的、作者的观点、研究方法、结果、结论等，审稿人只须读摘要就能对文章的脉络一清二楚，大大提高审稿速度。

　　（二）摘要的特点

　　（1）自明性：不要论证，也无需借助任何说明及解释，即可了解其内容；

　　（2）独立性：不允许分段，不允许加注释，不能用图、表、化学结构式或非公知公用（认）的术语或符号，只能用第三人称来写，并省略成泛指的无主句，这样既简炼又不影响表达。

　　（3）完整性：摘要的主要信息量应该与正文相同；

　　（4）简洁性：不允许有多余的套话和背景介绍，字数一般应控制在300字以内。长一点的论文不超过论文的5%。

　　（5）准确性：要求在文字表达上要语言通顺，结构严谨，标点符号准确；

　　（6）客观性：不允许自我评价，像"研究结果表明有……指导作用""首次发现""达到……

水平""突破"或"在国内(某领域)居领先地位"之类，是不能出现的。在摘要中进行自我评价，像是给自己做广告。会给读者带来信息误导，也会助长一种浮躁的学风。

概而言之，也就是不要论证，不作注释，不作自我评价，不用第一人称，简明扼要。

(三)摘要的内容

摘要的内容，《国家标准》规定为目的、方法、结果、结论、其他项。但《国家标准》主要是针对自然科学、技术文献的。对于社会科学论文，须结合社会科学论文特点。一般认为，论文摘要应由下列诸项构成：

论题——指研究对象、目的和任务，是研究活动的出发点和归宿；表述研究的对象、目的和任务，可使读者了解进行该项研究工作、撰写该篇论文的缘由和旨意。

观点——指论文中新的发现、独到的见解。要突出那些经过与前人理论、成说不同的新看法，以及与重大现实问题密切相关的新见解。

方法——是指研究所运用的理论、思路、途径、采用的手段。社会科学研究的方法主要有调查法、考证法、历史分析法、逻辑分析法、比较研究法、计量方法、阶级分析法、模拟方法、系统方法等。表述研究方法，可使读者了解、鉴别作者所据理论原理的真伪新旧、思路的正歧、方法的先进与否及结论的可信度。方法的表述应十分明确，不可含糊其词。

结论——是指在对研究结果分析研究的基础上得出的结论性判断、评价、预测、建议、肯定与否定的假说等；其表达应考虑与研究的目的或论文的篇名相关联，对事物的分析评价应注意量和质的辩证关系，掌握适度，不说过头话，不妄下论断。

其他——指附属于论文的研究、考察的主题内容，其见解和价值又超出论文主题范围之外的有情报意义的信息。其表述应掌握在不致转移对主要内容的注意力的前提上。

按我的理解，中文专业论文摘要，应包括：对象；研究背景(必要时)；方法(必要时)；见解；并可根据需要灵活处理。

试看吴敏《反叛与皈依——丁玲创作论》一文的摘要：

> 丁玲对政治化社会意识形态及市俗文化的反叛与皈依对其创作的意义和损伤是不容忽视的，她大波大折的创作路程中融涵了悲喜无奈，拥有放弃残存"自我"的分裂而难于调和的心态。莎菲等人是中国文学史中罕见的悲剧英雄，她们蕴集全部热情坚忍不拔追求理想的进取精神以及在这条路上迷乱彷徨痛苦而终至超越一切的复杂历程，隐含了人类数千年历史发展的基本精神。正是在这个意义上看，莎菲形象具有超越时空的艺术生命力。她同时具有正面性格和负面性格。
>
> (原载《中国文学研究》1997年第2期)

再看何林军《意义的放逐——论后现代主义的反象征性》一文摘要：

> 传统象征美学的基本精神是对意义深度模式的确信、建构与追问。但后现代主义对不确定性和多元主义立场的反复申说，使它在哲学、美学、诗学和具体的文化艺术实践等方面，对这种深度模式表现出激烈的反对态度，拒绝了一元论的和形而上学的意义观，即放逐了深层意义而踏上平面化之旅。但是，由于人类精神生存的本质，传统象征美学那种对意义追问的执著，并不会轻易地消逝或被否定，象征仍将并且应该为人类提供意义支撑的广袤空间。
>
> (原载《文学评论》2007年第6期)

这两篇摘要，都根据论文实际作了灵活处理。

摘要是一种可供读者阅读和检索的特殊文体。一篇有创见的论文，会因为作者忽视摘要写作而使读者由于在摘要检索时找不到有价值的信息而放弃对原文的阅读，失去信息传播的机会，失去被引用和转摘的机会，直接妨碍科研成果的应用和推广，造成很多科研工作的重复。虽然目前有些摘要写得不规范，但我们应严格要求，从规范入手。

三、关键词

（一）什么是论文的关键词

在摘要之下是关键词。

关键词又称主题词，它是最具实质意义的检索语言。它把论文中起关键作用、最能说明问题、代表论文内容特征或最有意义的单词、术语选出来，以便存入情报检索系统的存储器以供检索用。关键词不考虑语法结构，不一定表达一个完整的意思，它所选的是在论文中反复出现的、能揭示论文主旨的关键概念、术语等。一般情况下，一篇论文，应选取 3～5 个词作为关键词，关键词用逗号分隔，最后一个词后不打标点符号。如有可能，要尽量用《汉语主题词表》等词表提供的规范词。

关键词可以看做是一组以词语形式来表达的论文摘要，它比摘要更为简明。所摘出来的关键词，必须是最能说明问题和揭示论文主旨、出现频率较高的关键性术语或词语；不要误将新颖词或有吸引力的词作为关键词；不要把不具备检索意义的词作关键词；不要把一些通用词，如"研究""方法""分析""思考"等作关键词；不能用口语化的词作关键词；不要对专有名词作不恰当的切分；上位词或下位词要适当。

关键词是为适应计算机检索而提出来的，如果通俗一点讲，可把它理解为找到你这篇论文的"通讯地址"，通过其中任何一个关键词，都能找到你这篇论文。不要漏标，也不要标得过细。发表的论文，如不标注关键词，文献数据库就不会收录，读者就检索不到。关键词选得是否恰当，会关系到该文被检索和该成果的利用率。

（二）关键词标引常见的问题

由于种种原因，目前关键词的标引随意性很大，深浅不一，很不规范。常见的问题有：

（1）随意选取关键词，不能准确反映主题。在论文写作中，一些作者把关键词理解为是规范需要，既然需要 3～5 个关键词，那么只要凑够就可以了；有些作者感到准确标引，较为困难，就不愿意在此花费过多时间。还有一些作者，认为关键词不属于审稿范围，文章质量与关键词无直接联系，不加重视。

（2）对主题缺少必要的分析，不能标引出准确的词语。作者在标引前，对论文主题缺少必要的分析，不能标引出准确的、能反映论文主题的词语。如有一篇题名为《走不出的激情炼狱评〈红与黑〉于连形象的塑造》的论文，选择的关键词是：走不出，激情，炼狱。显然这样的关键词是不恰当的。

（3）通用词作关键词。关键词泛意现象是所有问题中最常见的，常见的有"问题、方法、研究、现象、分析、差异、探讨、意义、影响、对策、原则、设计、开发"等。这些词语适用于不同的领域，可以研究不同的问题，缺乏对论文主题内容的专指性。如果使用这些泛意词当作关键词，将会把数据库中包含该词语的各学科文献都归类起来，包罗万象，读者很难从中选取需要的信息。

（4）关键词排列顺序不明确。关键词标引的主要作用是通过关键词的逻辑组合来提示论文的主题内容。关键词的标引顺序必须有利于清楚明晰地、层层深入地反映文献主题。关键词各条目之间,有一定的排序规则,即排列次序要反映出词与词之间的逻辑联系。有些作者在排列顺序上忽视了这种逻辑关系,造成词序颠倒或层次不清,引起逻辑上的混乱。

(5)标引深度不恰当。有些论文提供的关键词不是太多就是太少。过细、过滥,对揭示论文主题往往会有直接影响。

(三)如何标引关键词

如何标引关键词呢? 首先对文献进行主题分析,弄清该文主题和中心内容;尽可能从题名、摘要、层次标题和正文的重要段落中,抽出与主题概念一致的词和词组,然后按一定的逻辑关系加以排列。试以我的论文为例:

金圣叹的闲笔论
——中国叙事理论对非情节因素的系统关注

陈果安

摘　要　大量非情节因素向小说文本的渗透,是现代小说艺术的一个基本特征。然而时至今日,尚未见到有人对小说的非情节因素作出全面系统的专题研究。令人感到惊叹的是,早在明末清初的金圣叹,不但对小说的非情节因素给予了高度重视,而且对它有着全面、充分的评点。他所提出的闲笔论,是有关非情节因素的系统理论。他不但把非情节因素看作小说艺术一个有机的构成部分,而且对非情节因素的审美功用作了详细、充分的点评。

关键词　金圣叹　非情节因素　闲笔论　小说理论

我这篇论文题目虽平实,但还是把论文研究的对象和学术价值明确表示出来了。摘要虽然用的是第三人称,没有展开论证,也没有自我评价,但介绍主要内容还是空泛了,后来《新华文摘》摘登这篇论文的论点时,我作了改写。如果就关键词的拟定来说,这篇论文主要研究的是"闲笔论";"闲笔论"内涵是非情节因素;而对非情节因素作出研究的是金圣叹;金圣叹的"闲笔论"是中国古代小说理论的一部分。所以,关键词排列的顺序应为:闲笔论,非情节因素,金圣叹,小说理论

四、引言

引言,又称前言、导言,即论文的"引论"部分,是论文主体部分的开端。引言一般包括以下内容:

(1)交待研究对象及范围,说明研究的理由和意义。

(2)提出问题。提出问题的方法多种多样,尽可不拘一格。如,可针对学术界某些争论未决的专题直接提出问题,或在充分了解某一课题前人已有研究成果的基础上,将自己的补充、纠正或发展作为问题提出来,也可注意长期以来受人忽视的问题,开拓新的学术领域。但不管用什么方法,提出问题要明确、具体,不能模糊不清、问题不明。

(3)说明研究的方法和角度,提出论文的预期目标,有时也可概述本论部分的内容,提出自己的基本观点。

以上三个方面可根据需要灵活变通。

试看吴敏《反叛与皈依》一文引言:

　　人们对丁玲的研究心态是驳杂的：一面以为她在文学史上不可漠视，一面又对其作品的价值持犹疑态度；一面认为丁玲是有鲜明个性的作家，一面又觉得她浮躁轻急，思想缺乏体系和持续性。因此，对丁玲的研究已出现了相当大的分歧。分歧也许还将延伸。这些溢于言表或尚因种种禁锢未能明言的冲突性研究成果已不是一般文学研究见仁见智的通常现象，它在相当大的程度上显示着丁玲创作本身的复杂性。本文试图从丁玲对政治化社会意识形态以及市俗文化的"弃"与"从"论述丁玲创作的得失，并尽力梳理丁玲大波大折的创作过程中的心路历程。

（原载《中国文学研究》1997 年第 2 期）

　　这段引言从当前学术界对丁玲研究的分歧入手，表达自己的立场和观点，以引起下文。再看谭桂林《现代中国生命诗学的理论内涵与当代发展》一文的引言：

　　生命诗学乃是以生命作为根基，从生命出发来思考和阐述诗的本质、作用乃至技术的一种诗歌理论。由于既是从生命出发，又是以生命作为思考的主要内容，因而生命诗学在其言说范畴、思维模式、话语方式以及理论资源等方面都呈现出一种鲜明的独特性。就中国诗学传统而言，从孔子选诗以来对诗歌的理论思考总是沿着言志与缘情两条路线发展。志与情当然都与人有关，而且都是联系着人的精神层面。但仅仅止于志与情，显然没有切入到人的生命的核心。首先，人的生命是物质与精神的有机结合体，物质性是生命的根基，也是诗歌创作所倚赖的生命力的主要源泉。中国传统诗学对生命的物质性这一诗歌创作力的源泉基本上没有给予关注。其次，根据现代心理学的发现，人的精神结构是复杂的、多层面的，志的确立与表述由人的意识决定，情的发动与人的生理感觉有更多的联系，但这种生理感觉也受到社会意识的制约，人的喜怒哀乐总是充满着社会的内容。所以，志与情都处于人的精神结构的表面层次，而人的精神结构的深层次的内容如人的无意识这块黑暗的大陆从来没有进入到中国传统诗学的观察视野。由此可以得出如下的基本结论：中国的生命诗学是在 20 世纪的新文学运动中才开始发轫，并在 20 世纪中西文化的碰撞与交织中得以充实与发展。

（原载《文学评论》2004 年第 6 期）

　　作者在引言部分首先对生命诗学作了界定，然后指出中国的生命诗学是在 20 世纪的新文学运动中才开始发轫，并在 20 世纪中西文化的碰撞与交织中得以充实与发展的。非常简明地说明了论文的前提和自己的观点．

　　再看何林军《意义的放逐——论后现代主义的反象征性》一文前言：

　　按照弗雷德里克·杰姆逊的见解，后现代主义文学和艺术将时间割裂为一连串永恒的当下，拒绝传统的"解释"，取消表面现实与其内在意义之间的联系，反抗黑格尔式的、弗洛伊德式的、存在主义的、符号学的深度模式，不承认其中关于现象与本质、显意识与潜意识、本真存在与非本真存在、能指与所指之间的对立与区分。简言之，后现代主义文学和艺术是平面化的文学和艺术，整个后现代主义文化也是一种平面文化，其基本表现是历史感的淡薄与各种深度模式的消失。本文的论述由此展开，而不拟对后现代主义的历史脉络及丰富内涵进行论说，只打算从象征及其意义角度，重点说明后现代主义的一个基本而鲜明的特征：反象征性。20 世纪中期以来在西方世界涌现出来的各种后现代主义，在哲学、美学、诗学以及具体的文化艺术实践方面，对传统象征美学表现出了一种最激烈的反对态度，是一种反"象征"的社会文化思潮。这种反象征性具体表征为放逐了深层意义而走向平面化，过度张扬多元主义而拒绝形而上学的一元论意义观，力图通过对意义能指化的凸显和对个体阐释的历史性及合法性的证明，来对一切意义中心主义予以扫荡。

（原载《文学评论》2007 年第 6 期）

引言非常简明地论述了论文的前提和重点，显得干脆利落。

引言部分要简洁、迅速地把读者导入本论，使人一看就知道你要研究什么问题，准备如何研究，有何意义，或是直接标举自己的论点。为了把导语写简洁，不要在引言中赘述人所共知的专业知识，不要写"恳予指导"一类客套话，不要片面夸大论文的意义，尤其是关于本论的概述，不能本末倒置，因后面还会有详细的论证。有些论文的绪论，洋洋洒洒，篇幅相当大，却写了一些与论文中心议题没有多大关系甚至无用的话，臃肿繁杂又内容贫乏，没起到导引本论的作用。

五、本论

引言之后便是"本论"了。

"本论"是论文的主体，占据了论文绝大篇幅。论文的创造性成果或新的研究结果都将在这一部分得到充分的反映。因此，这部分，内容要充实，论据要充分、可靠、确凿、有力。

（一）本论的层次标示

本论常常分几个大的部分，按照并列或递进的逻辑关系展开。

部分与部分之间往往采用标码、空行的形式分开。

有时，各部分还拟有标题；这些标题会相应的整齐，有力提示各部分的内容。如赵炎秋的《论文学形象的形成过程》，其小标题是："一、主观化；二、简化；三、情感化；四、变形；五、定型；六、物化"，其行文，就是按这些小标题一部分一部分写下来的。

有时，作者不标小标题，只排序数。不过，遇到篇幅比较大的论文，还是标小标题好，因为拟制小标题也是一个提炼的过程，随着小标题的拟制有利于明确各节的重点。

有时，随着各部分的展开，小标题之下还有小标题，那就是我们说的分分论点了。如有分分论点，都要拟制标题，以求表达上的清晰、明确。

论文的层次标题，即篇名以下的各级分标题，应简短、明确，准确反映该层次的内容。

层次标题一般以 15 个字以内为宜，最多不超过当行字数，最好不出现背题（将某一层次的标题排于版末而题下无正文）。

采用序数，按层级一般是："一、（二）3.（4）"。

采用层次标题，标题最后不要打标点符号。

（二）本论各部分行文的基本要求

各部分行文的基本要求是：

1. 段意要统一

在学术论文中，为满足论文逻辑构成的要求，一段应集中表达一个完整意思，并把表达这个意思的论点、论据、论证统一组织成相对独立完整的一个段落，不要把与段意无关的句子写入段中，以免影响其内容的科学性和表达的准确性。

把一个观点写成一段，以不同的段落阐明不同的段旨，这就要求作者在动笔之前必须明确自己的表达思路和所要表达的观点，不能模模糊糊，含混不清，同时还要考虑每个段落之间的衔接与过渡。对读者而言，段意统一的段落容易阅读，也便于顺利概括论文的内容。

2. 段旨要明确

论文中每一个段落应有一个中心意思，便是段旨。全段都是为阐述这个段旨服务，在构段时，要把它清清楚楚地告诉读者。作者要善于运用一个或两个句子（即段中主句）把段旨揭示出来，方便读者准确把握作者的意图，轻松阅读。

在段落中，段中主句并无固定位置，可灵活运用。一般情况下，段中主句放置在段首，以便总领下文，引起读者的注意；也可安排在段尾，以结句形式出现，收束全段；有的段中主句放置在段落中间，起承上启下的作用；或为了加强读者的印象，让段中主句兼置段首、段尾而前后照应，首尾圆合，这也未尝不可。

3. 段落长度要适中

论文段落的长度是没有固定标准的，依据其表达的内容而定。但段落过长，容易使人在阅读中产生压抑、枯燥感，而且往往把几个意思混在一起了；段落过短，必然割裂段落的逻辑完整，不便于论述的展开，使论文缺少厚重感。必须在兼顾段落内容完整性和可读性的基础上，保持段落的长短适度，提高文章的整体效果。

重视构段，是学术论文写作的基本要求之一。规范的构段，能使作者富有条理地展开论述，增强文章的逻辑性；读者在读这样的论文时，能够轻松容易地把握论文的主旨和内容，相反，对于构段不科学、不规范的论文则倍感吃力和头痛，降低读者的阅读兴趣和阅读效率。

六、结论

结论是论文的收束部分，是论文的归结。论文的结构部分，大致包括论证的结果和课题的展望两个方面的内容。

（一）论证的结果

结论部分要对引论中提出的中心论点经过本论充分分析、论证后加以归纳与强调，引出论证的结果（即研究的结果）。这种归纳与强调的程度视引论部分提出论点的明确程度、本论部分的发散程度而定。一般说来，引论部分提出的论点比较含蓄、比较简略，而本论部分的面散得比较开、比较宽，则结论部分的归纳与强调要更加明确、好懂；如果引论中对中心论点的概括已比较鲜明，而本论部分的论证又比较集中连贯，结论则可以比较简洁。

我们看何林军《意义的放逐——论后现代主义的反象征性》一文的结尾：

最后回到本论题，我们可以对后现代主义及其反象征性特点作出一个基本的总结：诚然后现代主义学说的许多主张，如多元主义、个体主义等，具有促进人们思维转型、反抗体制化社会和政治霸权等等积极效果，但它对象征形式的深度意义的消解本身，我们则应该予以再度消解。因为它的这种消解，虽不是全无价值，但破坏有余而建构不足，只不过是对世俗主义、享乐主义、功利主义、拿浅薄当时髦、以无耻为卖点等等文化面相的一种写照与顺应，漠视了人类精神的超越性要求和权利，不足以承担开辟人类历史发展新方向的责任，所以今天理应对它进行辩证地清理。

（原载《文学评论》2007 年第 6 期）

（二）课题的展望

科研是没有止境的，仅凭现有的努力是不可能得出一个尽善尽美的结论的。作者可以对课题研究的价值作学术上的自我评估，起到继往开来的作用。如张旺熹的论文《"了·le"在动补结构中的分布分析》的结论部分是这样写的：

> 在对"了·le"与动补结构的分布作了上述分析之后，我们感到，对"了"的使用要想做出一个截然分明的规则性的判断，在某一个层面上找到截然分明的解释，几乎是不可能的。我们只有把它们放在不同的层面，不同的角度，对动补结构所表示的意义、它在句子中的句法结构形式和语义范畴以及它在语段中的语义地位做出判断，然后得到一种带倾向性的归纳。本文无意于对"了"使用的种种规则作深入的理论阐述，只是对"了"与动补结构的分布，作一个系统然而是粗浅的描写。我们希望通过这种有层次的分析、有程序的描写，能对"了"与动补结构配合使用的情况描述出一个大致清晰的轮廓，从而为今后更深一步的理论探讨打下扎实的基础。

这种开放式的结论打破了论文结论的封闭式空间，拓展了课题的研究领域。

七、注释与参考文献

科学、严谨、规范的标注，是作者治学严谨的一种表征。它既是对他人劳动成果的尊重，也是自己持之有据的有力说明。

写论文不能无视他人的学术成果。做学术研究，是一个继承性很强的活动，我们在做研究时，必须尊重他人研究，这是一个最起码的要求。但是，我们有些同学往往缺乏这方面的认识。这可能有多方面的原因：一是资料的匮乏；二是比较懒惰，懒得去查找；三是有意回避，怕影响到自己论文的创新性。这都是不对的。我们必须遵守"引注规范"，作好论文的引注。

注释主要用于论文的征相在论文中，凡直接或间接引用了他人论述、资料，都要用注释注明。

"注释"有"随文注""脚注""文末注"三种。

所谓"随文注"，即在行文中，遇到需要注释的地方，随之以括号标示出来，所以它又称"夹注"现在的论文，很少用"随文注"，只是特定情况下运用。如有关古代文论的论文，因引用太多，只好采用"随文注"。

所谓"脚注"，即在稿纸的下脚注出需要注释的内容。"脚注"用于篇幅比较大的论文，如大家写毕业论文，分章，分节，有时遇到需要说明的地方，就采用脚注。不过，写毕业论文时，哪些内容采用脚注，哪些地方采用"文末注"，要统一，不能随意而为。

所谓"文末注"，即"尾注"，是在论文结尾的下面空两行，将全文的注释一一注明。在论文的写作中，通常采取的是尾注。如注释太多，则辅之以随文注或脚注。

"参考文献"并不一定每篇论文都有，多见于学术著作和篇幅比较长的论文。我们写毕业论文，那是必须有的。所谓"参考文献"，即我们研究这个问题所必须拥有文献资料。

"参考文献"标示论文的是论文的主要思想资源和材料资源，它从另一个方面表现了作者研究的广度和深度。列"参考文献"要精当，不要把可有可无的文献拿来充数。写得好的"参考文献"，常常能概括出研究某一个专题的必读文献。

　　写"注释"和"参考文献"，应按规定，完整地列出文献的序号、作者（译者）、文献题名（杂志名称、卷号）、出版地、出版社、出版年月、起止页码。其格式如下：

　　1. 连续出版物

　　［序号］主要责任者．文献题名［J］．刊名，出版年份，卷号（期号）：起止页码．

　　如：［1］毛峡，丁玉宽．图像的情感特征分析及其和谐感评价［J］．电子学报，2001，29（12A）：1923－1927.

　　［2］Mao Xia，et a1. Affective Property of Image and Fractal Dimension［J］. Chaos，Solitons&Fractals. U. K. ，2003：V15905－910.

　　2. 专著

　　［序号］主要责任者．文献题名［M］．出版地：出版者，出版年：起止页码．

　　如：［3］刘国钧，王连成．图书馆史研究［M］．北京：高等教育出版社，1979：15－18，31.

　　［4］T. Parsons，The Social System，New York：：Free Press，1961，P36－45.

　　3. 会议论文集

　　［序号］主要责任者．文献题名［A］主编．论文集名［C］．出版地：出版者，出版年：起止页码．

　　例如：［5］毛峡．绘画的音乐表现［A］．中国人工智能学会2001年全国学术年会论文集［C］．北京：北京邮电大学出版社，2001：739—740.

　　4. 学位论文

　　［序号］主要责任者．文献题名［D］．保存地：保存单位，年份．

　　例如：［6］张和生．地质力学系统理论［D］．太原：太原理工大学，1998.

　　5. 报告

　　［序号］主要责任者．文献题名［R］．报告地：报告会主办单位，年份．

　　例如：［7］冯西桥．核反应堆压力容器的LBB分析［R］．北京：清华大学核能技术设计研究院，1997.

　　6. 专利文献

　　［序号］专利所有者．专利题名［P］．专利国别：专利号，发布日期．

　　例如：［8］姜锡洲．一种温热外敷药制备方案［P］．中国专利：881056078，1983－08－12.

　　7. 国际、国家标准

　　［序号］标准代号，标准名称［S］．出版地：出版者，出版年．如：［9］GB/T16159—1996，汉语拼音正词法基本规则［S］．北京：中国标准出版社，1996.

　　8. 报纸文章

　　［序号］主要责任者．文献题名［N］．报纸名，出版日期（版次）．如：［10］毛峡．情感工学破解'舒服'之迷［N］．光明日报，2000－4－17（BI）.

　　9. 电子文献

　　［序号］主要责任者．电子文献题名［文献类型/载体类型］．电子文献的出版或可获得地址，发表或更新日期/引用日期（任选）．如：［11］王明亮．中国学术期刊标准化数据库系统工程的［DB/OL］. http://www. cajcd. cn/pub/wml. txt/9808 10－2. html，1998－08－16/1998－10－04. 外国作者的姓名书写格式一般为：名的缩写、姓。如 A. Johnson，R. O. Duda

第七节　论文的修改定稿

　　文章修改是指初稿写就后到定稿完成的一个过程。这在写作过程中是一个必不可少、非常重要的阶段。"文不惮改"，写论文也是这样。学术论文初稿出来之后，并不能算论文的完成。因为在大多数情况下，初稿是不完善的，只是半成品，只有经过反复推敲、修改，待到定稿后，才算是最后的完成。正如清代学者唐彪所言："文章不能一作便佳，须频改方妙耳。此意学人必不可不知也。"修改文章实是撰写者必须了解和掌握的一项基本功。

一、论文修改的重要性和必要性

　　论文修改的过程，实际上就是扬长避短、去粗取精的过程，因此也是不断提高的过程。重视文章的修改，是古人写作的优良传统和历代文学家的宝贵经验。曹雪芹写《红楼梦》，于悼红轩中"披阅十载，增删五次""字字看来皆是血，十年辛苦不寻常。"俄国托尔斯泰认为，"写作而不加以修改，这种想法应该永远摈弃。三遍，四遍——那还是不够的"，他的《战争与和平》的手稿反复修改、润色过七遍才定下来。由此可见，修改是文章写作中一个重要的基本步骤和必要的完善环节，对于内容结构复杂的论文更是如此。一般说来，论文写作强调反复的修改基于以下几点：

　　（一）认识的复杂性决定了修改的必要性

　　从认识论的角度来看，人们对客观事物的认识不可能一次完成。人的思维运动的规律，是一种螺旋式曲折上升的形式，也就是说，人们对某一事物的科学认识必然要经历一个从表层到深层、从局部到整体的逐步演化的过程。从根本上说，论文的修改也就是一个对客观事物认识的深化与提高的过程。它为我们提供了一个再观察、再认识研究对象的机会，以弥补先前研究工作的盲点，纠正先前研究工作的失误，使作者在课题研究的可能性范围之内尽量达到对客观事物深刻全面的认识。

　　（二）行文特点本身决定了修改的必要性

　　论文在起草初稿的过程中，为保持文章气脉的顺畅、思路的连贯，论文作者不可能仔细推敲每一个细节，表达更难做到准确完美，总是留下不少的疏漏之处。而论文的修改，则是作者从容地在新的水平上的写作活动。这时，作者的着眼点可从局部写作移到总体审视，高屋建瓴地检查、推敲中心论点是否突出，结构、层次的安排是否妥当；其次，作者的立场可从撰写者移到读者，对论文各个部分进行"评头品足"，更客观地评价论文的观点和遣词造句，考虑读者的兴趣爱好、需要和接受能力，使论文更具可读性和说服力；再次，论文行文过程中如若受到干扰而中断，或者出现"言"不及"意"（即语言赶不上思想）的情况，论文难免出现粗糙、不严密、不连贯等问题，也使得初稿有了修改推敲的需要。

　　（三）修改是提高论文质量和写作能力的重要途径

　　提高论文质量和写作能力，既要多写，更要多改。古人说："善作不如善改"，文章是改出来的，尤其是对于论文写作初学者，反复修改不仅可以增加论文"含金量"，同时也可以培养作者的自我评价能力，大幅度提高写作水平。心理学研究成果早已证明："人在学习时有自己特有的优点。许多动物偶或通过做来学习，而只有人能通过已经做过的事进行再检查、再思考来学习。"因此，学习怎样修改文章，是提高写作能力的一种有效途径。鲁迅曾把领悟"不应该那么写"——即修改初稿的办法称为极有效的学习方法。

总之，修改能提高能提高论文质量，使之更精粹、成熟。我们一定要抱有实事求是的精神和精益求精的态度，反复推敲，不断更新，认真做好修改工作。

二、论文修改的范围

论文初稿完成，仔细检查，总会发现有不妥当之处，大至论点是否鲜明突出，具有独创性，结构层次是否严谨合理，论证是否有说服力，小至文字是否准确简练，语序是否条理清晰，引文、注释是否规范，等等。针对论文不同的问题症结，需要对论文进行大改或小改。所谓大改，是指在初稿完成后变更部分论点，对结构进行调整，增删或重新组合材料，这是带有全局性的重大修改，称之为"动大手术"。而小改则是在对原稿的论点、框架结构基本维持不变的情况下针对个别细节材料、段落的衔接转换以及引文注释上作点"小修小补"或对某些词句进行适当的调换、修饰和润色。究竟是大改还是小改，要根据论文中存在的实际问题进行选择。

修改论文没有一定的程序，一般说来，应从全局着眼，从大处入手，逐步修改。即首先要检查论文的论点，论点的修改常常会关涉到论文各个环节的变动；接着要根据表达论点的需要，考虑是否要调整结构或增删改换材料；再来进行局部的修改和语言上的加工润色。具体地说，论文修改应从以下几个方面进行：

（一）修正论点

中心论点是论文的灵魂，修改论文首先要考虑它。论文的中心论点是研究者从对材料的研究分析之中，从对某种灵感的深入剖析中提炼而来的，并在提纲及正式行文中使之明确化的。也就是说，论点并非在论文动笔写作之初就已经十分明确的，而是在写作过程中，在具体的语言材料论证过程中逐步显露出来的。修改的过程，也是中心论点进一步提炼和深化的过程。

常见的毛病如下：

（1）基本观点错误。基本观点是指统帅全篇论文的基本论点或总结论。基本观点错了，其他一切论点、论据都不能成立，整篇论文也就站不住脚了。尽管这篇论文在论证、语言等方面不无可取之处，但由于基本观点有误，全文也就缺乏科学性。

（2）观点主观、片面，缺乏准确性和真实性。有些毕业论文的观点，作者往往只顾一头，缺少唯物辩证法所要求的全面性。例如，在研究某些中外古典文学名著时，只讲其民主性精华和艺术上的成就一面，而对作品思想内容方面明显存在的局限却一笔带过。有些毕业论文的观点好走极端，

（3）观点不鲜明，重点不突出。

（4）前后论点有矛盾，中心论点与分论点有矛盾，或回避论题，或主观臆断，分析不客观。

（5）缺乏新颖性和创造性。

一是随着在写作过程中对已有材料的深入开掘，一些在作者构思阶段不曾想到的新问题、新思想会凸现出来，如若再继续阅读和研究各种资料，也将进一步开拓思路，为新思想的出现创造机会，这些新思想、新观点会补充、完善、调整甚至冲击着原有的论文构想；

二是在对论点的继续思考中，原有观点会发生某些变动，如发现论点不够全面或明确，就要加以补充或强化，发现论点有错误、偏颇之处或流于空泛，就要加以纠正和修改。这时，论文的初稿很可能包容若干发现、若干思想的火花，但这些新见、创见可能难以互相谐和成

整一的总论点。因此需要对这些芜杂的观点和思想加以整顿、挖掘，从中抽象出一个更具概括性的总论点，并精心考虑，尽可能把论点推敲得无懈可击。再对各个小论点、分论点进行调整与修改，增补某些观点，弥补先前的片面性与疏漏，删去某些观点或段落，使论证更精悍有力。

（二）增删材料

论文的材料是论点的来源，也是论点成立的基础，必须精心选择材料。对选用材料的基本要求是：一是典型，即选用最能论证观点和理论的材料；二是真确，即选用准确可靠的材料，不能生搬硬套，歪曲原意；三是适当，即材料引用要符合少而精的原则，恰到好处。

常见的毛病如下：

（1）忽视"新颖性"的选材要求，材料陈旧，重复出现人们熟知的那些例子，缺乏新鲜感、吸引力；

（2）不能有选择地利用典型、精当的材料形成自己的观点，例子滥而散，没有从中整理出自己立论的角度和起笔的由头；

（3）论据缺乏典型性、必要性，仅凭在特定环境中极少发生的某些事实，而得出与该环境中大量发生事实所不同的结论，因而论证缺乏说服力；

（4）提出论点、罗列论据之后，不作深入分析甚至不作任何分析，没有论证过程，便用"由此可见"大量事实说明"等语句，转而扣合所提出的论点；

（5）以偏概全，以点代面，以小论据支撑大论点，论据不足，犯"推不出"的毛病；

（6）论据和论点之间没有必要的联系，二者或互相脱节，或互相矛盾，犯"引论失据"的毛病，其原因是对概念和事实并没有真正理解；

（7）假设不恰当或缺少论据，未经实践检验，便把假设当做结论；

（8）分析问题不是从实际情况出发，从对事实的分析中得出结论，而是用观点去套例子，用事实去印证观点；

（9）前后论点有矛盾，中心论点与分论点有矛盾，或回避论题，或主观臆断，分析不客观，没有进行必要和充分的论证；

（10）以形容、描绘、形象刻划等文艺笔法，来代替论文的论述手法。

如果出现了毛病，就必须增删更改：材料堆砌得太多，淹没了观点的，就要勇于割爱，删去那些多余的、不典型的材料，突出观点；行文空泛抽象，材料不充分的，就要增添典型材料，有力支撑观点；材料不够准确、翔实的，也要作出修订……总之，材料的增删变动一定要服从中心论点的需要，要为论证论点服务。

（三）调整结构

论文的结构是论点的逻辑展开形式，是作者研究思路的语言表现形式。结构是否严谨，直接关系到论文内容的表达效果。调整结构的原则和要求，是有利于突出中心论点，服务于表现中心论点。所以，对原稿结构进行审订和调整：

首先，要看全文结构是否完整，标题、摘要、关键词、引言、绪论、本论、结论、注释及参考文献等必要的各部分是否齐备。然后，主要检查正文部分各层次、各段落是否围绕中心论点进行严密的逻辑论证，详略、主次是否得当，各部分的过渡、照应、衔接是否自然。在总体结构上考虑之后，还要逐段检查文章局部结构是否妥当。

（四）锤炼语句

论点、结构、材料方面的调整改正牵涉到文章的全局，属大改动、大手术，而对论文语句包括标点符号的检查校订则属小动作、小修补。但不能轻视这些小动作、小修补。一篇论文要力争接近完美，就不仅要求论点明确、结构严密、材料翔实，还要求语言精炼、规范，文面工整。像同学写的论文，标题过长、标题文学化、小标题逻辑层次混乱，句子结构混乱，用词不当，文字不精炼等问题，就很多。

对论文语句的修改包括这么几个方面：

首先，是对字词的推敲选择。作者在写作论文初稿时，为了保持文脉贯通和书写速度，可能在个别字词上失于斟酌。在初稿完成之后，自己要反复阅读，对于用词不当、词不达意的地方要换上更精确、贴切的词语，对于模糊隐晦、深奥难懂之处要换上明晰准确的词语。尤其是有关专业术语与概念，更加要求准确，最好是查阅有关资料，将专业术语的内涵与外延弄明白。论文的语言在精确的基础上，也要注意文采，通过语言文字的修饰，使枯涩、平淡、呆板的语言变得新奇、生动、巧妙，更富有表现力。同时，要杜绝错别字。

第二，是对句段的修改。论文中比较容易出现语法关系复杂的长句、复句，在应用时切忌犯语法错误。要注意各种句式的搭配使用，使文章长短相间，读起来抑扬顿挫。段落内部句与句之间的逻辑关系一定要合乎事理，做到句法严密，表意明确，说服力强。

第三，标点符号与书写格式。有些同学平时不注意正确使用标点符号，文稿上标点混乱，往往一逗到底、一"点"到底或者"点""逗"不分。标点符号是论文写作重要的辅助工具，能否正确使用标点符号，直接关系到读者能否正确分清文章结构、明确作者语气与理解论文的文意。所以，在使用时要注意该用什么标点就用什么，不能乱用和误用。另外，论文书写有一些特定的格式与规范，比如标题的书写，作者的署名，分段、引文的标准与空行、小标题、序码的使用等等，都要求严谨，在论文修改时都要加以注意。

（五）订正注释

论文的注释是论文科学价值的重要标志，是论点及论证过程正确性的保证。在初稿阶段，由于头绪繁多，有可能出现注释上的疏漏或讹误，在修改过程中，一定要对照所引资料的原文，逐字核对，并严格按照论文写作要求作出准确的注释，以免影响论文的科学性。

三、论文修改的方法

修改论文的方法多种多样，常用的有：

（一）读改法

写完论文初稿之后，最好自己能默读或小声诵读一遍，边读边想边改。有些毛病不易看出来，往往一读就会发现，特别是语言表述方面的问题，如语句不通顺，过渡不自然等，借重于读，就能知道语言是否妥当。

（二）热改法

所谓"热改法"，是指在论文初稿写完之后，趁热打铁，一气呵成，马上开始检查、修改，直至最后定稿为止。这样做有利于保持作者思考的一致性和兴奋状态，遇有在初稿写作阶段就已经有所意识却无暇顾及的缺漏与错误可随手改定，及时作出补足与调整，因此容易在初稿基础上有所突破。

（三）冷改法

热改法由于时间相距太近，作者的思维很难摆脱固定思路的束缚，从新的视角对论文作冷静的观察。而冷改法正好针对这一弊端有所弥补。所谓"冷改法"，是指先将论文初稿放上一段时间，进行"冷处理"，待作者头脑变得冷静、清醒些，再重新审看论文和进行修改。由于此时作者跳出了初稿思路的封闭式圈子，有可能在一种开放的格局中以新的眼光重新审视自己的研究，容易发现一些潜在的问题。恰如唐彪在《读书作文谱》卷五中所说："古人虽云文章多做则疵病不待人指摘而能自知之，然当其甫做就时，疵病亦不能自见，惟过数月始能知之。若使当时即知，则亦不下笔矣。故当时能确见，当改则改之，不然且置之，俟迟数月，取出一观，妍丑了然于心，改之自易，亦惟斯时改之使确耳。"隔上三五天，一两个星期，甚至愈月再改，必能对论文进行创新性的修改和补充。

"冷改法"的缺点是，时隔一久，再进入到写作初稿时的思考情境中不大容易，往往有一种隔膜之感，再者可能会忘掉某些临时闪现的思想火花。

（四）求教法

对于自己写的文章，思路陷得太深，往往不能发现它的缺点，为了能够更加客观、全面地评价论文，不妨向他人求教，请求别人的帮助。北齐颜之推在《颜氏家训·文章篇》中指出："学为文章，先谋亲友，得其评论者，然后出手。慎勿师心自任，取笑旁人也。"作者可将初稿请师长、朋友、同学公开评鉴，广泛听取别人意见，或者进一步和别人讨论以后再改。向他人请教，一定要有谦虚诚恳的态度，对于别人提出的意见，不一定全盘接受，但一定要用心体会，认真研究，从中寻找新的思路和灵感触发点，在集思广益的基础上再对论文作出修改。

在论文修改中，可综合运用多种修改方法，取长补短，反复推敲，直至取得比较理想的修改效果。

四、论文的校对

校对是修改的一个最后环节。论文写成后，印行前，通常要由作者校阅一两次。这是把握文章质量的最后一道"防线"，千万马虎不得。一篇文章，写得很好，如果在印刷中出现了许多错误，把文章弄得面目全非，令人心痛。

（一）校对的特殊性

校对工作是一种脑、手、眼并用，有时还兼用口、耳的工作。校对时，校对者既要阅读原稿，又要阅读校样；既要根据原稿正确无误地找出校样上的错误，又要注意原稿遗留下来的缺点。这样的阅读，就其目的和技术性来说，是和一般阅读不同的。校对时，应充分注意校对这一特点，不要将"校对"混同于一般"阅读"。

（二）校对的方法

1. 读校

也称"唱校"，即一人读原稿，其他人核对校样的校对方法。读原稿的人要以记录速度把原稿字、词、句和标点符号读清楚、读准确，对文中出现的空行、换行、分页、数字、符号或特殊格式等都应读出或说明，对容易混淆的同音字或生僻字也应说明。看校样的人注意力则应高度集中，根据所读原稿，阅看与校样是否一致。如发现差错，应即以校对符号标出，提请文印人员更正或者自行更正。

2. 对校

又称"点校"，即由一人进行的先看原稿再对照校样的校对方法。对校时，一般将原稿放在校样的左上方，左手点原稿字句，右手执笔点校样，默读文字，手随之移动，逐字逐句校对。对校前，可先看一遍原稿，做到心中有数，然后点校默读。一般每次以一个句子或10个字左右为宜，以利既能看准点清原稿，又能及时发现校样的差错。遇到要改动的地方，便用文字或校对符号在校样上作出标志或说明。

对校就是将校样与原稿逐字比照"校异同"，发现校样与原稿不符的"异"，则依据原稿改正校样。这里的"异"，包括字形异，字体异，字号异，标点符号异，数字、量和单位异，版面格式异，等等。总之，对校的任务是同中猎异，改异使同，使校样与原稿完全"同"，即保证原稿不错、不漏地转换成为印刷文本。

对校法的优点是能够在原稿和校样上接连两次阅读同样的文字，便于仔细核对。

对法的功夫在"对"，是"机械法"，其第一要义，是"不掺己见"，校对者要采取绝对客观的态度。对校法有两个长处：其一，容易发现错漏。有些句子的文义表面上无误可疑，只有对校才能知道其误；有些段落漏失句子，但前后句义衔接却无明显不通，只有对校才能知道其漏；有些句子意义可疑，只有对校才能知道错在哪里。其二，可以找到改止错误的直接依据。

对校法也有缺点，缺点之一，是"不负责任"，完全忠实于原稿，对原稿错漏不管不问。缺点之二，是校对者边看原稿边看校样，头部不断地摆动，易于疲劳。如校对时间过长，容易产生视觉上的错乱。

使用对校法，原稿和校样要保持适当的位置和距离，以便校对者的眼光能够在比较省力的条件下来回移动；校对中，应以词和短句为单位；为确保校对的精确，有时还可加入默念。

3. 本校

即脱离原稿通读校样，通过文中的内在矛盾发现错误，如前后矛盾、文注矛盾、文表矛盾、文图矛盾、文气不贯、字词使用错误和语法、逻辑错误等。一本书或一篇文章，前后是有内在联系的，文气是贯通的，文注、文表、文图的内容是关联的，如果前后矛盾，文气不贯，文注、文表、文图内容脱节，就可能存在错讹。例如：某书稿引用西汉枚乘《七赋》中的一段文字，加了现代符号："太子曰：'善。然则涛何气哉？'客曰：'不记也。然闻于师曰，似神而非神者三：疾雷闻百里；江水逆流；海水上潮；山出内云，日夜不止。'"这段文字，没有错别字，但由于错用了一个标点符号，造成文意的前后矛盾。前面说："似神而非神者三"，后面却出现了"四"，原因在"江水逆流"后面的分号错了，应改为逗号，"江水逆流"是"海水上潮"所致。又如："大厅里空荡荡的，人迹寥寥，东边坐着一帮子外国记者。"这个句子存在着内在矛盾："坐着一帮子外国记者"，怎么能说是"人迹寥寥"呢？善于运用本校法，可以发现原稿上的上述种种错误。

4. 他校

即以他书校本书。需要他校的文字主要有：（1）引文，必须一字一符不差；（2）述文，引的不是原文，而是根据被引书的内容加以叙述之文，述文的意义应与被引书的意义相同，不应走样，也不应断章取义；（3）解释某文或解析某观点，将古文译成白话，都属于释文，释文应解释准确。这三类文字，需要使用"他校法"，核对原文，核对述文、释文所据原文的意义。"他校"的"他书"最常用的是工具书和国家标准。比如判断字词使用正误要查权威字典词典，校对历史事件、历史人物要查对《辞海》和《中国大百科全书》《简明大不列颠百科全书》。判断简化字使用正误要查对《简化字总表》，判别标点符号正误要查对《标点符号用法》。改必有据，是校对改错的一条基本原则。所以，"他校法"是校对的基本方法之一。

5. 理校法

从实质讲，所谓对校、本校、他校，都是"对校"，因为都有对照物，改错都是有所依据的。有时候，会碰到这种情况，有了疑问，却找不到根据，或找到的根据说法不一而无所适从，这时需用"理校法"。理，即推理，理校法即运用已有的知识储备和判断能力，进行分析、推理，作出是非判断。校雠家说：此法最高妙，也最危险。说它最高妙，是因为对校书人的学识水平和判断能力都是考验；说它最危险，是因为容易造成无知妄改。怎么进行理校，历代校雠家总结理校的经验，认为主要从语言和史实两个方面入手。从语言入手，即从分析语言文字着手，通过辨析字形、字音、文意、语法等手段，进行是非判断，推断出错原因。例如："我国早在一千多年以前就已经种植和使用桐油了"这个句子犯了"搭配不当"的错误。句子里有两个动词——种植、使用，后面只有一个宾语——桐油；而"种植"跟"桐油"搭配不起来。"谁也不会否认月亮不是地球的卫星"这个句子犯了误用否定的错误。作者本意是肯定月亮是地球的卫星，但是，由于连用了两个"不是"，意思就变成"月亮不是地球的卫星"。从史实入手，即从图书的内容方面，检查文字是否符合历史事实。例如：某书稿说："对于纷繁复杂的人生现象，古希腊有位哲学家把它比喻为奥林匹克运动会。"古希腊在公元前 146 年就并入罗马版图，而奥林匹克运动会始于公元 1896 年，古希腊哲学家的生活年代，距奥运会两千余年。生活在两千多年前的古希腊哲学家，不可能用两千年后的事物比喻人生。古希腊时代有个运动会，叫做"奥林匹亚竞技"，显然作者将古代的"奥林匹克竞技"与现代的"奥林匹克运动会"混同了。

6. 校红

也称"核红"或"复红"，即将最后一次的校样与经更正差错印出的清样相校对、复核的校对方法。一般要求校对人先在校样中标上改动符号的文字、标点等，对照清样是否已得到改正。

7. 清校

也称"通校"，即脱离原稿和校样将清样通读一遍，以审查是否完全正确无误的校对方法。这就要求更加认真、细致。力求在文书付印前，杜绝任何差错的存在，以保证文书的印制质量。在实现办公自动化的条件下，清校是最常用的方法，原则上在付印前都应至少清校一遍。

（三）常用校改符号

校对符号是用来标明版面上某种错误的记号，是编辑、设计、排版、改版、校样、校对人员的共同语言。排版过程中错误是多种多样的，既有缺漏需要补入、多余需要删去、字体字号上有错误需要改正，又有文字前后颠倒、侧转或倒放需要改正等等。根据不同情况规定不同的校对符号，使有关人员看到某种符号，就知道某种错误并作相应处理，能节约时间和提高工作质量。

（四）校对要注意之处

校对是十分严肃、十分细致的工作。做好校对决不是一件轻而易举的事。校对者必须熟悉设计和排版上的技术规则，掌握一定的校对技能，并且还要懂得相关的一些科学知识。更重要的是，要有高度的责任心，有一丝不苟、细致耐心的工作作风。

毕业论文一般情况下是由作者自校的，自校有优势也有局限。其优势是，文章是作者自己写的，他对文章的立意、构思、文字、表述都十分熟悉，对文章所涉及到的一些专业知识都在行，容易发现校样上的错误。其局限是：一般的作者，缺乏专职校对人员的校对技能，不

校对符号应用实例
（参考件）

改黑体　　（例）今用伏安计法测一线圈的电感。当接入36伏直流电源时，它的过流电流为6安，当插入、220伏、50赫的交流电源时，流过的电流为22安。算计线圈的电感。

改黑体　　（解）在直流电路中电感不起作用，即 $X_L = 2\pi f = 0$（直流电也可看成是频率 $f = 0$ 的交流电）。由此可算出线圈的电阻为

$$R = \frac{U}{I} = \frac{36}{6} = 6 \text{欧}$$

接在交流电源上，线圈的抗为

$$Z = \frac{U}{I} = \frac{220}{22} = 10 \text{欧}$$

线圈的感抗为 $\left\{ X_L = \sqrt{Z^2 - R^2} = \sqrt{10^2 - 6^2} = 8 \text{欧} \right.$

故线圈的电感为

$$L = \frac{X_L}{2\pi f} = \frac{8}{2\pi \times 50} = 0.025 \text{亨} = 25 \text{毫亨}$$

改黑体　　（第七节　电容电路）

电容器接在直流电源上，如图 3 – 13 甲所示，电路呈断路状态。若把它接在交流电源上，情况就不一样。电容器板上的电荷与其两端电压的关系为 $q = c u_c$。当电压 u 升高时，极板上

太熟悉设计和排版上的技术规则。另外，由于作者对文章的内容太熟悉了，校对中"一目十行"，往往会出现一些视而不见的"盲点"。作者自校通常要注意以下的内容：

（1）内容、文字。校对中进一步发现内容和文字上存在的毛病，进而改正。

（2）格式。在文面上，实用文往往有特定的格式要求，校对中应注意校样上的格式是否符合要求，其中包括：文章标题的排列是否大方、美观？标题与正文之间是否留有恰当的空白？每段文字是否提行空两格另起？排版是否随意割裂或合并了原稿中的段落？文中的序码是否统一、正确？文中的注释部分是否统一、规范？原文的层次是否在文面上清晰地体现出来，等等。

（3）标点符号。标点符号是书面语言不可缺少的辅助工具，标点符号的错用、漏用，往往会带来文意上的混乱、歧义。起草文章时应正确使用标点。在校对阶段要认真校核标点，不可错用、混用、漏用。

（4）错字。错字有两种情况，一是原稿上是对的，打字时打错了；一是原稿上写错了，打字时因错就错地打上去了。这两种情况都要改正。一般说来，一些字形近似的字容易出错，如把"遣"打作"遗"，把"灰"打作"灭"，把"刺"打作"剌"，把"孤"打作"弧"，把"短"打作"矩"等。一些常用词也容易"想当然"地出错，如把"生产"打作"产生"，把"反正"打作"正反"，把"棘手"打作"辣手"，把"相形见绌"打作"相形见拙"

（5）掉字和多字。漏排和多排也是不允许的。有时漏排或多排的不是一二个字，而是一个整句，甚至是一段。校对时要特别注意。

（6）错体字。统一用简化字，就不能夹杂繁体字；统一用繁体就不能夹杂简化字；已废用的异体字不能继续使用；未统一的异体字如"安装"与"按装""一霎时"与"一刹时""名副其实"与"名符其实"等，在一篇文章或一部著作中也应统一，否则得当作错体字看待。无论是汉字、阿拉伯数字或标点符号，在设计指定的一种体式中不能夹用其他体式。

（7）名词和体例。校对时，应注意名词、体例的前后统一，尽量消除分歧。

（8）空白和距离。校对时，还要从整个版面出发，看看字间、行间、段间的距离是否匀称，标题、图表、正文之间的空白是否恰当。过于稀疏的表格应缩小，有关的版图不要远离版面的中心。作者付印前，应兼顾内容与形式，既看到整体又看到枝节，注意力应遍及全部校样，包括封面、目录、版本记录、附录、索引、插图序码、封面、扉页、版本记录上的书名、作者名等。

（9）论文附录部分，最容易出错。

（10）至少要二校、三校。无论二校、三校件，经打字改正后，还必须进行复核。在复核中，要特别注意校改过程可能产生的新的错误，一种是校对人员自己校错改错，另一种是打字员、排版工人改错。复核对整个校对质量起最后把关的作用。

【思考与练习】

1. 简述论文的基本格式。

2. 简述论文的论证方式。

3. 简述论文的论述方法。

4. 简述论文的语言要求。

5. 简述提纲拟制的重要性。

6. 简述提纲拟制的基本内容。

7. 简述题名拟制的基本要求。

8. 简述摘要写作的基本要求。

9. 简述应怎样标示关键词。

10. 简述引论的写作要求。

11. 简述写正论部分的注意事项。

12. 简述结论部分的写作要求。

13. 简述标示"注释""参考文献"正确方法。

14. 简述论文修改的重要性和必要性。

15. 简述论文修改的范围。

16. 简述常用的样改符号。

17. 简述校对的基本方法。

18. 简述校对要注意的地方。

第五章　毕业论文的答辩

论文答辩是学校设置的一种审查学生毕业论文质量和学术研究水平的考核，提交论文后，都要求进行论文答辩。答辩会上，老师会依据论文存在的一些问题向学生提问，然后依据论文质量及其答辩情况，对论文成绩作出评判。很多人对答辩心存畏惧，其实，答辩的设置是我们学习的一个好机会。

第一节　答辩的目的与意义

一、答辩的目的

论文答辩的目很简单：作为答辩者，就是通过论文答辩，按时毕业；作为校方，则是检测学生毕业论文质量和学术研究的水平，看学生是否具有毕业的资格——从这个意义上说，答辩就像一场普通的考试，围绕着学生所提交的论文，由老师命题，由学生答题。与普通考试的不同之处，就在于师生可以面对面地交流——老师可以当面考核学生论文写作的情况，并要求学生对论文的中的问题作进一步的阐述，学生也可以向老师陈述自己论文的写作情况，对自己某个观点作进一步的阐述。

二、答辩的意义

如果把答辩看作是作者关于论文的陈述，它的意义很简单，也就是一篇论文写作的终结。如果换一个角度看，答辩则是关于论文的交流，且是与多个专家的交流，它将深化我们的认识，克服我们治学中任何一丝懈怠和马虎，朝着更为理想的方面努力——可以说，答辩的真正意义就在于此。

首先，答辩中最常出现的质疑，能让答辩者更确切和全面地认识自己论文的缺陷和弱点。答辩组一般是由3名以上专业老师组成，由于各人注意点不尽相同，对于论文提出的问题也是各式各样的，相当于对论文做了一次全方位的审查：立论是否客观、公允、正确？论据是否充分有力？论证是否逻辑严密？材料与观点是否统一？结构是否完整？行文是否通畅？甚至连标点符号是否运用无误，都会在答辩中提出。

其次，答辩老师的意见，可以为你提供更宽广或全新的视角，让一些久思不得其解的问题豁然开朗。论文写作中，往往会出现的这样的情况，由于钻研较深，让人陷入单一思维而失去其他观察角度。答辩老师的提问，可以进一步开启你的思维，引导你对研究的课题作进一步的思考，从而使修改后的论文具有更高的学术价值。

其三，通过毕业论文答辩，可使你明白读书治学的要义，学习老师治学的风范，养成严谨的学风，培养健全的学术人格。

第二节 答辩前的准备

要保证论文答辩的质量和效果,关键在答辩者一边。要顺利通过答辩,在提交了论文之后,不要有松一口气的思想,抓紧时间准备:

首先,要写好毕业论文的简介,其主要内容应包括:(1)为什么选择这个课题,研究这个课题有何学术价值或现实意义。(2)简要介绍这个课题研究的历史和现状,即已有哪些人做过此方面的研究,他们的观点和成果是什么,还有哪些问题没有解决,自己对此有何新发展,提出并解决了什么问题。(3)论文的基本观点及创新之处。(4)论文中还有哪些问题应涉及,但由于力所不及未能接触的问题等。

其次,要熟悉自己所写论文内容,尤其是要熟悉主体部分和结论部分的内容,明确论文的基本观点和主要依据;弄懂弄通论文中所使用的主要概念的确切涵义;所运用基本原理的主要内容;反复推敲文章中有无自相矛盾、谬误、片面或模糊不清的地方。如发现有上述问题,就要作好充分准备 ——修正。

其三,要了解和掌握与自己所写论文相关联的知识和材料。如自己所研究的这个论题学术界的研究已经达到了什么程度? 目前,存在着哪些争议? 有几种代表性观点? 各有哪些代表性著作和文章? 自己倾向哪种观点及理由;重要引文的出处和版本;论证材料的来源渠道等。这些方面的知识和材料,答辩前都要做好准备。

其四,论文还有哪些方面本应涉及或解决,但因力所不及,未能涉及? 写作中还有哪些见解,由于觉得与论文表述的中心关联不大而没有写入,等等。

其五,论文中哪些观点是继承或借鉴了他人研究成果,哪些是自己的创新观点,这些新观点、新见解是怎么形成的等等。

对上述内容,在答辩前,作者都要作到胸中有数,答辩时,才可能临阵不慌,从容作答。一般在答辩之前,就要写好陈述报告。

第三节 答辩的基本程序

答辩程序比较简单:

(1)答辩小组组长宣布举行学位论文答辩//介绍答辩小组成员。

(2)按答辩的顺序宣布答辩学生名单,准备数分钟后宣布答辩开始。

(3)答辩学生用5分钟左右的时间陈述论文的主要内容。

(4)答辩小组就学生提交的论文提问,学生准备5~10分钟之后作答,答辩时间为10分钟左右。

(5)答辩小组根据论文质量和答辩现场表现评定成绩。

答辩者向答辩小组作陈述报告,是重要的答辩程序,自述报告时间为10分钟左右,所以要求简要精练、条理清晰,点到为止。

根据老师提问进行答辩是答辩中最核心的部分。对提问的回答,一般分两种:一种是答辩老师将准备好的3~5个问题当众宣读后,交给答辩学生,学生准备5~10分钟后作答。在这种形式中,学生应及时记下老师提出的问题,以便作答。另一种则是即问即答。这种情况下可能会出现比较多的追问,所以回答时应尽量做到周全、缜密,被追问时也不要慌张,认真听题，及时补充和修正。如遇到实在回答不了的问题，不要遮遮掩掩、答非所问，坦然承认自己的不足是最好的应对态度。

第四节　答辩的注意事项

答辩时，老师会提出多少问题，提什么问题？这是每一个需要参加答辩学员十分关心的问题，同时又是一个十分复杂，难以把握的问题。因为每篇论文，有各自不同的内容，老师提问也会千差万别。即使是同一篇论文，不同答辩老师所要提问的重点也会有所不同。所以说，就某一篇论文来说，主答辩老师会提什么问题是很难说得准，猜得到的。准备答辩，猜题没必要。

但这并不意味着答辩老师出题是任意的、毫无规律可循的，学员没必要准备了。事实上，答辩老师拟题提问是有一定的范围并遵循一定的原则的，了解答辩老师的出题范围和原则，对学员如何准备答辩是有帮助的。

首先，答辩老师出题是有严格的界定范围的，即答辩老师在论文答辩会上所提问题，一定在论文所涉及的范围之内，不会提与论文无关的问题。在这个范围之内，答辩老师一般从检验真伪、探测能力、弥补不足三个方面提出问题。

（1）检验真伪题，就是围绕毕业论文的真实性提问。它的目的是要检查论文是否是学员自己写的。如果论文不是通过自己辛勤劳动写成，而是抄袭他人成果，或由他人代笔之作，就难以回答出这类问题。答辩老师也可能会提出与论文相左的观点，列举没被论文的观点所解释的资料、现象，借此考查答辩者对与论文相关或相反的其他观点的了解和掌握程度，以及对自己所持观点的稳定程度。

（2）探测水平题，这是指与毕业论文主要内容相关的，探测学员水平高低、基础知识是否扎实，掌握知识的广度、深度如何来提出问题的题目，主要是论文中涉及到的基本概念，基本理论以及运用基本原理等方面的问题。

（3）弥补不足题，这是指围绕毕业论文中存在的薄弱环节，如对论文中论述不清楚、不详细、不周全、不确切以及相互矛盾之处拟题提问，如含混的概念界定，写得不周全的知识点，论文中有争议的观点，因此，答辩者掌握自己选题范围内的相关知识是非常关键的。

在作好充分准备的基础上，答辩时须注意：

一、携带必要的资料

参加论文答辩，要注意携带必要的参考资料。如前所述，有的高等学校规定，在答辩会上，答辩老师提出问题后，学生可准备一定时间后再当面作答，在这种情况下，携带必要的参考资料，其作用是不言而喻的。答辩时，如遇到一些问题，一时记不起来，就可以翻阅有关资料，避免出现答不上来的尴尬和慌乱。

二、自信，不紧张

树立信心，消除紧张慌乱的心理，也很重要。因为过度紧张，会使本来可以回答出来的问题答不上来。只有充满自信，沉着冷静，才会在答辩时有良好的表现。

三、听清问题思考后再作答

答辩老师提问，要集中注意力认真听，并将问题记下来，弄清答辩老师所提问题实质，切忌未弄清题意就匆忙作答。如果对所提问题没听清楚，可请提问老师再说一遍。如对问题中有些概念不太理解，可请提问老师做些解释，或把自己对问题的理解说出来，问清是不是这个意思，等得到肯定答复后再作答。只有这样，才能避免答非所问。

四、回答简明扼要，条理清楚

回答问题时，一是要抓住要害，简明扼要，不要东拉西扯；二是要客观、全面、辩证，留有余地，切忌把话说"死"；三是要条分缕析，层次分明。此外还要注意吐词清晰，声音适中等等。对于题意范围较广的问题，如一时无法就那么大范围进行回答，可采用限制题意的方法对题目进行缩小，并尽量地缩小到一个自己比较熟悉的落点上来。回答问题时，可依据自己掌握知识的情况，决定哪些内容多做一些发挥，哪些内容点到为止。回答问题时，可先回答比较容易的题目，再答难的题目。如果遇到比较难回答的问题，自己一时把握不了，需要一定时间思考，应坦率告诉答辩老师。如思考之后依然有解释不了的地方，可先说出自己能够分析解决的一部分，然后直言自己所知有限，希望得到老师的提示或者指导。对于自己论文中的不足，应在自述报告中指出，当自己没发现而被老师指出时，应坦率承认自己的失误。

五、对答不出的问题不强辩

有时答辩老师对答辩人所作的回答不太满意，还会进一步提问，以求了解论文作者是否切实搞清和掌握了这个问题。遇到这种情况，答辩人如有把握讲清，可申明理由进行答辩；如把握不大，可审慎地试着回答，能回答多少就回答多少，即使讲不确切，也不要紧，老师会引导和启发你切入正题；如果确是自己没有搞清的问题，就应该实事求是讲明自己对这个问题还没有搞清楚，切不可强词夺理，以不知为知。学生在答辩会上被某个问题问住并不奇怪，因为答辩委员会成员一般是本学科的专家，对他们所提出来的某个问题答不上来是很自然的。当然，对所有问题都一问三不知，就不正常了。

六、当观点与答辩老师相左时可与之展开辩论

答辩中，有时主答辩老师会提出与你的论文中基本观点不同的观点，然后请你谈谈看法，此时就应全力为自己观点辩护，反驳与自己观点相对立的思想。主答辩老师在提问的问题中，有的是基础知识性的问题，有的是学术探讨性的问题，对于前一类问题，是要你作出正确、全面地回答，不具有商讨性。而后一类问题，是非正误并未定论，持有不同观点的人可以互相切磋商讨。如果你所写的论文的基本观点是经自己深思熟虑而又是言之有理、持之有据，就不要随声附和而放弃了自己的观点。否则，就等于自己否定了自己辛辛苦苦写成的论文。要知道，有的答辩老师所提出的与你论文相左的观点，并不一定是他本人的观点，他提出来，无非是想听听你对这种观点的评价和看法，或是考考你的答辩能力或你对自己观点的坚定程度。退一步说，即使是提问老师自己的观点，你也应该抱着"吾爱吾师，吾更爱真理"的态度，据理力争。不过，与答辩老师展开辩论要注意分寸。一般说，应以维护自己的观点为主，反驳对方论点时，要尽可能采用委婉的语言，请教的口气，用旁说、暗说、绕着说等办法，不露痕迹地说服对方。

七、讲文明礼貌

论文答辩的过程也是学术思想交流的过程。答辩人应把它看成是向答辩老师和专家学习，请求指导，讨教问题的好机会。因此，在整个答辩过程中，答辩人应该尊重答辩委员会的老师，言行举止要讲文明、有礼貌，尤其是在答辩老师提出的问题难以回答，或与答辩老师观点相左时，更应该注意如此。答辩结束，无论答辩情况如何，都要从容、有礼貌地退场。此外，毕业论文答辩之后，作者应该认真听取答辩委员会的评判，进一步分析、思考答辩老师提出的意见，总结论文写作的经验教训。一方面，要搞清楚通过这次毕业论文写作，自己学习和掌握了哪些科学研究的方法，在提出问题、分析问题、解决问题以及科研能力上得到了提高，还存在哪些不足，作为今后研究其他课题时的借鉴。另一方面，要认真思索论文答辩会上，答辩老师提出的问题和意见，精心修改自己的论文。

我们讲到这里，关于论文写作的描述算是完成了。

就我个人体会，论文写作虽离不开老师指导，但最重要的还是自己，对自己要求越严格，收获也就越大；如马虎应付，收效甚微；如果第一篇论文没写好，以后问题就会层出不穷。所以这多么年来，我带研究生，一进校就会打印一个注意事项给他们：

论文写作应自觉完成以下各项

1. 明确选题
(1)正确评价选题的学术价值；
(2)正确评价选题的难易程度；
(3)初步阐述自己的预期目标；
(4)要把论文限定在 6~8 千字内；
(5)毕业论文在 6~8 万字的篇幅内。
2. 明确材料搜集的范围
(1)要搜集哪些方面的材料；
(2)搜集材料的时段；
(3)搜集材料的途径；
(4)搜集材料的方法，熟练掌握图书检索和计算机检索。
3. 列出主要参考文献
(1)列出搜集到的主要论文；
(2)列出搜集到的主要著作；
(3)分析资料，写出简要的综述；
(4)报告研究的思路；
(5)明确自己可能突破的地方；
(6)回答自己研究的重点和难点；
(7)报告自己研读资料的心得；
(8)逐步梳理自己的思路。
4. 出详细的写作提纲
(1)首先明确是否形成了自己的见解；
(2)自我论证观点是否成立；

(3)明确自己将从哪些方面进行论证；

(4)检查各分论点之间是否有逻辑混乱；

(5)自我评估是否有充分的材料说明自己的观点；

(6)列出详细写作提纲。

5. 规范行文

(1)尽可能在计算机上写作；

(2)成文后自己反复修改三遍；

(3)未经老师同意不得私自投出发表。

以上各个环节，如经训练能胜任论文写作，可根据情况简化。

说实话，对这个注意事项，有的同学执行得好，进步就大；有的存心应付，进步就小。从某种意义上说，论文写作是自己的事，一切在于自觉。

【思考与训练】

1. 简述答辩的注意事项。

2. 简述你对论文答辩的认识。

附1　校对符号及其用法

本标准规定的符号及用法，适用于出版印刷业中文（包括各少数民族文字）各类校样的校对工作。

编号	符　号　形　态	符　号　作　用	符号在文中和页边用法示例	说　　　明
		一、字　符　的　改　动		
1		改　　正	(增)高出版物质量。　(提)	
2		删　　除	提高出版物(物质)质量。	
3		增　　补	要搞好校工作。　(对)	增补的字符较多，圈起来有困难时，可用线画清增补的范围。
4		换损污字	坏字和模糊的字(要)调换。	
5		改正上下角	$16 = 4^2$ H_2SO_4 尼古拉·赞欣 $0.25 + 0.25 = 0.5$ 举例：$2 \times 3 = 6$ $X : Y = 1 : 2$	

二、字符方向位置的移动

6		转　　正	字符颠倒要转正。	
7		对　　调	认真经验总结。 认真经结总验。	
8		转　　移	校对工作，提高出 版物质量要重视	
9		接　　排	要重视校对工作， 提高出版物质量。	
10		另　起　段	完成了任务。明年……	
11	或	上　下　移	序号 / 名称 / 数量 01　×××　2	字符上移到缺口左右 水平线处。 字符下移到箭头所揩 的短线处。
12	或	左　右　移	⊢—要重视校对工 作，提高出版物质量。 3 4　5 6　5 欢呼　歌　唱	字符左移到箭头所指 的短线处。 字符左移到缺口上下 垂直线处。 符号画得太小时，要 在页边重标。
13		排　　齐	校对工作非常重要 必须提高印刷 质量，缩短印制周 期。	
14		排阶梯形	RH₂	
15		正　　图		符号横线表示水平位 置，竖线表示垂直位置， 箭头表示上方。

编号	符 号 形 态	符号作用	符号在文中和页边用法示例	说　　明
			三、字符间空距的改动	
16	∨ ＞	加大空距	一、校对程序 校对胶印读物、影印 书刊的注意事项；	表示适当加大空距。
17	∧ ＜	减小空距	二、校对程 序 校对胶印读物、影印 书刊的注意事项。	表示适当减小空距。 横式文字画在字头和 行头之间。
18	♯ 丰 丰 丰	空 1 字距 空1/2字距 空1/3字距 空1/4字距	第一章校对职责和方法	
19	Ⲩ	分　　开	Goodmorning!	用于外文。

编号	符号形态	符号作用	符号在文中和页边用法示例	说　明
		四、其　他		
20	△	保　留	认真搞好校对工作。	除在原删除的字符下画△外，并在原删除符号上画两竖线。
21	○＝	代　替	机器由许多另件组成，有的另件是铸出来的，有的另件是锻出来的，有的另件是……。○＝零	同页内，要改正许多相同的字符，用此代号，要在页边注明。○＝零
22	･･･	说　明	改黑体 第一章 校对的职责	说明或指令性文字不要圈起来，在其字下画圈，表示不作为改正的文字。

摘引自中华人民共和国专业标准《校对符号及其用法》(ZB1－81)。校对符号只用于校样的校对过程，书稿加工修改时请勿使用，以保持稿面清楚、整洁。

使用要求：

1. 校样中校对引线不可交叉。初、二、三校样中的校对引线，要从行间画出。

2. 校样上改正的字符要书写清楚。校改外文，要用印刷体。

3. 校对校样，应根据校次分别采用红、纯蓝、绿三种不同色笔(墨水笔或圆珠笔)书写校对符号。

4. 著译者改动校样所用的颜色，要与校样上已使用的颜色有所区别，但不可用铅笔。

附2　关于出版物上数字的用法

一、范围

本标准规定了出版物在涉及数字(表示时间、长度、质量、面积、容积等量值和数字代码)时使用汉字和阿拉伯数字的体例。

本标准适用于各级新闻报刊、普及性读物和专业性社会人文科学出版物。

自然科学和工程技术出版物亦应使用本标准,并可制定专业性细则。

本标准不适用于文学书刊和重排古籍。

二、引用标准

下列标准所包含的条文,通过在本标准中引用而构成为本标准的条文。本标准出版时,所示版本均为有效。所有标准都会被修订,使用本标准的各方应探讨使用下列标准最新版本的可能性。

GB/T7408—94 数据元和交换格式、信息交换、日期和时间表示法

GB 3100—93 国际单位制及其应用

GB 3101—93 有关量、单位和符号的一般原则

GB 7713—87 科学技术报告、学位论文和学术论文的编写格式

GB 8170—87 数值修约规则

三、定义

本标准采用下列定义。

物理量 physical quantity

用于定量地描述物理现象的量,即科学技术领域里使用的表示长度、质量、时间、电流、热力学温度、物质的量和发光强度的量。使用的单位应是法定计量单位。

非物理量 non—physical quantity

日常生活中使用的量,使用的是一般量词。如 30 元、45 天、67 根等。

四、一般原则

4.1 使用阿拉伯数字或是汉字数字,有的情形选择是惟一而确定的。

4.1.1 统计表中的数值,如正负整数、小数、百分比、分数、比例等,必须使用阿拉伯数字。

示例:48、302 —125.03、34.05%、63% ~68% 、1/4 、2/5、1:500

4.1.2 定型的词、词组、成语、惯用语、缩略语或具有修辞色彩的词语中作为语素的数字,必须使用汉字。

示例:一律 一方面 十滴水 二倍体 三叶虫 星期五 四氧化三铁 一〇五九(农药内吸磷) 八国联军 二〇九师 二万五千里长征 四书五经 五四运动 九三学社 十月十七日同盟 路易十六 十月革命 "八五"计划 五省一市 五局三胜制 二八年华 二十挂零 零点方案 零岁教育 白发三千丈 七上八下 不管三七二十一 相差十万八千里 第一书记 第二轻工业局 一机部三所 第三

季度 第四方面军 十三届四中全会

4.2 使用阿拉伯数字或是汉字数字，有的情形，如年月日、物理量、非物理量、代码、代号中的数字，目前体例尚不统一，对这种情形，要求凡是可以使用阿拉伯数字而且又很得体的地方，特别是当所表示的数目比较精确时，均应使用阿拉伯数字，遇特殊情形，或者为避免歧义，可以灵活变通，但全篇体例应相对统一。

五、时间（世纪、年代、年、月、日、时刻）

5.1 要求使用阿拉伯数字的情况

5.1.1 公历世纪、年代、年、月、日

示例：公元前 8 世纪　20 世纪 80 年代　公元前 440 年　公元? 年　1994 年 10 月 1 日

5.1.1.1 年份一般不用简写。如：1990 年不应简作"九 O 年"或"90 年"。

5.1.1.2 引文著录、行文注释、表格、索引、年表等，年月日的标记可按 GB/T 7408—94 的 5.2.1.1 中的扩展格式。如：1994 年 9 月 30 日和 1994 年 10 月 1 日可分别写作 1994—09—30 和 1994—10—01，仍读作 1994 年 9 月 30 日、1994 年 10 月 1 日。年月日之间使用半字线"—"。当月和日是个位数时，在十位上加"0"。

5.1.2 时、分、秒

示例：4 时　15 时 40 分（下午 3 点 40 分）　14 时 12 分 36 秒

注：必要时，可按 G13/T 7408—94 的 5.3.1.1 中的扩展格式。该格式采用每日 24 小时计时制，时、分、秒的分隔符为冒号"："。

示例：04:00（4 时）15:40（15 时 40 分）14:12:36（14 时 12 分 36 秒）

5.2 要求使用汉字的情况

5.2.1 中国干支纪年和夏历月日

示例：丙寅年十月十五日 腊月二十三日 正月初五 八月十五中秋节

5.2.2 中国清代和清代以前的历史纪年、各民族的非公历纪年

这类纪年不应与公历月日混用，并应采用阿拉伯数字括注公历。

示例：秦文公四十四年（公元前 722 年）太平天国庚申十年九月二十四日（清咸丰十年九月二十日，公元 1860 年 11 月 2 日）藏历阳木龙年八月二十六日（1964 年 10 月 1 日）日本庆应三年（1867 年）

5.2.3 含有月日简称表示事件、节日和其他意义的词组

如果涉及一月、十一月、十二月，应用间隔号"·"将表示月和日的数字隔开，并外加引号，避免歧义。涉及其他月份时，不用间隔号，是否仍用引号，视事件的知名度而定。

示例 1："一·二八"事变（1 月 28 日）"一二·九"运动（12 月 9 日）"一·一七"批示（1 月 17 日）"一一·一 O"案件（11 月 10 日）

示例 2：五四运动 五卅运动 七七事变 五一国际劳动节"五二 O"声明"九一三"事件

六、物理量

物理量量值必须用阿拉伯数字，并正确使用法定计量单位。小学和初中教科书、非专业性科技书刊的计量单位可使用中文符号。

示例：8736，80kin（8 736.80 千米）600g（600 克）100kg～150kg（100 千克～150 千克）12。5mz（12.5 平方米）外形尺寸是 400mm×200mm×300mm（400 毫米×200 毫米×300 毫

米) 34℃ ~39℃(34 摄氏度 ~39 摄氏度) 0.59A(0.59 安[培])

七、非物理量

7.1 一般情况下应使用阿拉伯数字。

示例:21.35 元 45.6 万元 270 美元 290 亿英镑 48 岁 11 个月 14804.6 万册 600 幅 550 名

7.2 整数一至十,如果不是出现在具有统计意义的一组数字中,可以用汉字,但要照顾到上下文,求得局部体例上的一致。

示例1:一个人 三本书 四种产品 六条意见 读了十遍 五个百分点

示例2:截至 1984 年 9 月,我国高等学校有新闻系 6 个,新闻专业 7 个,新闻班 1 个,新闻教育专职教员 274 人,在校学生 1 561 人。

八、多位整数与小数

8.1 阿拉伯数字书写的多位整数和小数的分节

8.1.1 专业性科技出版物的分节法:从小数点起,向左和向右每三位数字一组,组间空四分之一个汉字(二分之一个阿拉伯数字)的位置。

示例:2, 748, 456 3. 141592 65

8.1.2 非专业性科技出版物如排版留四分空有困难,可仍采用传统的以千分撇“,”分节的办法。小数部分不分节。四位以内的整数也可以不分节。

示例:2 748 456 3 14159265 8703

8.2 阿拉伯数字书写的纯小数必须写出小数点前定位的“0”。小数点是齐底线的黑圆点“.”。

示例:0. 46 不得写成 . 46 和 0·46

8.3 尾数有多个“0”的整数数值的写法

8.3.1 专业性科技出版物根据 GB 8170—87 关于数值修约的规则处理。

8.3.2 非科技出版物中的数值一般可以“万”“亿”作单位。

示例:三亿四千五百万可写成 345, 000, 000,也可写成 34, 500 万或 3.45 亿,但一般不得写作 3 亿 4 千 5 百万。

8.4 数值巨大的精确数字,为了便于定位读数或移行,作为特例可以同时使用“亿、万”作单位。

示例:我国 1982 年人口普查人数为 10 亿 817 万 5288 人;1990 年人口普查人数为 11 亿 3368 万 2501 人。

8.5 一个用阿拉伯数字书写的数值应避免断开移行。

8.6 阿拉伯数字书写的数值在表示数值的范围时,使用浪纹式连接号“~”。

示例:150 千米 ~200 千米 -36℃ ~ -8℃ 2 500 元 ~3 000 元

九、概数和约数

9.1 相邻的两个数字并列连用表示概数,必须使用汉字,连用的两个数字之间不得用顿号“、”隔开。

示例:二三米 一两个小时 三五天 三四个月 十三四吨 一二十个 四十五六岁 七八十种 二三百架次 一千七八百元 五六万套

9.2 带有"几"字的数字表示约数,必须使用汉字。

示例:几千年 十几天 一百几十次 几十万分之一

9.3 用"多""余""左右""上下""约"等表示的约数一般用汉字。如果文中出现一组具有统计和比较意义的数字,其中既有精确数字,也有用"多""余"等表示的约数时,为保持局部体例上的一致,其约数也可以使用阿拉伯数字。

示例1:这个协会举行全国性评奖十余次,获奖作品有一千多件。协会吸收了约三千名会员,其中三分之二是有成就的中青年。另外,在三十个省、自治区、直辖市还设有分会。

示例2:该省从机动财力中拿出1 900万元,调拨钢材3 000多吨、水泥2万多吨、柴油1 400吨,用于农田水利建设。

十、代号、代码和序号

部队番号、文件编号、证件号码和其他序号,用阿拉伯数字。序数词即使是多位数也不能分节。

示例:84062部队 国家标准GB 2312—80 国办发C1987]9号文件 总3147号 国内统一刊号 CNll—1399 2l/22次特别快车 HP—3000型电子计算机 85号汽油 维生素B12

十一、引文标注

引文标注中版次、卷次、页码,除古籍应与所据版本一致外,一般均使用阿拉伯数字。

示例1:列宁:《新生的中国》,见《列宁全集》,中文2版,第22卷,208页,北京,人民出版社,1990。

示例2:刘少奇:《论共产党员的修养》,修订2版,6页,北京,人民出版社,1962。

示例3:李四光:《地壳构造与地壳运动》,载《中国科学》,1973(4),400~429页。

示例4:许慎:《说文解字》,影印陈昌治本,126页,北京,中华书局,1963。

示例5:许慎:《说文解字》,四部丛刊本,卷六上,九页。

十三、横排标题中的数字

横排标题涉及数字时,可以根据版面的实际需要和可能作恰当的处理。竖排文章中的数字提倡横排。如文中多处涉及物理量,更应横排。竖排文字中涉及的数字除必须保留的阿拉伯数字外,应一律用汉字。必须保留的阿拉伯数字、外文字母和符号均按顺时针方向转90度。

十四、字体

出版物中的阿拉伯数字,一般应使用正体二分字身,即占半个汉字位置。

(国家技术监督局1995—12—13发布)

示例二:海军号打捞救生船在太平洋上航行了十三天,于一九九〇年八月六日零时三十分返回基地。

示例一:雪花牌型家用电冰箱容量是一百八十八升,功率为一百二十五瓦,市场售价两千零五十元,返修率仅为百分之零点一五

再版后记

这虽然是一本教材,但我所花的时间并不少。我院领导非常重视论文写作,早在 1995 年,就要求我开"论文写作研究";由于涉及学科太多,当时我大约花了两三年时间读论文,备课,才写出初稿,那初稿便是我最初出的《大学文科毕业论文导写》。此书试用一年,觉得太泛,于是请院里四位教授各奉献一篇论文,以利学生揣摩学习,并请各教研室主任开列了若干参考选题,那便是后来出的《中文专业论文写作概论》。此书出版后,反映不错,曾被湖南省自学考试委员会选作选修课教材。用了几年,觉得仍需补充,便请李作霖同志加写了"文学批评方法简介",改名《中文专业论文写作导论》收入本丛书。现五六年又过去了,此次修订,我干脆采取个人编写的方式,重写了一遍。

十多年来,我一直开这门课。据我体会,开这门课,固然需将一些基本环节、基本规范讲清楚,最关键的,还在于通过一些实例,让学生体会并学会动手,所以才有现在的改动。不过,我在征引实例时遇到了一点小小的麻烦:征引例文至少要征得作者同意,而要做到这一点实属不易;于是我用了自己和研究生的一些材料。由于是联系自己的实践来谈论文写作,我自己好像从当初学写毕业论文,一路走至今天。我的论文写得并不好,但我相信,我对论文写作的一些过程,还是做了认真的思考的。

我曾说过,论文写作是大学学习一个有机的构成部分,特别是学年论文与毕业论文的写作,能在比较短的时间内非常有效地将我们的学业升华到一个新的层次,使我们由一般的接受性学习迅速进入到创造性的研究;是否经过这方面的严格训练,一个人所表现出来的科研能力与学识水平是大不一样的——至今我仍这样认为,愿与同学共勉。

学海无涯,水平有限,本书疏漏错误之处,还祈方家和读者指正。